論集　井上円了

東洋大学　井上円了研究センター編

教育評論社

凡例

（一）本書は、井上円了（一八五八年（安政五）二月四日生、一八一九年（大正八）六月六日没）の没後一〇〇年を迎えるにあたり、井上円了のとくに思想的業績を明らかにし、それを広く研究者、市民、学生等に知っていただくことを目的として編まれた。

すなわち、井上円了の思想的業績を、哲学、東洋哲学、中国哲学、インド哲学、仏教、日本哲学、倫理、比較宗教学、妖怪学、民俗学、教育、現代科学、経営哲学、その他の分野に分け、現在の研究水準にある研究成果を集めた。

（二）東洋大学の井上円了研究センターが、二〇一四年五月に教学組織として改組されたのちの約四年半の研究成果を集約する性格を持たせるため、すでに公刊された論文を改訂したものも含まれる。

（三）井上円了の著作、とりわけ、東洋大学創立一〇〇周年記念論文集編纂委員会編『井上円了選集』（東洋大学、一九八七年〜二〇〇四年）からの引用が多いため、この選集からの引用箇所は、巻数をローマ数字で、引用ページをアラビア数字で略記した。たとえば、第一巻五〇ページからの引用は I:50、第一二巻五〇〜五一ページからの引用は XII:50-51 等と記す。

（四）年号表記について、西暦・元号いずれを先に書くか等の判断は、文脈に関わるため各執筆者に委ねた。両者を並記する場合の書き方は学界により様々異なるので、ここでは多数決とした。

次頁以降に、『選集』に収録されている井上円了の著書名とその初版刊行年を記す。

第一巻

『哲学一夕話　一～三』明治一九年（一八八六）七月～二〇年四月

『哲学要領　前編』明治一九年九月

『哲学要領　後編』明治二〇年（一八八七）四月

『純正哲学講義』明治二四年（一八九一）二月～九月

『哲学一朝話』明治二四年一一月

『哲学新案』明治四二年（一九〇九）一二月

第二巻

『通俗講談言文一致　哲学早わかり』明治三二年（一八八九）二月

『哲界一瞥』大正二年（一九一三）六月

『哲窓茶話』大正五年（一九一六）五月

『奮闘哲学』大正六年（一九一七）五月

第三巻

『真理金針　初編』明治一九年（一八八六）一二月

『真理金針　続編』明治一九年一一月

『真理金針　続々編』明治二〇年（一八八七）一月

『仏教活論序論』明治二〇年二月

第四巻

『仏教活論本論　第一編破邪活論』明治二〇年（一八八七）一二月

『仏教活論本論　第二編顕正活論』明治二三年（一八九〇）九月

『活仏教』大正元年（一九一二）九月

第五巻

『仏教通観　上下』明治三七年（一九〇四）六月

『仏教大意』〔明治三三年（一八九九）四月頃〕
『大乗哲学』明治三八年（一九〇五）一二月

第六巻
『日本仏教』大正元年（一九一二）九月
『真宗哲学序論』明治二五年（一八九二）五月
『禅宗哲学序論』明治二六年（一八九三）六月
『日宗哲学序論』明治二八年（一八九五）三月

第七巻
『純正哲学講義』明治二五年（一八九二）一一月～二六年一〇月
『仏教哲学』明治二六年（一八九三）五月～一〇月
『仏教理科講義』明治三〇年（一八九七）四月～三一年三月
『破唯物論』明治三一年（一八九八）二月
『印度哲学綱要』明治三一年七月

第八巻
『宗教新論』明治二一年（一八八八）三月
『日本政教論』明治二二年（一八八九）九月
『比較宗教学』明治二六年（一八九三）一一月～二七年一〇月
『宗教学講義　宗教制度』〔明治二八年（一八九五）一〇月頃〕
『宗教哲学』〔明治三五年（一九〇二）一一月～三六年一〇月頃〕

第九巻
『心理摘要』明治二〇年（一八八七）九月
『通信教授　心理学』明治二一年（一八八三）八月
『東洋心理学』明治二七年（一八九四）一一月頃

第一〇巻

『仏教心理学講義』明治三〇年（一八九七）四月頃

『心理療法』明治三七年（一九〇四）一一月

『活用自在　新記憶術』大正六年（一九一七）八月

第一一巻

『倫理通論　一、二』明治二〇年（一八八七）二月、四月

『倫理摘要』明治二四年（一八九一）五月

『日本倫理学案』明治二六年（一八九三）一月

『忠孝活論』明治二六年七月

『勅語玄義』明治三五年（一九〇二）一〇月

『教育総論』明治二五年（一八九二）一一月〜二六年一〇月

『教育宗教関係論』明治二六年（一八九三）四月

第一二巻

『館主巡回日記』明治二三年（一八九〇）一二月〜

第一三巻

『南船北馬集　一〜三』明治四一年（一九〇八）一二月、四二年一月、同上

『南船北馬集　四〜八』明治四三年（一九一〇）一月、同一二月、四五年（一九一二）四月、大正二年（一九一三）六月、三年二月

第一四巻

『南船北馬集　九〜一二』大正三年（一九一四）七月、四年二月、同一二月、五年六月

第一五巻

『南船北馬集　一三〜一六』大正六年（一九一七）六月、七年一月、同一一月、未刊〔七年〕

『〔補遺〕館主巡回日記』明治三九年（一九〇六）七月

第一六～一八巻
『妖怪学講義』明治二六年（一八九三）一一月～二七年一〇月
第一九巻
『妖怪玄談』明治二〇年（一八八七）五月
『妖怪百談』明治三一年（一八九八）二月、三三年四月
『通俗講義　霊魂不滅論』明治三二年（一八九九）四月
『哲学うらない』明治三四年（一九〇一）一二月
『改良新案の夢』明治三七年（一九〇四）一月
『天狗論』明治三六年（一九〇三）一二月
『迷信解』明治三七年九月
第二〇巻
『おばけの正体』大正三年（一九一四）七月
『迷信と宗教』大正五年（一九一六）三月
『真怪』大正八年（一九一九）三月
第二一巻
『妖怪学』明治二四年（一八九一）一二月～二五年一〇月
『妖怪学講義録』明治三一年（一八九八）八月
『妖怪学雑誌』明治三三年（一九〇〇）四月～三四年四月
妖怪学関係論文等（「妖怪研究」「妖怪報告」「妖怪学一斑」「甲州郡内妖怪事件取り調べ報告」「妖怪談」）
妖怪学参考図書解説（山内瑛一編）
妖怪学著書論文目録
第二二巻
『外道哲学』明治三〇年（一八九七）二月

第二三巻

『欧米各国政教日記　上下』明治二二年（一八八九）八月、一二月

『西航日録』明治三七年（一九〇四）一月

『南半球五万哩』明治四五年（一九一二）三月

第二四巻

『星界想遊記』明治二三年（一八九〇）二月

『円了随筆』明治三四年（一九〇一）二月

『円了茶話』明治三五年（一九〇二）一月

『円了漫録』明治三六年（一九〇三）一二月

『日本周遊奇談』明治四四年（一九一一）七月

第二五巻

『甫水論集』明治三五年（一九〇二）四月

『円了講話集』明治三七年（一九〇四）三月

初期論文（「主客問答」「尭舜は孔教の偶像なるゆえんを論ず」「僧侶教育法」「宗教編」「読荀子」「哲学の必要を論じて本会の沿革に及ぶ」「哲学館開設の旨趣」）

『井上円了選集』全二五巻のpdfファイルは、東洋大学学術情報リポジトリで閲覧することができる。「井上円了」で検索、あるいは、下記アドレスから直接ファイル一覧へ。https://toyo.repo.nii.ac.jp/index.php?action=pages_view_main&active_action=repository_view_main_item_snippet&index_id=351&pn=1&count=20&order=16&lang=japanese&page_id=13&block_id=17

また、そのテキストデータは、http://www.toyo.ac.jp/text-db/enryo_text.htm で公開されているが、第一七、一八、二二～二五巻は未完である。なお、このデータベースには『選集』の各ページ番号が記載されていないほか、校訂もやや不十分である。

論集　井上円了◎目　次

第三章　哲学の実践

装幀＝蟹江征治

刊行のことば

東洋大学創立者の井上円了は、明治維新の一〇年前、一八五八年に生まれ、大正デモクラシーが始まる一九一九年に亡くなっている。円了が生きた、活動・勇進・奮闘の六一年とその後の一〇〇年、その界面では、パリ平和会議の結果、日本は世界の中でゆれ動き、本格的な工業発展や都市化がすすむ中で、都市問題や労働問題が勃発し、大学令の制定により文化の大衆化が盛んになっていった。

円了か駆け抜けた六一年、その時代背景のもとに、円了がどういう風に育っていったか、また、どういう考え方を持つに至ったのか、今一度見直す時期にあるのではなかろうか。また、没後の一〇〇年、円了の残したものや思想がどのように発展または忘れ去られていったのか。それを掘り起こす必要があろう。

ところで「お化け博士」と呼ばれて庶民に親しまれた円了は、教育者、哲学者、心理学者、経営者、そして、科学者でもあった。インターネットから円了の人物像を拾い上げてみると、

・好奇心が強く行動力がある人、
・ユーモアのセンスがある人、
・自分が信じたことをみんなに広めようとする人、
・自分が思ったことを成し遂げる人、
・世界一周を三回もした活力あふれる人、
・哲学をみんなに役立てようとする人、
・不思議議を追い求め調べ確かめようと努力した人、
・理系とか文系とか気にせず広く学ぶ人、
・本当に日本を愛する人、

などなど、多彩な顔とやさしさが浮かび上がってくる。これらはこの一〇〇年の円了の評価でもあろう。

さて井上円了研究センターは、円了の建学の精神、教育理念、思想及び事跡の研究、ならびに、東洋大学史等に関する研究を推進し、哲学館以来の東洋大学の特性を内外に示し、その歴史と伝統を継承し発展させて、世界文化の発展に寄与することを目的とし、さまざまな研究と事業を展開している。その一環として、ここに円了没後一〇〇周年記念論集を発行することになった。センターに所属する研究者が、没後一〇〇周年を機に、円了哲学の新たな意義を多様な分野から問い直し、次の五〇年、一〇〇年に円了の遺産をつなげようとする試みである。

いま日本は、バブル経済崩壊後の「失われた時代」からの脱出にもがき苦しみ、それに覆いかぶさるように、少子高齢化が進み、さらに気候や環境変動に関連して襲いかかる巨大な災害、まさしく国家興亡の岐路に立っているといっても過言ではない。円了が今生きていたとしたら、「この非常の難局に対して、自ら日本の理想、世界の理想の実現を目指すためには、明治から現在に至る日本の歴史を学び、その根底にある思想や哲学を見極めなければならない」と言うのではなかろうか。そこで、円了が一貫して志した、「哲学の通俗化」と「哲学の実行化」に従って今日、我々が行動するためにも、この一〇〇年の円了哲学の進化と退化を掴まえながら、現在の日本に必要なことを次世代のために準備する必要があると考える。本書がかかる意味においてささやかにても貢献し得るならば、私の最も悦ばしいところである。

東洋大学井上円了センター長　吉田善一

二〇一九年二月

第一章

円了哲学の核心

東洋哲学の先駆者　井上円了

三浦節夫

一　東京大学文学部哲学科の創立

一八六八年（明治元）、政権を奪取した新政府は、江戸幕府の「学校」であった昌平坂学問所、開成所、医学所を接収して、それぞれ昌平学校、開成学校、医学校と改称して復興した。一八六九年六月、昌平学校、開成学校、医学校を総合して大学校とすることになったが、「その初めから国学者と漢学者との対立抗争によって紛糾した。その結果同年十二月に若干の制度改正が行われたが〔大学校は大学本校、開成学校は大学南校、医学校は大学東校と改称され、一種の総合大学として再スタートした――引用者註、〔　〕内は以下同じ〕混乱は到底収まらず、翌三年二月に大学規則が制定されるに及んで洋学派に対する攻撃も始まった。この間、教官と学生との反目、大学当局者の分裂、大学当局に対する教官・学生の反発など、大学は四分五裂の状態となって収拾の途なく、遂に大学本校は明治三年七月を以て閉鎖された」(1)。

ところで、一八七〇年（明治三）に制定された大学規則は、日本の最初のまとまった近代教育法規であり、大学の学科は教科・法科・理科・医科・文科の五つが考えられていたが、前述の国学者と漢学者の対立抗争によって、大学規則はついに実施されなかった。その後、一八七七年に東京大学が設立されるまで、つぎのような紆余曲折をたどった。

一八七一年（明治四）に大学本校に代わって文部省が設立され、残っていた大学東校と大学南校は単に東校・南校と改称された。一一月に学制改革のために、東校・南校を一時閉鎖し、学則を改正して東校・南校を再開して新たに生徒を募集した。一八七二年には大学・中学・小学を定めた「学制」を頒布して、東校を第一大学区医学校、南校を第一大学区第一番中学と改称した。しかし、第一番中学校は一八七三年（明治六）に専門学校となり開成学校と改称され、さらに一八七四年五月に第一大学区開成学校・医学校を大学区から独立させて、東京開成学校・東京医学校と改称した。

そして、一八七七年（明治一〇）四月、この東京開成学校・東京医学校を合併して誕生したのが、日本で初めての総合大学である東京大学であった。創立時は、文学・法学・医学・理学の四学部と、東京英語学校を改称した予備門で構成されていた。このうち、文学部の学科は二つで、第一科として「史学、哲学及政治学」、第二科として「和漢文学科」が設けられた。

『東京大学百年史』の執筆者は、文学部の創設についてつぎのように述べている。『東京帝国大学五十年史』には文学部の開設を評して「法学部及理学部が何れも旧開成学校の法学科及理学科の事業を継承せると異にして、全く新に設置せられたものに係る」（上冊、六八五頁）と述べているが、…この観察は一面的と言わざるを得ない。つまり文学部は西洋流の新しい学問の摂取と共に、日本古来の伝統の保存にかなりの注意を払っていたのである[2]」そのことはすでに述べた第一科の三学科と第二科の内容をみれば一層明らかになると述べている。（「政治学は今日の通念で言えば文学部よりむしろ法学部に属すべきものと思われるが、恐らくは西洋の諸大学で政治学が哲学部内に置かれたのにならったものであろう[3]」という）。ところが、第一科は二年後の一八七九年（明治一二）に史学が無くなり、代わって理財学（経済学）が入り、「哲学、政治学及理財学科」となった。

さらに一八八一年（明治一四）九月一五日、「文学部の学科組織がさらに改められ、今まで政治学及び理財学と共に第一科を形成していた哲学を独立させてこれを第一科とした。そして政治学及び理〔財〕学科は第二科、和漢文学科は第三科となった。しかし従前通り、第一年の授業はほぼ三科共通であった[4]」

ところで、この改正にあたって、「文学部の哲学及び政治学及理財学科の新設については、大学側と文部省側の間に、三か月近くにわたって、照会─回答─再照会─再回答の手続きが繰り返され[5]」、同時に進められた理学部の改正は一度の申し出で終わったことと比べると、非常に対照的であった。（なお、一八八五年（明治一八）一二月の学科改正により、政治学及理財学は法政治学部へ移し、和漢文学科も分離し、文学部は哲学科・和文学科・漢文学科の三科となった。）

二　東洋哲学の先導者・加藤弘之

加藤弘之は、近代日本の学術・思想を創ったリーダーの一人として知られている。加藤は一八三六年（天保七）に但馬国出石藩（現在の兵庫県）の甲州流兵学師範の家に生まれた。一八四三年（天保一四）の八歳から文武の修業を始め、一八四五年（弘化二）の一〇歳で藩校の弘道館に入学した。その後、一八五二年（嘉永五）の一七歳のとき、父に随って江戸へ出て、甲州流の兵学を修め、佐久間象山の蘭学塾に入った。一旦、帰郷したあと、一八五四年（安政元）の一九歳で再び江戸へ出て、坪井為春のもとで蘭学を学んだ。父の死去があって帰郷したが、一八五六年（安政三）の二一歳のとき三たび江戸へ出て、坪井の塾で学修を続けた。一八六〇年（万延元）の二五歳で蕃書調所手伝となり、ここで初めてドイツ語を学んだ。

加藤の回想によれば、先祖代々の兵学を研究しなければならなかったが、「西洋兵学は世間之を好む人も多くなり、且つは余自身は兵学よりも哲学、倫理学、法学等の研究を好むやうになつたのであるから、……多少世間のためにもなるならんと考へて、遂に志を変じて、其好む所の研究をなさんとすることとなつたのである[6]」。一八六四年（元治元）には二九歳で幕府の直臣に抜擢され、開成所教授職並に就任した。

明治維新（一八六八年）に際して、三三歳で新政府から改めて開成所教授職並を命ぜられ、一八六九年（明治二）に三四歳で大学大丞に就任し、一八七一年に文部大丞となった。その後、明治政府から幾度か任官されるが、これを辞職することを繰り返した。そして、一八七七年、文部大輔・田中不二麻呂によって、四二歳で東京大学法学部・理学部・文学部の三学部綜理に就任した。（当初、医学部綜理は池田謙齋であった。）一八八一年（明治一四）に改正があって、加藤は四学部の初代総理となった。（この年から学部長が置かれ、文学部長は外山正一が就任した。）

さて、東京大学の文学部の創立当初、第一科（史学、哲学及政治学、翌々年から哲学、政治学及理財学科）のカリキュラムはつぎのようになっていた。[7]

第一学年　英語（論文）、論理学、心理学（大意）、和文学、漢文学、フランス語またはドイツ語
第二学年　和文学、漢文学、英文学、哲学（哲学史・心理学）、欧米史学、フランス語またはドイツ語
第三学年　和文学、漢文学、英文学、哲学（道義学）、欧米史学、政治学、経済学
第四学年　英文学、欧米史学、哲学、政学および列国交際法

これによれば、哲学は心理学・道義学（倫理学）・論理学、純正哲学を講義することになっていて、「印度及支那哲学」（東洋哲学）は入っていない。その後のことを調べると、一八八一年（明治一四）の改正によって、哲学科が独立したときから、新設の課目として「印度及支那哲学」（東洋哲学）の講義が行われるようになったのである。

このように、東京大学文学部の哲学科に、西洋哲学と並んで東洋哲学を導入したのは、大学綜理の加藤弘之である。井上哲次郎の回想によれば、ドイツ学を専門にし哲学を学んでいた加藤は、「どうも仏教にも哲学があるようだから、大学に於ても仏教を講じて貰つたらどうだらう[8]」と語っていたという。

加藤の日記には、「午前十一時半ヨリ出学、三時ヨリ法文学部にて文学部教員ヲ集メ、学問ト云フコトニ就キ卑見ヲ述テ諸先生ニ質スト至ル題ニテ演説ス、是ハ和漢教員ノ学問ト云フヲ知ラサル故戒ムル為ナリ[9]」と記している。日付は一八八五年（明治一八）二月一二日である。東京大学が開設されてから八年経っても、加藤には自分の学問観と大学の教員のそれに違和感があったのであろう。

このような学問観をもつ加藤が、どのようにして「仏教に哲学がある」と考えるようになったのだろうか。す

でに述べた略歴には、加藤が仏教をとくに学んだ事実はない。『加藤弘之日記』を翻刻した中野実の解説によれば、登場人物で頻出するのは家族のことであり、また家計のことであり、大学のことは「出学」「大学出勤」という記述が多く、内容は詳述されていない。一八八〇年（明治一三）一月七日に娘の文子のことが、つぎのように書かれている。[10]

七日　晴
文子両三日前より風邪之気味ノ処今朝俄ニ甚敷竹内氏ヲ頼ミ早速被参呉大凡九時ノ事午後二時二十分迄附添イロ〳〵試療致被呉タレトモ遂ニ其功ナク後ニハ昏睡状ニテ午後二時二十分頃死去ス尤モ前同氏ニ指示ニテ池田ヲ頼遣シタレトモ留守依テ東京府病院雇ブッケマン氏ヲ頼同氏直ニ被来タレトモ既ニ其時死時来レルヲ以如何共スル能ハサリキ可悲齢四年十ケ月ナリ即明治八年ノ三月十八日生誕ナリ病名急性脳水腫ナリ
八日　晴
今日午後二時出棺小石川念速寺ニ葬送但同寺ハ朱引内ニテ埋葬被禁故近地同宗新福寺ニ埋葬ス一昨年死セル花子并ニ昨年死セル姑氏ト同処ナリ文操ト法名ヲ命ス

加藤の家族への想いは強かった。その葬儀を任されたのは小石川の念速寺で、日記にたびたび出てくる。当時の念速寺の住職は近藤秀嶺であったが、井上円了によれば、「念速寺は加藤老博士の子供の逝去せし時に、此に葬儀を行はせられたりとて平素親しく御交際を辱うして居る」[11]といい、前述の日記のように、加藤家の仏事を担当していた。この近藤住職は、一般の住職と異なり、「東京に於ける真宗大谷派〔東本願寺派〕寺院中の仏教学者にして、倶舍、唯識、華厳、天台等の教理も一通り心得居る」[12]教理学者であった。

加藤はこの念速寺の近藤住職と相談して、仏教の本質を理解しようとしていたと考えられる。そのことは、『加藤弘之日記』の一八八一年（明治一四）二月一九日のところに「出学〇午後一時前より増上寺住職福田行誡方へ参リ仏道ノ事ヲ質ス嘗テ念蓮〔速〕寺へ紹介ヲ頼置キタルナリ[13]」とあることで証明されるだろう。福田は浄土宗の僧侶・学者であり、のちに浄土宗管長となり、宗派を超えて名僧と仰がれた人物である。

円了によれば、大学で仏教を講義に加えたいと考えた加藤は、洋行した僧侶で政府の「三条教則」を批判し信教の自由を建白した西本願寺（浄土真宗本願寺派）の島地黙雷に相談した。円了は大学で「仏教の講師を聘することになり、老博士〔加藤〕より島地黙雷師に相談ありしに同氏は原坦山翁を紹介せられたり。依て老博士親ら浅草公園に仮寓せる、坦山翁を訪はれたりしに、翁は見物小屋《ミセモノ》の明屋《アキ》を借り受け、其の中に寓居せられしを見て、老博士も一驚せられたりとのことなり[14]」と述べている。こうして、加藤は仏教の講師として、原坦山を招聘した。『東京大学百年史』によれば、「明治十二（一八七九）年九月十八日の学科課程改正において、「別ニ仏書講義ノ一課目ヲ置キ文学部各級生徒ヲシテ随意聴講セシム[15]」とされ、原坦山が担当した。

当時、井上哲次郎は学生として、すぐに聴講の希望を申し出たといい、そして「その講義は最初『大乗起信論』をテキストに用ひた。講義の仕方はこれ亦上乗とは思はれなかつたが、その撰んだテキストが好かつたため、学生も喜んで聴き、又学生のみならず、時の綜理加藤博士も初めの内はこれを傍聴され、大学以外から西村茂樹博士のやうな人も傍聴され、その他外山正一博士のやうな教授も席に列るなど種々の人々が聴講したやうに、坦山氏の仏典講義は当時学界の注目を惹いた。兎に角、廃仏毀釈の後を受けて仏教の形勢が甚だ振はなかつた時代に、大学で仏典を講じたことは、歴史上注目すべきことである[16]」と、哲次郎は語っている。

『加藤弘之日記』の一八八一年（明治一四）四月一六日のところに、「今日ハ植物園之事ニ付文部省御用掛伊地知正治方参ル不快ニテ面会セスソレヨリ増上寺へ参リ行誡ト面晤帰ル又後六時過ヨリ学校演説ニ参ル原坦山仏教大意ノ演説九時頃帰ル[17]」。このようにして原坦山は大学関係者へ紹介されたのである。

ところが、坦山を仏教の講師に決めたと聞いた念速寺の近藤は、加藤に対して「坦山翁は禅門の悟道の方にて、教相学者にあらず。殊に天台学などは全く学びたることなき人なり。因て今一人教相専門学者の招聘せられ度由を申上げ、老僧の紹介にて吉谷覚寿師が、大学の講師を命ぜらるゝに至れり[18]」という。吉谷は東本願寺（真宗大谷派）の代表的な仏教学者であった。

このようにして、一八八一年の改正によって、文学部の哲学科は独立し、「そして哲学科はその科目のなかに新たに世態学（社会学）、審美学（美学）を加えるとともに、「印度及支那哲学」を含む形をとった。ここで、「哲学」という概念がひろげられたのであって、明治一五年には科目として「東洋哲学」が増設された。それとの関連でこの時期には「西洋哲学」という名称も用いられるようになった。

当時の公私の文書によって見るに、新時代の学術が西洋志向に偏するのに対して、反省と是正を求める意見がおこり、他方これが固陋に復するのを危惧する論もあり、さらには双方を統合する理念がかかげられるなど、学問論ないし文明論と制度上の問題とが絡みあって盛んに議された様子がうかがわれる[19]」と、当時の様子が記されている。中国哲学は儒教・漢学であるから、これを重視して科目とすることは考えられ、現に漢文学はあったが、仏教は「印度哲学[20]」といわれ、これまでの大学教育の論争の俎上に上ることもなかったから、加藤の果たした役割は大きかった。

三　井上哲次郎『東洋哲学史』講義

一八八三年（明治一六）九月、日本で初めて「東洋哲学」という用語がついた講義が、東京大学文学部哲学科で行われた。担当したのは、東京大学の第一回卒業生の井上哲次郎であったが、この東洋哲学の講義を企画したのも、綜理の加藤弘之であった。

井上哲次郎は一八八五年（安政二）に、筑前国大宰府（現在の福岡県）の医者の家の三男に生まれた。一八六二年（文久二）の八歳のときから、中山徳山に就いて漢学を学んだ。一八六八年（明治元）、博多へ出て村上研次郎について英語を学び、一八七一年の一七歳のとき、決意して長崎の広運館に入学した。ここで認められて、一八七五年の二一歳で東京へ出て、東京開成学校に入学した。一八七七年に東京大学が創立されると、文学部で

「哲学及政治学」を学んだ。一八七八年にハーバード大学出身のフェノロサが哲学及び政治学担当の教師として東京大学へ就任した。

大学に於て、更に哲学への興味を深くせしめ、且つ自分の思想的傾向に多大な影響を及ぼしたのは、フェノロサ氏であった。……氏は二十六歳であった。氏が未だ青年とも言ふべく、溌剌たる元気を以つてデカルトからヘーゲルに至までの哲学史を講じたが、その印象は今日猶ほ忘れることが出来ない[21]。

哲次郎は一八八〇年（明治一三）に二六歳で東京大学を卒業し文学士となったが、当初の海外留学の志望は達せられずにいるところへ、「加藤綜理は自分に対して、「東洋哲学史」の編纂をやつてはどうかと言はれた。自分も東洋哲学史には興味を有つてゐたので、その気になり、文部省の編輯局に入つて、これに従事した。……ここに約一年ばかり居たが、文部省はどうも官僚主義が強くて、自分には余り適しないやうに思はれたので、一日加藤綜理を訪ねてこの旨を述べたところ、綜理は、それでは大学へ来て「東洋哲学史」の編纂をしてはどうかと言ふことであつた。それは自分の最も希望するところであるから、早速文部省を辞めて大学の編輯所に入り、大学の助教授に就きながら、「東洋哲学史」の編纂に従つた。……自分は助教授ではあつたが、初めの内は講義をすることなく、専ら編輯に従事し、その後講義を始めたのは、右「東洋哲学史」の原稿が大分出来てからである[22]」。

一八八三年（明治一六）九月、哲次郎が「始めて東洋哲学史の講義を開く。聴講者は井上圓了、三宅雄二郎、日高眞実、棚橋一郎、松本源太郎等拾数名なり[23]」。一八八四年二月、哲次郎は三年間の哲学修業のために留学を命ぜられ、ドイツへ出発した。

哲次郎の東洋哲学史については、講義が行われたことは知られているが、その内容については研究者の間でも言及されたことがない。ところが、東洋大学井上円了研究センターには、井上円了が表紙に「東洋哲学史　巻一」と記録した和紙のノート（総数九六頁）がある。すでに述べたように、円了は哲次郎の講義を聴講していたからである。ここでは、その概略を記すことにしたい。ノートの一頁はつぎのように書かれている。

東洋哲学史　　井上圓了
井上哲次郎氏口述
儒学起源
義解○儒ニ二義アリ一ハ孔孟ノ道ヲ学ブモノヲ云ヒ一ハ総シテ諸学ニ通スルモノヲ義トス然レトモ爰ニ儒学ト云ヘシハ孔孟ノ学ヲ指ス

また、二頁には孔子について、つぎのように書かれている。

教体○孔子ノ道ハ決シテ純粋ノ哲学ト云フヘカラス全ク修身ノ一学ヲ本トスルモノナリ傍ラ政治ヲ評シ宗教ヲ説クニ過キス其政治モ宗教モ皆修身ニ本イテ立ツルモノナリ

このノートの二〇頁までは、儒学史になっているが、講義の日付などは書いていない。その後から、日付と第何講が記されているが、当初は孔子が中心であり、その後に対象が代わっている。

明治十六年一月ヨリ　第五講　一月十一日
第六講　一月十八日
第七講　一月二十五日
第八講　二月一日
第九講　二月十五日

第十講　二月二十三日　孔子学爰ニ終ル
第十一講　三月八日　孟子
第十二講　四月十二日　孟子
第十三項　四月二十六日　孟子
第十四講　五月十日　荀子
第十五講　五月十〔七日〕　荀子
第十六講　五月二十四日　楊子
第十七講　六月一日

これによって分かるが、哲次郎の東洋哲学史の講義は、支那哲学すなわち中国哲学のみが対象であり、印度哲学すなわち仏教哲学は含まれていなかったのである。

四　井上円了による東洋哲学の「発見」

一八八一年（明治一四）、東京大学文学部の哲学科が独立したとき、井上円了はただ一人の入学生で、西洋哲学と東洋哲学の二つを合わせて学ぶ初めての学生であった。

円了は一八五八年（安政五）、越後国長岡藩西組浦村（現在の新潟県長岡市）の慈光寺（東本願寺末）の長男に生まれた。慈光寺はすでに二〇〇年の歴史があったが、教団の平均的規模（門徒数）の寺であった。長男は次の住職になる決まりであったから、円了は父である住職から僧侶になる教育を受けた。一〇歳のとき、円了は明治維新（一八六八年）を迎えるが、この年から石黒忠悳の塾で学んだ。石黒は二三歳の蘭方医で、江戸の医学所の助教をしていたが、戦火を予想して帰村していた。この塾で漢学と算数の初歩を習ったが、円了は大雪で誰もこないだろうと石黒が思っていた日でも通学してきた。九月に長岡藩と新政府軍の北越戊辰戦争があり、一二月には佐渡での廃仏毀釈があった。石黒は円了に対して、時代の変化、西洋という世界など、教科以外のことを教えてくれ、円了を目覚めさせたのであった。

石黒は江戸の戦火が無くなると、塾を閉鎖して江戸に戻ったが、一八六九年（明治二）から藩の儒者だった木村鈍叟から慈光寺を学校として四年間にわたり、藩校レベルの本格的な漢学教育を受けた。同時にこの頃から、円了は英語の勉強を始めた。

一八七一年、円了は一三歳で得度した。漢学教育を終えた円了は洋学へと転じた。廃墟となった長岡の復興を願って作られた長岡洋学校の後身である新潟学校第一分校へ、一八七四年に入学し、英語で洋学と数学を学んだ。円了は日本の文明開化を意識した青年となり、二年間で卒業し、その後は後身の長岡学校の教師の助手に雇われていた。

このようにして長岡にいた円了に対して、京都の東本願寺から「至急上洛せよ」との命令があった。教団でも新たな教育体制を作るために、まず若くて優秀な僧侶を本山で英才教育を施して教員とする方針で、英語ができた円了は、一八七七年に教師教校英学科に入学した。半年後、円了は東京留学生に選ばれ、一八七八年四月八日に東京に着いた。二〇歳になった円了は翌日、小石川の念速寺に一泊した。ここで住職の近藤秀嶺と共に「加藤老博士〔弘之〕を訪問する事を定め、数日の後近藤老僧余を案内して番町上二番町四十四番地に至り、初めて老博士に面謁するを得たり。是より後時々拝趨して知遇を辱うせり[24]」

九月に円了は、加藤が勧めた東京大学予備門の入学試験を受けた。幸いに合格して第二年級（第一期生）となり予備門で学び始めた[25]。予備門を卒業しなければ、学部に入学できない制度であったが、毎年六〇～一〇〇名以上が進級できないほど、激しい学力試験が課せられていた[26]。円了はクラスで首席を争う成績で無事に卒業し、一八八一年九月、文学部哲学科に入学した。円了は哲学科の四年間に、つぎのような哲学関係の講義を受けている[27]。

第一学年（明治一四年度　一四年九月―一五年八月）
漢文学―講師は信夫粲。『史記』と月二回の作詩。
論理学―講師はE・F・フェノロサ。エヴエレット『論理学』。
第二学年（明治一五年度　一五年九月―一六年八月）
論理学―講師は千頭清臣。ゼボン『論理学』など。
東洋哲学―講師は井上哲次郎。東洋哲学史。
西洋哲学―講師はフェノロサ。スペンサー『世態学』、モーガン『古代社会』を参考に社会学を講義し、シュベグラー『哲学史』（英語抄本）を教科書として近世哲学史やカント哲学を講義。
西洋哲学―講師は外山正一。ペイン『心理学』、カーペンター『精神生理学』、スペンサー『哲学原理総論』などを用いて心理学を講義。
漢文学―講師は信夫粲。唐家八家文。
第三学年（明治一六年度　一六年九月―一七年八月）
哲学―講師は島田重礼。支那哲学。
印度哲学―講師は原坦山。『輔教論』、『大乗起信論』。
印度哲学―講師は吉谷覚寿。『八宗綱要』。
西洋哲学―講師はフェノロサ。ウォーレスの英訳本を使用して、カント哲学からヘーゲル哲学への展開、ヘーゲルの論理学を講義。
漢文学―講師は三島毅。『左伝』、『荀子』、『揚子』、『法言』などの輪読。
第四学年（明治一七年度　一七年九月―一八年八月　この年度は試業証書がないので推測）
東洋哲学―印度哲学。講師は原坦山。『大乗起信論』、『維摩経』。講師は吉谷覚寿。『天台四教儀』。
東洋哲学―支那哲学。講師は島田重礼。『荘子』。

西洋哲学―心理学。講師は外山正一。ダーウィン、スペンサー、ミルなどの著作を教科書にした。
西洋哲学―道義学・審美学。講師はフェノロサ。H・シジビック『道義学』やカントの著作を教科書とし、基礎を純正哲学に置いて、ヘーゲル哲学からスペンサー哲学にもとづいて、道義哲学・政治哲学・審美哲学・宗教哲学を講義。
漢文学―講師は中村正直。易論。

このようにして、円了は西洋哲学と東洋哲学を学んだ。この間に、一八八四年（明治一七）一月に中心者となり、西周、加藤弘之、井上哲次郎、三宅雪嶺の賛同を得て「哲学会」を創立した。そして、一八八五年七月に予備門から学部を通した第一期生の首席として卒業した。その後、国費給費生に選ばれて、研究生、帝国大学大学院生になった。この二年間に初期の代表作を執筆しているが、途中で肺出血して療養を余儀なくされたけれども、著述出版を続け、一八八七年九月に「私立哲学館」を創立した。
円了は予備門から学部までの七年間に東京大学で哲学を中心に西洋諸学を修学した。西洋哲学を教授したのはフェノロサであり、これを補佐したのが外山正一である。円了は自伝を残していないが、一八八七年に出版した『仏教活論序論』には、一般に円了の「思想遍歴」と言われる文章を残している。少し長いが、原文を引用しておこう。[28]

そもそも余が純全の真理の仏教中に存するを発見したるは、近々昨今のことなりといえども、そのこれを発見するに意を用いたるは今日今時に始まるにあらず。明治の初年にありて早くすでにその意を起こし、爾来このことに刻苦することここに十有余年、その間一心ただこの点に会注し、未だかつて一日もこれを忘れたることなし。しかれども、余あえて初めより仏教の純全の真理なることを信ぜしものにあらず。未だその純全の真理なることを発見せざるに当たりては、あるいはかえってこれを非真理なりと信じ、誹謗排斥することすこしも常人の見るところに異ならず。

余はもと仏家に生まれ、仏門に長ぜしをもって、維新以前は全く仏教の教育をうけたりといえども、余が心ひそかに仏教の真理にあらざるを知り、顱を円にし珠を手にして世人と相対するは一身の恥辱と思い、日夜早くその門を去りて世間に出でしことを渇望してやまざりしが、たまたま大政維新に際し一大変動を宗教の上に与え、廃仏毀釈の論ようやく実際に行わるるを見るに及んで、たちまち僧衣を脱して学を世間に求む。

初めに儒学を修めてその真理を究むること五年、すなわち知る、儒学も未だ純全の真理とするに足らざるを。ときに洋学近郷に行われ、友人中すでにこれを修むるものありて、余に勧むるにその学をもってす。余おもえらく、洋学は有形の実験学にして無形の真理を究むるに足らずと。故をもって一時その勧めに応ぜざりしも、退きて考うるに、仏教すでに真理にあらず、儒教また真理にあらず、なんぞ知らん、真理はかえってヤソ教中にありて存するを。しかしてヤソ教を知るは洋学によらざるべからず。これにおいて儒をすてて洋に帰す、ときに明治六年なり。

その後もっぱら英文を学び傍ら『バイブル』経をうかがわんと欲すれども、僻地の書肆未だその書を有せず。たまたまその書を有するも、家貧にしてこれを購読するの余財なし。すでに友人中シナ訳の一本を有するものあり。ついでまたその原書を得、原訳相対して日夜熟読するに、ややその意を了することを得たり。読み終わりて巻を投じて嘆じて曰く、ヤソ教また真理とするに足らず。

余これに至りてただますます惑うのみ。かつ怪しみておもえらく、儒仏の非真理すでにかのごとく、ヤソ教の非真理またかくのごとし。しかるに世人の、あるいは儒仏を信じ、あるいはヤソ教を信ずる者あるはなんぞや。けだし世人の知力よくその非真理を発見せざるによるか、またその非真理を知りてこれを信ずるによるか。余は決して真理にあらざるものを真理として信ずることあたわず。これにおいて余断然公言して曰く、旧来の諸教諸説は一も真理として信ずべきものなし。もしその信ずべき教法を求めんと欲せば、自ら一真理を発見せざるべからず。

余これよりますます洋学の蘊奥を究め、真理の性質を明らかにして、心ひそかに他日一種の新宗教を立てんことを誓うに至る。爾来、歳月怱々、早くすでに十余年の星霜を送る。その間余がもっぱら力を用いたるは哲学の研究にして、その界内に真理の明月を発見せんことを求めたるや、ここにまた数年の久しきを経たり。一日大いに悟るところあり、余が十数年来刻苦して渇望したる真理は、儒仏両教中に存せず、ヤソ教中に存せず、ひとり泰西講ずるところの哲学中にありて存するを知る。ときに余が喜びほとんど計るべからざるものあり。あたかもコロンブスが大西洋中に陸地の一端を発見したるときのごとし。これにおいて十余年来の迷雲始めて開き、脳中豁然として洗うがごとき思いをなす。

すでに哲学界内に真理の明月を発見して更に顧みて他の旧来の諸教を見るに、ヤソ教の真理にあらざることいよいよ明らかにして、儒教の真理にあらざることまたたやすく証することを得たり。ひとり仏教に至りてはその説大いに哲理に合するをみる。余これにおいて再び仏典を閲しますますその説の真なるを知り、手を拍して喝采して曰く、なんぞ知らん、欧州数千年来実究して得たるところの真理、早くすでに東洋三千年前の太古にありて備わるを。しかして余が幼時その門にありて真理のその教中に存するを知らざりしは、当時余が学識に乏しくしてこれを発見するの力なきによる。これにおいて余始めて新たに一宗教を起すの宿志を断ちて、仏教を改良してこれを開明世界の宗教となさんことを決定するに至る。これ実に明治十八年のことなり。これが余が仏教改良の紀年とす。

この文章は読んで分かるように、履歴の事実を書いたものではなく、自己の思想の問題を「真理の追究」という視点からまとめたものである。また、書名で分かるように、仏教の関係者に訴えかけるように、この文章には偏りと強調が見られる。前半の生誕から洋学までは長岡時代であり、後半は東京大学時代である。

ここでは、後半部分を取り上げよう。「ますます洋学の蘊奥を究め」「もっぱら力を用いたるは哲学の研究」であったという。時期として考えられるのは、哲学科の二年から三年のフェノロサの講義である。西洋哲学史を学び、つぎにカントからヘーゲルへの近世哲学を学んでいる。円了は三年生のとき、西洋紙のノート二冊を綴じた『明治十六年秋　稿録　文三年生　井上円了』を作っている。内容は英文書の抜書きである。これを分析したドイツ人の研究者であるライナ・シュルツァは、抜粋された五四冊のうち哲学が四四冊に及んでいることを明らかにし、「井上円了の思想に見られる西洋哲学の影響は、全てのことに亘るものである」[29]と判断している。筆者の推測ではあるが、フェノロサの講義とこの『稿録』のような自己の研究によって、円了は「一日大いに悟るところあり、余が十数年来刻苦して渇望したる真理は、儒仏両教中に存せず、ヤソ教中に存せず、ひとり泰西講ずるところの哲学中にありて存するを」知ったのではないだろうか。

円了はよく著述で「真理の標準は哲学にあり」という。西洋哲学を前提にして、他の哲学や宗教を論定していたと考えられる。先の「思想遍歴」の文章からいえば、続いて仏教が哲理に合致していることを取り上げるのが、従来の井上円了思想研究の一つの流れであろう。現在でも『百科事典』などでは、井上円了＝仏教哲学者と規定されている。それ故に、円了は学生時代から仏教の研究に取り組んでいたと思われがちだが、円了の学生時代に書かれた論文をみると、円了の真理追究の途は、そう単純ではない。円了が論文で仏教に言及したものは、仏教は宗教の一つという範囲内であって、まだ仏教を専門的なテーマとしていないことがわかった。これに対して、円了が学生時代に最初に追究し続けたのは、儒教つまり中国哲学であった。この事実を明らかにするために、当時の論文のリストをあげよう。

第一学年（明治一四年度　一四年九月―一五年八月）
「堯舜ハ孔教ノ偶像ナル所以ヲ論ス」（一五年六月、『東洋学芸雑誌』）
第二学年（明治一五年度　一五年九月―一六年八月）
「黄石公ハ鬼物ニアラズ又隠君子ニアラザルヲ論ズ」（一六年五月、『東洋学芸雑誌』）
第三学年（明治一六年度　一六年九月―一七年八月）

「排孟論」（一七年一月、『東洋学芸雑誌』）
「読荀子」（一七年八月、『学芸志林』）―卒業論文
第四学年（明治一七年度　一七年九月―一八年八月）
「孟子論法ヲ知ラズ」（一七年一二月、一八年四月、『東洋学芸雑誌』）
「易ヲ論ス」（一八年七月と八月、『学芸志林』）

このように、円了が学生時代に西洋哲学とともに追究していたのは、まず中国哲学であったことがわかるであろう。このことを解明したのは、中国古代思想史の専門家の佐藤将之である。佐藤は、「創設期の東京大学という場で生み出された円了の中国哲学関係の一連の論述ならびに、そのある意味での結晶として聳え立つ「読荀子」は、当時における荀子研究だけでなく、第二次世界大戦までの「支那哲学」とよばれた現在でいう中国哲学という学術領域を開拓した先駆的な論考群であったということである。あえて誤解を恐れずに言えば、円了こそは、彼の先輩であり、師でもあった井上哲次郎とともに、「中国哲学」というフィールドの創始者だった[30]」のである。

東洋哲学といえば、中国哲学と印度哲学である。いま、円了が中国哲学を「発見」したことを述べた。つぎに円了が当時、印度哲学と呼んでいた仏教に哲学があると、自覚的に認識したのはいつだろうか。現在ある資料からみれば、筆者が見つけ出した東本願寺への「上申書」の下書き（一八八四年（明治一七）秋、四年生）である。その一説に、西洋哲学と仏教論の比較がある。

〔哲学ハ〕古代近世ノ二種アリ、日耳曼英国ノ二派アリ、今総シテ宗教別シテ仏教ニ関係ヲ有スルモノハ、哲学ノ諸科ト理学中物理生物ノ諸科ナリ。而シテ哲学中其最モ密切ナル関係ヲ有スルモノハ純正哲学ナリ。之ヲ仏教ヲ配スルニ、其所謂実体哲学ハ小乗諸派ニ類シ、心理哲学ハ大乗唯識ニ類シ、論理哲学ハ天台ニ類ス、或ハ倶舎ハ其所謂唯物論ニシテ、法相ハ唯心論、天台ハ物心二元一体論ニ同シ、或ハ又英国哲学ハ心理学

ヲ本トスルヲ以テ倶舎唯識ノ比スヘク、独逸哲学ハ論理ヲ本トスル以テシ華厳天台ニ比スヘシ。是ニ由リテ之ヲ観レハ、西洋哲学数百年来研究スル所ノ真理、仏一代五十年間所説ノ法門ノ外ニ出ツル能ハス。又西洋諸学今日論決スル所諸説、尽ク千年以前ニ存スルヲ見レハ、誰レカ釈尊ノ活眼卓識セ□□人ノ意外ニ出ツルヲ嘆セサルモノアラン。東洋古学ヲ再興シテ独リ西洋□□学□ニアラシ、豈之ヲ野蛮視愚法ナリトシテ廃棄スルノ理アルヤ。(31)

先の「思想遍歴」に述べられていたように、円了は西洋哲学の核心を獲得し、そこから仏典と比較したのであるが、この下書きのようにある程度の見当はついていた。『仏教活論序論』には、「明治十八年は広く内外東西の諸書を捜索し、毎夜深更に達するにあらざれば、寝褥に就かず。褥に就く後といえども、種々の想像心内に浮かび、終夕夢裏に彷徨して堅眠を結ぶあたわず。故をもって、日夜ほとんど全く精神を安んずることなし。かくのごときものおよそ数カ月に及び、心身共に疲労を感ずるに至るも、あえてこれを意に介せず。刻苦勉励常のごとくなりしが、ついに昨春より難治症にかかり、病床にありて医療を加うることここにすでに一年をこゆるに至る」(32)。結局、円了は哲学の諸論を、唯物論→唯心論→物心二元論、主観論→客観論→理想論、経験論→本然論→統合論、空理論→常識論→折衷論、可知境→不可知境→両境と、その流れを位置づけ、仏教は有→空→中道としている。それぞれの思想の発展は正・反・合という弁証法であると捉えている。

このような西洋哲学と東洋哲学の研究は、円了の『哲学要領　前編』という、日本人の手になる初めての西洋哲学史にまとめられる。この『哲学要領　前編』はのちに単行本になったが、当初は、東京大学の三年生から『令知会雑誌』という月刊誌に発表された論文である。その順番をあげておこう。

明治一七年四月　　第一段　哲学緒論
明治一七年六月　　第二段　東洋哲学

明治一七年九月　第三段　支那哲学
明治一七年一〇月　第四段　印度哲学
明治一七年一一月　第五段　西洋哲学

『哲学要領　前編』では、東洋哲学を西洋哲学よりも歴史的に早く位置付けている点に特徴があるが、東洋哲学の個々人の哲学説にまで言及していないという欠点がある。しかし、これは円了が自覚的に新しい東洋哲学という用語を明示することができるようになったことを証している。

一八八五年（明治一八）一〇月二七日、円了は東京大学において「哲学祭」を挙行した。「哲学ヲ大別シテ東洋哲学西洋哲学ノ二類トナシ東洋哲学ヲ支那哲学印度哲学ノ二種トナシ西洋哲学ヲ古代哲学近世哲学ノ二種トナス」[33]と述べて、それぞれの哲学の発達の「枢要《カナメ》」として、中国哲学は孔子、印度哲学は釈迦、古代哲学はソクラテス、近世哲学はカントを選び、哲学の中興の祖と位置けて、古今東西の哲学者の代表者とした。のちに「四聖《しせい》」と呼んだ。このように、円了は具体的に哲学世界を表象して通俗化させ、そこに東洋哲学を積極的に位置づけた。（哲学祭は、円了が創立した哲学館の重要な儀式として継続され、また、円了は晩年に「哲学堂」という哲学をテーマにした精神修養的公園を作り、現在も毎年秋に「哲学堂祭」を行うようにしている。）

そしてつぎに、円了が西洋哲学と東洋哲学（仏教）を融合させたものが、一八八六年（明治一九）～一八八七年（明治二〇）の『哲学一夕話　全三編』である。第一編は「物心両界の関係を論ず」、第二編は「神の本体を論ず」、第三編は「真理の性質を論ず」である。これは日本人の初めての哲学論と評価されている。

哲学者の小坂国継は「円了の『哲学一夕話』は明治期における本格的な純正哲学つまり形而上学の端緒であった。またそれはその後の日本的観念論を方向づけたという意味でも重要な著作である。そこには仏教思想にもとづいた幽玄な思想が内含されているが、そうした深遠で難解な思想が円了の文才によって、きわめて興趣に富んだ一篇の読物に仕上げられている。それは当時よく読まれた本であって、哲学の通俗化という点でも貢献度の高い著作であった」[34]と述べている。

このようにして、近代日本における東洋哲学を先導したのは、東京大学初代綜理の加藤弘之であったが、その教育環境にあって円了は、西洋哲学を学んでその核心を究明し、さらにその視点から東洋哲学を発見した。その間、昼夜を問わない日々を過ごして、肺結核になるほど研究に懸けた。これによって、西洋哲学の移入にとどまらず、従来の儒教や仏教を東洋哲学として再建する道ができた。円了はその先駆者としての役割を果たした。（なお、円了は一九〇六年（明治三九）に哲学館を引退したが、その際に大学を財団法人とし、東洋哲学の振興を後継者に託し、大学名を「東洋大学」とした）。

注

(1)『東京大学百年史　通史　1』東京大学、一九八四年、一一二頁。
(2)『東京大学百年史　部局史　1』東京大学、一九八六年、四一三頁。
(3) 同右。
(4) 同右四一五頁。
(5)『東京大学百年史　通史　1』前掲書四五五頁。
(6) 加藤弘之『加藤弘之自叙伝』、大空社の伝記叢書八八として復刻、一九九一年、二六～二七頁。
(7)『東京大学百年史　部局史　1』前掲書四一四頁。
(8) 井上哲次郎『井上哲次郎自伝』、井上正勝、一九七三年、七頁。
(9)『加藤弘之日記―明治十八年』、『東京大学文書館紀要』＝旧『東京大学史紀要』、第一〇号、一九九二年、七七頁。
(10)『加藤弘之日記―明治十一年一月～明治十三年』前掲書、第一一号、一九九三年、一四一頁。
(11) 井上円了「加藤老博士に就きて」、『東洋哲学』第二二編第八号、一九一五年、一頁。
(12) 同右二頁。
(13)『加藤弘之日記―明治十四・十五年』、前掲書第一二号、一九九四年、四一頁。

(14) 井上円了「加藤老博士に就きて」、前掲書二頁。
(15) 『東京大学百年史　部局史　1』、前掲書五二四頁。
(16) 井上哲次郎『井上哲次郎自伝』、前掲書七頁。
(17) 『加藤弘之日記―明治十四・十五年』、前掲書第一一号、一九九三年、四五頁。
(18) 井上円了「加藤老博士に就きて」、前掲書二頁。『加藤弘之日記―明治十五・十六年』前掲書、第一三号、一九九五年）八二頁の明治一五年七月二七日のところに「在宅〇吉谷覚寿真宗僧来ル」とある。
(19) 『東京大学百年史　部局史　1』、前掲書、四八九～四九〇頁。
(20) なぜ仏教哲学を使わず、「印度哲学」としたのか、その理由について宇井伯壽はつぎのように述べている。「『仏教哲学』といふ名前を使ったのでは、当時は基督教との関係上困るといふことになりましたので、そこで仏教は印度の哲学であるからといふので、遂に『印度哲学』といふ名が発明されたわけであります。従って当時は『印度哲学』という名は実に仏教哲学を意味しており、後にこれが講座の名ともなったわけであります」（宇井伯壽『インド哲学から仏教へ』岩波書店、一九七六年、五〇〇頁。）
(21) 井上哲次郎『井上哲次郎自伝』、前掲書、六頁。
(22) 同右九頁。『加藤弘之日記』の一八八二年（明治一五）一二月九日のところに、「〇午後井上哲二〔次〕郎来談ス」とある。
(23) 同右七四頁。佐藤将之「井上円了思想における中国哲学の位置」（『井上円了センター年報』第二一号、二〇一二年九月、五三～五四頁）に、「巽軒年譜」では本文のように、「東洋哲学史」の講義は明治一六年九月から始まったと書かれているが、「円了による同科目の筆記ノートには、第五講が一月一一日と記されており、講義の日付は以下一週間ごとに進む。したがって、哲次郎が前年の一二月から「東洋哲学史」の講義を始めていたことは確実である。」と述べているので、講義の開始年月は哲次郎の記憶違いと考えられる。なお、このノートの全文を筆者が翻刻し、東京学芸大学の井ノ口哲也が解説を執筆したので、『井上円了センター年報』第二七号、二〇一九年三月を参照されたい。
(24) 井上円了「加藤老博士に就きて」、前掲書一～二頁。
(25) 円了の試験の成績については、拙著『井上円了―日本近代の先駆者の生涯と思想』、教育評論社、二〇一六年、九二頁を参照。井上円了の生涯と思想の詳細については、拙著を参照されたい。
(26) 『東京大学百年史　通史　1』、前掲書五九二頁。
(27) 『東洋大学百年史　通史編　I』、東洋大学、一九九三年、四三～四五頁。

(28)『井上円了選集』第三巻、三三五〜三三七頁。
(29)ライナ・シュルツァ「井上円了『稿録』の研究」、『井上円了センター年報』第一九号、二〇一〇年、二八九頁。
(30)佐藤将之「井上円了思想における中国哲学の位置」、同誌第二一号、二〇一二年、一七三〜一七四頁。
(31)拙稿「哲学館創立の原点—明治十七年秋、井上円了の東本願寺への上申書」、同誌第一九号、二〇一〇年、二〇頁。
(32)『井上円了選集』第三巻、三五五頁。
(33)『東洋大学百年史　資料編　Ⅰ・上』、東洋大学、一九八八年、一六頁。
(34)小坂国継『明治哲学の研究』、岩波書店、二〇一三年、三一九頁。

付記　東洋哲学と西洋哲学の将来については、新田義弘「現象学と西田哲学—東西思想の媒体として」(『井上円了センター年報』第四巻、一九九五年)を参照されたい。

純正哲学

柴田隆行

純正哲学とは、純正でない哲学を列挙しかつそれらを否定することで浮かび上がる一つの哲学である。純正でない哲学とは、たとえば、実践哲学とか政治哲学、経済哲学、さらには井上円了が挙げている例では、「処世哲学、色情哲学、変哲学、雲助哲学」等々を言う。そうであるならば、哲学に被さっているさまざまな形容を取り去った、まさに「哲学」そのものを言うと考えれば話は単純だが、井上円了はなぜこれをあえて「純正哲学」と名づけたのだろうか。そもそも「純正哲学」という名称は、国立国会図書館所蔵の明治期刊行物一覧を検索しても、哲学館講義録で多く使用されているものの、哲学館以外でこの言葉を使用している例はごく少数である。井上哲次郎の『西洋哲学講義』（一八八三年）に、「本源ヲ稽査スルノ学」「總体ニ係ル哲学」として「純正哲学（ピューア、フヒロソフヒー」とする箇所がある。しかし、全面的に「純正哲学」と銘打って講義したり書物を著したりしたのは井上円了、清澤満之、坂倉銀之助ら哲学館関係者だけである。要するに、「純正哲学」という表現は我が国ではまったく普及しなかったと言って過言ではない。このことを踏まえて逆に問えば、井上円了はこの言葉にどのような独自の意味を込めたのか。本稿はこの問題を追究する。その際、井上円了が哲学思索を深める際おおいに影響を受けたと言われるフェノロサや、ヘーゲル、スペンサー、ロッツェ等、あるいは天台とか華厳、孔子、釈迦、ソクラテス、カントといった哲学史的背景にはいっさい触れず、まさに純粋に円了の哲学そのものを分析し解明することとする。

井上円了による「純正哲学講義」で、書物として公刊されているのは、一八九一年（明治二四）の第一年級講義と、翌九二年から九三年にかけて開講された第六年級用の講義の記録であるが、「純正哲学」という言葉自体は他の諸著作でも見られる。早いものでは一八八六年（明治一九）の『哲学要領（前編）』と同年の『哲学一夕話』、遅いものでは一九〇三年の『哲学早わかり』や一九一七年の『奮闘哲学』に見られるので、「純正哲学」という表現は一般には普及しなかったものの、井上円了自身にとっては生涯親しんだ言葉であったことがわかる。

一　純正哲学とは何か

まずは一八八六年（明治一八）六月の日付のある『哲学要領（前編）』緒論から見ておこう。政法の原理を論ずるもの政法哲学あり、社会の原理を論ずるもの社会哲学あり、等々、倫理哲学、審美哲学、宗教哲学、論理哲学、心理哲学、歴史哲学、つまり「諸学一として哲学ならざるはなし」であるが、狭く限定すれば「哲学には哲学固有の学科」があり、これを純正哲学と称する。純正哲学は、原理の原理、原則の原則を論究する。円了が好んだ表現では、「百科の理学は地方政府のごとく、哲学は中央政府のごとく、論理、心理等の諸科は中央政府中の諸省のごとく、純正哲学は中央政府中の内閣のごとしと知るべし」というわけで、前述のように、一般には「哲学」とのみ言われ、「純正哲学」という言葉は使われないとしても不思議はない。

次に、同年七月の日付のある『哲学一夕話』では「純正哲学」という言葉は「第一編　序」でのみ使われる。円了はまず理学と哲学とを分ける。宇宙に現存する事物には、日月星辰、土石草木、禽獣魚虫のような「形質を有するもの」と、感覚、思想、社会、神仏等の「形質を有せざるもの」とがあり、前者を論究するのが理学、後者を論究するのが哲学である、と言う人がいる。事物の一部分を実験するものが理学、事物の全体を論究するものは哲学である、と言う人もいる。「これを要するに、理学は有形の物質に属し、哲学は無形の心性に属する学問なり。」と円了はまとめる（I:34）。哲学の対象は無形の心性であるが、これはさらに心理学、論理学、倫理学、純正哲学等の諸科に分けられる。では「純正哲学」とは何か。一言で言えばそれは「哲学中の純理の学問にして、真理の原則、諸学の基礎を論究する学問」（同右）である。だが、これでは説明になっていない。詳しくは本論でということであろうか。しかし、「本論」にその説明はない。

一八九四年（明治二六）初版、一八九七年第三版の『妖怪学講義』は、総論に次いで理学部門、医学部門、そして第四類として純正哲学部門が設けられ、さらに心理学部門、宗教学部門、教育学部門、雑部門の八つの部門に分けられる。純正哲学部門で取り上げられる妖怪には、「前兆、予言、暗合、陰陽、五行、天気予知法、易筮、御鬮、淘宮、天元、九星、幹枝術、人相、家相、方位、墨色、鬼門、厄年、有卦無卦、縁起の類」があり、これらは偶合編、陰陽編、占考編、卜筮編、鑑術編、相法編、暦日編、吉凶編の八つの種に分けて論究されている。「純正哲学」が原理の原理を論究するとか無形の心性を論究するとかということはおおよその内容に察しがつくが、ここに列挙されている妖怪諸現象を論究するという「純正哲学」の内実は容易には想像しがたい。

一九〇三年（明治三六）の『哲学早わかり』では「純正哲学」の語が多用される。『哲学要領』では「純正哲学」とは一般に言われる「哲学」を指したが、ここでは哲学が有象哲学と無象哲学に分けられ、前者はその理論学として心理学と社会学を、その応用学として論理学や倫理学等を擁し、後者の理論学は純正哲学、その応用学は宗教学に分類される。

最後に、円了晩年の著作『奮闘哲学』（一九一七年）ではどうか。円了曰く、自分はかつて諸学を政府の組織に例えて哲学を中央政府とし、狭義では哲学は純正哲学のみを指すことに定めた。本書においても、ただ哲学と単称する時は、純正哲学を指す、と断っている（II:232）。

以上が「純正哲学」という言葉に関する井上円了の説明のあらましであるが、これらの所説を整理して理解するには、先に言及した、一八九一年（明治二三）の哲学館講義録に描かれた図（I:246）を参照するのが有効であろう。

（理学は有形質の物質を研究する学
（哲学は無形質の心性を研究する学

左の分類（I:251）では、先の「形質」とは別に「象」や「体」という概念の意味が明らかでないと理解しがたい。

無象哲学即純正哲学 ｛物体哲学
心体哲学
理体哲学

「心」に関する「象」の研究は心理学、その「体」の研究は純正哲学、物に関する「象」の研究は理学、その「体」の研究は純粋哲学、神に関する「象」の研究は普通の宗教学、その「体」に関する研究は純正哲学であり、この応用は高等宗教学であるという分類からすると、「象」は有形質であり、「体」は無形質であることがわかる。

一八九二年の純正哲学講義では、右の講義録より説明が詳しい。

（理学：物質、有形、感覚、実験
（哲学：心性、無形、思想、論理

「純正哲学は哲学中の哲学、無形学中の無形学、統合学中の統合学にして、万学の宗帰なり。」という（VII:40）。純正哲学は「中央政府中の内閣に該当する。」という説明は初期の『哲学要領』でも後期の『哲学早わかり』でも使われた。

- 学問
  - 理学（有形学）
  - 哲学（無形学）
    - 実験哲学（有象哲学）
      - 理論
        - 心理学
        - 社会学
      - 応用
        - 論理学
        - 審美学
        - 倫理学
        - 教育学
        - 法律学
        - 経済学
        - 政治学
    - 純正哲学（無象哲学）
      - 理論
        - 物体哲学
        - 心体哲学
        - 理体哲学
      - 応用
        - 物体宗
        - 心体宗
        - 理体宗
        - 宗教

右の表（VII:44）では、まず前書と同様に研究対象が有形質と無形質に分けられ、次に無形学である哲学の対象が有象と無象に分けられる。無象哲学である純正哲学の理論部門の対象は物体と心体と理体とに分けられており、「無体」というものは想定されていない。有形・無形、有象・無象の区別はあるが、有体・無体という区別は考えられないであろうか。妖怪学における「真怪」も有体なのであろうか。ちなみに、有体にはbeingという英語があてられていることからすると、無体はnothingではないか。そういった問題も含めて、われわれは「純正哲学」に

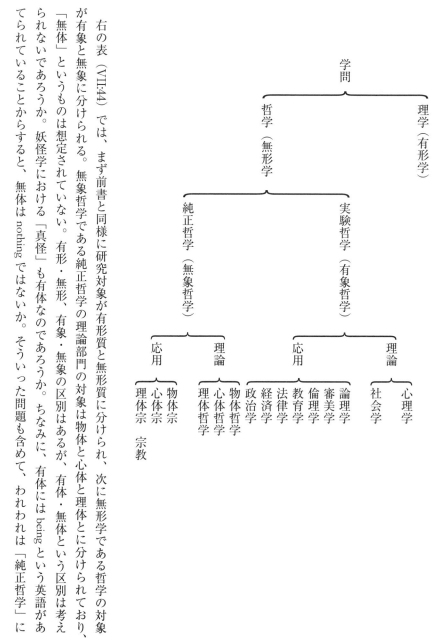

関する形式的な位置の確認はこれぐらいにして、いよいよ井上円了の言う「純正哲学」の内部に踏み入ることにしよう。

なお、次節に移る前に、清澤満之による一八八八年（明治二一）の哲学館講義録「純正哲学（哲学論）」の緒論冒頭一節を瞥見しておきたい。清澤曰く、

純正哲学ハ変化アル実体ヲ研究ス　変化トハ事々物々ノ生滅起伏隠顕出没スルヲ云ヒ実体トハ宇宙ノ間ニ顕現羅列スル万有ヲ云フ　細言スレハ無ニアラスシテ有ナル物、起ラサルニアラスシテ起ル事、存在セサルニアラスシテ実存スル関係、此三者ハ皆ナ実ニシテ虚ニアラス　或ハ之ヲ称シテ現象ト云ヒ〔以下略〕(1)

これによれば、純正哲学の対象はあくまでも有体であって無体ではないと言うべきかもしれない。

二　存在論としての純正哲学

一八九一年、九二年の哲学館講義録「純正哲学」は、おもに純正哲学すなわち哲学とは何をどのように研究する学問であるかの概略的説明にとどまり、純正哲学そのものの展開は見られない。われわれは以下で、井上円了のいわゆる「哲学概論」であるべき純正哲学そのものに踏み入るべく、初期著作『哲学要領（後編）』と後期著作『哲学新案』を読むことにしたい。

まずは『哲学要領（後編）』から始めよう。全体は一二の段に分けられる。すなわち、第一段　物心二元論、第二段　唯物無心論第一・物質論、第三段　唯物無心論第二・心性論、第四段　非物非心論、第五段　無物無心論第一・感覚論、第六段　無物無心論第二・無元論、第七段　唯心無物論第一・意識論、第八段　唯心無物論第二・自覚論、第九段　有心有物論、第十段　物心同体論第一・理想論、第十一段　物心同体論第二・循化論、第十二

段　結論、という構成になっている。全体をもう少し見やすくするために、第一段に掲載されている表を引用する（I:151）。

- 哲学
  - 無元論
  - 有元論
    - 一元論
      - 相対
        - 唯物論
        - 唯心論
      - 絶対
        - 唯神論
        - 唯理論
    - 多元論
      - 二元論
        - 物心異体論（物心両立論）
        - 物心同体論（物心一体論）
      - 三元論

無元論は虚無論とも呼ばれ、「物もなく心もなく神もなく、物心神その体すべて虚無なりと立つるものをいう」（I:152）とあるので、先述の「無体」論はこれに含まれるかもしれない。また、「その体ありと唱うるもの、これを有元論という」（同右）とあるので、これは「有体論」ということになるであろう。その「体」は一元と多元に分けられる。これをさらに分類すると、

物の外に心もなく神もなしと唱うるもの、すなわち唯物無心論＝唯物論
心の外に神もなく物もなしと立つるもの、すなわち唯心無物論＝唯心論

となる（同右）。非物非心論は唯理論であり、無物無心論は虚無論である。さらに有心有物論もありうる。また、

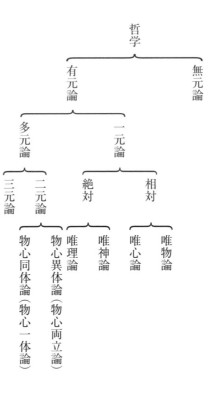

人の思想は物心二元論より始まるが、その場合の物心は異体である。最初に唯物論がとられ、次いでそこから転じて唯心論となり、さらに転じて二元に戻る。後の二元論は物心同体である。

ところで、第一節でわれわれは「象」と「体」に言及したが、円了によると、カントとスペンサーは体と象とを分けて論じているという（I:156）。

体象関係
- 体象同一
  - 体象無別
  - 体象有別
- 体象不同一
  - 体象不応合　カント
  - 体象応合　スペンサー

この説明から察するに、象はいわゆる現象を指し、体はカントのいわゆる物自体を指すようだ。「象は我人の知るべきものにして、体は我人の知るべからざるもの」である（同右）。前者は現象界に属し、後者は無象界に属す。人間の論理発達の順序は、体象無別の二元論から体象有別の論、体象不同一の論に入り、物心同体の一元論に終わる、と円了は言う。本書の展開もそのようになっている。

円了はこのようにあまり一般的ではない表現を多用するのでわかりにくいが、細目を忠実に追えば、その論に賛同するか否かは別として、その言わんとすることは理解可能である。

最初の唯物無心論は物質論であり、そこでは人体造構、有機組織、生命義解、勢力種類、活動原因が論究される。第二の唯物無心論は心性論であり、動植異同、人獣異同、心身関係、進化原理が論じられる。無物無心論の第一は感覚論であり、その第二は無元論である。無元論とは耳慣れない概念であるが、そこでは感覚一元、感覚原因、物心推想、連想理法、真理規則、唯覚結果という展開が見られる。これでもまだわかりづらいが、この前段で、心象の外に心体なく心象すなわち心体なりという結論が得られたのを受け、ここでは物界も心界もない虚無を唱える感覚一元論が紹介される。感覚はしかし物心二者の交互作用より生ずる以上、物心が存在しなければ感覚はない。しかるに虚無論は物心の実在を排するがゆえに感覚も成り立ち得ない。だが、われわれは連想理法という作用を以て物象から物体を、心象から心体を連想しうる。そこから真理の規則標準を見出すことで、感覚の起こるゆえん、連想の起こるゆえんが明らかとなる。かくして唯心無物論に移行する。その第一は意識論であり、第二は自覚論である。この辺の議論は比較的理解容易であるが、唯心論の帰結として次に導かれる有心有物論については若干の説明を要するであろう。

唯心無物論では、物象物体ともに心界中にあり、現象無象ともに思想の範囲内に入る。だが、ここから一歩進めると、唯心が一僻論でしかないことがわかる。心界があれば物界もなければならず、心体あれば物体もなければならない。ゆえに思考経験においては有心有物を論究しなければならない。だが、心界と物界、心体と物体は相対であり、物心の本源は絶対にあり、絶対においては非物非心の妙体でなければならない。妙体は形状も表現もできずただ論理上有無を想定しうるのみである。これを理想本体という。この理想本体が万象万有を展開する。これは有機の発育と同じであり、理想の自体は有機性の理体であり、万象万化の原力はここにある。これを理想進化論という。唯物論は物ありて心なしといい、唯心論は心ありて物なしというが、ここでは物も心もともにあるので有心有物論である。しかしその本源に遡ればただ一体の理想あるのみであり、その理想と物心との関係はこの有心有物論では十分解明できない。ゆえに、われわれはさらに論を進めて物心同体論に向かおう、と円了は語る。こうした議論の背景にフィヒテやエヴァレット、シェリングの説があると円了は言うが、本稿ではそうした哲学史的背景は探らずに、ひたすら円了の所説を追うことにする。いずれにせよ、円了はこうした論証を思考経験として進めるが、論を進めるなかで「理想本体が万象万有を展開する」というような存在論を滑り込ませている点は問題として残る。

さて、物心同体論とは文字通り物心二元の同体不離をいうが、これを言い換えれば絶対と相対との不離を示す。絶対と相対とが不離であるということは、絶対と相対がともに相対の地にあることになり、それでは絶対と言えないのではないか。だが円了は、絶対が相対の外にあるときにはわれわれはこれを知ることができないがゆえに、

「絶対の体を物心の外に立つるは論理上許さざるところ」(I:204) だと主張する。カントが言うように、認識はできないが考えることはできるはずで、現存しないものを想像することができるのは識想の範囲が現体より大きいからだと言うが、説得力に欠ける。「知るべからざるものを知るべからずと知るときは、不可知的すなわち可知的なる」(同右)、わからないことをわからないとわかるならば、そのわからなさはわかることである、というのは禅問答のようである。「相対は絶対に相対し、絶対は相対に相対するをもって、絶対すなわち相対なり。」(同右) これはヘーゲルの言う「悪無限」であり、円了も「唯一相対あるのみ」(I:206) と言う。しかし、円了はさらに続けて「相対のみありてこれに相対する他のものなきときは、その体すなわち絶対なり」(同右)、ゆえに相対と絶対は同一体である、と言うが、強引ではないか。

理想の本境は、物心界外にあるべからざるゆえんを知るべし。また心体あるを知るは心象あるにより、物体あるを知るは物象あるにより、理想の本体あるを知るは物心の外象あるによるは、理すでに明らかにして、体に属して象あり、象に属して体あり、象を離れて体あらざるゆえん、また瞭然たり。故に理想は決して物心を離れて存せざるなり。これを要するに、絶対と相対との二元、不可知と可知の二元、体と象の二元は、すべて同体不離の関係を有するものと知るべし。(I:204)

理想の本体と物心の現象とは二元同体の関係にある。同体ということは、それぞれが別であることを前提とするがゆえに、物心同体は物と心の二元同体のみならず体と象との二元同体をも意味する。絶対相対、現象無象、可知的不可知的、差別無差別みな同体不離であるが、これを作用という点で見れば、そこにあるのは循化である(I:210) と言う。循化とは進化と溶化から成り、進化がその極点に達すると溶化し、溶化がその極点に達すると進化する。だがこれは理想の範囲内のことであるとされる。

本稿では円了の所説のごく一部分を取り上げたに過ぎないが、円了はこれまでの議論を総括して最後に次のように語る。

初めに物心二元の存するゆえんを論じ、つぎにこれを駁して唯物一元の信ずべきゆえんを述べ、つぎに非物非心を論じて唯物論の物自体のなんたるを知るべき力なきゆえんを証し、つぎに心理上物理を究めんと欲して無物無心の感覚の外、真に存すべきものなきゆえんを論じ、つぎにその感覚は思想の中にあるゆえんを究めて唯心一元の理を開き、つぎに唯心の唯物とひとしく一僻論に過ぎざるゆえんを論じて、物心二元の相対は非物非心の絶対より開発するゆえんを説き、終わりに物心同体論に入りて絶対相対、同体不離なるゆえんを論じて同体循化の理を証す。これを要するに、その論理発達の順序二元に始まりて二元に終わるをもって、理想循化の理を証示したるものなり。（I:213）

唯心無物も唯物無心も無物無心も有物有心も、あるいは「物心の外に非物非心の体ありというも、体なしというも」、さらに、「心を離れて物なく物を離れて心なきゆえんを論じて物心その体一なりといい、理想を離れて物心なく物心を離れて理想なきをもって体象同体なりという」（I:214）、等々はすべて僻見にすぎず、二元同体論のみが、「哲学諸論中ひとり完全を得たるものというもあえて過言にあらざるなり」（I:215）というのが、本書の結論である。

西田幾多郎『哲学概論』（岩波書店、一九五三年）によれば、哲学は認識論と存在論に大別される。西田は存在論を形而上学として位置づけるが、そこで論じられるのは存在の量と質である。存在の量では一元論、多元論、二元論が、存在の質では唯物論と唯心論とモニスムスが扱われる。仮にこの分類に従うならば、純正哲学を講じる井上円了の『哲学要領（後編）』は、その構成からすれば存在論と言うことができるであろう。しかしながら、本論を仔細に追うならば、そこで論じられているのは存在論というよりも、存在に対する見方、すなわち認識論にほかならない。

たとえば唯物論について、「物の外に心なしというにとどまりて、その物のなんたるに至りては未だ一言も論究せざるなり。すでに心のなんたるを知るときは、つぎに物のなんたるを究めざるべからず。ひとり心を究めて物を論ぜさるの理あらんや。故に余はこれより論端を改めて物の性質を捜究せんとす。これ唯物の結果、非物非心論を生ずるに至るゆえんなり。」(I:174) と語られるが、このような議論は、存在の究明ではなく、さまざまな存在論の論理的根拠の検討にほかならない。あるいは、井上円了にとって存在そのものを論じる存在論なるものはありえず、あるのは存在の理解の仕方のみであるというのかもしれない。『哲学一夕話』(一八八七年) でも、「円山、円東、円天は物界の一隅に僻し、了水、了西、了地は心界の一隅に僻し、円南、円陽は物心の外に僻し、了北、了陰は物心の間に僻するをもって、真理の本体を見ることあたわず。」と評し、しかし彼らはみな真理の範囲内にいるのであと一歩踏み進めば「真理の本体なる円了の真際に帰すべし」(I:84) と言うが、当の「真理の本体」が何であるかは語られない。「現象も無象も物界も心界もその体同一なるをもって、一として真理ならざるはなし」、つまりこれらいずれも真理であるが、しかしまた「その純一の真理中にまた自ら真非の差別の存するありて、互いに相争わざるを得ざる」(I:82) と言うのは、存在論ではなく、存在論に関するメタ理論であろう。

三　認識論としての純正哲学

われわれはつぎに円了の後期著作『哲学新案』を読むことにしよう。その第一章緒論の第四節「観察の方面」に本書の見取図が描かれている (I:286)。これによると、本書は要するに宇宙の真相を開示するための観察方法論であると言えるであろう。

- 宇宙観
  - 表観
    - 外観
      - 縦観
      - 横観
    - 内観
  - 裏観

ここでも円了独自の表現が多用されており、章題だけでは内容がわかりづらいが、その節の題名からいくらかは内容が推察できる。

縦観論の一は、世界の太初、地球の進化、進化の将来、進化退化が論じられ、その二では世界始終、星界の前後、過現来三界、世界輪化説、大小の波動が、その三では千古の疑団、宇宙の活動、世界の習慣遺伝性、生物の起源、一神教と汎神教、生物開発の順序、意識理想の本源が、その四では応化遺伝の分類、前界の人類社会、現界と前界との異同、後界の状態、不朽の書籍、吾人再生の年月、無開端無終極がそれぞれ論じられる。

横観では、その一で横観の目的、物質の分析、元素の真相、相含の状態、物質と勢力との関係、元子の説明が、その二では勢力の本体、無始無終の相含、エーテルの説明、エーテルの相含、不生不滅・不増不減、因果と物力との関係が、その三では心界の観察、有機体の構成、因力因心の説明、遠因近因の別、内因外因の説明、元素の資性、「いろは」の比喩が論じられる。現在風に言えば、縦観は通時的現象を、横観は共時的現象を論じると言い換えることができそうである。

つぎに、外観論では、縦横両観、宇宙の本体、宇宙の統一、時方両系、宇宙の形式、時方の総相別相、時方の非先在が論じられる。内観論の一では内観の問題、心的作用の有限無限、心象分類の方法、心界全図、物心相関論が、その二では心界の由来、心理学上の先天性、悟性および理性の先天性、先在的時方両系の起源、先天性の真因、心界の本体が、その三では唯心の論証、意識作用、理性作用、理性と時方両系、心象心如の関係がそれぞれ論じられる。これは、外的経験と内的経験と見ることができる。

そのつぎの表観と裏観は耳慣れない言葉である。とりあえず、その細目を見るならば、表観論の一では両如相関論、如々相含、一如の真相、重々無尽の相含、真相中の真相、神秘論の僻見、論理矛盾の説明が、その二では目的論器械論、必然と自由との関係、自由行動、自因他因の解、天運命数の説明、進化原因の分類、因果法の分類表が、その三では霊魂問題、人々個々の心元、霊魂の内観外観、霊魂再現の理由、霊魂無限の出没が論じられる。とくに一の内容は細目目次を見てもまったく想像がつかない。

裏観論はその一で、裏観の義解、此岸彼岸の相望、絶対性因果法、人間と一如との両本位、一如の妙動、小宇宙大宇宙が、その二では一如妙動と心象、一如の能動受動、一如内動の消息、信性上の自感、埋眼と信舌、歓天楽地、信性の妄断、古今の宗教が、その三では神秘論の根拠、宗教の神秘、無時方の一点、明者と盲者、吾人の再生、一如の光景、その四では人格的実在、積極的消極的実在、人格的宇宙、無限の向上、人生楽天の一道、現界と後界との精神上の連絡、自力他力の別、表裏両面の宇宙観が論じられる。ここも細目目次だけでは内容がつかめないがかなり宗教的な臭いがする。

なお、裏観に関してはその独自性ゆえか、最初にその定義が記されている。表観は相対の境遇より絶対を観察するものであるが、相対から絶対を望むほかに、絶対から相対を望む道があるはずであり、これを裏観と言う、と。

表観にありては、物心相対の此岸より絶対一如の彼岸に及ぼせる方面を観察す。
裏観にありては、絶対一如の彼岸より物心相対の此岸に及ぼせる方面を観察す。(I:370)

とりあえず字面は追えるが、内容はやはり本論を熟読しないとわからない。だが、その前に結論を読んでおくと理解に便利そうである。

第百二十一節「宇宙真相の結論」で円了は哲学を純哲学と言い換え、それは「宇宙の真相を内外表裏各方面の観察によりて究明開示するの学」と定義し、本論の議論を次のように振り返る。

外界より縦観横観を試み、内界より過観現観を下し、更に裏面の観察を終了してここに至る。縦観においては輪化説を証明し、横観においては因心説を主唱し、内観においては相含説を論定し、更に裏観にきたりて信性の消息を開示したり。この表裏両面の観察によりて、いよいよ象如相含、如々相含の理を明知するを得たり。（I:395）

結論は「宇宙の真相は象如相含、如々相含、重々無尽なること」とされる。逆に言えば、このことを論証するためにここまでの所説があるとも言える。紙面に限りがあるため、本稿ではこの著書で最も重要な概念である「相含」に焦点を絞り、円了の所説を追うことにする。というのも、円了は本書冒頭に掲げた「自序」で、「西人の鴟尾に付し、欧米の糟粕を甘んじ」るわが哲学界の現状を打破すべく自ら多年研鑽を重ねた末ようやく新案を考定するに至ったとして、「輪化説、因心説、相含説等」を挙げる（I:281）が、さらに結論に至って、「輪化説も因心説もやはり相含の一面に過ぎず」と述べており（I:401）、相含説こそが井上円了の究極の真理と言うことができるであろうからである。

相含とはどういう事態を言うか。第三十四節「元素の真相」に最初の具体的な説明がある。元素は有形か無形か。円了の答えは「元素は有形にして、同時に無形なり」である。その理由は、元素が物質最小の極であってそれ以上分析できないとなればそれは無形であるが、その元素が集まって形体をなすのは元素が「有形の基址」だからである。だが元素自体は同体である以上、元素は「有形にして同時に無形、有形無形を兼有せる最小体」と言わざるを得ない。それは一つの体の表裏二面ではない。元素はそうした固体的なものではなく「活動せる活物」である。すなわち、元素は「無形中に有形を含み、有形中に無形を含む。すなわち有形無形の相含」である。言い換えれば、それは物質性と非物質性の相含である。このことはどのようにして証明できるかと問われれば、その答えは、「古来諸学諸家の多方面より研究して得たる結果を総合集成したるもの」だからだ、と円了は言う（I:317）。科学的実験等による検証ではなく古今の研究成果の集大成から得た確信であるという円了の答えはきわめてユニークであると同時に、円了の若い頃からの一貫した学問態度でもある。

唯物唯心も一元二元も、相対絶対も本体現象も、経験独断も懐疑常識も、神秘不神秘も可知不可知も、すべて古今の諸説諸論、みな不一不二、相容相含、重々無尽の真相を知らざる偏見に帰するを。これ余が各方面より諸説諸論を総合して、宇宙の真相を大観したる結論なり。（I:357）

すでに元素について見たように、物質も、これを「増大して無限大に達すれば、ただ空あるのみ」、逆にこれを「分析して無限小に達すれば、これまた空となるより外なし」。こうして無限大と無限小は一致合体する。（この議論はかなり怪しい。無限大の物質も無限小の物質も、物質であり空ではない。空のように見えるだけである。）「ただ物界は外部の観察によりてその一致を見、心界は内面の観察によりてその合体を知るの別あるのみ。」（I:356）このような説明を聞く限り、先に『哲学要領（後編）』ならびに『哲学一夕話』で確認したように、これは存在論というよりも認識論である。物心そのものの相含というよりも、物心も体象もその他あらゆる事象は相含していると捉える認識のあり方がもっぱら検討され、さらに円了自身の捉え方が提示されているにすぎない。

余のとるところは一元論にあらず、二元論にあらず、多元論にあらず、唯物唯心にもあらず、経験理想にもあらず、懐疑独断にもあらず、これらの諸論諸説を総合集成したる相含論なり、その相含は重々無尽の相含なり。外観において輪化無窮および因心相続を唱えしも、内観にきたりてこれを一瞬一息に包括するに至り、無窮と一瞬との相含あるを見る。ここに至りて輪化説も因心説もやはり相含の一面に過ぎずというように帰着す。故に余は相含の妙理は宇宙大観の真相中の真相なりと信ず。人もしここに相含と断定すれば、必ず相含ならずとの説を返響しきたるべきにあらずやと難ずるものあらば、余はその不相含と相含とが同じく相含なりと答えんとす。

これすなわち相含の重々無尽なるゆえんなり。(1:401)

四　小活

『哲学新案』は、その緒論で表明されているごとく、「哲学上宇宙の真相を開示せんとするに当たり、その観察の方面」を総合的に検討することで自らの「総合的大観」を得ることを目的とする。それゆえに、この著作の内容は認識論だ、などと指摘することは言わずもがなの話にちがいない。しかし、一元論、二元論、多元論、唯物論、唯心論等を説く『哲学要領（後編）』の内実もまた認識論であって存在論ではない。ちなみに、存在論とは、『岩波哲学・思想事典』（一九九八年）の「存在論」という項目（溝口宏平筆）によれば、「およそあるといわれうるもの一般、いいかえれば存在するかぎりでの存在者一般、あるいは存在（あるということ）一般の意味、構造、様態等を研究する哲学の基礎分野をいう」（九九八頁）。アリストテレスはこうした学問を〈第一哲学〉と名づけたことからしても、井上円了の言う「純正哲学」にあたると見てよいであろう。溝口氏はこの説明に続けて、これは「広義の形而上学」と言えるかもしれないが、形而上学は「すでに一定の存在についての理解の仕方、たとえば現象と実在ないし実体との差異を前提とするかぎりにおいては、存在論は形而上学の前提をも問題とするようなより普遍的な視座に立つものというべきであろう」と続ける。その意味で円了の「純正哲学」はたしかに形而上学というよりも存在論と名づけるにいっそう相応しいように思える。だが、これを仔細に検討してみると、円了は存在一般を論じるのではなく、あくまでも存在に関するさまざまな解釈の一面性を指摘するだけで独自の存在論を陳述していない。井上円了にとってはそもそも存在論と認識論とを分けて論じること自体が「僻論」かもしれない。

ところで、この両者を分けて講義した西田幾多郎はこのことについてどのように語っているのだろうか。西田によれば、認識論とは「知識が知識自身を対象とする学問である。従つて認識論とは知識が知識自身を反省する学問であると云つてよい。」（前掲五二頁）と言う。他方、存在論は存在そのものの学であるが、存在そのものとは、アリストテレスに倣って「ト・チ・エン・エイナイであつて同時にまたスブストラトムであるもの」とされる。「ト・チ・エン・エイナイ即ち『あるべくあつたもの』即ち本質とは定義を有つたもの、唯一なもの、どこまでも自分で自分を限定するものであらうが、それはスブストラト即ち基体としてどこまでも判断の主語となつて述語とならず、自ら自己を述語するものと合致」（同一三二頁）するものである。そうした存在の認識の根柢は「Ideal と Real とが合一した所、知るものと知られるものが合一した所に求められるべきであらう。ではそれはどのやうなものであるかと云へば、一応は意志の世界であると云つてよいであらう。知識の立場の奥に意志の立場があり、真に直接に与へられた世界は意志に与へられた世界であり、活動の世界である」（同一二七頁）。意志の問題が絡んでくると話はいっそう複雑になるので、とりあえずは「認識の問題は真実在の問題と離して考へることはできない」（同右）という無難なところで話を元に戻そう。

井上円了の哲学が基本的に認識論であるというこの小論の一つの結論は、新田義弘氏によってすでに指摘されている。(2) 新田氏によれば、『妖怪学講義』で提示される「怪の概念は象の概念のように存在論的現象概念というよりも、正しい現象を確定するための方法論的概念」（同八七頁）であり、また、『哲学新案』で提示される「観」は、「一定のパースペクティヴのもとで事象を全体的に捉える」（同九〇頁）立場であり、物と心の相含は「物心関係の構造について論じているのではなく、二つの観方の相補関係」（同九八頁）を論じている。円了は『仏教活論序論』で、「真如はその自体に有するところの力をもって、自存、自立、自然にして進化し、自然にして淘汰して物心両境を開き、万象万化を生ずるものなり」（III:368）と論じており、それは「不可視の真如が自らを展開し、可視的な現象の世界を産み出すという、生命哲学的な発想」（前掲九八頁）を示唆するが、円了の哲学は「あくまでも『見る』立場にとどまっており、理論と実践、認識と行為とを区別する枠組に縛られ、その限りで哲学的思惟そのものがプラクシスであるという自覚にまで達していない」（同九九頁）と新田氏は結論づけ、この自覚は西田幾多郎の一般者の自覚的限定まで待たなければならなかった、と言う。

ここでひとつ気になることは、新田氏が井上円了の哲学に生命哲学的な発想が垣間見られると言う場合の、円了哲学は『仏教活論序論』で説明されている華厳天台両宗が唱える真如中道の妙理だという点である。河波昌氏も「井上円了における宗教哲学体系の大成――相含論とその成立の背景」[3]で、相含論は「大乗仏教（とりわけ華厳思想）の論理」である、と指摘する。こうした見方は、竹村牧男『井上円了　その哲学・思想』（春秋社、二〇一七年）でも強く支持されている。この小論では、仏教や西洋哲学等の影響をまずは括弧に入れたうえで円了哲学が理解できないかを課題として掲げてきたが、井上円了の哲学を理解するにはやはり華厳や天台等の仏教的知識が不可欠なのであろうか。『仏教活論序論』は、『哲学要領』とほぼ同時期に執筆・公刊されており、しかも前者で説明されている唯物唯心、非物非心、真如中道、理体、円融相即等々は、あたかも『哲学要領　後編』のダイジェスト版のようである。

井上円了の哲学の核心である相含論が、華厳天台の思想に基づくものだとしても、井上円了は東京大学で西洋哲学を学び、西洋の論理で仏教思想を解明しようとしなかったか。円了は『哲学新案』第五節「論理の自殺」でつぎのように述べている。

余の総合は、物界も実在せり、心界も現存せりとし、物心両界を起点として、絶対に向かって進み、その結果絶対の実在を立証し、これと同時に物心両界も現立し、物心の実在するは絶対の現存するゆえん、絶対の実在するは物心の現存するゆえんの断案に到達し得たり。これ論理の自殺にあらずして自活なり。（I:287）

華厳天台にルーツをもつ相含論も、井上円了にとっては論理の自活によって得られた結論でなければ西洋哲学を学んだ意味がない。しかしながら、これまで井上円了の純正哲学を分析してきたわれわれの結論としては、円了が相含論を論理的に解明し尽くしたとは思えない。だが、相含論から華厳天台の思想を持ち出して議論を収束させるという態度を円了が決してとらなかったことは事実であり、そこに彼の哲学者たる面目がある。

吾人の眼は天地の間に点在して、しかも天地が吾人の眼中に現立するがごとし。換言すれば眼は天地の中にありながら、天地また眼中にあり、心界は物界の中にありながら、物界また心界の中にあり、この関係を余は相含と名付けたり。（I:343）

右の結論も、円了の時論ではなく、バークリーやカント、フィヒテ、物心異体論を唱えるデカルト、その同体論を唱えるスピノザ、身心両面説のベーン、その並行説のヴント、等々（I:342）、古今の哲学者の諸説を検討した結果であることに着目しなければならない。

もし人ありてこの相含説はなにによりて証見せるやと問わば、余これに答えて、古来諸学諸家の多方面より研究して得たる結果を総合集成したるものなりといわんとす。もしまた人ありてかかる状態は到底吾人の思想にて描き出すことあたわずといわば、余またこれに答えんとす。たとえ描き出すことあたわずとも、実際がかくありと知る以上は、かく定めざるべからず。（I:317）

注

（1）『清沢満之全集』第三巻、岩波書店、二〇〇三年、四頁。

（2）新田義弘「井上円了の現象即実在論――『仏教活論』から『哲学新案』へ――」、『井上円了と西洋思想』東洋大学井上円了記念学術振興会、一九八八年、七九～一〇二頁。

（3）河波昌「井上円了における宗教哲学体系の大成――相含論とその成立の背景」、『井上円了センター年報』創刊号、一九九二年。

井上円了の仏教観

竹村牧男

一　井上円了の若き時代と仏教

円了は、明治維新十年前の生まれ、少年・青年時代を幕末から明治維新へという激動の時代の中で過ごした。円了はお寺に生まれながら、仏教を大切なものと思えず、むしろ敬遠していたようである。しかし東大で哲学を学んで、西洋哲学や仏教を学ぶ中で、仏教の思想的価値の高さ・大きさに目覚め、一転して当時、疲弊していた仏教界の再興を目指すことになった。

円了が生きた時代、仏教はきわめて無力化しており、もはや衰微するしかない状況にあった。というのも、幕末から明治期にかけて、廃仏毀釈の風潮が広まり、明治政府は神仏分離をこととし、神道を重んじ、仏教は軽んじる傾向にあり、一方、キリスト教が入ってきて、ものすごい勢いで伝道していた。そうした状況の中で、仏教はまったく滅びを待つしかないほどだったのである。こうした中で、円了は他の何よりも深い真理をたたえている仏教の再興による、国家の健全な繁栄を真剣に願っていったのであった。

そのために円了が取った対策として、第一は、『真理金針』等における、キリスト教批判の展開である。西洋の文化の根底は恐れるに足らずということを、文筆でもって世に知らしめようとしたのである。そこで、キリスト教の非真理性を極力、指摘していった。『仏教活論序論』では、「キリスト教中に真理なく、真理は仏教中にのみ存す」との旨を述べている（III:337）。

円了が東京大学を卒業したのは明治一八年であったが、すでに明治一七年一〇月からは、『明教新誌』にヤソ教の問題を論じる連載を始め、それらはのちに『真理金針』（初編、明治一九年一二月・続編、明治一九年一一月・続々編、明治二〇年一月）として刊行されていった。円了は卒業後、東京大学の研究生、帝国大学の大学院生と国費奨学生となって、その一方で、『哲学要領』やのちに『真理金針』となった論文を、新聞や雑誌に連載しており、当時、若き論客として大いに注目を集めたのであった。

第二は、西洋哲学に照らして、仏教思想がいかに深いかを世に説いたことは、時代の急激な動きの中でただ沈滞しているほかなかった仏教界に、大きな自信を与えたのであった。

円了は明治二〇年二月、『仏教活論序論』を刊行したところ、この書物が仏教界に大いに注目され、仏教復興の期待を一身に背負うほどとなった。なお『仏教活論』本論は、同年一一月にその第一篇（「破邪活論」）が、明治二三年九月にその第二篇（「顕正活論」）が刊行された。なお大正元年九月には『活仏教』が刊行されている。

円了は、仏教思想の中、特に天台宗の「一色一香、無非中道」といった思想を、ヘーゲルの哲学に匹敵するものと解説し、仏教界に自己の法財を再確認するきっかけを与えたのであった。このことについては、後に別途、やや詳しく述べたい。

第三に、円了が数えで三〇歳の時の哲学館の開校すら、民衆の知性の向上をめざすとともに、実は僧侶の再教育をも大きな目的としていた。円了は哲学館の教育において、新たな時代の僧侶や教師を育成しようとしていたのである。

新書版の『井上円了の教育理念』（東洋大学、初版一九八七年）によれば、次のようにある。

井上円了は、東京大学を卒業した翌年の春、病気療養中の熱海で加賀秀一に、大学時代から抱いていた学校設立の願いをはじめて具体的な構想として明かし、その後、棚橋一郎、三宅雄二郎、内田周平にも話した。棚橋によると、彼は哲学館においては哲学の普及を目的とすることを説明したうえで、さらに「僧侶が地獄極楽ということにこだわっていて、本当の僧侶学をやっていない。彼らに哲学思想を与えてやれば、きっと社会の利益につながると思う」と語ったということで、哲学を用いて沈滞していた仏教界を活性化することも願っていたことがわかる。[1]

一方、宗教家についての考えはこうである。当時、仏教系の私立大学はいくつかあったが、すべて各宗各派の仏教教団が設立したもので、それぞれの僧侶養成を目的として、宗派の学問を専門としていた。円了は、将来の宗教家のあるべき姿として、まず東西両洋の哲学を学び、それから専門の修行をするなり、各宗派の学校でそれぞれの教義を学ぶことが望ましいと考えていたが、哲学を教授する学校は帝国大学しかなかったので、それを哲学館で行おうとした。

また、円了は、宗教家すなわち仏教家を、教育者とも結びつけて考えていた。仏教が隆盛だった江戸時代には、学問教育は仏教家が掌握していたが、明治になって仏教家の学識が低下して教育に携われなくなっていて、これが仏教衰退の原因の一つでもあると彼は考えた。そこで、仏教家が教育家を兼務できるようにすれば、仏教の勢力を回復することにもつながる。そのためにはまず仏教家の学識を中等以上のレベルに高める必要があり、これを哲学館の急務とみなした。[2]

参考までに、『禅宗哲学序論』においては、仏教に人物のいないことが問題だとして、「これを改良するも、仏教そのものの上にあらずして、僧侶その人の上にあり。もしその人にして智徳ならび進み、宗教家として恥じざる人物を得るに至らば、布教の方法もそのよろしきを得、伝道の結果もその実を挙げん」（VI:325-326）と僧侶の教育の重要性を強調している。

第四に、欧米人の内地雑居の公認への動きや、仏教への差別待遇に抗して、各宗派管長らを統合して、仏教公認運動を展開しようとしたことも、忘れることは出来ない。仏教に対する差別待遇の撤廃（僧侶の被選挙権の問題）、ひいては仏教公認運動を、熱誠のうちに展開していったのである。明治二二年八月の父に対する手紙には、故郷の実家の寺に一度は帰省するようにと言う父に対して、今、いかに仏教が危機的状況にあるかを指摘し、その復興に自分は全霊をかけるということを、切々と訴えている。次のようである。

今にして仏教下風に立つときは、万世、挽回する見込みこれなくそうろう。実に危急の時なり、九死に一生の日なり、一カ寺、一住職のために汲々するの時にあらず、一地方、一部落のために奔走すべき時にあらず、私儀はこの仏教総体の存廃付き、多年苦心にまかりあり、今九死一生の危急に相い迫りそうらえば、必死の勢いにして、……(3)

さらに、政府に建白書を出す決意を語り、狂人とのそしりを厭わないとまで訴えている。こうして、仏教に対する不当な扱いの是正を政府に訴えていくのであった。その懸命な活動によって当時の仏教界も命脈を保ちえ、のちの新たな新仏教運動なども起きてくるのである。円了自身は寺を捨てた。しかし一寺院をすてつつ、何万という寺院を救ったといっても過言ではないであろう。そのくらい、円了は実際に仏教にコミットしていたのである。

第五に、円了はどこまでも仏教界の抜本的な改革を追求していた。当時の仏教界では、仏教界の新しい方針として、僧服改良や肉食妻帯、各宗合同や海外宣教、内地雑居の準備、国教請願などが打ち出されていたが、円了はそのすべてについて「その着眼するところの狭きは、局外者の大いに笑うところなり。……(4)」とも述べ、たとえば外国人の内地雑居問題、キリスト教の大幅な進出への懸念に対しては、次のように説くのであった。

第三、世間、出世間の両全を期するは、これまた肝要なり。仏教の弊は世の無常を説きて、なるべく人をして厭世的ならしむるにあり。……往々死後冥土のことのみを説くが故に、世間は仏教を目して厭世教とし、世間に立ちて一事業を成さんと欲するものには、仏教は一大障害物にして、富国強兵、殖産興業には一大邪魔物なり。……これ畢竟、従来の仏教家が出世間的出離解脱の一道を説きて、世間道を説かざりしが故に、ついに世人をして仏教を誤解せしむるに至りしなり。よって、今日以後は世間道を表にし、出世間道を裏にし、二者の両全を本として仏教の弘通に力をつくさざるべからず。……(5)

このように、円了は仏教そのものを、世間を益するものに変えなければいけない、それが仏教改革の根本問題であるとしたのである。円了は実にこうした立場から、仏教改革の有望な道として、「……今日世間一般に仏教を目して厭世教となし死後教となせるに対して、そのしからざるゆえんを示すには、主として日蓮宗諸師に、その宗意教理を広く世間に開示せられんことを望まんとす[6]」ともいうのであった。これらのことについては、拙著『井上円了　その哲学・思想』（春秋社）を参照されたい。

以上、五点を挙げてみたが、このほか、哲学研究はもとより、心理学研究や妖怪学研究も、円了が考える真正の仏教の宣揚につながるものであったろう。そのように、円了はあらゆる方面から、仏教の復興に全力を注いでいたのであった。

二　円了における哲学と仏教

円了は東京大学で学んだ西洋哲学を背景に仏教を見ており、従来の宗学の殻を破った、新しい仏教学を目指していた。実は円了が東京大学で『天台四教義』などを教わった恩師・吉谷覚寿は、仏教の教理を精細に学修すべきであり、安易に西洋哲学の思想と結びつけるべきではないとの主張を公言した。たとえば、明治二〇年（一八八七）四月、『令知会雑誌』三七号に「仏教を疎漏視すること勿れ」の論文を発表し、また明治二三年（一八九〇）に刊行された『明治諸宗綱要』でも、「濫りに仏教と他学と比較する」者への非難を表明している。覚寿は、この序文で、「唯古来伝承するところの仏教の義理の正脈を述し、彼々の宗義の当分を記して以て教法の種子を継続せんとす[7]」との立場を明かしている。

その主張は、ある意味で円了批判でもあった。しかし円了は、東本願寺から東大に派遣されたことの意味を自らかみしめ、在学中から、東本願寺の東京留学生（徳永（清沢）満之、今川覚伸、柳祐信、沢辺（稲葉）昌麿（昌丸）、柳祐久）とともに、真宗ないし仏教、さらには哲学等を教育・研究する、仏教館・哲学館なる学校を作ろうと考えていた。円了に、明治一七年秋頃の東本願寺に宛てる「修学の科目並びに将来の目的に付き上申奉り候　愚侶輩」なる原稿があり、そこでは、西洋哲学と仏教の関係、自然科学と仏教の関係、キリスト教対策、実社会における布教を扱いたいとしている。いわば宗学を補強する周辺の学の振興こそが東京留学生の使命であり、このような研究は他宗派にはないので、これを創れば東本願寺の名誉になると訴えるのである(8)。

また、円了は『真宗哲学序論』において、「宗教は理外の理なり、哲学をもって是非を判ずべきにあらず、仏教は仏教なり、哲学は哲学なり、この二者あに混同すべけんやと」と、仏教と哲学とは別個に扱うべきだと主張する者に対し、「哲学は道理、思想の学にして諸学の真理を判定する学なり。故に仏教にても儒教にても、道理上いやしくもその真理を論定せんと欲すれば、必ず哲学の講究法によらざるべからず」、「もし仏教家にして哲学を用いざるときは、なにをもってその教と他教との優劣を判ぜんや。真宗論者にして哲学によらざるときは、なにをもってその宗と余宗との長短を定めんや」と主張しているが（VI:197）、それは事実上、吉谷覚寿への回答ないし反論であったろう。これまた、円了がどこまでも真宗の教義ないし仏教思想を哲学的に究明しようとした証であろう。

ちなみに、たとえば『仏教通観』には、「このように、仏教の発達は論理上の順序によるものであるということは、予の考え出したことで、だれも考えないことであった。これを西洋哲学に比較するに、従来論理になんの関係がないと思いし仏教が、秩序整然として思想発達の順序によりしこと、一目瞭然となったのである」（V:215-216）とある。円了はこうした立場から、現実世界を肯定的に見ていく立場を評価し、前にもふれた天台宗のほか、『起信論』や華厳宗の思想を高く評価したのであった。その背景には、円了の時代認識もあった。たとえば、円了は『日本仏教』で次のようなことを言っている。

小乗は悲観教、厭世教にして、大乗は楽観教、世間教なるも、古来シナおよび日本に伝えきたりし大乗教がなんとなく厭世的語気を帯びおることは事実である。これ教理そのものの果たしてしかるにあらずして、当時における社会の風潮の影響なることは疑いない。これをわが数千年間の歴史に考うるに、古来全く国際競争場裏に国家の独立を維持するの必要なかりしはその主要なる原因である。しかるに今日に至りては農工商を問わず、一般に海外万国と共に競争し、互いに奮闘せざるを得ざる時機となり、進取的気風、活動的精神を宗教上より養成するの急要を感ずることになりたれば、大乗の真面目たる楽観的活動主義を大いに鼓舞しなければならぬ。余は大乗の教理を講ずると同時に、その中に含まれる活動主義をも述ぶる予定である。（VI:28）

さて、哲学と仏教の比較思想について、円了は、『真理金針』〔続々編〕において、次のようなことを述べている。

すなわち絶対は相対を離れて別に存するに非ざるゆえんを知るべし。……つぎに西洋にありては、シェリング氏の哲学は相対の外に絶対を立つるをもって、ヘーゲル氏これを駁して相絶両対不離なるゆえんを証せり。今、仏教に立つるところのものはこの両対不離説にして、ヘーゲル氏の立つるところと少しも異なることなし。すなわち仏教にては、相対の万物のその体真如の一理に外ならざるゆえんを論じて、万法是真如といい、真如の一理、物心を離れて存せざるゆえんを論じて、真如是万法といい、あるいはまた、真如と万物と同体不離なるゆえんを論じて、万法是真如・真如是万法、色即是空・空即是色という。（III:304-305）

この記述によると、どうも西洋哲学においてはヘーゲルを最高と捉え、それと同等の真理を仏教も説いていると見たようである。

また、『哲学要領』（前編）には、次の説明もある。

余おもえらく、仏教は一半は理学または哲学にして、一半は宗教なり。すなわち小乗倶舎は理学なり、大乗中、唯識、華厳、天台等は哲学なり。また曰く、聖道門は哲学にして、浄土門は宗教なり。（このあと、小乗倶舎＝唯物論に相当と論じる。）

つぎに大乗唯識の森羅の諸法、唯識所変と立つるは西洋哲学中の唯心論に似たり。その第八識すなわち阿頼耶識はカント氏の自覚心、またはフィヒテ氏の絶対主観に類す。つぎに般若の諸法皆空を論ずるは西洋哲学中、物心二者を空ずる虚無学派に似たり。つぎに天台の真如縁起は、西洋哲学中の論理学派すなわち理想学派に似たり。その宗立つるところの万法是真如、真如是万法というは、ヘーゲル氏の現象是無象、無象是現象と論ずるところに同じ。起信論の一心より二門の分かるるゆえんは、シェリング氏の絶対より相対の分かるる論に等し。そのいわゆる真如はスピノザ氏の本質、シェリング氏の絶対、ヘーゲル氏の理想に類するなり。（I:103-104）

このように井上円了は、天台家の思想を真如縁起説と見ていた。天台宗の教理を真如縁起説というべきかどうか、また真如縁起とはどのようなことをいうものなのか、当時の仏教学者の説なども参照しながらもう少し詳しい検討も必要だと思われるが、その天台宗の代表的な思想に、「一色一香無非中道」（一色一香、中道に非ざる無し。『摩訶止観』）がある。これは、現実の事物の中に絶対を見る思想で、相対と絶対の二元論を完全に克服した立場と言える。逆に言えば、ヘーゲルの哲学的立場も、これに等しいと見ていたということになるわけである。確かに「現象是無象、無象是現象」であれば、そのように見ることも十分可能になろう。仏教の真如とは、法性（諸法の本性）であり、それは空性でもあって、けっして有なるものではありえない。ヘーゲルの理想（本体）についても、ここに無象とあるが、それは空性に通じるものと円了は理解していただろうと私は推察する。そうでなければ、現象（相対）の外の実体的存在として本体（絶対）を見ることになってしまうからである。

というわけで、確かに円了は『起信論』もドイツ哲学の系譜にきわめて親しいものと受け止めている。しかしそれは、ヘーゲルよりも、むしろ一歩手前のシェリングと同等と述べ、その上でその真如についてはヘーゲルにも類するという言い方をしていた。一方、天台家の思想を真如縁起説と見、かつヘーゲルと同等と見なしていた。どうも天台のほうを『起信論』よりもやや上に見ているのである。

このことは、『仏教通観』でも、例証される。

……そして法相宗は唯心論であるから、イギリスのバークリーに近く、また多少はスピノザに似ておるところもある。またカントなどにも少しは似ておる点もある。それから三論宗に消極的に考えてみるとヒュームに類しておるが、その説はむしろフィヒテに近い。そうして、『起信論』はフィヒテの唯心論に似ておるし、またシェリングの説にも似ておる。さらばシェリング（1775～1854）の説はどうかというに、曰く「絶対的理性なるものは、元来主観客観を超越したものであって、全然物と心との両者の区別をもたない平等一如の体です。宇宙万有はその本質本体をいうと、この無差別平等の一如的絶対理性と全然同一なものである」といってあるから、『起信論』の諸説とほぼ同じである。つぎに天台宗はヘーゲル（1770～1831）の説に近い。ヘ氏の説には、心霊哲学の三大部門というのがある。その一は叡智および意志を論ずる主観的心霊論、法律、道徳、倫理を論ずる客観的心霊論、美術、哲学、宗教を論ずる絶対的心霊論の三論であるが、ちょうど天台の一心三観に恰当するのですから、天台に比したのです。しかしこれらの諸配当は仮に配合したものに過ぎませぬから、その性質はむろん同一にみることができぬのです。（V:164-165）

天台を評価したその背景には、東大時代に覚寿からそれを学んだことがあったであろう。おそらく円了は、同じく東大教授であり『起信論』を講じた原坦山よりも、覚寿に大きく影響されていたと思われる。天台の思想は、現実の一々の事象に絶対性を見るものであり、現実世界を肯定的に捉える視点を提供するものである。円了は西洋哲学の論理の到達点、ヘーゲルの思想をふまえ、それに匹敵する仏教思想に着目して、現実世界に関与すべき力強い仏教の可能性を訴えるのであった。

三　円了の仏教全体の見方

教育事業その他で忙殺をきわめていたはずの円了は、明治二七年八月、『仏教哲学系統論』の執筆に取り組んだ。これは、学位請求論文として帝国大学に提出され、明治二九年六月八日、文学博士の学位を授与された。我が国において、論文によって文学博士の学位を得た初めての事例である。

ただし、その論文のタイトルは、『日本仏教哲学系統論』だったという説もある。このことは、『東洋大学創立五十年史』、『学祖　井上圓了先生略伝・語録』に見られる。東大に提出された論文のタイトルは『仏教哲学系統論』だったとしても、おそらくその内容は、外道哲学から日本仏教全般までを含む大著であったのであろう。あるいはそこまでを構想した著作の一部であったのであろう。このなか、『外道哲学』のみは刊行されて日の眼を見た。

実際、円了の『日本仏教』（大正元年）も、決して大部ではないものの、そのように外道哲学の解説から始まり、小乗仏教、権大乗仏教、実大乗仏教等を含む、日本仏教までの仏教全体の解説書となっており、円了の仏教研究の並外れた広さ・深さをうかがえるものである。ちなみに、円了はこの書の「序言」において、「余はさきに年を重ねて仏教を研究せしことあるも、その後久しく種々の事情のために、中絶の姿になりたるにもかかわらず、その教義の大要のごときは、今なお脳裏に印象しおることなれば、……記憶に存するものを土台として書き綴りたることなれば、……」（VI:22-23）と述べている。どこか、円了の学位論文の簡略版をまとめたと言っているふしがある。

こうして、円了は、インド・中国・日本の、三国の仏教全体の教理に通じていたのであった。『仏教通観』（明治三七年）では、それら全体を、理論的仏教と実際的仏教に分け、次のような順序の下に分類して整理している。

理論宗＝倶舎宗、成実宗、法相宗、三論宗、『起信論』、天台宗、華厳宗、真言宗
実際宗＝禅宗、日蓮宗、浄土諸宗

『日本仏教』の内容も、ほぼ同様であるが、婆羅門教と世間道（世間における道徳）をも論じている。また、理論宗では、全体を、小乗（有宗）、大乗（我法二空宗）に分け、その中に哲学門と宗教門（修道論）とを分け、さらに大乗の中に権大乗（空宗）と実大乗（中道宗）を分け、権大乗の有門に法相宗、空門に三論宗、実大乗に天台宗・華厳宗・真言宗を配当している。『起信論』については、華厳宗の解説の最初に説明されているが、そこには、「古来、大乗を学ぶものは必ずこの論より始め、更に進んで華厳を攻究し、あるいは転じて天台を修習することになっておる。故にその論は実大乗の関門である」と述べている。（VI:86）

一方、実際宗については、禅宗（見性宗）―意宗、浄土宗および真宗（念仏宗）―情宗、日蓮宗（題目宗）―智宗、という分類と配列を示している。ちなみに、『大乗哲学』（明治三八年）においては、実際宗に関して、意宗（禅宗）、智宗（日蓮宗）、情宗（浄土諸宗）としている。（V:164-165）

しかして、思想の高低、浅深の評価も、ほぼこの順にしたがっていると思われる。特にその理論宗部分の配列は、空海の十住心説と同様であるのは、なぜだったのであろうか。

ともあれ、以上をふまえ、それらに対する評価のありようについてを中心に、以下、円了の仏教観を見ていくことにしよう。

四　円了の仏教観 I（理論宗）

前に円了がヘーゲルとの比較で、天台宗を高く評価していた事情を見たが、円了は種々ある仏教の中、天台が最高と見ていたわけでもない。さらに華厳宗や密教が上にあると見ていたと考えられるのである。というのも、『仏教通観』において、「故に天台は仏教中の最高理想の頂上に達したものといってもよい。しかるに、ものはただ頂上に達したのみではもとよりしょうがない。ここがすなわち百尺竿頭一歩を進むるところで、山の絶頂に達したならば更にその山を下らなければならぬように、理の最上たる天台に達すると、更に転じて裏面に下るの必要がある。ここにおいて、華厳、真言の二宗が生起したゆえんです」と示している。(V:179) したがって、ある意味で華厳宗の思想も、天台宗以上に評価していたことも窺えるのである。

さらに円了は、次のようにも言っている。

……天台は理からして円教を論じ、華厳は事について円教を立てておる傾向がある。すなわち天台はこの差別界を無差別界に移して論を立てておるし、華厳はそれと正反対に無差別界を差別界に移して説をなしておると判断するのは、公平の批判だろうと思う。故に事事無礙法界観は真に華厳宗といってもおそらくは異論あるまい。しかればその事事無礙法界観はすなわち真理に対する観察であって、絶対的方面に向かって一歩を進めたものということができよう。また性起説真理に対する観念が更に活動的方面にむかって、一歩を運ばしめたものといって差し支えない。はたしてこの批評にして誤りがなかったならば、絶対的活動論の最も頂点に達したのは華厳宗というて決して誤りがなかろうとおもう。(V:196-197)

この華厳思想について、『奮闘哲学』に引かれた「仏教道しるべ」には「天台宗は一心の、うちに世界を融合し、真如の体と万法と、同体不離を唱うれど、一事一物一塵の、うちに一切万法の、融通無礙を開示せぬ、しかるに華厳はこの無礙を、立つるにおいて異なれり」(II:273) とあるので、事事無礙まで説くのは華厳の独擅場であることを認識はしていたことが分かる。

『仏教通観』によれば、「哲学に契合する点はどの宗派までかというと、天台宗までです。華厳以上の宗派になりますと、もはや理屈では駄目、直覚的思想をもって研究しなければならぬことになる」と言って、華厳宗の教理は哲学的立場を超えたものであることも指摘している。(V:197-198)

また、『日本仏教』は、華厳の立場をそのまま解説している。

その宗（華厳宗）の自ら甚深最妙の法なりとする点を考うるに、真如縁起を立つるにつきて、天台にては真如即万法、万法即真如と説いて、事理両界の同体不離なるゆえんを知るも、いまだ事々物々、塵々法々の互いに融通無礙なることを示さぬ。また『起信論』にて一心に二門を開きて真如より万法を縁起することを説くも、その縁起の縦横自在、重重無尽なることを示さぬ。この点は華厳の起信および天台の上に一歩を進めたるところであると称し、自宗をもって最上乗の法門となすわけである。（VI:88）

華厳宗においてかかる玄妙の法を談ずるは、その所依の本経たる『華厳経』が釈迦仏成道して最初に説かれたる法門なる故である。その当時の仏の心内には一切万象ことごとく映現し、一切の法門、一切の教理、一切の功徳の円満しおりたるに相違ない。そのありのままを説かれたるものが『華厳経』にして、すなわち仏果最上の境遇より洞視したる所説である。その他の宗旨は仏が衆生の相手に応じて加減取捨したる説である。この理によりて華厳をもって最高の法門と定めておる。しかしてこれより更に一転して出でたるものは真言の宗旨である。（VI:122）

こうして、円了は華厳思想の独自性を認識していたのであり、さらにこれを自らの「相含説」に採り入れていたことも見逃すことはできない。たとえば円了は、『哲学新案』に、次のようにも説いているのである。

前述のごとく両端呼応し、両極反響する有様は、対鏡の互いに相映ずるに比して可なり。ここに二個の鏡面ありて、互いに対向するときは、甲鏡の中に乙鏡を含むを見、これと同時に乙鏡の中に甲鏡を含むを見る。かくしてその相映写すること重々無尽なり。吾人の思想の反応、象如の相含も、これと同じく重々無尽なり。ひとり心象中にこの無尽の相を浮かぶるのみならず、物象中にも無尽の相を具す。鏡面の方は二個異体の相含なれども、宇宙の本体たる一如の方は、一体両象にして、その間に重々無尽の関係を有す。その状態は到底吾人が心頭に写し出すことあたわざれば、これを宇宙真相中の妙中の妙、玄中の玄、玄妙の蔵と名付くるより外なし。……（I:355）

また、真言密教について、円了は『仏教通観』においては、次のように述べている。

真如と万法との関係を説明するに、顕教と密教とはどこに相異の点があるかというに、顕教は真如の理から万法を説明し、密教は万法を本として真如を説明する。けれどもそれはただ表裏の別で、説明が左よりすると右よりするとの別あるためです。けだし真言宗にては事をさきにして、理をのちにするは、万法の裏面に真如があり、真如の裏面に万法があることを明らかにしたもので、今これを一般の道理に照らしてみるに、まず真如の理はなにによって生じきたったかというに、われわれの心と外界の関係から生じたものである。故に真如は物心万有の根本であるが、真如はこれを物心万有から想出したものであるから、場合によっては、物心万有は真如の根本というも差し支えあるまい。またわれわれはただちに仏果を成することができるなら、この物心界の身心がただちに仏果となるのである。これらの道理から推究すると、事を本として理を末とするというも、もとより不当のことではないのです。真言宗が事をよく説明したによって、仏教の起点ともいうべき倶舎宗の真理を始めて発見し、ここに始めて論理の完結をみるに至ったものです。（V:215-216）

同じく真言密教について、『日本仏教』においては、次のように述べている。

実大乗の真如縁起を説くに、三論、天台、起信、華厳、おのおの異なるところありて、三論は真如の上に諸法のみな空なるを説き、天台は真如の内に諸法の本来具存するを説き、起信にありては真如の体動きて忽然として万法を現起するを説き、華厳にては万法互いに縁起して無尽なるを説くの相違がある。しかしてこれらの諸説はいずれも万法の有にも偏せず、有空の中道を立つるものなれども、事と理とを比較するときは、真如を本とし万法を末とすることに帰着す。しかるにひとり真言宗は全くその反対の見解をとり、事を本とし理を末とし、万法を主とし真如を伴とするの説を立てておる。その宗にてもっぱら唱うるところの語に即事而真という句がある。その意はこの世界の事物がただちに真如の作用を開現することを寓したるものにして、帰するところは万法を本拠とし、事相の上に真如の作用を談ずるのが真言の立て方である。これもとより実大乗なれども、他の諸宗の正反対を説いておる。畢竟かくのごとく宇宙の解説の種々なるは、まったく論理思想の発達を示すものである。

実大乗の哲理を完成するには、真言宗の大意をのべなければならぬ。（VI:90-91）

すなわち、密教を「ただその説き方が有形の表面からみると、無形の裏面からみるとの相違に過ぎぬ。前にも述べしがごとく、論理自然の発達が漸々相進んでここに至りたることは疑いない」（VI:123）とも述べて、前に、「この理によりて華厳をもって最高の法門と定めておる。しかしてこれより更に一転して出でたるものは真言の宗旨である」とあったように（VI:122）、真言密教を仏教の思想的展開の頂点に見ているのである。なお、『奮闘哲学』に再掲された「仏教道しるべ」には、「また真言の説にては、事事物物を本となし、真如の方を末となし、即事而真と説きたり。わが現身のそのままが、仏の位に昇るべく、この身すなわち仏なりと、唱うる点は特殊なり」とある。（II:273）

五　円了の仏教観 Ⅱ（実際宗）

すでに、天台宗、華厳宗、密教への評価については、見てきた。円了はまた、そのほかの実際宗に分類する禅宗、日蓮宗等にも、きわめて高い評価を与えている。このことについて、円了の説くところを見ていくことにしよう。

禅宗については、『禅宗哲学序論』において、次のように、高く評価している。

以上の諸宗（小乗倶舎宗、大乗法相宗、三論、天台、華厳、真言）はこの霊妙不可思議の理論に基づきて、成仏得道の法を開説したるも、応用上においてはいまだ頓速にこれを実施するの門路を発見せざりしをもって、禅宗に至りて単刀直入の別伝を唱えきたりて、一切の妙、一切の霊を応用門に集め、また我人の無限性の大意力によりて活真如の本性を自己の心中に打開し、霊々妙々不可思議を即時直接に感得する一種の新門を建立せり。これひとり仏教中の教外別伝なるのみならず、世界古今千種万類の宗教中の教外別伝というべし。（VI:299）

これを要するに、禅宗は古来仏教各宗のいたずらに文字言句の末に走りて、言外に甚深微妙の意あるを知らざるがごとき風あるを見て、不立文字を唱え、また真如仏心の本性は実に霊々妙々不可思議にして、一経一論の中において全味を感了すべからざるゆえんを示して、教外別伝と称するに至る。ここにおいて仏教の最高至大幽玄微妙の真源始めて開け、真如の霊光ここにおいていよいよ明らかなり。これ実に禅宗の卓見といわざるべからず。〔その上で、教を捨てるべからずという旨あり。〕（VI:304）

……果たしてしからば万有一として真如ならざるはなく、事物一として不可思議ならざるがなし。しかりしこうして我人は一念の迷心、一片の妄情に隔てられて、その実相を観見するあたわず。故にもしその迷心を払い去り、妄情を断じきたらば、だれか霊妙の光景に接触せざるものあらんや。これによりてこれをみるに、わが自己の心地は実に不可思議界に出入する要門にして、真如も万法もみなおさめてわが一心の中にあれば、この心ひとり重重無尽の宝蔵というべし。これいわゆる涅槃の妙心なり。……　ここにおいて禅宗にてはただちに人心を指して、見性成仏を唱うるに至る。故に曰く、禅宗は理想哲学ならびに唯心哲学の原理を実際に応

用しきたりて、一種別伝の宗教を開立するものなりと。（VI:305-306）

次に、円了は真宗寺院の出身なのであったが、死後の浄土往生を望むのみの仏教より、この地上の社会の改革に取り組もうとする日蓮宗を高く評価するほどであった。『日宗哲学序論』では、次のように説いている。

果たしてしからば我人が身口意三業をもって妙法蓮華経に帰向すれば、その不可思議の妙体必ずわが体に融入しきたるべし。われこれを口に唱うれば一声と共にその光を心内に開き、われこれを意に念ずればこれと同時にその徳をわが心油に浮かべ、われこれを身に行えば即時にその力をわが体内に発すべし。故にそのいわゆる唱題は成仏の門戸を開くる管鑰にして、仏性の眠息を破る呼声なり。それ妙法蓮華経は、表面には経題を義とすれども、裏面には本門の妙法を含み、その名を唱うると同時に妙法の水を体内に湧出せしむるは、わが体もと真如なるによるというより外なし。故に題目と真如との関係は秘密なり不可思議なり。真如一元論を明らかに了得するにあらざれば、決してその意を感知すべからず。これを秘法といい妙法というは、誠に故あるかな。（VI:381）

妙法蓮華経によりて国家を安穏にするを得るとは、法華一乗の娑婆即寂土の真如一元論による。娑婆すでに仏国なれば、我人これを安楽世界になすべからざる理なし。故に我人ひとたび妙法に帰依して、その体内に仏性すなわち良心の真光を開かば、いずれの国家として安穏ならざるはなし。また娑婆すでに仏国なれば、なんぞこれを厭離するを要せんや。故に本宗の国家教なるゆえんも世間教なるゆえんも、みな真如一元論に基づきしは明らかなり。（VI:384）

さらに、「更に余は、門外にありて本宗の諸師に注意を請わんと欲するものあり。それ本宗の教義たるや実に高遠幽妙にして、これを純正哲学に考うるにすこぶる高等の地位を占領せり」とも述べ（VI:387）、西洋哲学を援用して教義を発展させて海外に発信すべきである、「かつ法華一乗のごとき、泰西古来いまだかつてあらざる空前絶後の宗教なり。故にもしこれを泰西の諸学に比較対照して講究の道を開き、もってこれを欧米諸国に伝うるに至らば、ひとり本宗の面目なるのみならず、実に日本国の光栄なり」（VI:387）とまで説くほどである。前にも見たように、円了の日蓮宗の思想に対する評価には、きわめて高いものがあった。円了において、浄土教と禅宗と日蓮宗とは、実践的仏教なのであったが、特に禅宗をも日蓮宗をも、その背景にある世界観、理論の部分も含めて、高く評価していたのである。

六　円了の真宗観

しかし円了の根本は、やはり真宗であったと思われる。次のような言葉もあるからである。

しかれども余の宗教的信仰は依然として真宗を奉じ、終始を一貫して替えることなし。いかに公平に諸宗教諸宗派を審判してみても、信仰の一段に至りては、真宗の外にいまだ余が意に適するものを発見せず。これ一〇歳以前家庭において受けたる教育の仏縁が、内より自発せしによるならんか。ああ快哉南無阿弥陀仏。(9)

別に、「終わりに、余の信仰を自白すれば、表面には哲学宗を信じ、裏面には真宗を信ずるものである。……余は生来の因縁により、幼時に信仰の根底を真宗の地盤に植え付けてあるから、我が心底の前には真宗となって現わるるのである」とも述べている。(10)やはり円了の根本は、真宗だったのであろう。

円了の真宗の教義理解は、きわめて正当でその極意をよくつかんだものである。たとえば、「自ら井戸の水を汲む、自力の外に水道の、他力の仕掛けあるごとく、仏の大悲の心には、無量無限の善因が、集まりおればただわれは、これより伝うる鉄管の、ネジを開けば速やかに、その善因がわが方に、流れ込むべき道理なり。これを名付けて信心の、窓を開けと教えけり、故に他力の一道も、やはり因果によると知れ[11]」と説明したりしている。絶対他力の優越性を、こうした仕方で訴えたのである。日蓮宗は自力易行であるが、真宗は他力易行であり、その点でさらに優れていると判断していた。

しかも円了は真宗の信仰から、国家のためにどこまでもはたらくことを強調した。円了は古今東西の哲学書を学んで、結局、活動主義に帰着したのであったが、興味深いことに、この活動主義を、円了は法然の「一枚起請文」になぞらえて、次のように述べている。

和漢西洋のもろもろの学者たちの沙汰し申さるる哲学の学にもあらず、また学問により諸家の書を読み尽くして唱うる哲学にもあらず。ただ忠君愛国のために奮闘努力すれば、疑いなく人生の本務を尽くしうると心得て活動するほかには、別に子細候わず。ただし宇宙観、人生観などと申すことの候は、みな決定して奮闘努力すれば人生の本務を尽くしうる内にこもり候なり。このほかに奥深きことを存ぜば、かえって哲学の本旨にはずれ、人生の目的にも違うべし。哲学を行わん人は、たとい古今の哲学をことごとく学ばずとも、一文不知の愚鈍の身になり、田夫野人の無智のともがらに交わり、学者の振る舞いをせずして、ただ一向に活動すべし[12]。

ここの「忠君愛国」の語は、現代においては、「地球社会」に換えて読むのがよいであろう。ともあれ、「決定して奮闘努力す」ること以外、奥深いことは何もないと、明瞭に示している。

また念仏等をめぐっても、円了は次のようなことまで述べている。

念仏につきても悲観的念仏を排して、活動的念仏、奮闘的念仏を唱え、自らその意をよみたる道歌がある。
念仏を唱えて国に尽くすこそ南無阿弥陀仏の本意なりけれ

念仏を唱えて奮闘努力せよ仏恩報謝はこの外になし
国のため己をすてて働くは念仏行者の本分と知れ (II:282)

このような「念仏を唱えて国に尽くす」という立場は、円了の国家主義的な一面を如実に表すものであり、そこに限界を見るべきかもしれない。後の仏教界の戦争協力の問題などは、厳しく反省されなければならないに違いない。しかし円了の真意は、念仏の救いが世間からの離脱を導くのみでは真の仏道とはいえない、宗教的救いを得た立場から現実世界の改革をめざしての奮闘に出てくるべきだということであるのであり、無批判な世間への追随を促すものではありえない。円了は真剣に仏教界と社会の改革を目指していた。ともかく、円了はひたすら活動主義なのである。

ともあれ、以上からすれば、円了の根本には、やはり真宗の心が脈々と生きていると思わずにはいられないのである。それは実に、すべての仏教の理論と実際とを究明しつくした上でのことなのであった。

まとめ

いずれにしても円了は生涯をかけて、幕末から明治にかけて疲弊していた仏教界の復権・復興に全力を注いだのであり、近代日本における仏教復興運動の嚆矢ともいうべき存在であったといえよう。また我々としては、仏教は社会に役立つものでなければならないとした円了の思いを真摯に受け継いで、今日の仏教のあり方をもう一度深く考えてみるべきだと思うのである。

注

(1) 『井上円了の教育理念』、二四頁。

(2)　同前、七六頁。
(3)　『東洋大学百年史』資料編Ⅰ・上、五〇～五一頁。
(4)　「仏教改革私見」、『甫水論集』、XXV:135-136。
(5)　「内地雑居に対する教育家、宗教家および実業家の覚悟」『甫水論集』、XXV:100。
(6)　「将来の仏教につきて日蓮宗諸師に望む」、『甫水論集』、『選集』第二五巻、三〇二頁。
(7)　佐藤厚「吉谷覚寿の思想と井上円了」、『国際井上円了研究』第三号、東洋大学国際井上円了学会、参照。
(8)　三浦節夫「哲学館創立の原点：明治十七年秋、井上円了の東本願寺への上申書（下書き）」、『井上円了センター年報』第一九号、参照。
(9)　『活仏教』、「付録　第一編　信仰告白に関して来歴の一端を述ぶ」（IV:496）。
(10)　「哲学上における余の使命」、竹村牧男監修『妖怪玄談』、大東出版社、二〇一一年、二八七～二八八頁参照。
(11)　同前、二七六～二七七頁。
(12)　『奮闘哲学』（II:282-283）。

井上円了の仏教観

井上円了の思想と行動における孔子への崇尊

佐藤将之

はじめに

明治、大正時期において日本を代表する啓蒙思想家、教育実践家の一人である井上円了は、確認された範囲で一八二冊の単行本や講義録、さらに八五〇篇を超える論文や随筆など膨大な著作を残した(1)。よく知られているように、その著述のテーマは、仏教学、純正哲学、日本主義、またそれらを応用して編み出された「妖怪学」など、極めて多岐にわたっている。また、こと近年、その思想的影響が日本だけではなく、その当時、日本と同じくその国家と社会の近代化のために苦闘していた中国の知識人達にも大きな影響を与えていた事実が明らかにされ始めている。円了が出版した各種の著作は、康有為(2)（1858-1927）、梁啓超（1873-1929）、蔡元培（1868-1940）など、現在でも大変著名な啓蒙知識人達の思想にも少なからぬ影響を与えているのである(3)。

しかしながらその一方で、大きく明治思想を対象とする研究領域では次第に重視されて来つつあるものの、いわゆる「円了研究」のテーマとしては、現在まで全くなかったとは言えないにしても、あまり本格的に取り上げられてはこなかった円了思想の基底を理解すべき大きな特色がある。それは円了が幼少から青年時期まで、江戸時代を通じて精緻に「カリキュラム化」されていた教育によって身につけた漢学的素養（方法、あるいは態度と言い換えても良い）が円了の思想に与えた深い影響である。当時の円了にとって、現在の年齢で言えば小学校高学年から中学校過程全部の就学期間の全教育科目を占めた漢学とは、我々がそれを「〜的素養」とのみ呼ぶにはその精神世界のあまりにも大きい部分を占めていた。本論に入る前に二つだけ例を挙げよう。

まず、近年取り上げられるようになった円了の精神世界の側面として、円了が生涯、機会のある毎に自作の漢詩の詠むことを楽しみにしていたことがある。[4] もちろん、中国語の古典文法（すなわち日本語でいう「漢文法」）を学び、『詩経』や唐詩などを通じて中国古典詩の創作法をマニュアル的に学べば、漢詩を理解し、正しい韻をふんだ漢詩を作ることは技術的には可能であろう。しかし、何かに感動する毎に自作の漢詩が脳裏に浮かぶというのは、作詩者が中国の文学作品、歴史故事、そしてその背景にある古典思想などに関する知識をただ沢山持っているというだけでなく、それら膨大な知識を感情の赴くまま自由自在に駆使できるという境地にまで達しなければ難しいであろう。つまり、円了が感動した際に発せられる言語、言い換えれば円了の知的活動のある意味で一番深いところで発せられた言語の核は漢文によって占められていた。

そして二つ目は筆者自身の研究で明らかにしたことだが、円了が東京大学就学時代に当時の日本における学術レベルの頂点を誇った『東洋学芸雑誌』や『学芸志林』から発表した諸論考も、その全てが彼の漢学的知識を武器に執筆したものであるということである。円了研究者には周知のごとく、円了の東京大学の卒業論文は荀子の哲学についてであった。筆者が前稿で明らかにしたように、円了は、その東京大学就学時代になされた一連の論考と、その直後に発表された「概論」あるいは「通史」に分類される著述を通して、彼の先輩であり、また師でもあった井上哲次郎（1856-1944）とともに、当時、日本において「支那哲学」と呼ばれた現在でいう「中国哲学」研究領域の創始者なのであった。[5] これらの事実を念頭に入れ、本稿では円了と漢学、またその漢学を

【図 1】　四聖像

基礎に形成された「中国哲学」との関係について、もう一つの興味深い事実に注目する。それは円了の孔子に対する態度である。円了が東京大学を卒業して間も無い時期の一八八五年（明治一八）、同士たちを集め、孔子、釈迦、ソクラテス、およびカントのいわゆる哲学の「四聖」を祭ったことはよく知られているところであるが【図1】参照）、もし、円了が一八八五年の時点、つまり明治二〇年にもならない時点で、孔子への祭祀を始めていたとすると、その後、明治末年から昭和初期にかけて日本や中国で展開されたいわゆる「孔子教」の実践やその普及活動への先鞭をつけたのは、実は円了でなかったのかという推測も可能になるのである。しかし、筆者が本稿において目指したいのは、円了の孔子崇拝がのちの「孔子教」の形成に対して歴史的に果たした影響や意義を明らかにするといったことよりも、円了の生涯にわたる教育活動とその背景にある思想世界において、孔子が実に特別な存在としてあり続けていたという事実を明らかにするということである。円了にとって「孔子」というイメージは、幼少期から青年期の「経学的聖人」というイメージから始まったと考えられるが、東京大学就学期には論理的誤謬の多い支那の「哲学者」と批判的にとらえ直されたようである。しかしそれでも、後半生に至ると、この世に生きる人間達の道徳化を実践した「偉大な哲人」へと収斂した。言い換えると、哲学を本格的に学び始めた東京大学時期の円了は孔子を伝統的な「経学の祖」というイメージから脱却させ、中国における哲学の開祖として捉えなおした。それに続く哲学館創立ならびにその教育活動の展開時期における円了は、孔子に対するその基本的なイメージは保ちつつ、西洋哲学、仏教哲学、妖怪学などの自身の哲学・思想体系を構築していった。しかし晩年に及び、いわゆる「修身教会運動」や地方巡講に邁進するようになると、孔子のイメージは、哲学の社会実践（つまり社会の道徳化）におけるまさに模範的人間像を提供するに至った。そうした円了の孔子観は、晩年に至ると、円了が生涯にわたって崇尊した他の三聖と比べても特別な地位を占めるようになっていたのであった。

総じて、明治思想史の流れを、江戸漢学が明治時期を通じて西洋から移入された哲学という学問（つまり哲学という知識としてだけではなく、学術ディシプリンとしての「哲学」も含めた）の受容によって、漢学の知識群が哲学という知識体系に如何に融合し、組織され、その結果、たとえば「国民道徳」といったような新たな価値体系としての姿を見せるに至ったのかというプロセスだと考えると、その受容者達の精神世界に共通して元からあった徳川時代の漢学の究極目標が、特に「経学」として孔子の教えを体得し、実践することであったという状況を理解しておくことは重要である。そして、円了が江戸時代から続くそのような思想背景下で教育を受けたという事実とそのインパクトを勘案しつつ、円了の孔子観の展開を明らかにすることは、新たな思想の移入と消化という現象を中心として把握される作業に留まりがちだった明治思想の展開という研究テーマにおいて、その受容の主体が作り上げた思想を西洋思想の寄せ集めによるモザイクとしてではなく、そこから一歩進んで、もともとからある価値体系から連続したものとして捉えるというような考察の可能性を提供するだろう(6)。

以上のような事実と筆者の問題意識にもとづき、本稿では円了の著作に見える孔子に関わる論述の分析を通じて、円了がどのように孔子という人物の思想と行為を理解していたのかを検討する。具体的には以下の三つの観点を提起したい。第一に、孔子に向き合う円了の態度、または孔子の描写の仕方は、孔子の言動を記したとされる典籍を読んでその哲学の「真諦」を明らかにするといった類に限られるものではなく、孔子の思想を学ぶ以外にも、孔子その人を祭ることや、身をもってその教えを実践すること、さらには孔子のような人格と生涯に則るというものでさえであった。第二に、円了の生涯にわたる言論活動において、孔子思想の「哲学性」への評価には正反両面の側面があったようであるが、晩年の円了は孔子の価値を評価しまた崇尊する思いを心からいだいていた。そして第三に、孔子と他の三聖（釈尊・ソクラテス及びカント）との関係である。特に円了晩年の思想世界においては、孔子が提唱した思想の内容は、一人一人の人間がこの世に生きている間に実践すべきものであるという意味において、他の三聖のものに比べ、より重視されるべきものであった。

一　哲学堂「絶対城」に安置された孔子塑像の謎

まず、井上円了の孔子観を理解する上で興味深い二つの事実を紹介しよう。一つ目の事実は、円了が中心となっ

【図2】『東洋哲学』創刊号口絵

て一八九四年（明治二七）に創刊された学術雑誌『東洋哲学』の創刊第一号を飾る口絵が孔子だったということである[7]（【図2】参照）。ちなみに釈迦の口絵は第二号に登場している。

二つ目の事実は、円了が晩年に整備した哲学堂と孔子の関係である。円了は東京大学卒業後の一八八七年（明治二〇）に哲学館を創立し、のちに哲学館大学へと発展させたが、一九〇二年（明治三五）に起こったいわゆる「哲学館事件」への対応などによる辛労で神経衰弱となり、大学経営から完全に引退した。そして後半生の円了は、大学経営引退の翌一九〇三年（明治三六）から全国を巡回して地方の民衆を直接啓蒙しようといういわゆる「巡講」と、それまで購入した土地に「哲学堂」を開設するという二つの活動に、文字通り体力と精力を傾注した。円了にとって、「哲学堂」を開設するというのは、一般民衆のために、精神修養に益する哲学の知恵が味わえる場（公園）を提供することであった。円了は哲学堂内の建物や庭園内の仕掛けやオブジェに「哲理門」・「進化溝」といった哲学・思想に関係する多数の名称をつけ、哲学堂の中心地の一角を占め、図書室としての機能も果たした「絶対城」と命名された空間には「四聖」が刻画された「聖哲碑」を安置した。ここまでは円了研究者にはよく知られている事実である。

興味深いのは、この四聖が刻画された「聖哲碑」の前面に孔子の座像が安置されているという事実である（【図3】参照）。石碑の台座の側面には、四聖間の位置関係についてはそれぞれの聖賢たちが生きた時代の前後に従っているのであり、上下優劣を付けているのではないという一文も刻まれており[8]、またこの趣意文には「大正四年

（一九一五）一月、後学・井上円了、識《しる》し、併せて書す。(9)」という奥付けもあり、円了自ら書いたことがはっきりしているので、少なくとも「聖哲碑」を設計する上で、円了はこの四名の聖哲に地位や優劣の上下はないと考えていたことが理解できる。つまり、碑画の「四聖」の地位は互いに同等であるはずなのである。ならば、円了はなぜその石刻図画の前面に孔子の彫像をわざわざ安置したのであろうか？　図書室としての機能も果たしていたこの空間は、なぜ「絶対城」と命名され、それは円了にとってどのような意味を持っていたのであろうか？　さらに、円了の思想世界において、図書館として利用される空間に「絶対城」という名称が与えられた事実と、その領域に描かれ安置された「四聖」との間には、どのような関連があるのであろうか？　因みに円了は哲学堂の「本尊」の参拝者に「南無絶対無限尊」と唱念するよう求めている。円了が彼ら「四聖」の石刻図画が「絶対的本尊」そのものを体現していると考えたのだろうか？　それともこの「絶対城」はどちらかと言えば抽象的な境地を指し、哲人そのものとは一体化するものでもないと考えていたのか？

　およそ百年も前の哲学堂の設計における円了の動機に関する思想上の理由に答えるのは、直接の資料がない限り、今となっては大変困難だが、少なくとも否定できないのは、円了は、「四聖」が後世の人々にこの境地へと至ることのできる道筋と手だてを開示したと考えており、このことが「絶対城」と命名された空間に石刻四聖図を安置すべき一つの理由になっているのではないかということである。

【図3】聖哲碑・孔子像

　しかしその前提で、もう一度問わざるを得ないのは、円了は四聖の石刻画の前面に、そこにすでに刻画された孔子とは別の新たな塑像を造って、またそれを、四聖の石刻画への視線をわざわざ遮るように、その真正面に安置したのかという問題である。上述のように円了は石碑に付せられた「賛」の中で、四聖の間に『軒輊（上下優劣）はない」とはっきり言ったのではなかったか？　また、円了は絶対城の空間にはいかなる肖像も置かないと決め[10]、その空間に安置したのは石碑なのであるが[11]、そうならば、物的質感のある造形物をその石碑の前に置く意味はどこにあるというのであろうか？言い換えれば、円了の思想世界において、「絶対城」の前にある「聖哲碑」の更に前にある孔子単独の彫像との間には、何か必然的な相互関係、あるいはそうしなければならなかった思想的な理由があったのではないのだろうか？　この座像の製作者や、実際製作された経緯などはよく分からない。しかし、この塑造そのものの外見について興味深い事実を記せば、座っている孔子のイメージというのは、椅子に座った皇帝の座像のようになるのが一般的であった。しかし、この座像は、椅子を使わず直接地面に座るという形式である。しかもこの孔子は蓮の上に鎮座している。つまり、仏像のようにイメージされた孔子座像なのである。もちろん、こうした孔子像が製作された理由として、製作者が仏像を専門の工匠であったためにこうなったと想像できないこともない。しかしながら、当時、湯島聖堂の孔子座像も四角の台座に直接鎮座しており、当時としては、そうしたものを参考に製作するのがむしろ自然であったはずである。ならば、「蓮上の孔子座像」を製作し、それを「絶対城」の「聖哲碑」の前に鎮座させたという事実については、やはり円了の脳裏に、そのような孔子像に製作し、配置しようという特別な理由があったのではないだろうか？　こうした疑問を念頭に置きつつ、円了の論考のなかで孔子に論及している円了の主張内容を分析してみると、「絶対城（形状による表現不可）」と「四聖を刻んだ石碑（＝二次元の画像）」それに「孔子を彫った彫像（＝立体像）」という三者の組み合わせおよびその配置は偶然のものではなく、井上円了がもともと持ちながらも、晩年に徐々に現れ出てきた人と哲学に関する理解の枠組みを表わしている可能性が浮かんでくる。つまり、その配置は、この世界に社会を構成して実際に生活している個々人（＝人間）と、それら個々人が哲学、あるいは哲学を通じて達成すべきある種の境地との間の関係を象徴しており、孔子座像の存在と配置は、実際生活における哲学実践と他の三聖の哲学理想との間の媒介となって、哲学を一般生活の中に如何に根付かせればよいかということへの円了の答えを象徴的に表わしているようである。つまりこの理解枠における円了の主張は、我々一般の人間はまず生きている間に孔子の教えを生活の中で実践していくことにより、他の三聖が唱えた哲学的理想にも近づくことができるというものである。孔子によって提唱された哲学は実践者がこの世に生きている間に、その社会のために実践すべきものであるために、その塑造は形状を持つものであり、さらにそれと同時に、孔子の理想は円了が考える仏教の真理にも合致する条件でもあるため、孔子は蓮の上に仏像のように鎮座しているのである。

哲学堂「絶対城」における「四聖」の扱いにおける以上のような表現の方法や配置の特徴を念頭に考察を進めていくと、円了の東洋哲学観、あるいは哲学思想全体における孔子と中国哲学の位置づけを理解する手がかりも見つけ出せるかもしれない。ただここで急ぎ結論を示す前に、まずは円了の著作のなかに見られる孔子に関連した記述を丁寧に分析することによって、円了がどのように孔子という人物の思想と行為を理解していたのかを一つ一つ確認していく作業から始めることにしよう。

二　孔子に関する井上円了の叙述

考察を始める前にまず以下の諸点を確認しておきたい。筆者は前節で井上円了の思想世界において孔子が独特の位置を占めていたと述べた。しかし、矛盾しているように聞こえるかもしれないが、孔子に向けられた円了の「特別」な意識は彼の「孔子論」を検討するだけでは十分には理解できないであろう。それは円了の孔子観が円了の著述のみに現れるというものではないからである。井上円了と孔子との関わりは、その著述の中で孔子を論ずることの他に、（1）自ら孔子を祭り、（2）一九〇七年（明治四〇）に湯島聖堂で釈奠（かつて徳川幕府が主催していた孔子を祭る儀式）が復活した際、その二十名の評議員の一人としてその指導的役割をにない[17]、（3）哲学堂には孔子だけ彫像のものも安置し、（4）自身が創刊した『東洋哲学』で当時気鋭の学者たちに『論語』と孔子思想の研究を推進させ、（5）孔子の例に倣い、自選の『論語』を撰述した、など多面的である。さらに、円了の生涯において孔子は各方面で円了自身が追求してきた人間の理想モデルでもあった。ただ、円了と孔子の間の関係（すなわち上に列挙した（3）をのぞく問題）の全面的検討は本稿での議論の範囲をはるかに超えてしまうので、以下では検討の範囲を孔子に関わる円了の論述の考察に限定し、主にそれによってなぜ円了が哲学堂の「絶対城」の前に孔子の座像を安置したのかの問いに対して考察を試みたい。

まず孔子を議論した井上円了の文献類を整理してみる。（【表1】を参照）。筆者が収集できた範囲の文献において、円了には、例えば蟹江義丸（1872-1904）の『孔子研究』のように、孔子思想あるいは『論語』の内容について著述したいわゆる学術的専門書はない。[13] しかし注目すべきは、円了の処女作、つまり東京大学就学当時の円了が、当時の日本で最高の学術的水準を誇った『東洋学芸雑誌』から一八八二年（明治一五）に出版した論文は、孔子に関する内容だったことである（詳しくは後述する）。[14] 同様に、円了が生前の最後、すなわち一九一九年（大正八）に出版した単行本も、『論語』の体裁に従って書かれた『大正小論語』であった。つまり一言でいえば、円了の著述活動は文字通り孔子に始まり孔子に終わったのである。円了の生涯にわたる思想活動の中で、孔子の存在が最後まで彼の脳裏から離れることがなかったという事実がわかるであろう。

現在われわれが目にすることのできる著作の中で、孔子が文章の主題あるいはその中の主要なトピックを形成しているのは、以下に挙げる十五篇の文章である。この他に附録として挙げた三つは円了が直接孔子について論述したものではないが、明治・大正当時の知識人の儒家思想理解において、『易伝』の作者は孔子とされ、「仁」だけではなく、「忠孝」及びその他の主要な儒家の徳目も孔子によってはじめて提起されたとみなされていた状況を鑑みて、[15] 附帯項目に入れ、読者の参考に供した。ちなみに、本文八二ページ（プラス「附論」の一四ページ）の『忠孝活論』は、現在確認できる一八二冊の書籍のうちで、円了が儒家哲学の内容について専論した唯一の単行本である。[16]

【表 1】 井上円了「孔子」関連著作一覧

	タイトル	出版年	掲載刊行物	備考
(1)	尭舜ハ孔教ノ偶像ナル所以ヲ論ズ	明治 15 年 6 月 1882	東洋学芸雑誌、第 9 号	東京大学入学(明治 14 年)
(2)	第 3 段 支那哲学	明治 19 年 1886	哲学要領	東京大学卒業(明治 18 年)
(3)	第 14 章 孔孟ノ修身学ハ仮定臆想ニ出ヅルコト 第 15 章 孔孟ノ修身学ハ論理ノ規則ニ合格セザルコト 第 109 章 孔孟ノ説	明治 20 年 ※1 1887	倫理通論	哲学館創立
(4)	星界想遊記	明治 23 年 1890		
(5)	倫理摘要	明治 24 年 1891		
(6)	孔孟の教是より興らん	明治 24 年 1891	天則(第 4 篇第 3 号)	
(7)	シナ哲学	明治 25 ～ 26 年 1892 ～ 93	哲学館講義録・純正哲学講義	
(8)	漢学再興論	明治 30 年 1897	東華(第 2 巻第 1 号)	世界旅行、インドで康有為を訪問
(9)	儒教本尊説	明治 38 年 1904	東洋哲学(第 12 巻第 11 期)	哲学館大学校長を辞職
(10)	孔聖(孔子)	大正 2 年 1913	哲界一瞥	
(11)	利己利他教	大正 5 年 1916	哲窓茶話 ※2	「絶対城」が完成(大正 4 年)
(12)	知育のみに偏すべからず	大正 5 年 1916	哲窓茶話	
(13)	儒学を修めざるべからず	大正 5 年 1916	哲窓茶話	
(14)	奮闘哲学	大正 6 年 1917		
(15)	大正小論語	大正 8 年 1919		逝去
附 1	易フ論ズ	明治 19 年 1886	学芸志林(第 17 巻第 96 冊ならび第 97 冊)	「孔了の易理」等用例あり
附 2	忠孝活論	明治 26 年 1893		
附 3	「義勇」「忠節」「礼儀」「信義」「誠心」「孝道」「友道」「恭敬」	明治 37 ～ 39 年 1904 ～ 1906	修身教会雑誌	

※ 1 序文から本書が 1886 年(明治 19)12 月に完成したことがわかるので、著述の時期から言えば明治 19 年の作品だと見なせることになる。
※ 2 1905 年(明治 38)以前の「茶会談話」を集めた著作だと見られている。

三　孔子に関する叙述における井上円了の二つの態度

上に列挙した円了の孔子に関する著作におけるその孔子観を分析してみると、円了が孔子思想の内容と意義についての意見を表明する際、主に二つの異なる態度に基づいていたことがわかる。一つは円了が主に「支那哲学史」等の通史的叙述をする際に現れてくる孔子観であり、もう一つは「東洋哲学」の必要や意義に論じ及ぶ際、意識的か無意識的かにかかわらず自然と滲み出てくる孔子への崇慕の念である。著作の時期から見れば、前者の態度は基本的には東京大学在学中の著述から彼の創立した哲学館での講義録の内容の中に比較的はっきりと現れている。後者の態度は一八九〇年（明治二三）出版の『星界想遊記』で提起され、翌一八九一年（明治二四）出版の「孔孟の教是より興らん」という一文によってその理解の形が明確に示された。つまりこの二つの作品に現れている態度が、その後逝去するまで三十年近くにわたる円了の孔子観の基調になっている。筆者はこれら二つの異なる態度を孔子に対する円了のそれぞれ「分析的態度」および「崇尊的態度」と呼ぶことにする。ただ、孔子に対するこれら二つの態度を個別に検討する前に、二点説明しておく。

第一に、孔子に対する円了の「分析的態度」は東京大学時代を中心とするその初期の著作に現れ、それに対し「崇尊的態度」は主に一八九〇年（明治二三）以降―すなわち東京大学を卒業してから四、五年後の著作から現れ始めるが、このことは一八九〇年以前に孔子を「崇尊」する心理が円了に全くなかったことを必ずしも意味しない。というのは、円了の孔子崇尊は、幼いころの漢学教育、つまりは経学典籍の内容を理解するに従い、円了の精神世界の一部を常に占めていたはずで[17]、一八九〇年前後の時期に忽然と外からもたらされたものではないからである。それゆえ、たとえ一八九〇年以前の円了の著作から孔子を崇尊する態度を示す言論が見出されないとしても、そのことによって当時の円了には孔子を崇尊する心がなかったという結論へと直ちに飛躍することはできない。

第二に、「分析的」態度か「崇尊的」態度かにかかわらず、少なくとも円了の著作で孔子が取り上げられる時、価値判断の基準は「哲学に照らして」であった。言い換えれば、特に後者の「崇尊」の態度に関して、円了は孔子を―他の三聖に対するのと同じく―その「哲学」的偉大さゆえに「崇尊」しているのであり、ゆえにそれは宗教上の信仰から崇拝する態度とは異なる。後述するように、青年期から中年期にかけて円了の孔子に対する観点が「変化した」のは、実は「哲学」の意義と機能に対する彼の理解が「変化した」のに伴ってのことだったという可能性も考慮する必要がある。

(1)孔子に対する円了の「分析的」態度の特徴

円了が自らしたためた履歴書によって、彼が十歳から漢学の訓練を受けるようになり、『論語』を正式に学び始めたことははっきりしているが、東京大学入学以前に円了が孔子あるいは『論語』をどのように見ていたかはよく分からない。ただ全く手がかりがないわけではない。その手がかりの一つは、円了が新潟学校・第一分校（所謂「長岡洋学校」）で一八七六年（明治九）に「句読師雇」（現在の「助手」に相当する）だった時の一〇月、授業以外の学術交流を促進するためサークルを創設し、それに「和同会」と名づけたという事実である。言うまでもなく、その名称は『論語』子路篇の「君子は和して同ぜず、小人は同じて和せず。」という一節を典拠としてつけられたものである[18]。

円了は一八八一年（明治一四）に東京大学に入ると非常に旺盛な著作活動を展開し始めるが、孔子思想について叙述する中でその「分析的」態度が現れる著作は、いずれも東京大学で修学中か卒業後間もなく書かれたものであった。そうした著作物は確認できるもので五作ある。すなわち、（1）「尭舜ハ孔教ノ偶像ナル所以ヲ論ズ」、（2）『哲学要領』、（3）『倫理通論』、（4）『倫理摘要』、及び（5）『哲学館講義録・純正哲学講義』である。その中で、（1）の「尭舜ハ孔教ノ偶像ナル所以ヲ論ズ」と命名された論文は、円了の学術的著作全体の中で、今で言う「学術雑誌」に発表された円了の学術的処女作としての重要性を持つばかりでなく、当時はまだほとんど意識されていなかったいわゆる「支那哲学」という研究領域を開拓するという意義を持った著作としても、重要な一本である[19]。それに対し、（2）から（5）まではいずれも「哲学」を主題とした入門書あるいは概説書中の「支那哲学」にかかわる部分の叙述である。

まず、「尭舜ハ孔教ノ偶像ナル所以ヲ論ズ」を見ると、この論文の内容において際立っている点は、円了が伝統的経学における尭舜の「聖王」イメージに正面から挑戦していることである。円了は尭舜の時代は文明が未だ開けていない太古の時代であり、その時代に生きたとされる尭舜の「聖王」イメージは、戦国時代になって、当時の「孔教」が形成されていた過程で儒家の思想的必要性によって提唱された「偶像」なのであろうと主張した。その論述の中で注目すべき点は、ここで円了は仏教徒が千手観音のような仏像を崇拝することを例に挙げているのだが、その論述から知られるのは、円了本人（少なくとも円了は「得度」した僧侶である）が仏像を拝むことに魂の救済といった実際の功力を見出そうとしていない。つまり円了は哲学徒として、仏教と儒教の両方の信仰のメカニズムを解き明かそうと努力している。こうした円了の議論の筋道の中から、東京大学時代の円了が「孔教」に対してであれ「仏教」に対してであれ、哲学の立場からその「信仰」の社会的・心理的起源を明らかにしようとする「哲学」的態度を見て取ることができるのである。この論文は直接孔子あるいは『論語』の思想について論じたものではないが、その論述から、円了が、当時漢学者からは「聖学の祖」として崇められていた孔子を尭舜の偶像化を行った、あるいはその契機をつくった歴史的人物と捉え、その価値は哲学史的な観点から評価されなければならないと考えていたことを我々は知ることができる。

前述のようにこの論文は『東洋学芸雑誌』に掲載されたが、この雑誌に参加していた井上哲次郎が、この論文の後ろに意味深長なコメントを付している。哲次郎曰く、「余が東洋哲学・儒家起源の処に堯舜は孔孟が曉曉する程の大聖人にあらざることを論じたるが、今、此篇を読むに、亦其意あり。而して『堯舜は孔教の偶像なり』と云ふが如きは，実に翻案の妙あり，読者匆々に看過する勿れ。」と。実は哲次郎も、この論文の出版の数か月前に「泰西人ノ孔子ヲ評スルヲ評ス」という一文を出版しており[20]、その一文の中で、哲次郎によれば、当時、西洋の学者は東洋（思想）の情況について「五里霧中」（哲次郎の言葉）であり、その孔子を評論した論述には孔子の思想を誤解したところが少なからず含まれていると主張していた。この一文も井上哲次郎が中国哲学に関する問題について発表した最も早い時期の論文であることを考慮すれば、このことが意味しているのは、当時の東京大学の「学術」環境において、研究と学習の空間を共有していた哲次郎と円了が中国哲学の分野に題材を求めた時にいずれも思い当たったのが、実に「孔子」理解にかかわる問題だったのである。ただ、哲次郎の興味は西洋の学者がいかに孔子を理解しているかに向けられていた一方、円了の論考の時代的意義は、円了が孔子思想の歴史的役割に関する考察へと一歩踏み込んで、古代の聖王の事蹟に「託古」することで自己の理想を提唱したのが、春秋戦国時代における「孔教」形成の重要な思想的役割だったと指摘した点であろう。哲次郎が、円了のこの文章の末尾にわざわざコメントを付したのは、円了の見解に対する自己の指導的立場を示したいがためだったとも感じさせられるが、彼はその年に実際「東洋哲学史」を講義しており、円了もこの講義を受けた学生の一人だったので、その内容や着想は多かれ少なかれ哲次郎の観点に触発されていたであろう点は否定できまい[21]。

続いて、『哲学要領』・『倫理通論』・『倫理摘要』及び『哲学館講義録・純正哲学講義』という四つの著作における、孔子に関係する円了の論述の特色を見ていく。上述したように、これら四つの著作における叙述内容は基本的には、哲学または倫理学説通史の中における孔子あるいは儒家に関する説明である。

まず、一八八六年（明治一九）に著述・出版された『哲学要領』は、近代日本における大学制度の形成過程の中にあって、「哲学科」という当時開始されたばかりの大学教育制度における「哲学」というディシプリンによる専門的な学術訓練を受けた日本の知識人が出版した最初の東・西洋哲学通史であった[22]。その主要な内容のうち西洋哲学に関する説明は、主にフェノロサ（Arnest Francisco Fenollosa, 1853-1908）の授業から学んだ内容、及びこのテーマに関係する文献についてのフェノロサの見解を消化したものから主に構成されている。その点で言えば、実は東洋哲学に関する説明も基本的にはフェノロサの理解モデルを受け継いだものとも言え、円了がフェノロサの観点を踏襲したのは、主に以下の三方面においてであった。すなわち、（1）社会的・歴史的変化の思想への影響を強調したこと、（2）思想の発展を思想間の「競争」と「対立」の結果としたこと、及び（3）中国の思想家（とりわけ諸子百家の各思想）の特色を、西洋哲学の中から最も類似した人物または思潮を見つけて対比するという方式（例えば孔子とソクラテス）で述べたことである[23]。

それではその論述のさらに具体的な内容を見ていこう。中国哲学についての円了の叙述は、「第三段　支那哲学」に属する「第一一節　史論」・「第一二節　比考」・「第一三節　孔老」及び「第一四節　盛衰」という四つの節において展開されている。円了は第一一節で中国全体の歴史と地理的条件を説明し、続く第一二節でフェノロサの理解モデルに従い、中国の主要な哲学者の思想内容を西洋の哲学者に類比するが、そこでは孔子思想の内容と意義がソクラテスと対比できるものだとされる。第一三節では、対照し列挙するという方式によって孔子と老子の思想的特色の対照性が述べられる（【表2】を参照）。

円了は儒家思想の内容を批判するが、それは思想間の競争が思想の発展ももたらすという見解を前提に主張されている。この点もフェノロサの影響下で提起されたものであろう。「シナ哲学」について述べる最後の部分である第一四節で、円了は以下のように述べている。

その抗敵たる仏教ようやくおとろえ、人の精神思想したがってその（儒学＝引用者註）勢力を失するに至るなり。（中略）儒学の弊たる古を師とし、述而不作を主義とするをもって学問決して進歩すべき理なし。かつ中世以降、世間これに抗抵すべき学なきをもって儒教次第に悪弊を醸成し、学者ただ虚影を守り活用を務めざるをもって、ついに国力と共に衰うるに至る。

つまり全体的に見て、中国哲学を発展モデル、また孔老思想の関係を対称的にとらえるなどの手法において、円了はフェノロサの理解モデルから決定的影響を受けている（【表3】も参照）。ただし、中国思想の個別の学派や思想家の思想的特徴が、一般的哲学理論の原理原則に従って二つの思想の流れのいずれかに振り分けられた結果、抽象的な「二派の対立」という紋切り的な発展モデルに還元されてしまっているフェノロサのやり方に比べ、漢学

【表 2】円了の孔・老理解対照表

孔子	老子
人道	天道
世情人事	虚無淡泊
実際	理想
進取	退守
愛他	自愛
関渉	放任
人為	自然
尭舜以下の道	伏羲以上の道
仁義は道の元	仁義は道の末
浅近平易	高遠幽妙
社会の安寧を求め、人心の快楽を増すという目的は同じだが、実現の方法に違いがある。	

【表 3】フェノロサの第一学派・第二学派理解対照表

第一学派 （孔子、孟子、荀子、楊雄）	第二学派 （老子、列子※3、荘子、韓非子）
肯定的見方	否定的見方
実践的	思弁的
常識	形而上学的
道徳と政治的	純粋哲学
利他的	利己的
建設的	破壊的
人間性や人的法を守る	自然や自然法を真似る
有限で可能的な諸原理について	絶対的で不可知的な諸原理について
フェノロサによれば、墨家思想は両者の統合を試みたが、失敗したとする。	

※3　柴田氏の整理の表中では「列氏」となっている。

的訓練を経て諸子思想文献の個別内容にも通じていた円了は、「人道‐天道」・「仁義‐道の本末」・「尭舜‐伏羲」といった中国哲学固有の概念分析枠を提示することにより、いわゆるフェノロサ的な「二つの思想潮流対立」の抽象モデルを、儒・道両家の具体的思想内容間における競争というモデルに読み替えることによって、儒家と道家における思想内容の特質を対照させることに成功している。

その意味で『哲学要領』で描き出された円了の「中国哲学史」の内容は、上述した哲次郎の「東洋哲学史」の講義内容と比べると、全体の情報量だけ見れば、哲次郎の講義の方が各思想家のテキストの内容をより詳しく説明しているが、説明の仕方に注意すれば、哲次郎による説明は、実際には主要な儒者の経歴と思想内容を系譜的記述で並べただけの伝統的な「学案」風のものに過ぎない。つまり各テキストの思想的特徴を並べただけの哲次郎の「哲学史」にくらべれば、円了の「哲学史」は、そこから一歩進んで、思想と社会の相互作用、及び思想発展の弁証法的原理を応用して構成された、より系統的な「哲学史」の論述なのだとは称し得るであろう。[24]

(2)孔子に対する円了の「崇尊的」態度

井上円了は一〇歳から一五歳までの四年余りの間に、石黒忠悳（1854-1941）と木村誠一郎（鈍叟、生没年不詳）の「私塾」で漢学を習った。「私塾」とは言っても、そこでの教育とは江戸時代に確立された学習プログラムに従って経学の内容を系統的にマスターしていくべきものであり、周知のように二人の塾主が当時の日本の新旧時代を代表するレベルの知識人であったことは疑う余地がない。石黒忠悳は後に日本の医療制度創設の主な担い手となり、木村は長岡藩によって選抜された三人の「江戸留学生」の一人で、江戸での就学期間に片山世璠（兼山、1730-1782, 享保一五年～天明二年）の第三子[25]である朝川鼎（善庵、1781-1849, 天明元年～嘉永二年）に師事し、帰藩すると藩校の崇徳館で「都講」（校長）を務めた人物である。[26] つまり、円了の漢学的訓練というのは、三浦節夫も指摘するように、江戸時代から明治初期にかけて円了と同じ年齢段階の青少年が受けられた最高レベルの漢学教育であったと言える。[27] それゆえ、経学の気風に満ちた寺子屋的教育環境の中で、他の明治期の知識人と同じように、円了も孔子と『論語』に崇尊の念を抱いていたはずである。[28] ただ東京大学時代、西洋哲学関係の知識が増し、それに伴って円了は儒学の経典の教義の真理性に疑問を持ち始める。上述したように、こうした疑問は一八八七年（明治二〇）出版の『倫理通論』に見える「孔孟の修身学は仮定憶想に出ずること」、「孔孟の修身学は論理の規則に合せざること」といった叙述から見て取れる。ただし、この後一九一九年（大正八）に逝去するまで、儒家思想が哲学的真理に合致するか否かという問題について、円了がその著作の中で専門的議論を展開する機会が再び来ることはなかった。このように、「哲学者」としての円了が儒家思想の「哲学的問題」に「関心を寄せることをしなかった」という情況が、これまで円了研究者が円了の孔子観に興味を起こさなかった主な原因の一つではあろう。

しかしながら、円了の著作を通観すれば、その中に孔子が少なからず登場している事実を知ることができる。円了の生前最後に出版された単行本にも『論語』の名が冠せられていたことは上にも触れたとおりである。我々の興味を引くのは、円了の生涯から見るとまだ青年期に分類してもよい明治二三・二四年に出版された著作の中で、円了は、それまで彼の思想において優勢だったと思われる「分析的態度」と大きく異なった孔子への見方を示し始めている事実である。その著作とはすなわち一八九〇年（明治二三）に出版された『星界想遊記』と、翌一八九一年（明治二四）『天則』誌上に発表された「孔孟の教是より興らん」の二点である。[29] 筆者の観察によれば、それ以降の孔子と『論語』に関する円了の理解モデルが、この二つの著作によって形作られたようである。

まず『星界想遊記』[30] において孔子がどのように描かれているか見てみよう。その序文によれば、これは前年に伊豆の修善寺の温泉旅館に泊まった際に円了が見た夢の記録と説明される。その夢の中で、円了は「想像子」という人物に化して星界に遊ぶ。[31] その遊行中、地球と環境の比較的類似した六つの世界を訪れる。すなわち、「共和界」・「商法界」・「女人界」・「老人界」・「理学界」（科学の原理と学者が治める世界）及び「哲学界」である。想像子は前の五つの世界を訪れた後、それらがいずれも完全に理想的な世界ではなかったことから地球に帰ろうとしていたのだが、最後にうっかり入ってしまった「哲学界」で一人の仙士に出会い、「哲学界」がどんな世界であるのかについての説明を聞く。想像子が目を見張ったのは、その世界には生死の区別も、「一定の国土・方位・歳月・古今・貧富・老少・男女・飲食・形体…」などもなく、ゆえにそこの人民に感覚的苦楽はなく、精神的な歓楽だけがあるという状況だった。想像子はこの世界の「真楽」の境地を聞き、この世界に住みたいと思い始めるのだが、仙士に「汝には未だこの界に住する因縁熟せず」と入界を断られてしまう。仙士によると、その因縁が熟すには、まず「有形界」で「有形界」の義務を完全に尽くさねばならず、義務を果たしてはじめてこの世界に至れるという。そこで想像子が「その義務とは如何?」と問うと、仙士は以下のように答えた。

上に政府あれば政府に対する義務あり。君主あれば君主に対する義務あり。内に父母あれば父母に対する義務あり。妻子あれば妻子に対する義務あり。朋友あれば朋友に対する義務あり。社会あれば社会の義務あり。国家の義務あり、祖先の義務あり、万物の義務あり、天地の義務あり、自己の身体に対する義務あり。此義務を全うして始めて精神世界の永楽を占領すべし。汝一たび本土に帰りて早く其義務を尽して此界に来らんと。

ここに至って想像子が仙士の名を尋ねると、その仙士はなんと想像子の崇拝する釈迦本人であった。そしてその左右に、孔子・ソクラテス及びカントの三人の聖賢が忽然と想像子の前に姿を現した。想像子の左に現れた「支那国」から来た「孔夫子」も想像子を戒め以下のように言う。

我れ汝の本土にありしとき世道人心の治らざるを見て、修身斉家の道を講し、仁義道徳の大本を説きしか其後、人民私利に走り小慾に汲々として大道をわするるに至れり。これ実に道徳の罪人なり。汝わがために記憶せよ。道徳の家には幸福の園池あることを。若し幸福の園池に遊ばんと欲せば必ず道徳の家に入るべし。

「哲学界」における想像子と四聖との対話の中で、四聖はそれぞれ想像子に「苦は楽岸に達する船なること」（釈迦）、「道徳の家には幸福の園池あること」（孔子）、「知徳の本体を明かにして之を研脩するの必要」（ソクラテス）

及び「中正完全の哲学」（カント）という言葉を「有形界」の人民に伝えることを託す。しかし、ここで注意すべきは、作者である円了は、孔子を登場させる前に、儒家の経典で提唱された所謂「五倫の徳」の実践を勧めることを、上の最初の引用文のようにまず釈迦の口から直接、主張させている点である。そこに登場する釈迦の教誨の筋道に従えば、「哲学界」に住むための条件は、仏教徒が一般的に行う「出家」や「読経修行」といった行為ではなく、儒家の主張する人間社会における人倫道徳の実践なのである。釈迦に五倫の実践を提唱させる『星界想遊記』のストーリー構成は、円了の以下のような思想世界の構造をも表出させている。すなわち、一人ひとりの人間が、「哲学的真理」に到達するための方法は出家や読経ではない。人間は、誰でもこの世に生きている間において、国家・君主と社会へ忠勤に励むことを含む人間社会での責任を果たさなければならない。

続いて、「孔孟の教是より興らん」における円了の孔子観を見ていこう。円了はこの一文の冒頭で、知識の進歩は往々にして道徳礼節の退歩をもたらすので、どのような社会も「知育」より「徳育」の推進を重視すべきだと指摘する。そして「徳育」を推進する方法には、「東洋的道徳主義」・「西洋的道徳主義」・「宗教道徳」・「学術道徳」・「孔孟思想」・「仏教」及び「耶蘇教」といった方式があると指摘する。しかしここで円了が強調するのは、当世の日本社会に必要なのは「道徳の本体と本源」あるいは「その善悪の標準」等を探求する議論、つまり当世で議論されている「道徳の学術」＝倫理学ではなく、実際の道徳の普及であるはずだということである。それゆえ、円了は「今や余輩の取るべき最良法は唯主義上の争論を止め、宜しく自己の身に体して着実に履践するを以て、第一の務となさざるべからず。」（強調は原文のまま）[32]と主張する。続けて、孔子の生きた二千五百年前と自己の生きている当世とを比較してその社会状況、道徳的退廃状況が極めて類似しているとするのだが、ここで円了は自嘲的な口調で「万般の学に通ぜざる孔子」は現在の理論的知識にあふれた書生にはかなわず、孔子の科学的知識は不十分だと述べる。しかし、これにつづく論述で、当世の書生たちは「未だ孔子の其道を説きたる本意を知らざるなり」という問題の核心に触れ、以下のように強調する。すなわち、「その本意は理論にあらずして実行にあることを知り、自ら進んでその術に当たれるものにして、理論理屈によりて世に勝たんとしたるものにあらず。実践躬行を以て世の模範となりたるものなり。」（強調は原文のまま）結局のところ、円了にとって孔子の学説の主旨は「修身斉家治国平天下の要道」、つまり「仁義忠孝」を明らかにして、「一国一社会の安全幸福を目的とする」ことにあった。それゆえ、「余輩はそれを学説として一科の倫理学を講述するものとす」る。しかし我々が「大聖」である「孔子を崇尊し、之を模範とする」のは、彼が正に一人の「実行家」であるがゆえである。

後半になると、前半の主張が『論語』の内容に即して例証されていく。例えば、『論語』学而篇（陽貨篇にも同文が採録されている）の「巧言令色鮮矣仁」（巧みな言葉や人を印象づけるような表情には仁の徳がすくないものよ！）という文が挙げられ、この文が当世日本社会の弊害を洞察していると指摘されている。円了は「今日の人は唯言語に巧みにして、実行に疎し。地方の少年、東京から帰ると哲学でも高尚を好むの弊害。実際修身に於いて上を尊ばず、徳者を敬さず、礼節法度を軽んずる。」と現状を嘆く。

そして結論部分では、まず富国強兵と殖産興業の基礎は「徳義」だとされ、円了は『論語』の「警鐘」が「我が国の現時の弊」を予言しているのを痛感し、それゆえ、「今日の弊を救うは、実にこの道にある哉！」と喝破する。同時に当時西洋化を推進していた知識人の、「人、あるいは余を目して、孔孟主義なりと嘲し、固陋なりと笑わん。」という儒家思想への批判に対して、円了は次のように答える。すなわち、それは古い意味での「孔孟主義」であり、円了自らが推進しようとする「斯道」は「二千五百年たって我が人心を涵養し、道徳を支配し、金言格言を諳んじる」ような「道」であって、ゆえにこのような思想は「孔孟主義」と呼ぶべきでなく、また当世の日本に自国の時勢を救うこのような教えがあるのだから、わざわざ他国から道徳説を輸入する必要はないと。最後に円了は、その教え（孔孟の教え）が衰えたのは「今日の孔孟論者が、其の教の実行を説きながら、一身の徳業の修らざるもの往々これあるに至る」からだとし、徳業を自ら実践できない儒者を批判して本文を終える。

この一文における円了の主張の軸は以下の四点だと理解できる。（1）当世の日本の危機は、知識人や人民が「真理」に暗いことにあるのではなく、社会における道徳実践の退廃にあること。（2）この情況は孔子の生きた中国の春秋時代とよく似ていること。（3）孔子はその仁義忠孝の実践によって当時の一国一社会を安全幸福にしようと自ら努力したが、これこそ孔子が「大聖」と称される理由であること。（4）日本はこのような孔子の自己実践の学説を受け入れることすでに久しく、もはやそれを「孔孟主義」、つまり孔子と孟子という個々の思想を示すだけの名称で呼ぶことはふさわしくないこと。この四つの主張の中で、円了は実行を伴わない道徳の知識に嫌悪感を持ち、およそ十五年後にその理念を、「修身教会運動」を展開するという形で全面的に実行に移した。円了が終生崇拝した「四聖」の中で、円了の提唱した「修身」の手本は、孔子以外にはないであろう。言い換えれば、一八九一年（明治二四）の円了は当時の日本社会には道徳の実践を推進する孔子のような人物が必要だと考え、一九〇六年（明治三九）当時になると、円了はその認識からさらに一歩進めて、自らが孔子のように直接「修身教会運動」を推進して日本社会の道徳的気風を高めようと実践するようになったのであった。

ここまで説明してくれば、円了が展開した「修身教会運動」の本部である哲学堂「絶対城」空間における四聖の石碑の前に、なぜ孔子の座像を安置したのかが理解できるのではないかと思う。それは『星界想遊記』で唱導されたような、哲学の理想郷に入るには孔子が始めた儒学による現世道徳の実践という方法によらなければならないという円了の理念が、哲学堂という建築空間において顕現したものだったのである。哲学堂の「絶対城」は『星界想遊記』の「哲学界」を表象し、その世界は無形によって表象されているので、四聖の像は刻されて描かれただけの二次元画像である。しかし円了は、この世界に入るには儒家の提起する「五倫」の徳（君臣・父子・夫婦・兄弟及び朋友＝これは同時に円了が「修身教会運動」において推進した徳目）の責任を実践するよう日夜努力しなければならないと考えた。この現実世界において生きている人間一人一人が実践しなければならない規範は孔子によって提起されたもので、それゆえ「四聖碑」のさらに前面には、その手引き者としての孔子がどうしても必要なのである。しかも現実世界に生きる我々は「有形」なので、「有形界」に安置された孔子の座像にも、我々の実際の世界に存在する「有形物」のような質感が必要であり、ゆえに有形界に存在していると感覚できるような質的立体感を持つ塑造が安置されたのであろう。

四　おわりに

本文で論じた円了の孔子観を最後に整理してみよう。井上円了は一九一九年（大正八）、大連での講演中に脳溢血により死去した。享年六一歳であった。円了の生涯にわたって、円了が意識的に、あるいは全面的に孔子、あるいは『論語』の思想を論じた専門的な著作の数が限られている以上、我々による円了の孔子観への理解は、その断片的な記述に基づくパズルの組み合わせのようなものにすぎないかもしれない。しかし、本稿における考察によって、過去の研究ではほとんど注目されることのなかった円了思想における以下のような特色を描き出すことはできたのではないかと期待している。

まず円了の孔子観において潜在意識的基礎を成していたのは、幼・少年期に石黒忠悳や木村鈍叟の漢学教育において受けた「経学の祖」としての孔子への崇尊の念であったであろう。ただし、青年時代に入って、十代後半からの英語や洋学の学習、特に東京大学における哲学教育の経験によって、分析的態度で儒学（＝孔子）思想を考察するようになり、哲学的真理に即した知識としての孔子思想には欠陥を感じるようになっていた。しかし、当時、哲学的真理の追求がより良い日本人の国民性を涵養できるのかという課題に対して、現状の学問、特に哲学のあり方に限界を痛感し始めた円了は、道徳の実践者としての孔子の存在に着目するようになり、孔子への崇尊も幼少期とは違って、意識的で確固としたものとなったのであろう。具体的には『星界想遊記』と「孔孟の教是より興らん」の記述から、若年期でもそうした意識は多分にあったであろうと推察されるが、明確に意識にあがったのは哲学堂を経営し「修身教会運動」を推進した晩年期であったであろう。この時期の円了の思想世界において「孔子と儒家の倫理道徳学説」は独特でかつ高い価値を占めていた。つまり、有形界において構成される社会という世界に生きなければならない人間にとって、「哲学界」（『星界想遊記』）あるいは「絶対城」（哲学堂）に入るためには、孔子が唱えたとされる儒教思想こそが唯一無二の道筋なのであった。

円了逝去の後、円了の友人、弟子などの関係者によって、かれらの円了への記憶を集めた記念文集が出版されたが、そこに出てくる興味深い言葉をもって本稿の結びとしたい。その言葉は、円了の弟子の一人で、哲学館で西洋哲学や心理学を講義し、当時「新仏教運動」の推進者の一人でもあった田中治六（生没年不詳）によるものである。田中は、その文集の一篇である「先生逸話」の中で、彼の専門である西洋哲学や仏教思想の知識がまるで彼の脳裏に存在しないかの如く、円了の生前の印象を次のように述べている。

それでも僕には、孔孟は如是人であったろうかと、敬愛の念を毫も失せなかった。[33]

注

（1）三浦節夫「井上円了の初期思想（その1）真理金針以前」（『井上円了センター年報』（第一六号、二〇〇七年）、五〇頁参照。

（2）円了は一九〇三年（明治三六）の二回目の「世界旅行」の際に、インドのダージリンに立ち寄ったが、そこで康有為を訪ねて漢詩を交換し合うなどの交流をしている。その記録は一九〇四年に出版された『西航日録』に見られる。

（3）蔡元培が青年期に井上円了の『妖怪学講義』（全五巻）を中国語に翻訳した（ただし出版されたのは「総論部分」だけである）という話は、中国近代思想史の専門家には広く知られている。井上円了の著作が当時の中国に紹介されていた状況については、李立業「井上円了著作の中国語訳及び近代中国の思想啓蒙に対する影響」（『国際井上円了研究』第六号、二〇一八年、二一四〜二二八頁）を参照されたい。

（4）新田幸治・長谷川潤治・中村聡編訳『襲常詩稿・詩冊・屈蠖詩集訳注』（秋田、三文舎、二〇〇八年）を参照。因みに、円了が地方巡講において、募金のために揮毫した膨大な数の筆蹟の文面も、もちろん江戸時代からの作法を踏襲したものであろうが、そのほとんどが漢文である。

（5）詳細な論証については、佐藤将之「井上円了思想における中国哲学の位置」（『井上円了センター年報』第二一号、二〇一二年一〇月）、一九〜五六頁を参照されたい。

（6）この点と関連して、円了が創立した教育機関が当初は「哲学館」という名称を与えられながらも、のちに「東洋大学」に改称されたという事実についても、その変更を可能にした円了の思想世界には、やはり円了が理想とする「東洋哲学」の創始者である孔子への傾倒が円了の心の奥底に確固として存在していたからだと考えられる。つまり、本文で指摘するように『東洋哲学』創刊号の口絵が孔子であったことと、「哲学館（大学）」が「東洋大学」に名称変更された二つの事実は、偶然の一致ではないだろう。

（7）その「本誌発刊旨趣」に作者の名前はないが、直後に出版された『東洋学芸雑誌』（第一五一号、一八九四／明治二七年四月、二〇〇～二〇一頁）の「雑報」に『東洋哲学』が紹介されており、「井上圓了氏の編輯に係る『東洋哲學』と題せる雑誌…」とある。

（8）原文は「如其位次則從年代前後，非有所軒輊也。」

（9）原文は「大正四年一月後學井上圓了識并書。」

（10）故井上円了述『哲学堂案内』（東京、財団法人哲学堂事務所、一九一五年初版、一九二〇年増幅改訂三版）、二四頁。

（11）三浦節夫『井上円了』（東京、教育評論社、二〇一七年）、五一五頁。

（12）三宅米吉（編）『聖堂略志』（東京、斯文会、一九三五年）、六六頁。ただ円了が湯島聖堂における「釈奠」の復活そのものに具体的にどのように関わったのかについては未詳。

（13）この書は蟹江義丸の博士論文が一九〇四年（明治三七）に金港堂から出版されたものである。しかし蟹江本人はこの出版直前（同年）に三二歳で逝去している。この書は昭和初期まで孔子思想研究の最重要著作と称えられた。

（14）『東洋学芸雑誌』は杉浦重剛（一八五五～一九二四年／安政二年～大正一三年）らがイギリスの『Nature』に倣い、一八八一年（明治一四）に発行した総合学術雑誌である。

（15）円了は『周易』を「哲学祭」の「供物」の一つに選んでおり、その中の「繫辞伝」を伝統的な理解に基づいて孔子の著作と考えていた。円了が『周易』の思想を非常に重視していたことは明らかである。

（16）一八九三年（明治二六）に哲学書院より出版。

（17）円了はその詩集『屈蠖詩集』に付された「履歴書」の中で、最初の漢学の先生である石黒忠悳に師事していた期間に学んだテクストのうち、「山子点」の『論語正文』を善本として第一に挙げている。『論語正文』は片山兼山（一七三〇～一七八二年／享保一五年～天明二年）が訓点を施したテクストである。

（18）土田隆夫「井上円了による「長岡洋学校和同会」の設立とその後の動向」（『井上円了センター年報』第二一号、

二〇一二年一〇月)、三七〜三八頁。

(19) 東京大学時代の円了の著作のテーマは、主に中国思想関係と仏教関係の二つに分けることができる。そのうち仏教関係の論述は、いずれも『開導新聞』など教団を対象とした新聞や雑誌に発表されており、一般の読者層に向けて書かれたものであった。それらの内容は円了が東京大学入学以前から持っていた時事的・評論的問題意識の延長である。それにくらべ、中国哲学関連の論文は東大に入学して後、井上哲次郎の「東洋哲学史」(第二学年)・島田重礼の「支那哲学」(第三及び第四学年)・中村正直の「漢文学」(第四学年)といった講義に触れ、その刺激を受けて執筆されたのかもしれない。

(20) この論文は『東洋学芸雑誌』(第四号、一八八二年/明治一五年、五三〜五六頁)及び『修身学社叢説』(第二三冊、一八八二年/明治一五年、九〜一五頁)より出版された。前者の版面が影印されて『井上哲次郎集』(東京、クレス出版、二〇〇三年)の第九巻に収められている。

(21) 井上哲次郎が一八八二年(明治一五)から翌年にかけて、ドイツ留学前に行った東洋哲学史に関する講義に関しては現在二つの講義ノートの存在が知られている。一つ目はまさに井上円了によるもので、開始ページに「東洋哲学史、井上哲次郎氏口述、井上円了」と記されている。この講義ノートの原本は東洋大学・井上円了研究センターに保管されており、そのデジタルデータの閲覧・複写が可能である。もう一つは、金沢大学附属図書館に保存されている「高嶺三吉遺稿」に含まれている講義ノートのうちの一つである。このノートに含まれる哲次郎の「東洋哲学史」相当部分の内容は水野博太氏によって公刊された。水野博太「『高嶺三吉遺稿』中の井上哲次郎「東洋哲学史」講義」(『東京大学文書館紀要』第三六号、二〇一八年三月、二〇〜四九頁)を参照。なお水野氏は、高嶺三吉の講義ノート校訂する際、円了の講義ノートも参照し、文字や内容の異同も記している。

(22) その巻頭に「曩ニ井上哲次郎氏著ス所ノ哲学講義世ニ行ハル、モ其書希臘哲学ノ歴史ヲ略述スルニ止マリテ未タ西洋近世哲学及ヒ東洋哲学ニ論及セス」とある。

(23) 円了は「東洋哲学」部分のフェノロサの講義内容のノートを残している。柴田隆行とライナ・シュルツァがこのノートの内容を日本語に翻訳している。柴田隆行、ライナ・シュルツァ訳「井上円了『稿録』の日本語訳」(『井上円了センター年報』、第一九号、二〇一〇年九月)、一三九〜一四〇及び一四五〜一五三頁参照。

(24) このような円了の哲学史理解をヘーゲルの弁証法を受容したものと見なせるかどうかに関して、フェノロサのノートでは確かにヘーゲルが哲学の発展を理解した方法に触れられているが、ヘーゲルの弁証法モデルの厳格な運用ということについてノートが示しているのは、円了の中国哲学史モデルの根源がヘーゲルのものだったとしても、円了はフェノロサが理解したものをそのまま円了のモデルに取り入れたのにすぎないのではないか。

(25) 善庵が生まれた時に実父の片山兼山はすでに逝去していたので、その母は朝川黙翁と再婚した。善庵は養父が亡くなる間際にそれを告げられ、旧姓に復するよう勧められたのであるが、養ってくれた黙翁の恩に報いるため、終生改姓することはなかった。

(26) 松本剣志郎「鈍叟・況翁・円了——越後長岡の名望家高橋九郎を交点に」(『井上円了センター年報』、第二三号、二〇一四年)、五九〜八一頁。

(27) 三浦節夫は「円了は藩黌レベルの最高の漢学教育をうけていたのである。」と述べている。三浦節夫『井上円了』、五七頁を参照。

(28) 例えば、円了は自己の漢詩集を『屈蠖（くつかく）詩集』と命名しているが、それは「尺蠖之屈、以求信也」という文にもとづいている。この詩集の中で、円了は「四海皆兄弟」・「徳不孤必有隣」といった文も用いている。また、本文で述べたように、円了は「長岡洋学校」に就学している時期に『論語』から命名した「和同会」というサークルを組織してもいる。

(29) この文章は『天則』(第四篇第三号、一八九一年／明治二四年)より出版され、後に中尾弘家編『甫水論集』(東京、博文館、一九〇二年／明治三五年)に収められた。東洋大学がそれを復刊し(東洋大学井上円了研究会第三部会資料集第二冊、一九八二年)、その後『井上円了選集』第二五巻にも収められている。

(30) 康有為『大同書』に対するこの書の影響については、坂出祥伸「井上円了『星界想遊記』と康有為」、同氏『増補改訂・近代中国の思想と科学』(京都、朋友書店、二〇〇一年、六一六〜六三六頁)を参照。また森紀子は、東京へ逃れた梁啓超が当時円了の祭った「四聖図」を見て、その中にイエスがおらず、カントが取って代わっている構図に衝撃を受けたと指摘している。森紀子「清末啓蒙家梁啓超と『四聖画像』」(『サティア（あるがまま)』第四三号、二〇〇一年、三四〜三六頁)を参照。

(31) 『星界想遊記』の主人公が星界(＝『荘子』の言う「天」の領域)に「遊び」、道を得た聖人に出会って教えを請うというストーリー構成は、『荘子』の内容にヒントを得たものではないかと筆者には疑われる。この点に関しては別の機会に明らかにしたい。

(32) この一文の強調には、他の部分の丸印「○」と違う二重丸印「◎」が使われ、強調の中のさらなる強調であることを示している。

(33) 田中治六「先生逸話」、林竹次郎編『故井上円了先生』(東京、正文舎、一九一七年／大正八年)所収。

井上円了が説いたインド哲学

出野尚紀

一　はじめに

井上圓了（以下、円了）は、母イクの実家である現在の十日町市水口沢の榮行寺で長岡市浦の慈光寺住職井上円悟とイクの長男として生まれた[1]。本来ならば慈光寺を継ぐ立場であったが、選ばれて京都本山で学び、東京大学に留学した。そして、そこで西洋の哲学を学び、仏教が「哲学」といえることを見出した。東京大学在学中の一八八四年（明治一七）に哲学会を組織するとともに、釈迦・孔子・ソクラテス・カントの四人を選び哲学祭を行った。この四人のうちヨーロッパの哲学体系に含まれる哲学者はソクラテスとカントの二人である。しかし、円了は、中国とインドの思想にも「哲学」を見出し、釈迦と孔子を哲学者に加えて祭ったのである。では、円了は、どうしてインドの思想を哲学としたのだろうか。

しかし、「インド哲学」という語に、円了の使い方と二一世紀の現代との間に意味の違いや範囲の差が見られるかもしれないので、現在の使い方を確認をしたい。「インド哲学」は、英語でIndologyと記す「インド学」という学問分野の一部である。ただし、「インド学」という言葉は、円了も一八八九年七月に発表した「哲学館改良の目的」などで「印度学」を使用しているが[2]、国語辞典に取り上げられていない。現代の「インド哲学」の解釈を『広辞苑』第七版から引用すると「印度哲学」を見出し語としていて、その意味を「インドで発達した哲学思想の総称。

正統派として、ウパニシャッドから六派哲学への流れがあり、それに対する異端的な思想として、ジャイナ教・仏教などが展開した」とある。

それでは、円了はインド哲学をどのように解釈しているのだろうか。まず「インド哲学」に言及する著作を並べ、それらのなかで記述量が多く、自らの考えが記されるものを検討するかたちで進めていきたい。なお、円了は、「印度哲学」、「婆羅教」という語を用いているが、本稿においては、前者を「インド哲学」、後者を「ヒンドゥー」としたい。

二　円了のインド哲学著作

円了のインド哲学に関する著作としては、一八九七年（明治三〇）二月に出版された、東京大学に学位請求論文として提出したものの一部である、『外道哲学』が著名である。そして、これは版を重ね、そして、東洋大学創立一〇〇周年記念論文集編纂委員会が編集した『井上円了選集』（以下、『選集』）のなかのみならず、二〇〇三年（平成一五）四月に柏書房からも出版されている。しかし、円了の代表的なしごとには「妖怪学」があり、円了を指す呼称としては妖怪博士が在世中から巷間に流布しており、没後百年となっても、いまだにこの方面においては名が挙げられ、創作中にも登場している。[3] この分野の著作も、大東出版社から『妖怪玄談』が二〇一一年に出版されたり、Kindleに収められたりしている。ただし、円了は、妖怪学の提唱者であるだけでなく、学者として、近代ヨーロッパ哲学の導入期における哲学者であり、自力で学校を創設し運営を行った教育者であるなど、さまざまな面を持っていた。また、学者であるだけでなく、例えば、三度世界周遊を行った明治時代を代表できる旅行者であり、農村部まで講演活動を行う社会啓蒙家でもあった。そして、近代ヨーロッパの学問体系から日本仏教を問い直した仏教学者でもあった。そして、『外道哲学』は、仏教学者の立場から、仏典に記される仏教から離れた思想を分析したものである。

実は、円了には『外道哲学』より早く、一八八六年発行の『哲学要領』の第四段でインド哲学を扱っている。「哲学要領」は、哲学普及のための概説書として作られたもので、『令知会雑誌』、『教学論集』の二誌に連載されたものと、哲学書院から出版された前後編の単行本の三種類があり、それらの文面の内容に違いはないが、文章量に違いがあり、単行本がもっとも多くの分量となっている。[4] また、『哲学要領』を補足するものとして一八九一年の『哲学館講義録』第四期第一年級に掲載された「純正哲学講義」がある。そして、『外道哲学』の後、一八九八年七月、仏教各宗各派の僧侶向け中等教育に資するために、『印度哲学綱要』をまとめている。約十年の間における日本社会と英領インドとの関係を踏まえて、円了が四文献の間にどのような差異をつけたのかを内容面の取捨選択と使用文献、円了の観点の違いについて考察したい。この四文献を選んだ理由は、これらには円了のインド哲学についての定義が記されているからである。

なお、『井上円了関係文献類目』によると、円了がインド哲学を取り扱った著作として、『外道哲学』が出版されるまでに公開されたものとして、『哲学要領』と「純正哲学講義」を含めて、以下のものを挙げることができる。博士論文の一部である『外道哲学』をまとめるまでに円了がインド哲学をどのように考えていたのかを探るために、インド哲学に関連する事項についてどのような記述をしたかを略述したい。

①「印度史の抄訳」（『開導新聞』二十二、一八八〇年一〇月二〇日）
②「哲学要領」全十一回（『令知会雑誌』一～一九、一八八四年四月二九日～一八八五年一〇月二一日）
③「哲学要領」全十七回（『教学論集』一八～三十七　一八八五年六月五日～一八八七年一月五日）
④『哲学要領　前編』（哲学書院、一八八六年九月）
⑤『真理金針　続々編』（長沼清忠、一八八七年一月）
⑥『宗教新論』（哲学書院、一八八八年三月三一日）
⑦「宗教と哲学の関係」全三回（『四明余霞』六～八、一八八八年六月二四日～八月二四日）

⑧「純正哲学講義」全七回（『哲学館講義録』第四期第一年級第十三号～第三十六号、一八九一年二月一〇日～一八九三年九月三〇日）

⑨「純正哲学講義」全八回（『哲学館講義録』第六学年第一号～第三十五号、一八九二年一一月五日～一八九三年一〇月一五日[5]）

⑩「仏教理科」全八回（『仏教専修科講義録』初学年第四冊第七号～二十四冊第四十七号、一八九七年五月二十三日～一八九八年三月二十三日）

まず①では『マヌ法典』の世界創造説を紹介している。次に②と③は、前述のように、④のもととなった連載である。なお、④の続編である『哲学要領　後編』にはインド哲学への言及はない。⑤では仏教がキリスト教に勝ることを説くところで、ヨーロッパの哲学の学説の萌芽がインド哲学にあり、原理については現在でも変わらないとする。⑥はほとんどが「哲学」と「宗教」の関係を比較検討するもので、取り上げられる宗教はキリスト教と仏教であるが、当時の見解としての「キリスト教以外の宗教は真の宗教ではない」についての例として、ヒンドゥーも使われている。⑦は一八八八年五月一日に稗島村（現在の大阪市西淀川区）の慈雲寺で行った講演を小原正雄が筆記したものである。ここでは仏教、特に倶舎唯識天台が純正哲学を実用化したものであり、仏教は哲学中の哲学だとまとめている。[6]⑧では、西洋の哲学を『哲学要領　前編』に譲り、総論と東洋哲学のみを記しているものである。⑨では二か所で説明される。一つ目はキリスト教と仏教の違いのところで、インドにはすでに哲学学派があったので、仏教は宗教と哲学の双方を兼ね備えているとするものである。二つ目では、日曜講義で詳述する予定として、インド哲学の学派の概略を記すとするものである。その内容は四つのヴェーダとウパニシャッドの概略である。どちらの部分にも「インド哲学とは」という定義的な内容はない。⑩では「インド哲学」という言葉は用いられていない。正統派の各派を「婆羅門哲学」として学派の説明をしている。「外道哲学」という言葉も用いられているが、それは自著の名称としての使い方である。なお五明の一つである内明を哲学に相当するとしている箇所がある。

その他にも円了は、一八八七年七月二十二日提出の「私立哲学館設置願」の学科学期表に東洋哲学史を希臘哲学史と並べたり、[7]一八八九年七月二八日発表の「哲学館改良の目的」[8]などで西洋哲学に対応する東洋哲学という存在に言及したりしている。

三　『哲学要領』の記述

円了の「哲学」に対する考え方がうかがえるとしてもっとも初期のものは、『哲学要領』である。それは一八八四年（明治一七）四月二九日に発行された『令知会雑誌』第一号から連載されたものであり、『教学論集』にも同内容のものが連載された。そして、最終的に連載がまとめられ書籍となり、一八八六年と一八八七年にそれぞれ『哲学要領　前編』、『哲学要領　後編』として発行された。「要領」と表題にあるように、哲学の要点を地域による種類別の前編十一段と対象の見方による内容別の後編十二段から説明するものである。

第一段第一節「義解」で思想のあるところには哲学があることが記され、第二節「範囲」で自らの説としての「哲学」定義が記されている。ここで、円了は「哲学」を一般的な哲学と純正哲学に分け、前者は全体を覆う形而上的な思考訓練とし、後者はそのなかの原理原則としている。この著作のなかでの「哲学」は、純正哲学の省略であるとしている。

次に、第二段として「東洋哲学」を立てて、第七節で以下のようにインド哲学を定義している。

> 余がここに東洋哲学と題せしは、西洋哲学に対してインド、シナ両国の諸学に与うる名称なり。インドには婆羅の法および釈迦の教あり、シナには孔孟の学および老荘の道あり、みなもって哲学の一部分となすに足る。（I:93）

円了は、第一段で、哲学を生み出された地域によって西洋と東洋の哲学に分け、インド哲学を中国哲学とともに東洋哲学の下に位置づけている。ここでは、「東洋」を冠する哲学を生んだ地域をインドと中国の二地域しか上げておらず、ヒンドゥーの法と仏教の教、儒教の学と道教の道という対句表現を用いて対照的に並べているが、それぞれの地域にあった他の思想については言及しない。しかし、これらは例として挙げられているものと考えられるので、インドと中国の思想はどれも哲学の範囲を部分的に含むものであるとしている。なお、円了は正統派のダルマと仏教のダルマのなかに哲学の一部分を認めているが、純正哲学そのものとは考えていないことに注意すべきと考える。以下に日本にも言及しているが、日本思想は中国からの伝来であって、固有のものではないとする。哲学といえる固有の思想を生み出した場所は、ギリシアとインドと中国であるという見方である。

その後に歴史展開に移り、東洋哲学が古代において盛んであったと記す。インド・中国という東洋の学問思想は、当時においてこそヨーロッパ・アメリカと比べると深化の度合いが浅いと見ているが、古代においては、さまざまな思想家が世に出て論を交わしていたことは、ギリシアよりも優れていたとする。歴史的にもインド・中国の文化形成の方がギリシアよりも早く、ギリシアの文学作品が紀元前五世紀までしか遡れないが、東洋の二地域の作品は、それよりも古く、インドがそのなかでも最も古いと見ている。インドが古いことについては『哲学館講義録』第六学年第一号の「哲学祭記」において釈迦の降誕を紀元前一〇二七年、入滅を紀元前九四九年と考え、孔子、ソクラテス、カントと現代に近づいている計算からもわかる。とくに、現代では受け入れられないか、ギリシアの作品にはインドから種子を得たものが多く、中国も漢代よりあとになると、仏教の影響が多く見られるとしている。さらに年代を入れて、紀元前五世紀から四世紀に活躍したとする哲学者・思想家の名前が列挙されている。しかし、これらの人物も実際の年代とは異なる人物がおり、とくにインドで名が挙がっている人物はすべて後世の人である。無著と世親が仏滅後どのくらいの時代に在世していたかについては、例えば「婆藪槃豆法師傳」に「佛滅度後五百年中有阿羅漢[9]」などと記されているけれども、それは後の『外道哲学』の参考文献にも掲載されておらず、紀元前五世紀から四世紀に在世していたとした根拠はわからない。

それでは、第二段を順に見ていきたい。第八節は「種類」である。ここでは、インド哲学と中国哲学それぞれの種類を西洋の哲学の種類にあてはめ、同じくくりにできるものが存在するとしている。仏教の「天台」のように仏教であるが、インド仏教には見られなかったものもふくまれているが、インド起源と見ることができる学派には、論理学の因明、純正哲学の仏氏の学、実態哲学の倶舎、心理哲学の唯識理想哲学の天台という五つの哲学、そして、バラモン教の神造説と仏教の真如説の二つが挙がっている。しかし、当時の西洋の哲学ほどの精密さには欠けると分析している。

第九節の「性質」は、東洋哲学の特徴を記すところで、哲学として優れているところがあるが、欠点が見られるので西洋哲学からは劣ることが記される。

第十節「事情」は、第七節から第九節のまとめで、古代は人類の生き方の多くの部分に関与し、隆盛を極めたが、現在では長い間新説が見られず、旧套墨守となり、そのため、衰微しきっているとする。

そして、第十一節から第三段の「シナ哲学」になるが、ここは省略し、第十五節から第十九節にあたる第四段の「インド哲学」を順に見ていきたい。

第十五節「史論」は、インド哲学には、三地域の哲学のなかで歴史が最も長くある。上品で奥深くまで論究し、論究法において優れている。その歴史が長い理由を、気候が温暖なことと自然から採取できる食物が豊富であるという地理的用件に求めている。そして、そのような温暖な気候であるところに、天変地異が発生し、常の生活に異変をもたらしたことが哲学を生み出した元であったと分析している。

第十六節「比考」は、インド哲学と西洋哲学を比較するところである。インドの論理展開は、アリストテレスが用いた演繹法と同じ構造をしており、帰納法に似た論理も見出せるとする。インドの哲学論において、人間の知覚を眼耳鼻舌身という感覚器官によるものと意によるものがあること、分子の種類と構成の変化によって万物を説明すること、神が有形か無形か、霊魂不滅論、体外にある物質と体内にある心との関係、宇宙論など、すべてに論考し明らかにしているとする。それから、ヴェーダにおける一元論とピタゴラスの原子論の発生メカニズムの類似を指摘している。しかし、他の発生論への言及はない。このヴェーダの一元論をもとに発生したと考えた仏教の真如から始まり、多数に増え、最終的には真如に戻るという説に、プラトンとヘーゲルの論と似ているところがあるとの指摘をしている。

第十七節「種類」において、円了はインドの哲学のなかで神への信仰を中核におく「信神教」に分類されるものには、創造説を神によるものとするミーマーンサーとヴェーダーンタの二学派があり、逆に神による創造を認めない学派には釈迦の仏教があり、そして、中間派にはサーンキヤとニヤーヤ・ヴァイシェーシカの二種類があるとする。インドの思想には多くの学派があるけれども、神を信じるか信じないかの一点から言及し、ヒンドゥーの正統派と釈迦仏教の差異を簡略に説明している。正統派は、神を立てるものである。創造神が今もどこかに存在するという、立証できないことを推論から導こうとするものである。逆に仏教は、因縁説によって物事を説明し、原因から推論を導こうとするものである。インドの哲学は、大別して二種類に分けられるので、第十八節と第十九節で個別に見ていきたいと記している。

第十八節「婆羅教」はインド神話を知る部分である。ヴェーダの神話における創造説の一つであるヒラニヤ・ガルバ（Hiranya-garbha）による宇宙創造、そのさいのブラフマー神（婆羅神）のはたらきと神格としての特徴が記される。そして、梵我一如（tat tvam asi）の真理を悟りとして採り上げ、仏教における「成仏」に相当するとしている。これは「宗教」なのであり、さまざまなことを説くが、神話として真偽を解明できないものとして、説明を避けている。

インド哲学では最後の第十九節「釈迦教」は、仏教の哲学的部分と宗教的部分がそれぞれどこかを説明する部分である。円了は、ヨーロッパでもパーリ語文献に依拠して釈迦の教説が哲学であるというものがあることを示しているが、日本に伝来した漢文仏典からの分類付けを行っている。理学に倶舎を置き、唯識、華厳、天台、そして、聖道門つまり法華を哲学とする。浄土思想は宗教に分類している。これは超人間的なものへの信仰によるものを宗教とし、人間の努力によれるものを哲学としていると言える。次いで倶舎論の分析を行い、特に極微を原子に比して唯物論に部分的に含まれるとしている。唯識を唯心論と近いと見て、阿頼耶識を絶対主観などと比べることは新しいことであった。そして、分類しなかった般若の空を虚無学派に近いと見ている。さらに、円了は天台の真如縁起が西洋哲学中の論理学派[10]、大乗起信論の一心から二門の分かれるとするところがシェリングと類似するとして、真如をスピノザの本質、シェリングの絶対、ヘーゲルの理想などそれぞれが提唱した哲学説の核心に匹敵するものと見ていることを記している。ここで、円了が法華の自力を、浄土の他力よりも哲学に近いとすることなど、後の著作で見られる仏教理解の萌芽が伺える。

この『哲学要領　前編』のインド哲学については以上である。このあと第三段「西洋哲学」となり、ヨーロッパの哲学へと移る。ひとまずここでインド哲学に関することをまとめておきたい。インド哲学とは、「哲学」を地域から分類したもので、歴史的には世界でも最も古くから存在する。円了は、第七節「史論」でヨーロッパに先駆けて哲学説を打ち立てたり、文化が花開いたりしたが、近時には東洋では哲学の興隆が見られないことを繰り返していない。しかし、新たな哲学説が唱えられていないことから、インドの哲学説が古代では盛んであったけれども、この『哲学要領』が発行された当時には振るわなくなっていたというように、円了が見ていたと考えることができる。円了は、前述のように神による創造説への立場から哲学学派がミーマーンサーとヴェーダーンタからなる信神教、釈教が属す不信神教、サーンキヤとニヤーヤとヴァイシェーシカからなるその中間に位するものの三種類に分けられるとする。そして、これら三つのなかで神を立てないものが釈教すなわち仏教であり、それ以外がヒンドゥーの正統派である。正統派においては梵我一如が真理であるということを記している。また、仏教各派の説を哲学説と類似させている。『外道哲学』などを出版した後に円了が述べた説と同様の事柄が、一端ではあるが、すでに認められる。

四 「純正哲学講義」の記述

一八九一年（明治二四）の「純正哲学講義」は、学問としての「哲学」を通観する総論にあたる。そのなかでインド哲学は以下のように定義づけされている。

哲学の名称はいたって新奇にして世人その意を探るに苦しみ、当時種々の解釈を付会し、あるいは哲学は賢哲の学を義とし、孔孟聖賢の道徳学を意味するものなりといい、あるいは哲学は幽玄高妙の学を総称する語にして、シナにては老荘の学、インドにては釈迦の学を意味し、禅門の空理、台家の妙法等をその中に含有するものなりという。当時大学にて哲学部中にシナ哲学、インド哲学をおき、孔孟老荘の学をシナ哲学と称し、仏教哲学をインド哲学と称せられしことあり。（1:221）

ここは、哲学がどのような意味をもつものかを引用の形で示す部分である。そのなかでインド哲学は、中国哲学が「老荘の学」であることにたいして、「釈迦の学」であるという説を引用している。そして、インド哲学イコール仏教哲学とも引いている。哲学の歴史と扱う内容と理論構成について記され、そして、哲学とは形而上で諸学を統合的に支える全体に領域がまたがる学問であるとの結論を本論末尾で行う。しかし本論に入る前にもう一度インド哲学に関することが、以下のように記されている。

けだしインドは釈迦出世の前後、学術思想大いに発達して、決して今日のインドの比にあらず。当時真如説の世に出でたるを見て、その一斑を知るべし。しかるにその後、人知ようやく退歩して真如説はあまり高遠幽妙にわたり、当時の人心中これをいれるべき余地なきをもって、ついにバラモンのごとき有意有作の天神を立つ

る説、世間の信用を得、仏教ためにひとたび地を払うに至れり。（I:237）

ここでは、かつてインドの思想が発達し過ぎたため、一般の人に伝わらず、逆に退化し、ヒンドゥーが盛んになり、仏教がインドから他の地域に移ったとしている。円了は仏教の中心が移動したことにより、インド哲学の精髄がインドから他の地域、とくに日本に移ったとしたいのだと思われる。

五　『外道哲学』の記述

『外道哲学』は、「仏教哲学系統論」の第一編として、一八八七年（明治三十）二月に刊行したものである。その動機は以下のように「緒言」で記されているが、仏教の真相を求めるには、世界の仏教を対照させる必要がある。そのためまずは未だなされていない日本以外の仏教がどのように国内で発達したのかを、日本の典籍を使って考察するということである。この先に日本以外の仏教の盛衰や発達を考察するという志望があると思われる。そして、続いて扱う対象である「外道」について、仏教とそれ以外の外道との論の立場の違いから明示する。さらに、大乗に対しての小乗を「仏教中の外道」と位置づけている。

本書は、第一編「緒論」から第七編「結論」までの七編二十五章百二十九節からなる。「緒論」は、「印度論」、「四姓論」、「五明論」、「声明論」、「因明論」、「毘陀論」の六章で、いわば哲学以前の地誌的情報や、文化を特徴づけるいわゆるヴァルナ制度、古代インドの学問分野、サンスクリット語の文法、論理方法、そして、ヴェーダについての部分である。第二編「総論」は、「外道分類論」、「外道諸派論」、「外道諸見論」、「外道年代論」の四章で、仏教によって外道と称されるものの種類や論の特徴、在世年代が問題となっている。第三編から第六編が各論であり、第二編の考察に基づいて客観か主観か、一元か多元かによって、「客観的単元論」、「客観的複元論」、「主観的単元論」、「主観的複元論」の四編に分けられている。第七編の「結論」は、「外道諸派結論」と名づけられていて、

「仏教哲学系統論」全体の結論ではなく、各論の最初の部分の結論であるため、次の部分への橋渡しをなすようなまとめ方がされている。

さて、『哲学要領』に記されたことに対応する部分には、「印度論」、「毘陀論」の二章がある。しかし、『外道哲学』には、「インド哲学」を規定する文面は見られず、「印度論」の冒頭で、以下のようにインドに哲学が存在するので、その部分を構成する外道と仏教に哲学が存在するとの前提で違いを記す。

そもそも印度諸家の哲学は実に千種万類にして、ほとんどいくたの流派あるを知らずといえども、仏教家はこれを総称して外道と名つく。しかして、外道哲学と仏教哲学との間に密接の関係あるは言をまたず。畢竟するに、仏教は外道諸派の哲学を総合して、さらにその上に新機軸を出だしたるものなれば、外道哲学は仏教哲学の初門と称するも、あえて不可なることなし。（II:38）

ここで、「外道」とは、仏教者が自分たち以外を総称した言葉であることを記す。外道は客観論、唯物論、有神論であり、仏教は主観論、唯心論、汎神論である。そして、外道哲学と仏教哲学は深い関係性をもつが、仏教哲学の前段階であることと、円了がこの書を記すことにした理由が記される。そして、「印度」と名づけられた地域について、仏典中から地域名の由来、地理、歴史、風俗を記す。地理についてはヨーロッパから当時最新の地理的情報が入っていたが、地域内の山河や気候と同じく、あえて論じないでいる。また、歴史においてインド・ヨーロッパ語族というひとつの言語集団に帰することを発見し、ヨーロッパと共通の祖を想定できるようになったことと記す。仏教の諸文献ではこのような、仏教が広まらなかった他地域との関係を考察することは難しいとの意見を付している。

また、第五章「東西論理の異同」で、因明とギリシアのロジックとの比較を試みている。アリストテレスの演繹法が因明と形を同じくしている。そのことについて、因明がアレクサンドロ大の東征のときにインドからギリシアに伝わった、別々に発生したものであるという二説を記すが、円了は、アリストテレスの論理学はインドより伝わったものが含まれると信じるとしている。

次にヴェーダについて記す第六章が「毘陀論」では、『リグ・ヴェーダ』を外道の内明と位置づけている。そして、漢訳のさいに選ばれた漢字ともとのサンスクリット音との違いを説明している。ここで取り上げられている『三蔵法数』などの仏教書では、『リグ・ヴェーダ』とアーユル・ヴェーダの間で取り違えがおきていると思われる。なぜなら、漢訳において「リグ」に「阿由」の文字が当てられており、医術のヴェーダであるとの説明がされているが、それはアーユル・ヴェーダの音写と意味であると見られるからである。円了は、インド医学を指す単語が「アーユル・ヴェーダ」であることを知らなかったとみえ、ただ訳者の誤りで、「医」とすることについては言及していない。ヴェーダの成立については、神によって生じたこと、つまりシュルティであることが共通するとしている。神話の世界であり、伝承をそのまま信じることはできないが、インドで最も古い文献である。しかし、一人の人間がそれらすべてを作ったものではないとしている。インドにおいては、非常に尊重され、ブラーフマナに生まれれば必ず学ぶものとして、合わせて四住期を解説する。ただし、四ヴェーダの内容については、ウパニシャッドという哲学的な高級があり、外道の理論の源であるが、以下のように伝聞のかたちで済ませている。

その後の第三十四節で大蔵経に含まれる「外道」の文献のリストが挙げられている。それは、『金七十論』[11]と『勝宗十句義論』[12]のサーンキヤとヴァイシェーシカの立場からの二論と仏教の立場から論破を目指した『外道小乗四宗論』[13]と『外道小乗涅槃論』[14]が二論、そして、前記の引用も含め外道の記述が部分的に見られる四十六文献である。なお、本章最後の第三十五節では以降の構成が記される。

第二編の「総論」では、ヨーロッパにおける研究で六つの正統派と仏教とジャイナの八種類が大なるものとしてまず挙げられ、その後その他にも種々の外道があることが示される。そして、外道には、仏教外の外道の他に小乗という仏教内の外道があることが記される。そして、六師外道、十師外道の名と説が示され、それから、その他の外道説の数の出典と名称の列挙となっている。中国で計られた釈迦の在世年代の各説が挙げられ、紀元前一〇〇〇年ごろという推論と、ヨーロッパで計られた紀元前五世紀という推論を両記して、釈迦以前の外道と釈迦以後の外道を示して、インド仏教の歴史展開としている。インドの仏教の展開は外道との関係によって変化がおきていることを記しているのである。

そして、第七編「結論」において、もう一度外道と仏教の違いを記し、客観から主観に移ること、一元から多元に移ることは、思想の発達として当然のことであり、外道から仏教に移ることが、思想遍歴として当然のこととする。

その後に、我（アートマン）、実有、涅槃の解釈の違いを考察する。我については、外道の我について説くものを三例挙げるが、仏教については、この後の倶舎、唯識のところで詳述するとして、違いは理論考究の浅深にあるとのみ記す。実有については、外道は恒常を説くが、仏教は無常を説く、外道と仏教の不生不滅は、さまざまなものにまでそれを認める外道と宇宙の本体である真なるもののみである仏教の違いであるとする。これも詳述は後の小乗哲学においてすると記す。そして、涅槃については、外道の涅槃は真の涅槃ではなく、真に輪廻から解脱するものではなく、輪廻からの解脱は仏教の特徴であるとするが、この点は哲学上の問題ではなく、宗教上の問題であるとして、この稿を終えている。ここは、「結論」であるが、小結として外道哲学をまとめる部分であり、仏教との十分な比較が必要な項目を挙げて、後の部分への橋渡しをしているとみられる部分である。

六　『印度哲学綱要』の記述

『印度哲学綱要』は、『外道哲学』を基に、日本の仏教系中等教育向けに古代インドの仏教以外の宗教についての教科書として作られ、一八八八年（明治三一）七月に発行されたものである。そのため、同じように日本に伝来した漢文仏典から仏教以外の思想を取り上げるかたちになっている。第一章「緒論」のあと五明を順番に記し、その後、第六章「毘陀論」から正統派の六派、仏典に見られる仏教以外の学派が唱えた説とその年代、各学派の分類、原子説、発生説、アートマン論、『外道小乗四宗論』に見られる四師の学説、結論となる。一年間の講義に都合がよいように、章立てされており、全部で三十三章からなる。そして、付録として試験問題が百問付せられている。

第一章の「緒論」から、円了が記したことのなかで『哲学要領』と対応できる部分を見ていきたいが、『外道哲学』と同様に、ここでもインド哲学の規定はなく、外道の哲学と仏教の哲学の関係を記している。

外道哲学と仏教哲学との間に、密切の関係あることは、余が弁を待たず。畢竟するに仏教は、外道諸派の哲学を総合して、更にその上に新機軸を出したるものなることは、みな人の是認するところなり。故に外道哲学は、仏教哲学の初門もしくは階梯と称するも、あえて不可なるなかるべし。（VII:87）

ここは、第一章であり、インド哲学とはどのようなものかを記すところである。インド哲学が仏教の哲学と仏教以外の哲学とに分けられ、仏教以外は、仏教から「外道」と名付けられたことが記される。仏教はその外道の哲学よりも後にできたものであり、釈迦がそれまでの哲学を統合させたものである。外道を基礎として、その上に説を構築したものが仏教の哲学である。外道は客観論、唯物論、有神論であって、識見が浅い。仏教は主観論、唯心論、汎神論であって、より識見が深い。ただし、外道の論がなければ、それに対抗する説をたてた仏教はありえない。そのため仏教を研究するには、その基礎である外道の哲学を理解しなければならないとして、欧米の学者が近年研究に着手した。しかし、仏教の諸典籍に記されている外道の説をまとめた者がまだいないので、それらをまとめて仏教の典籍に記される外道の哲学と仏教の哲学を合わせてインド哲学の概要をまとめたいとする。『哲学要領』において、「仏教哲学」という語が用いられるところは、この部分だけであり、哲学説を比較検討する場合は、互いの各派を対応させている。

第二章の「五明論」は、学問分野の別を示す部分であり、各宗各派それぞれの教えと論述方法、文法、医学、技術を解説する。そして、第三章「声明論」で文法を、第四章と第五章の「因明論」で論理の構造を解説する。これら四章は、『哲学要領』には記述がないところであるが、インド哲学の議論に立ち入る前段階といえる部分である。

第六章が「毘陀論」で、正統派の哲学が必ず尊崇する四種のヴェーダの解説である。まず、それぞれの名称を漢訳したときに採られた漢字を解釈し、ヨーロッパの書籍から、サンヒターとブラーフマナが宗教として存することが記され、ウパニシャッドに哲学説が含まれ、正統派の哲学はどれもウパニシャッドを源とすると引いている。そして、仏典に伝わる「十八大経」の種類を示し、『金七十論』と『勝宗十句義論』という正統派の論書が大蔵経に含まれていることでこの章を終える。

この後、仏教以外の学派の種類が記される。第七章「学派分類」では、当時ヨーロッパのインド哲学文献で使われた六派哲学と称される六つの哲学学派が日本で知られていた六師外道とは無関係であることを互いの学説から解説する。そして、仏典にはさまざまな学派名称が記されていることを示す。さらに「外道」という言葉を使うときに、「内の外道」と「外の外道」という用法があり、「内の外道」として小乗を指す用例があることが示される。第八章「外道諸派」では、出典を示してそれぞれに挙げられている前章の学派名称を示す。第九章「九十六種」では、第八章で挙げられた名称から、仏典で外道の種類が九十六となっている数の内訳を考察する。第十章「外道諸見」では、仏典中に外道の知見として説かれた理論を挙げる。ここまでは『哲学要領』には示されない部分である。次の十一章「外道年代」は、歴史展開を考察する章である。前半は仏典から仏教と外道の盛衰を陳那まで記す。仏教が興るも外道が盛んになり、龍樹らが大乗を広めて仏教が勢力を盛り返し、無著、世親、陳那と論師がいたが、以降は衰え、仏教が盛んな地は中国に移ったとする。後半はヨーロッパの説を引いて、六つの派とジャイナ教の二派が派生した年代を記す。

第十二章「外道順序」から、円了が西洋哲学の理論を基に外道諸派の学説を記す部分になる。客観と主観、一元と多元に分けて分類を示すことがこの章の目的である。以後の第十三章以降二十二章までに、円了が分類した原理について各々の説が示される。その順番はギリシア哲学で学説が生じた順番を援用したものである。それぞれ同じように、章の前半が仏典からの内容の解説であり、後半がギリシア哲学の諸派で該当するものがあれば、どの派に相当する説であるか、また、ヨーロッパのインド哲学文献で示されているかが記される。

最後の第三十三章「結論」では、諸説を述べた順序を再確認した後、仏教が絶対の真理をいう絶対論であることから、外道諸派よりもはるかに優れていることを示す。外道が下で仏教が上ということを人類の進化として捉えている。かつての仏教者たちが論書に記したように、外道の説は論理が中道にはなく、偏見に在しているとして、仏教の説を賞賛する。そして、最後に内の外道である小乗よりも、大乗のほうが優れているとする。

七　文献間の差異

本論で取り上げた四文献は、対象と想定される主たる読者が異なる。『哲学要領』は、『令知会雑誌』と『教学論集』にまず連載されたものであり、そのとき円了は東京大学の学生であった。大学で得た知識を読者である僧侶に向けて発信したところに始まり、その後一般向けに手を入れて哲学書院から出版されたものといえる。「純正哲学講義」は、哲学館の館内員に行った講義を館外員向けに編集したものであり、高等教育の一環を構成するものである。『外道哲学』は、東京大学に提出した学位論文の一部であり、専門書として四聖堂から出版されたものである。『印度哲学綱要』は、仏教各宗の中学林における中等教育の教科書としてまとめられたもので、十代の選ばれた僧侶に向けられたものといえる。少なくとも『哲学要領』と『印度哲学綱要』は、日本の僧侶に向けて作られたものということを一考に入れておく必要があると考える。そのため、孫子の言葉ではないが、西洋の思想またはキリスト教という彼を知り日本の仏教という己を知る一助としていると思われる。

次に各文献の特徴を見ていきたい。

『哲学要領』は、インド哲学だけでなく、円了が四聖とまとめた四種の哲学の概説であるため、まずインド哲学の哲学上の位置を規定することから行っている。そこでは、正統派の論と釈迦の教えがインド哲学であるとされている。インド哲学が最も古く、ギリシアもインドの影響を受けたと考えていること、ヨーロッパの哲学学派と並ぶ問題点を取り上げていること、しかし、近代ヨーロッパの哲学ほど深い考究がなされていないことが記されている。また、ヒラニヤ・ガルバによる宇宙論が取り上げられているが、そこには「宗教」の部分が多く含まれ、その真偽は信仰に委ねられることが記されている。そして、日本仏教の宗派には、近代哲学者が説いた問題を先取りしたところがあるとしている。

「純正哲学講義」では、「哲学とは」を解説する総論の一部分として存在するものであり、記述の本論からは外れた位置にあると言わざるを得ない。ただし、他の文献に見られるような、仏教が生まれた時代のインドの哲学史についてを哲学という言葉を使わずに説明している。

『外道哲学』は、学位論文の一部の初めの部分であり、仏教の思想の流れを明らかにする前段階として、古代インドで仏教に対抗した思想を、仏教との違いが明白な論理を中心に、漢訳仏教経典から解き明かそうとしたものである。「緒論」で、インドの基本的な地域名、地理、歴史、風俗をおさえて、特徴的なヴァルナ制度の解説をしてから、五明と外道の内明であるヴェーダについての論述を確かめている。「総論」では、外道の分類、諸派の名称、釈迦との年代の比較を行っている。「各論」で、客観と主観、一元と多元を組み合わせた四段階で外道が立てた論を確認している。そして、「結論」で、仏教が外道よりも進歩したものであるという結論を示してから、仏教とも深くかかわるため外道の論だけでは説明しきれない我、実有、涅槃という問題を取り上げて、以降への橋渡しをしている。

『印度哲学綱要』においては、仏教各宗の教科書として作られたという性格もあり、最終的に大乗仏教を称賛する結論となっている。それまでの各説の部分では、ただ仏教が優れていることを述べるだけでなく、他者と引き比べてどこがどのように違うのかということを説明しながら述べられているように、外道各派の原理の学説を分類している。最初に外道と仏教の違いを記し、続いて五明、そしてヴェーダとなる章立ての順番は、『外道哲学』と同じである。インド哲学の分類においても客観と主観を軸に外道と仏教を分けるなど、同じかたちを取っている。全体として『外道哲学』をより簡略化し、エッセンスをまとめたものといえる。

四文献でいずれにおいても、インド哲学が三地域の哲学のなかで最も古くからあるとする。「純正哲学講義」では明示されていないが、釈迦在世が記され、その年代の考察が行われている。中国仏教で唱えられた釈迦の在世にもとづくの説を立てており、同じ文献を使っていることもあり、紀元前一〇〇〇年ころとする。そして、その哲学が、他地域の哲学の進歩に、わずかであっても影響した、つまり波及関係があるとみている。「純正哲学講義」はインドにおいては仏教が移動したため劣るものが残ったと考えているが、他の文献では思想展開に後退はなく、客観論中の一元論から多元論、そして、主観論中の一元論から多元論という進化は当然のものとして受け入れている。また、インド哲学を「宗教」と「哲学」を含む総体として、神話や信仰に起因するものなどの証明できないことを「宗教」の部分としている。

『外道哲学』と『インド哲学綱要』においては、インド哲学の存在が自明のものとして論が進められていく。そして、ヴァルナ制度の解説と学問分野を表す「五明」のうち、声明と因明で、インド哲学の基礎となる文法と論理の進め方を説明し、外道の内明をヴェーダとしてその漢訳における漢字の使い方の疑念、ヨーロッパの研究に基づく要点整理、ウパニシャッドが正統派の哲学には前提として含まれていることを記す。とくに、ウパニシャッドは、『哲学要領』にでてこない言葉である。

八　まとめ

当時手に入れることができたものがほとんどすべて含まれるとはいえ、引用参考文献が仏典の漢文文献に限られることから、『外道哲学』は、それまでの漢文による仏教文献をもとに近代ヨーロッパ学問手法を使って考察した、近代ヨーロッパを知らない世界における印度学の掉尾となるべく記されたものであるといえる。そして、円了が意図したとおり、仏教学の立場からこれ以上のものを作ることはこの上ない困難があると認められる。以後の印度学においては、参考文献にヨーロッパの印度学を取り入れる時代へと変化している。

そして、円了にとってのインド哲学にでは、この三点でどれも記すように、仏教がもっとも進化した位置にある。そのため、それ以外の哲学思想は、仏教に至る前段階であることを論証するという点が最も重要であったと思われる。それと同時に、『外道哲学』と『印度哲学綱要』では、ヨーロッパでは十分にされていない漢文仏典を使っていた仏教世界、とくに日本仏教における思想の到達点を明らかにしようという意図があったと思われる。ここに「日本主義」という言葉を使った円了の哲学観が表れているのではないだろうか。

注

（1）これまで実家である慈光寺で生まれたと考えられてきたが、『新潟新聞』明治二十五年五月十八日号の井上円了講演についての記事のなかで「氏は浦村の人なるも其全く出生せし地は中魚沼郡千手町榮行寺に生る」とあり、母の実家が生誕地となる。

（2）東洋大学編『東洋大学百年史』東洋大学、一九八八年、一〇〇頁参照。なお、同年八月の「哲学館将来の目的」でも使われている。

（3）例えば、京極夏彦『文庫版豆腐小僧双六道中ふりだし』角川文庫、二〇一〇年、九頁に「井上圓了博士なんてえ偉い先生がオカルトを糾弾したりしますな」とある。

（4）ただし、『教学論集』の掲載された号すべてを確認したわけではないので、未確認の掲載回が単行本版よりも詳細に記された部分があるかもしれない。

（5）二回目からの講義名は「純正哲学」。直前の一八九一年二月一〇日発行の『哲学館講義録』四期一年級十三号から掲載された「純正哲学講義」とは同名だが別のもの。

（6）『四明余霞』八号二七頁に、「仏教はすでに弁したる通り純正哲学の実用なればやはり哲学中の哲学、学問中の学問、道理中の道理、思想中の思想なることもまた明らかです。これに加えて仏教は宗教中の宗教、即ち宗教の中央政府、宗教の帝王であります。」と記されている。

（7）東洋大学創立一〇〇年史編纂委員会編『東洋大学百年史資料編Ⅰ上』一九八八年、八七頁参照。

（8）同右、一〇二頁において、哲学館では東洋を主として日本の学問をより揮わせたいという決意が記されている。

(9)『大正新脩大蔵経』五十巻No.二〇四九、一八八頁、上五行目。

(10)『井上円了選集』一巻九一頁一五行目から引用すると「諸学派の性質組織を分類して、あるいは実体学派、心理学派、論理学派と次第するものあり」とある。この論理学派のうち、ヨーロッパに属すものを指すと筆者は考える。また、その学派に含まれると円了が考えた哲学者については、同じ巻の一三二頁四行目から引用すると「シェリング、ヘーゲル等を論理学派と称することあり」とあり、この部分で説明していると考える。

(11)『大正新脩大蔵経』五十四巻No.二一三七、「金七十論」のこと。

(12)『大正新脩大蔵経』五十四巻No.二一三八、「勝宗十句義論」のこと。

(13)『大正新脩大蔵経』三十二巻No.一六三九、「提婆菩薩破楞伽經中外道小乘四宗論」のこと。

(14)『大正新脩大蔵経』三十二巻No.一六四〇、「提婆菩薩釋楞伽經中外道小乘涅槃論」のこと。

第二章

思想史のなかの円了

『勅語玄義』に見る奇妙なナショナリズム

中島敬介

はじめに

井上円了（以下、「円了」とも略す）は、「護国愛理」[1]を日本という国家及び国―臣―民の理想に掲げ、著述と「全国巡講」を両輪に、その「通俗化と実践」を図った。一般に通俗化とは「高度な学問を大衆に理解可能なまで咀嚼する」と略述できるが、円了の場合はそこに「かみ砕いて細片となった情報の再編集」が加わる。その工程で使われるギミックが「世情や時勢への迎合」ないし「権威や権力の逆用」で、これによって「実践」が「通俗化」にリンクされる構造になっている。同時に、言説の通俗化は円了自身の「行為の実践」にもつながり、著述・全国巡講・教育活動の三者は、「護国愛理」と「通俗化と実践」を軸に、あたかもＤＮＡ鎖の二重螺旋のように結びついていたのである。

しかしながら、この「通俗化」は悪く言えば曲学阿世と受け取られ、円了とその思想を低く見る原因ともなった。円了を誤解する―見くびる―傾向は同時代にも見られ、「頃者井上圓了君、教育宗教衝突の議論甚だ盛なるを見て、教育宗教関係論を著し、以て其持論を世に公にせんとす。圓了君も亦投機の士なるかな」[2]、また「井上圓了師足下〔…〕時好に投じて書肆を利し、併せて自ら利すれども、その文章は〔…〕ただ意味さえ通じれば好しと云ふお粗末の著述なるが故に、〔…〕足下を以て際物師と呼び、学商と嘲けり、甚だしきは山師を以て擬するに至る」[3]と酷評もされた。

しかし、円了が「投機学者にもあらず山師学者にもあらず」また「自ら利す[4]」る者でもなかったことは、とりわけ「明治二三年に始まり大正八年に中国・大連で客死するまで続けられた[5]」全国巡講という行為から明らかである。延べ二七年・約三六〇〇日に及ぶ訪問地は全都道府県を網羅し、平成二五年時点に置き換えると全市町村の約六〇%をカバーする[6]。その巡講の旅も「汽車は三等、弁当は握り飯[7]」という質素なもので、明治三九年の奈良県巡講・「大和紀行」を例にとると、約一か月半に二六町村（当時）・二八箇所で、計七六回の講演をこなした。移動は主に「吉野山中人車の便なき所を跋渉し、毎日草鞋をうがちて峻坂を上下[8]」するという、秘境探検さながらであった。

中国での急死も、巡講途上の出来事だった。早朝の列車で到着した円了は尋常でない「疲労の濃さ[9]」が見て取れた。当時の中国は、教科書に「国恥」と書き込まれるほどの抗日「五四運動」で激しく揺動し、二〇数省・約一五〇都市で愛国主義と日貨排斥の嵐が吹き荒れていた。そのさなかの講演にあって、休息を勧める付き添いの言葉も―数時間後を予知したように―「休む必要はない。死んでから墓の下でゆっくり休む[10]」と遮ったという。この円了の「死に様」は、あらためて重く受け止めなければならない。

ここにおいて、円了の全国巡講を「寄附金募集」とする見方は、完全に払拭されるべきである。さもなければ、円了が「畢生の目的とする所[11]」の事業にあたって、講演で小口の寄付を募るという「大金が自由になる層から大きな金額を集めるよりも効率が悪[12]」い―したがって、成功の保証されない―方法を「なぜ、敢えて採用したのか」、その理由が説明されなければならない。

もちろん、合理的な理由などなく、「変人」に相応しい円了の酔狂と見ることもできる。しかしその冷笑は、次の一文を目にすれば、たちどころに凍り付くだろう。

一夜之を通読し終りて将に眠に就かんとすときに無量の感慨心頭に集り深更猶ほ一夢を得ず〔…〕独り霜月

の天心に懸り寒光の空揩を照すを見るのみ其状恰も余か嘆息を助くるもの、如し〔…〕塵硯を払ひ涙痕を拭て所感を書〔す〕即ち此一文なり[13]

円了がそのように記した、「この一文」とは、明治二四年一二月一九日「夜二時擱筆」の「哲学館専門科二四年度報告書題言」で、明治二六年七月に発行された『忠孝活論』の「序」の後に挿入されている。その意図するところは、「今、明治二十四年度専門科報告を編輯し之を発行するに当り聊か余か多年の宿志を述へ将来の決心を示し〔…〕全国の有志諸君に泣拝する所あらんとす」ることであった。円了は、明治二三年一〇月の教育勅語発布に「感泣し積年の素志を達するは此時にあるを知り」、一一月上旬から全国巡講で東奔西走、「各地の有徳者を勧誘して資金の義捐を懇請」し、「本年十月迄満一年間は一八県二十四州百十九か所を巡回し各処に於て」四四〇回もの演説会を開催したが、募金の結果は「予約の金額未た予定資本の五十分の一」にも満たず、かつ「其既納の金額の如きは僅かに百五十分一を充たすに過ぎ」ない。これは円了にとって「意外の失望」であり、いまだその時機が到来していないのか、あるいは「余が精神の未た盡さゝる所あるによるか」と煩悶しているのである[14]。

円了は、続ける。「余が此事に盡くすの精神は数年前より継続して今日至り前後寸分の異同」もなく、「権勢の途に奔走して栄利を争ふ念なく毀誉の間に出没して功名を貪る情なく唯終身陋巷に潜みて真理を楽み草莽に坐して国家を思ふの赤心を有するのみ」である。著述も講演もこの精神の「余滴」であり、哲学館の創設も専門科の開設も、「皆此余滴の凝結したるものに外ならず」、したがって「其志は今後如何なる不幸に際会するも天地に誓て必す之を貫徹し如何なる艱難の途に当るも日月に訴へて必す之を断行」する、これは「余か既往の精神なるのみならす将来の志操なり」と言い、次のように結ぶ[15]。

余は今其心に期する所ありて此大業を計画せる者なれは死生豈余か意とする所ならんや一身を犠牲にして其成功を期するか如きは余か固より覚悟する所なり〔…〕国家の為めに其力を盡し一志を立て、真理の為めに其心を竭さゝるへからす是れ実に人生の二大義務にして余か畢生の二大目的なり〔…〕天下の正道を履み人情風俗の矯正、教育宗教の改良、皆之を其一身に任して国家万世の大系を立つるか如きは一層勇壮の事業にして余か畢生の目的とする所なり[16]

この一念が心の中に常にあり、「大（事）業」に向かう円了を突き動かし続けているのだと言うのだ。円了は自らの死をも顧みず、独り日本の―当時海外にあった実質的「国内」も含め―全土を巡り、何を説いて回ったのか。これは円了を巡る最大の難問である。

本稿は、『勅語玄義』（以下、『玄義』とも略す）の読み解きを通して、この「円了プロブレム」の解法を目指す。最初の手掛かりは、円了最後の論説に残された、次の文字列である。

哲学堂即ち道徳山哲学寺[17]

一 「教育は勅語に基づ」く

明治二六年四月の円了は「余の教学に関する事業は大小種々あれども、すべて護国愛理の二大目的を実行するに外ならざるなり」とし、その上で「教育は勅語に基づき、宗教は仏教をとる」と「断言」した[18]。言うまでもなく勅語とは、明治二三年発布の「教育ニ関スル勅語」（以下、引用部を除き『勅語』）である。そして「教育と宗教とは〔…〕ともに哲学に属するものにして、〔…〕いずれも国家に関」わり、「護国愛理の二大目的を達するには、この教育と宗教とを興起するより適切急用なるはな」く、両者は「相互密着の関係を有」し、「道徳は教育と宗教との相関係するもの」と説明した[19]。つまり教育と宗教は哲学の要素で、二者の相互作用の結果を道徳とした。円了が主張する「わが国最大の急務とする〔…〕教育と宗教の振起[20]」とは端的に道徳、すなわち「日本（人）の倫理」の確立を意味し、同時に円了の「哲学」そのものであった。円了が自負するごとく「哲学上に於ける余の使命」が、

「哲学を通俗化すること〔…〕哲学を実行化すること」の「二條」に他ならないとすれば、円了の生涯はひたすら「日本（人）倫理」の啓発と普及に費やされたのである[21]。ほどなく発行された『妖怪学講義緒言』[22]以降、宗教（＝仏教）は次第に後景に退き、教育が宗教を包摂するかたちで「道徳」に進級していく。「教育は勅語に基づ」くところから、「〔教育〕勅語は修身道徳の規則〔…〕大本〔…〕原形」となり、やがて「哲学堂の宇宙館の中の皇国殿には、教育勅語の謄本を扁額として掲げ」られる[23]。「殊更に宇宙館内に一室を設け、其壇上に勅語を掲」げたのは、哲学が「宇宙の真理を研究する〔…〕と同時に〔…〕社会国家の原理をも講究する学[24]」であり、後者の国家原理に関して「世界万国の内、皇国を最美[25]」とし、その「最美」たる日本の国家原理（「国躰」）あるいは国民道徳の根本に、『勅語』を位置づけたからである。先に引用した「哲学堂即ち道徳山哲学寺」とは、まさに、このような円了の心境を示していたのだ。

『勅語』を掲げた皇国殿で「折に触れて修養講話[26]」が行われたという。円了はどのように『勅語』を講じたのだろうか。円了の『勅語』解釈は、円了の日本（人）倫理観、さらには円了の「国躰」観を示すものでもある。

二　『勅語玄義』出現

明治三五年（一九〇二）、円了は『勅語玄義』を出版し、奇妙な『勅語』解釈を世に示す。

この書で円了は、「我邦にありては忠孝相通して一となる所以即ち忠孝一致」へと進み、「我等臣民は皆皇室の分家末流たる以上は其忠の幾分かは我等の家にも存」し、「孝」の側面から見れば「皇室は実に我等臣民の祖先の家なれば、之に対して盡くす道も亦孝となる」と不穏な気配を漂わせ、やがて「日本帝国は一家の眷属を以て組織せる団体なれば〔…〕、その親たるものを求めれば、天皇陛下にてましますこと明なり、〔…〕之に対して盡くす孝は実に大なる孝と称すべし」と危険領域に侵入し、遂には「絶対的忠は絶対的孝と名くるも不可なき」との結論に至る[27]。

どういうことか。あらためて『玄義』巻頭に戻り、円了の―奇妙な―言い分をコマ送りで反芻しよう。

① 『勅語』発布の目的は、「我邦特殊の道徳[28]」を示すところにある。他国に共通する普遍的道徳を、わざわざ「詔勅」されるはずがない。
② 我邦特殊の道徳とは、特殊な日本「建国の事躰[29]」で生起した「絶対的忠」である。特殊の所以は、「絶対的忠」が日本にのみ存される皇室に「忠」を尽くすところから生じる。
③ 特殊な日本建国の事躰とは、「先天的皇室」と「家族的団体」である。[30]臣民が生じる前に皇室があり、臣民は皇室の分家末流、根源を辿れば「皇室（親）―臣民（子）」とする同一血統の家族の国である。
④ 「孝」は遠く祖先に尽くすことも含み、「忠」とは現天皇はもとより皇室・皇統に尽くすことである。「臣民の天皇・皇統への忠」は、臣民（自身）の祖先でもある皇祖皇宗への「孝」に等しい。すなわち「忠孝一致」である。
⑤ 「絶対的忠」は、「忠孝一致」により「絶対的孝」となる。この「絶対的忠孝[31]」こそ『勅語』の真（深）意である。

円了は、自らの『玄義』が「聖諭」―『勅語』―の「深意」たる「絶対的忠孝」を解説する「絶対的釈義[32]」であると、諸家の『勅語』解釈一切を蹴散らしながら、「是れ余が独り唱ふる所なり[33]」と胸を張るのである。

三　奇書『玄義』

(1)絶対的釈義

円了は「絶対的釈義」の正当性を、次のように説明する。

相対的釈義―通義―は、『勅語』が首尾に「徳」の字が有るから、忠・孝は徳から分岐した「二道」であり、「勅語全体が相対的忠孝を以て一貫せる」[34]と説くが、噴飯ものである。その嗤うべき根拠は『勅語』の「爾臣民」以下の一段である。結語の「天壌無窮ノ皇運ヲ扶翼スヘシ」の「扶翼」が、臣民の「忠」を意味することは間違いない。では、その直前の「以テ」の二文字は本文のどこを承けるのか。「世間の衍義」で言う「一旦緩急」以下のみを受けるとの解釈は成り立たない。なぜなら「一旦緩急」とは国家危急存亡のとき、すなわち万一の場合を指す。では「皇運を扶翼する忠道は平常無事の日は無きこと」にできるのか、平時・非常時の別なく「我等臣民は日夜百事に就きて皇運を扶翼」しなくてはならない、従って「以テの字は臣民以下の各条を受くること毫末の疑なし」である[35]。

凡庸な意見に映るが、『玄義』の文脈でひとたびこれを認めると、「果たして然らば」[36]と円了は詰め寄る。皇運を扶翼する「絶対的忠」は「其中に孝道も包含」され、故に「我邦の百般の道徳は帰する所忠道の一に攝」[37]まると断言し、一気に忠孝一致を以って「絶対的忠孝」に収斂させる。しかし、この議論の本領は、日本の道徳が全て皇運を扶翼する「忠」に帰一するという、皇室（国躰）原理主義めいたところにあるのではない。「絶対的忠」によって「孝」は霧散したわけではなく、逆に「忠孝一致」によって「絶対的孝」を成立させているのである。つまり「絶対的孝」の出現と同時―「絶対的忠」誕生の瞬間―に、「絶対的忠」は絶対性を失い、「忠」の実質要素もろとも消滅し、「絶対的忠孝」に変容してしまった。この状況は「孝」も同じである。もともと忠孝は「二道」として相対化されていたからこそ、忠＝「君・公」、孝＝「父母・私」といったニッチが確保できていた。円了による「忠」の絶対化と「忠孝一致」の工作によって、忠と孝はその別をなくし、ともにアイデンティティを失って、忠でも孝でもない「絶対的忠孝」という「我邦特殊の道徳」が出現したのである。

ある何かが「孝」と認められるためには、それ相応の「言動」がなくてはならない。「孝」の要素は概念や観念ではない。個別ケースに応じた事実行為である。「忠」もまた同様である。しかし「絶対的忠孝」には「皇運への扶翼」という心意気―「日本魂」[38]―はあっても、内実を持った言葉や行為が対応しない。何を取り上げても、「孝友和信」や「義勇奉公」など、円了言うところの「相対的忠孝」なのである。そもそも「絶対的な言動」など形容矛盾でしかないのである。

「絶対的忠孝」は、「孝友和信」以下の人と人、人と社会を結びつけていた世俗倫理の「事実」的絆を絶ち切り、天皇（皇統）とアトム化した個人（臣民）を、ただ「観念」のレベルで直結させた。あまつさえ返す刀で、神の血統に連なる万世一系の天皇・皇室（絶対的存在）を、臣民の親と同レベル（相対的存在）に下落させたことになる。円了は、「克ク忠ニ　克ク孝ニ」の「克ク」まで「正しく絶対の意を表顕すると窺い奉る」[39]と、執拗に「相対的忠孝」を駆逐していく。この快（怪）進撃に「中外ニ施シテ悖ラス」という『勅語』の章句が立ちはだかる。これは「諸外国にも適用可能」の意味だから、日本特殊と豪語した「絶対的忠孝」の立つ瀬はない。しかし円了は怯まない。「施すとは当て嵌むるの義にして」と軽く受け、この文言は「我邦の絶対的忠は海外万国何れの国に当嵌むるも、何ら不都合も差支もなきことを詔らせ給へ」たものと言うのである。[40]

しかし、そもそも『勅語』が日本特殊の道徳で、その真意が「万国不通日本特有の点」[41]にあり、「相対は他国に通し、絶対は日本特殊なるもの」[42]と決めつけたのは、他ならぬ円了自身である。ここにきて「何れの国にても此道を不可として反対する筈なく、皆之を尊重するに相違」なく、「何れの国を問はず、同等一様に称揚尊重すべき至善至美の道」と、その普遍性を言い募る。[43]それでいて直後に、忠にも孝にも「相絶両対あり、其精華にも淵源にも相絶両対」があって「相対は他国に通し、絶対は日本に限る」と食言する。[44]どう理解すればよいのか。

(2)日本特殊と万国普遍

円了は「絶対的忠孝」―「我邦〔…〕特有の大道」[45]―の臣民普及に、何を利用すべきかと自問する。神道は言わずもがなだが儒・仏二道も「此玄義を謬まることなきを得べし」と自答し、儒教からは順当に「忠経」と「孝経」を選ぶが、仏教からは「尼乾子経」という、一般には耳慣れない経典を持ち出す。[46]そして補足説明もなく「君者民之父母」の隻句を切り取り「事理の二種に解釈」できると断言する。[47]この僅か漢字六文字から「実際上の父母を義とし、理の父母とは道理上若くは比喩上の父母を義とする」の意を解し「理の父母は万国に通し、事の父母は日本に限」ると言い、したがって「我邦に限りて我等臣民は皇室の分家末孫」であるとの強弁に至る。[48]

円了の言い分はこうである。実体としての日本特殊の「絶対忠孝」は、日本特殊の「君（天皇・皇統）＝親（父・母）一致」を基礎とする故に、当然「萬国不通日本特有[49]」である。しかし理念面で見ると、「絶対的忠孝」に拠る「君臣」関係は理想の統治形態、あるいは理想型の「比喩」として世界普遍である。つまり天壌無窮の皇運―日本の皇室制度―という「実体」に普遍性があるのではなく、「絶対的忠孝」という―円了提唱の―「理念」が万国共通の正当性を持っている。これこそ「我邦が他国に対して誇り、他国が我邦に向て羨む所も、亦此絶対忠に外なら[50]」ない所以である。しかし他国は羨んでも無駄だ。「絶対的忠孝」という「大道」は日本特殊の「建国事躰」、すなわち「先天的皇室」と「家族的団体」によって生起したもので、「因」としての忠孝一致も、「果」としての「天壌無窮の皇運」も、その因果によって構成される「日本特殊（玄妙）の国躰」も、いずれも日本以外の国では存在できないのである。こうして―「尼乾子経」を足場に―円了は易々と「中外ニ施シテ悖ラス」の関門を越えていくのである。

『玄義』の最後近くで、円了は「日夜拳々以て此大道を己れの身に遵守」せよと説き、何より日本特殊の道徳である「絶対的忠孝」こそが「万国無比天壌無窮の皇室国躰を開発するに至る」を知れと念を押す[51]。『玄義』の底意が覗いた瞬間である。「絶対的忠孝」が「天壌無窮の皇室国躰」を「開発する」とは何事か。当時日本の常識では、天壌無窮にして万世一系の皇統を保証するものは「神勅」であり、決して臣民の「忠」などによって―それが「絶対的忠」であれ―「開発」される類のものではなかった。これこそが『勅語』の「深遠幽妙[52]」なる「裏面の深意[53]」―玄義―だとする、その円了の「真意」とは何か。

（3）忠／孝の一致による「絶対的忠孝」

ここで、『玄義』における「日本特殊（玄妙）の国躰」の成立図式を整理しておこう。

①前提として、日本特殊の〔「建国事躰」＝「先天的皇室」＋「家族的団体」〕が存在する。

②この「建国事躰」によって、日本特殊の忠孝一致による「絶対的忠孝」が生起する。
③その「絶対的忠孝」を原因とし、結果的に日本特殊の「天壌無窮の皇運」が成立する。
④以上の日本特殊の「因果」の関係が、「日本特殊の国躰」を構成する。

円了は、「国躰」の保証書を「神勅」から「絶対的忠孝」に代えたのである。これは単なる用語の置換ではない。この上書きによって皇運―万世一系の皇統による「国躰」―を保証する根拠が、「皇祖→天皇（「神勅」）」という上からのベクトルから、「天皇←臣下（「絶対的忠」）」という下からのベクトルに逆向したのである。「支配―被支配」関係の反転でもある。「神勅」ある限り、この国の統治者は「皇室」に、そして臣民は支配される「従属者」に、各々固定される。しかし「国躰」が臣民に「開発」されるものだとすれば、臣民は皇室を統治者に規定する「主体者」に転位し、臣民と天皇の立場は転倒する。

統治者を「規定される―選ばれる―もの」とした瞬間、日本の場合はただ特殊な「建国事躰」によって「皇室」に限られる―だけ―であって、「民が統治者を決める」という次元で見れば、選挙で為政者を選び、また有能な官僚に委ねることと何ら変わりはない。「神勅」から「絶対的忠孝」への上書きを認めるなら、確かに円了が言うように、日本特殊の「我邦の絶対的忠は海外万国何れの国に当嵌むるも、何ら不都合も差支も[54]」ないことになる。

このように『玄義』を読むとき―こうとしか読めないのだが―五〇ページにも満たない小冊子は、『勅語』解釈に―コペルニクス的―大転換を迫るものであったのだ。天皇御自らのお言葉を逆手に取った、国定道徳（倫理）教育への反旗である。この時期の円了は文部省の修身教科書調査委員を務め（明治三三年委嘱）、また私立学校長の代表として内閣直轄の高等教育会議議員の要職（明治三四年委嘱）にあった。自説の開示には―コペルニクス並の―慎重さが要求されたはずだ。しかし、「明治三十五年を迎ふるの辞」には、円了のただならぬ決意が示されている。「三四年までは島国的日本なりしものが、本年即ち三五年より更に進んで世界的日本とな[55]」らねばならず、「千載再来の今なく、万古再生の我なき[56]」と。円了にとって「明治三五年」は―これが円了の年始挨拶の常套句でなければばーとくに期するもののある年だったに違いない。

（4）顕（通義）と密（玄義）

円了は『玄義』の冒頭で執筆動機を開陳している。「勅語〔…〕に包含せる意義極めて幽玄深長にして、容易に窺ひ知ること能はざれば、其意を開示して、人に聖諭の難有く且つ貴きことを知らしめん」と、数多の解説書（衍義）を読破したが「勅語の深意を開説し盡くせるもの」がない。「勅語の深意は遙に諸家の衍義に於て解説せるもの、外にありて存する」のに、「世間の衍義は単に表面の意義を解するに止まり。未た裏面の深意に達せざる〔…〕勅語通義」に過ぎない。しかるに円了は「不肖ながらその裏面の深意を窺ひ得」たので、これを「勅語玄義と名付く、是れ余か是より述べんと欲する所なり」と結ぶのである。[57]

しかし、そもそも勅語に通義と玄義があってあるとする、この円了の「認識」それ自体が不審である。あたかも、明治維新政府の天皇制「顕・密」二論を彷彿させる、教育勅語「通（表）・玄（裏）」二論を提起し、こういう場合の常として「玄（裏）」が真だと主張する。この発想自体が奇妙を越えて奇怪である。人民を支配する原理の真意を綺麗ごとで覆い隠す（顕）ことに不思議はないが、人民に広く知らしめなければ「発布」の意味がない『勅語』を、なぜ「精通博覧の士」[58]や衍義解釈の書を出す「諸家」[59]にすら、「真（深）意」が分からないように構成する必要があるというのか。

円了が「玄義」を「通義」と分かつ決定的ポイントは、忠・孝の扱いであった。通義は「忠孝二道」とするが、これは東洋に共通し日本特殊の道徳ではなく、したがって『勅語』で扱う意味がない、これが『勅語』の存在意義にも及ぶ、円了の基本認識である。そこから『勅語』の「以テ」の語も「爾臣民父母ニ孝ニ」以下の各條を承けるものでなくてはならないという解釈を捻り出し、それをもって、忠孝を「二者」とする解釈を「普通の勅語衍義にして、余は之を表面の相対的釈義となす」[60]と貶し、裏面の「深遠幽妙なる絶対的釈義」[61]による忠孝こそが「忠孝一致」の「絶対的忠孝」と主張するに至るのである。では、その『玄義』の解釈は「通義」のそれと、どこがどれほど違うのだろうか。

四　奇想『絶対的忠孝』

(1)孤独な「衍義(書)」

『玄義』は『勅語』の発布から丸一二年後、奇しくも―偶然とは思えない―『勅語』が官報に登載された一〇月三一日に発行されている。満を持しての勅語衍義というわけでもない。著述した主なものだけでも、①『日本倫理学案』(明治二六年初版)、②『中等倫理書 巻之一』(明治三一年)、そして③『勅語略解』(明治三三年)の三書がある。

①は、円了自身の序言によると「明治二十三年十月。教育の聖諭」すなわち『勅語』発布を受け「日本一種の倫理学を組織せんことを期し。因りて哲学館、倫理科中に其一科を置」いて講究した内容を編集したもので、「哲学館にて教授する倫理の主義は何に本づくかを世間に知らしめ」る目的で出版された[62]。「其精神は徹頭徹尾勅語の旨意に本き経も緯も。倶に勅語を以て組織せるもの」で「其主義は。〔…〕国体主義」であることから、「巻初に。謹みて勅語の略解を掲げ。」たとし、「本書の目的は。日本の倫理を論定するにありて。世界共通の倫理を証明するにあらず。」と念を押している[63]。管見では一八九六年(明治二九)まで毎年改版され、『勅語』の「略解」に係る大きな変更は明治二七年の「訂正印刷」版で、「君民一家」「忠孝一致」がより前景化している。

②は「倫理の実際を旨」として「専ら勅語の聖旨を神髄とし忠孝の大道を経緯」とするもので、「其編述形式はすべて倫理科教授細目の指定する所に依」り[64]、「第一巻は勅語の解釈を掲げ」て「聖旨の存する所を明かに」したものである[65]。続く第二巻は勅語の応用、第三巻は前二巻を総括して主として個人的道徳を、第四巻では国民道徳、第五巻では倫理の理論が各々講じられている。

③は、①の―おそらくは明治二九年三月発行の四版以降の―冒頭「勅語略解」を独立させ、これに「字義」を付

して再編集されたものである。

以上の円了自著において、『玄義』で「絶対的忠孝」を生起させた日本特殊の「建国事躰」である「日本＝家族的団体」は、どのように扱われているだろうか。③では、「我が邦の人民は。もと同一族より出でたるものして。一人として皇室の臣民にあらざるなし[66]」と記述されている。天皇・臣民が同祖なのか、臣民だけが同祖なのかは曖昧である。そのため「故に忠孝の関係の如き。〔…〕我邦にありては。其の致一なる習俗を成せり」と言いながら、「我が国体は、此の忠と孝との大道によりて組成せる[67]」と締まりがない。

「忠孝一致」についても、「天壌無窮の皇運を輔翼し奉るは。我れ等の祖先の我々に遺せる至善至美の習俗」であり、これを守ることは「上は　天皇陛下に対し奉り。〔…〕。下は其遺風を子孫に伝へて。其の徳を万世に輝かし。以て各々其の祖先に対する孝道を全うし得るなり。是に由りて之れを観るに。忠、孝、二道の。其の致一なる所以を知るべし。」と歯切れが悪い[68]。その結果「我が邦、倫理の大本」で「忠孝の大道」とする「孝、友、和、信等は。之れを要するに。忠孝の二道に外ならず。〔…〕此の二道一致は〔…〕皇祖、皇宗の国を開かせ給ひし時より成立せる大道[69]」と、肝心の「忠孝一致」まで、『勅語』冒頭の「皇祖皇宗国ヲ肇ムル」という「神話」時点に連れ戻している。皇室の祖先が我が国を確立したとき、同時に皇運への輔翼を至上とするこの国の道徳もつくられ、臣民が代々一致団結してその道徳を実行してきた、これが「国体の精華」であり、我々もその行いを守り、日本の美風として子々孫々に伝えて行くことが、皇運への輔翼（忠）とともに先祖の遺徳を顕彰すること（孝）となり、ここに忠孝二道は一致するという、至極穏やかな解釈に落ち着いているのだ。これでは天皇（皇室）への「忠」が祖先への「孝」に向かいはしても、親への「孝」が天皇への「忠」に一致することはない。絶対的な一致ではなく、ある場合に―偶々―一致するだけの相対的一致に過ぎない。「絶対的忠孝」を成立させ、「忠」も「孝」も消し去った、破壊力抜群の「忠孝一致」ではないのである。

②においても、「皇室は国民の宗家にして一国君臣の間、自ら一家親族の関係を存し」とは言うものの、「我が祖先の遺風として、古来よく忠孝二道を盡したる[70]」と腰が砕ける。だから「克キ忠ニ　克キ孝ニ」の解釈も「我国民

の、君に事へて、よく忠義を竭し、父母に事へて、よく孝行を致すことを詔らせ給へるなり」[71]と穏当に収まっている。

『玄義』と、それ以前に円了が著した勅語解釈の書とでは、字句や部分的表現はともあれ、内容は全く別物である。特に『玄義』の本質的コンセプトである「絶対的忠孝」を成立させる「忠孝一致」への向き合い方は、その次元を異にしている。『玄義』の絶対釈義は、それまでの円了自らの勅語解釈をも―通義と―否定し、全く孤絶して立ち現れたのである[72]。

これら円了の自著を含め『勅語』の衍義書は、明治三五年時点で一〇〇書近く出ているが[73]、『玄義』に類するものは、まず皆無だろう。円了は自著①の「勅語略解」で「浅学其本義を誤らんことを恐れ。左の数書を参考[74]」にしたと、井上哲次郎の『勅語衍義』など九書を列挙する。『玄義』における円了の口ぶりからすれば、これらはいずれも「通義」の書である。「忠孝二道」が説かれ、『勅語』の「以テ」が承ける章句も「一旦緩急」以下とされていなければならない。しかし実際には、そのように明記するものは各々二書しかなく、しかもその二書は重なっていない。いずれも円了に嗤われた「相対的釈義」の―典型的な―書ではないのだ。つまり、忠孝の扱いも「以テ」の承ける章句の範囲も―円了が強調するほどには―「通義」と「玄義」の決定的分岐点ではなかったのである。

では、『玄義』を他の衍義書と分かつものは何か。最大かつ明瞭な相違点は、『玄義』には『勅語』冒頭の「朕惟フニ我皇祖皇宗国ヲ肇ムルコト宏遠ニ徳ヲ樹ツルコト深厚ナリ」への逐語的解釈が欠落していることである。素直に解釈すれば、自著③のように「天祖天照大神。皇孫瓊々杵尊に三種の神器を授け。此の国の王となさしめ。以て皇統一系、天壌無窮の宝祚を定め給ひし[75]」となるものを、『玄義』では「国を肇むること〔…〕徳を樹つること」も、万国無比かつ日本特殊であって「他国に優りて宏遠なり」と詔せられたもので、したがって「絶対的忠孝」を示していること「明かなり」と力業でねじ伏せるのである[76]。しかも『勅語』の章句順を無視し、はるか後方―八項目中の六番目―に移している。代わって先頭に位置するのは「爾臣民」から「扶翼スヘシ」までを一括りとする條である。明らかに、意図的な編集操作である。皇統の始まりと建国を、自著②の如く最初に置いて「天祖天照皇太神、天孫彦火瓊瓊杵尊を此国土に降して其王と定め給ひし」[77]と率直に認めれば、「建国事躰」に、臣民の「絶対的忠孝」など出る幕はない。『玄義』で「絶対的忠孝」を生み落とした「先天的皇室」とは、本来〔「絶対的忠孝」＝因→果＝「天壌無窮の皇運」〕の円了ロジックを否定する存在なのである。

(2)「神勅」への上書き

『玄義』は『勅語』の解説書として孤絶しているというより、むしろ『勅語』の権威を借りた、円了独自の思想書であったのだ。『玄義』では「臣民の絶対的忠孝が天壌無窮の皇運—皇室国体の持続と繁栄—を扶翼する」ことを前提に、そこから全ての『勅語』解釈が始められる。他方、通常の衍義書は、天壌無窮の皇運は『勅語』の発布以前に、「神勅」によってア・プリオリに保証されているところから出発する。それ故に、忠孝の「一致」も「二道」もレトリックの域を越えることはない。円了も自著①で参考にし、師範学校・尋常中学校・高等女学校の教科用図書にも採用された、井上哲次郎著の—国家認定の—衍義書では、

家長の家に於けると、国君の国に於けると、其の関係異なるところなし、〔…〕即ち孝を拡充して直に忠と成すを得べきなり、忠と孝とは其の名異にしてその実一なり、是故に之れを忠孝一本と称するなり、忠孝一本の主義は、我日本の国家をして永遠に継続繁栄せしむる所以なり、[78]

と、忠孝一本（一致）に至るベクトルは異なる—「孝→忠」—ものの、ほぼ円了の謂いと同じである。真っ向から食い違うのは、この忠孝の徳義を日本の伝統と認めながらも、同時に「古今不変東西一貫」[79]であり、「如何なる国にありても、同じく称揚すべき徳義にして、独り我邦に限るものにあらざるなり」[80]と万国共通の普遍的徳目と解釈し、「実に服従は臣民の美徳なり、臣民にして服従の美徳なければ、社会の秩序を維持し、国家の福祉を図ること能はざる」[81]と結論づけているところだ。これこそ、円了の言う「相対的忠孝」解釈の一つの典型である。「皇運

の永続性」も「日本の特殊性」も、解釈の要なき「神勅」によって保証されているから、解説者は安心して「忠孝一致」の普遍性を主張でき、これを臣民―従属者―倫理と位置づけ得るのである。当時の国際関係の中で『勅語』をベースに、国家的な学校教育を展開していくうえで、「真正の愛国は世界的人道と戻らざるものなり、〔…〕愛国の精神と世界的人道とは並立すべきものにして、決して偏廃すべからざるものなり、[82]」との『勅語』解釈を「広く学生生徒に指示せん[83]」がための「衍義」では、過剰な日本特殊性の主張は、諸外国との軋轢を招きかねない、余計物なのである。

素直な理解すれば、『勅語』における天壌無窮の皇運は、人智を超えた「神の御託宣」すなわち「神勅」に根拠が置かれており、日本の道徳も、肇国と同時に皇祖皇宗が「徳を樹つる」ことが起源とされている。『勅語』において臣民が皇運を扶翼するのは、自明の務めであって、問答無用の前提である。「神勅」に保証された天壌無窮の皇運は、「絶対的忠孝」如きに頼る必要がない。忠孝が一つ（一致）であれ別物（二道）であれ、日本特殊の「国躰」は微動だにしないのである。それは―『玄義』で円了自身が強調したように―「先天的皇室」の存在、すなわち扶翼すべき臣民の出現以前に、「神勅」によって扶翼される皇室の永遠不滅性が約束されているからである。

しかし『玄義』の円了は、臣民服従のままでは議論を終わらせない。神勅によって皇運の不滅が保証されているのなら、なぜ『勅語』まで発し、さらには親しく「爾臣民」と呼びかけてまで、我々に扶翼を求めるのか。円了の解釈では―明言こそしていないが―非常時のみならず平時にまで臣民に扶翼を求めるのは、常に臣民の助け（扶翼）なくては皇運の継続が覚束ないからに違いないのである。そうであるなら、皇運が天壌無窮である真の根拠は「臣民の扶翼」であり、その「扶翼」の確実性を支えるのが「絶対的忠孝」とならざるを得ない。冒頭の章句がどうあれ、天皇御自らが「以テ天壌無窮ノ皇運ヲ扶翼スヘシ」とお言葉を詔せられた瞬間、「神勅」の絶対性は消失し、日本特殊の国躰を維持するイニシアティブは、天壌無窮の皇運を「扶翼」する主体者たる、臣民の手に移ったのである。

円了が『勅語』冒頭の章句を「無視」したのは、己が立論に不都合だから―だけ―ではない。『勅語』が天皇の詔せられた侵しがたい「聖諭」であり、ここに「爾臣民〔…〕以テ天壌無窮ノ皇運ヲ扶翼スヘシ」という聖諭がある限り、建国の契機は「神勅」であれ、皇室国躰（皇運）を維持・繁栄させる（扶翼する）のは「絶対的忠孝」である。この『玄義』の解釈は揺るがない。「絶対的忠孝」の出現によって、神話にしか頼れない「神勅」など論じる要なし、と斥けたのである。

『玄義』のターゲットは、どうやら―幕末最大のイデオローグである吉田松陰も「怪異」と認めた[84]―「神勅」だったようだ。

（3）「人災」の発生と「大道」の変節

しかし、このように大上段に振りかぶった「絶対的忠孝」による「神勅」退治は未遂に終わった。「玄義」は敷衍展開されるどころか、逆に「通義」に上書きされて、消滅した。

明治三八年発行の書籍に「勅語の話」と題する円了の講話が載っている。ここでも円了は「先天的皇室・家族団体」論から話を起こすのだが、「此勅語を拝読すれば、我国民の守るべき道徳」とは、「忠孝の二道を本とし、其二道」であり[85]、これこそ皇祖の定めた大道だと言う。そして『勅語』は「徳の語を以て起し、徳の語を以て結んである」から「徳を主眼として」おり、「一本の徳の木より忠孝二道の枝の分かれたる様に御示しなされている」と続ける[86]。しかし、これは『玄義』で円了が貶した「相対的釈義」の説明ではなかったか。極めつけは「絶対的忠孝」への言及である。ここで引用される「克ク忠ニ　克ク孝ニ」は、『玄義』と真逆に「忠孝二道の枝が分れて居るぞといふ御意[87]」の根拠とされる。そして、幹も枝も同じ徳の樹で「此本は忠孝二道の根本なれば」と続け、挙げ句に「余は是を絶対的忠と名けて置いた[88]」と言い、詳しくは「余か『勅語玄義』と題する書中に説明してある[89]」と嘯いた。

ここでの「絶対的忠（孝）」とは、忠孝二道の総称―「徳」の別称―でしかない。内実を構成する諸要素は、他国の倫理に共通すると―かつて円了が一蹴した―「相対の忠孝」である。『玄義』で円了が「我邦特殊の道徳を詔せ給へる」[90]とした、「勅語」発布の意義そのものすら、自ら否定しているのである。

何が円了の勅語解釈を、これほど劇的に変えたのだろうか。

『玄義』発行の直後、「哲学館事件」が起こっている。その後の円了の言行に―決定的な―影響を与えたことは間違いない。

この事件が特定の個人や団体の策（陰）謀で起こったとは思えないが、純粋なアクシデントとも考えられない。平たく言えば「哲学館事件」は、円了の言行が当事者の一方である官憲当局（文部省等）に注視されていたからこそ起こり、その注視の対象となった「言行」の一つが『玄義』に関わっていたのだ。

『玄義』の末尾に「以上は余か本年度哲学館夏期講習会に於ける講義の草案[91]」と書かれている。この書は、講習会のテキストとして用意されたものだった。本書発行以前に、『玄義』による―したがって『勅語』に基づく倫理教育の根幹を揺るがせかねない―『勅語』講義が、一般に向けて行われていた[92]。その後も同様の『勅語』解釈が講じられる可能性は高い。当局者が揃ってこの事態を看過し、あるいは円了の「玄義」解釈を容認していたとは思えない。時期的にも、「第二教育勅語」問題などに見られるように、『勅語』を巡っては複雑な政治・社会情勢にあった。当時の文部省総務長官（兼普通学務局長）は、哲学館創設時の講師で、後に東洋大学学長となった岡田良平である。文部省から突然発出された―とされる―倫理科卒業試験延期「勧告」も、国家権力による圧力というよりは、どこか個人的な円了への「忠告」のアラートのように映る。円了は「哲学館事件」を「人災」と評していた。あるいは、それは自戒の言葉だったのかもしれない。

『玄義』で円了が目指したもの（こと）は、今や実証不能である。残された夥しい著作から推測するしかない。主たる補助線は、やはり円了生涯の仕事の中で中絶に至った「妖怪」退治である。

五　奇謀『妖怪退治』

(1)皇室国体＝理想の本体＝「真怪」の正体

最初の『勅語』解説である「略解」を世に送った明治二六年、円了は『妖怪学講義緒言』(以下、『緒言』)を発行している。そこで「先きに妖怪研究に着手し〔…〕今又妖怪学講義を世上に公にするは皆護国愛理の二大目的[93]」と言い、「愚俗の妖怪は真怪にあらずして仮怪なり仮怪を払ひ去りて真怪を開き来るは実に妖怪学の目的とする所なり[94]」として、「真怪」を次のように説明する。

夫れ余は理想の実在を信するものなり〔…〕之を人界の上に考ふれは　皇室国体は皆理想の精彩光華なるを信するものなり〔…〕国家の上にありては　皇室神聖の純気と我々忠孝の元気と相映して国体全く霊前たる神光の中に輝くを見る今余が妖怪研究の結果よく仮怪を排して真怪を開くを得ば人をして此理に体達せしむることを得へしと信す[95]

そして、こう続ける。

近年〔…〕国体将に其神聖を減し忠孝将に其活気を失はんとするに当り広く此理を開示するは独り真理の為に要するのみならす実に国家の急務とする所なり[96]

この世界には「皇室国体」という「理想」がある。それは皇室神聖の純気と臣民忠孝の元気とを相映すものであるが、近ごろ皇室の神聖さは減じ、忠孝の活気も失われている。これこそが妖怪学を興す理由である。この二者の復興、すなわち皇室の神聖さを高め、臣民の忠孝を活気づけることは、学問的真理追究のみならず国家の急務である、と力を込める。これこそが円了にとって「護国愛理」の内実であり、この「護国愛理」のために「仮怪」を排し「真怪」を開くのだと、円了は説明する。つまり、皇室の神聖さを減じ、臣民の忠孝を失わせているものこそ、ここで「仮怪」としたものである。

では「真怪」とは何か。円了の説明はこうである。「真怪」は別名「理怪」と言い「無始の始より無終の終に至る迄無限の限無涯の涯の間〔…〕の真体」で「我邦に神と云」う[97]。この国にあって、円了が指示するものは自明である。ここまでくれば「仮怪」の正体も見えてくる。円了は次のように続ける。「理想の本体は宇宙六合を統轄する無限絶対の帝王にして此世界に下すに物心二大臣を以てし吾人をして其二大臣の従属たらしむ[98]」。ここで目を惹くのは、吾人すなわち我々臣民が「無限絶対の帝王」ではなく、「物心二大臣」に従属させられているという認識である。

(2)主従一致による「絶対的subjects」

臣民という言葉が『大日本帝国憲法』(物大臣)で登場し、『勅語』(心大臣)で「爾臣民 Know ye, Our Subjects[99]」と呼びかけられて、この国の民草は、初めて自らを天皇の「臣民 subjects」(従属者)と認知した。しかし、ここには「爾」と呼びかける天皇と、呼びかけられる臣民しか存在の余地はない。しかるに「大臣」が天皇と臣民の間に割り込んで、我々を政府の下に従属せしめている。これこそ、皇室国体衰微の原因である。これを排除し、天皇と臣民を直結させることで、皇室の純気と臣民の活気を回復させる。

これが、明治二六年の『緒言』で宣言され、九年後の『玄義』がダイレクトに受け継いだ、円了妖怪学の基本コンセプトであった。

『玄義』は、「教育」の系譜ではなく「妖怪(学)」の嫡流であったのだ。円了は「表」向きの教育ではおとなしく―相対的な―通義を講じ、その「裏」で絶対的釈義―「玄義」―を「妖怪学」で先(潜)行させていたのである。

『緒言』には、次のように記述されている。

妖怪学は〔…〕教育を進むるの前駆なり〔…〕教育の所謂知育徳育も一たひ妖怪学によりて真怪の明月を開き来て後開発養成すへし

年頭の所感で「決意」のほどを披瀝した明治三五年とは、「玄義」を一気に教育側に浮上させるタイミングだったのだろう。

円了の妖怪退治の目的は、「従属者 subjects」から「主体者 subjects」に、臣民の立場―自意識―を逆転させることだった。円了の言う、絶対不可思議妖怪中の妖怪とは、まさに「天壌無窮の皇運」、すなわち日本の「国躰」そのものであった。払い去ろうとした「仮怪」とは、神話に―のみ―依拠する「神勅」、それによって保証された―とする―天壌無窮の皇運を隠れ蓑に、臣民を従属させている、時の政府だった。そして開示すべき真怪とは、「絶対的 subjects」。すなわち、真に「国躰」の永続性を保証する「絶対忠孝」の主体者である臣民と、臣民にその自覚をもたらす「器」としての天皇（皇室／皇統）、この両者が「主従一致」して、不可分の「絶対的 subjects」を構成する。これこそ、円了が『玄義』によって「開発」しようとした「万国無比天壌無窮の皇室国体」であり、妖怪学で開示すべき「真怪」の正体なのであった

（3）結語に代えて―円了の奇妙なナショナリズム『臣民主権主義』

『玄義』の「中外ニ施シテ悖ラス」の解釈を、その主張の構造だけを取り出せば、日本の「大道」即ち「絶対的忠孝」についての日本特殊と世界普遍の両義性への言及であった。

これは後に、西田幾多郎が「多にして一の世界＝矛盾的自己同一」の問題としたものと相同している。日本を世界に埋没させず、かつ独善的でなく日本であり続けるために、日本の特殊性―就中、日本特殊の国体に関わる―

「皇統＝天皇制」をどうコントロールするか、これが西田の哲学的・思想的課題であった。円了の『玄義』は、この西田の課題を先取りし―まさに文字通り、行動レベルで―その先に進もうとするものであった。

西田が「絶対無の場所」と呼び、「私」の内奥に位置づけたものを、円了は臣民としての自己を意識できる―絶対的な―場とし、これを「真怪」と呼び、「私」を超越した外部の「国躰」、ないしその要素である「先天的皇室」―天皇と皇統―に位置づけた。臣民は「先天的皇室」からの宣告を―中間に介在する政府などの命令ではなく、かつ『勅語』の発布後は天皇のお言葉にすら拠らず―その「従属者＝臣民」として「直観」することで、「主体者＝臣民」として行動する。そのとき、西田の絶対無の場所と同様に、「先天的皇室」とは、絶対者かつそれ自身内容を持たない「無」であり、先にも述べたように臣民を映す「器」である。この「絶対にして無の皇運」の成立には、中間に介在するもの―「物心二大臣」あるいは政府―を否定する完全な個人主義―平等主義―も必要だ。ここには、円了の宗教基盤である―晩年の西田も傾倒した―浄土真宗の阿弥陀一仏・万民平等の思想も垣間見えるのである。

『玄義』に見る円了のナショナリズムは、従属者・主体者一致の「絶対的 subjects」に基礎を置く、「日本―国躰（≠国家）―主義」であった。換言すれば「臣民主権主義」であり、臣民が主権者として、主体的に自覚することによって―のみ―拓かれるのである。「神勅」を日本特殊の伝統（文化）として人心を掌握し、国家による／国家のための／国家への「帰属」は―「仮怪」として―否定されている。臣民の自覚なき国民化の行く末を、円了の慧眼は見通していたに違いない。日本の特殊性（皇国制度）に、世界の理想を実現させる普遍性を見いだした途端、世界に冠たる至上の―事実として存在する―制度として、「日本＝優越・他者＝下劣」意識が芽生え、外来の優勝劣敗思想をも巻き込んで、「神国＝日本」に行き着くことは、史実による後知恵ではなく、論理的帰結である。『玄義』で円了が目指した臣民の「自覚と直観」に基礎を置くナショナリズムでは、日本の特殊性は「家族国家」である日本ならではの「個を映す器（＝装置）」である。いかに「世界に卓絶」していても日本（家族）以外には適用できず、日本固有に踏みとどまる。円了は、拡張主義や侵略主義とは全く無縁な―奇妙な―ナショナリズムを構想していたのである。

付言すれば、君臣一家の「家族国家論」また「忠孝による皇統の扶翼」という、本来なら「天皇制国家・国体論」を支える二大要素を逆手に取って、『（教育）勅語』という天皇制イデオロギーの教科書を、何より天皇自らのお言葉というところを「逆用」して、真逆の「臣民主権論」を展開しようとした。ここに、井上円了ナショナリズムの真骨頂があったように思える。しかし、権威・権力に表だって逆らわず、これを「逆用」することは両刃の剣で、常に「落とし穴」を覚悟しなければならない。臣民の自覚と直観に基礎を置く円了の「臣民主権主義」は、主体者となるべき臣民の、その「自覚」が不可欠であった。円了にとっての「落とし穴」は、まさにその臣民の自覚の欠如であった。

円了のナショナリズムと妖怪退治は、遂に実現することはなかった。一人の傑出した人物が歴史をつくることは滅多にない。二〇世紀初頭、この国の民は円了を時代の「主役」につける気がなかったのである。やがて、円了の挫折によって退治を免れた「仮怪」がこの国を跋扈し、ほぼ半世紀後に、どのような日本を現出させたか。それを考えると、『勅語玄義』は、そして井上円了思想の真髄は、その没後一〇〇年を経て、二一世紀の我々に「今なお、そうなのか」という問いを突き付けているように思える。

附記

本稿冒頭で述べた円了の「通俗化」という実践思想は、目的地までの誘導標には使えても、いざ目的の地点で何かを為すにはあまりに非力に映る。明治三五年の「臣民主権主義」宣言後―おそらく「哲学館事件」の近辺―では、別の思想が用意されていたはずだ。それは、日本という特殊な大地から普遍性を突き破るように湧き立つヴァナキュラーな思想か、逆に日本に覆い被さって特殊性を窒息させるユニヴァーサルな思想だったのか。

あるいは「通俗化」という「方法」の延長上には、そういう「強い」思想とは全くカテゴリの異なる、敢えて言えば強いて人を動かさない「時を待つ思想」とでも言うべき異形のものが浮かぶ。

誰を待《ま》つでも、何を俟つでもない、人が成長し世代も変わり、社会が成熟すれば、この国のありよう―国躰―も文化―国風―も変わる。

円了は、それを信じ、己が一人で土壌を耕し、自分のいなくなったところに、「護国愛理」の秋（とき）が来るのを待とうとしたのではないか。

明治三七年、円了は『迷信解』を出版し、次のような一文でその書を閉じた。普通に読めば、「哲学館事件」に敗れた円了の「白旗」である。しかし―文字どおり―死の直前まで民衆に倫理を説き続けた円了の行為に照らせば、あるいはこれこそ、円了が終生持ち続けた、揺るぎなき日本（人）特殊の倫理観だったのかもしれない。

力の及ばざることは天運の然らしむる所とあきらめ各正理を守り正道を履み、上天に耻ぢず、下地に耻ぢず、中人に耻ぢざる行をなし、世は如何に暗黒なりとも、心中は常に青天白日なる様に心掛くるこそ、人の人たる道と申すものぢや。

参考文献等

※引用・参考部は文中番号と該当頁で示した。前掲のものは省略した。以下、文献ごとに掲げる。同一文献の場合は基本として最後に一括表示した。引用部の表記は基本として全て常用漢字・仮名を用い、『勅語』の章句を除いて片仮名は平仮名に適宜変更、傍点・ルビ等の修飾は省略した。また誤字・誤用・脱字と思われるものも原文を尊重し、注などは付さずそのままとした。発行年は奥付け等の表示による。

1．円了の著・述に係るもの（※発行順）

1　『仏教活論序論』（明治二〇年）秀英舎／(1)p.3

2　『教育宗教関係論』（明治二六年）：所収）『井上円了選集　第十一巻』（一九九二）東洋大学／(18)p.450,482,(19)pp.447-448,(20)p.446

3　『忠孝活論』（明治二六年）哲学書院／(11)p.12,(13)pp.12-13,(14)pp.5-6,(15)p.7,(16)pp.9-12,(72)主に本文 pp.1-5,pp.61-81。明治二四年度哲学館日本倫理学科における円了の講述録。論旨の基調は、天地開闢二説（西洋の創造説／東洋の開発説）の比較（東洋の優位性）を通したキリスト教批判だが、日本「忠孝」の特殊性として「先天的皇室／君民一家／忠孝一致」

が言及されている。本稿に関わっては、これら『玄義』の中核コンセプトである「絶対的忠孝」の諸要素が、この時期に『勅語』解釈と独立して現れているところに注目したい。

4　『日本倫理学案』（明治二六年初版、以後年ごとに改版）哲学書院　※引用は明治二九年版／(36 62) 序言 pp.1-2, (37 63) 序言 pp.2-4, (48 74)p.3

5　『妖怪学講義緒言』（明治二六年）哲学館／(22),(93)p.33,(94)p.6,(95)pp.33-4,(96)p.34,(97)pp.8-9,(99)p.10,(100)pp.34-5

6　『中等倫理書 巻之一』（明治三一年）集英堂／(64) 例言 p.2,(65) 例言 pp.5-6,(70)pp.12-3,(71)pp.14-5,(77)p.6

7　『勅語略解』（明治三三年）三育社／(66)pp.5-6,(67)pp.6-7,(68)p.21,(69)p.23,(75)p.3,

8　『甫水論集』（明治三五年）博文館／(4)p362,(55)p.2,(56)p.5

9　『勅語玄義』（明治三五年）哲学館／(27)pp.14-6,(28)p.5,(29)p.11,(30)p.11,(31)p.16,(32)p.16,(33)p.22,(34)p.22,(35)pp.24-5, (36) p.25,)37)p.26,(38)p.8,(39)p.33,(40)p.39,(41)p.6,(42)p.35,(43)p.39,(44)p.43,(45)p.7,(46)p.44,(47)pp.44-5,(48)p.45,(49)p.6,(50)p.46,(51) p.46,(52)p.6,(53)p.2,(54)p.39,(57)pp.1-3,(58)p.4,(59)p.2,(60)p.21,(61)p.22,(76)pp.34-5,(90)p.5,(91)p.47

10　早川恭太郎編『軍人読本 遠征の慰籍』（明治三八年）同文館／(85)p.2,(86)pp.4-5,(87)p.6,(88)p.6,(89)p.6

11　『迷信解』（明治三七年）哲学館／(101)pp.89-90

12　『南船北馬集 第一編』（明治四一年）修身協会拡張事務所：所収）『井上円了選集 第一二巻』（一九九七）東洋大学／(8)p.210

13　『哲界一瞥』（大正二年）国民道徳普及会／(23)p.31,(25)p.33,(26)p31

14　「哲学に於ける余の使命」（大正八年）：所収）井上玄一編『哲学堂案内 故井上円了述』（大正九年）財団法人哲学堂事務所／(17)p.14,(21)p.7

15　井上玄一編『哲学堂案内 故井上円了述』（大正九年）財団法人哲学堂事務所／(24)p.26

16　「井上円了選集テクストデータ」第一一・一六・二〇・二一・二五各巻 東洋大学／井上円了データベース／http://www.toyo.ac.jp/text-db/enryo_text.htm

2．円了が「略解」において参考にしたとする書（※「勅語略解」掲載順。ただし書名に異同あり）

1　国家教育社編『聖諭大全』（明治二四年）大日本国書株式会社

2　重野安繹『教育勅諭衍義』（明治二五年）小林喜右衛門（発行者）

書名	「忠／孝」の扱い	「皇運扶翼」の範囲
1）『聖諭大全』	「忠孝両全」：忠→孝、孝→忠	「前項宣言あらせられた如く〔…〕
2）『教育勅諭衍義』	「忠孝二致なく」：君に忠→親に孝	「上に宣ふ所の條々を総括して宣ふ
3）『教育勅語衍義』	「忠と孝とは〔…〕実は同じ」：忠＝孝	「上の父母に孝により義勇公に奉じまで」
4）『勅語衍義』	「忠孝一本」：忠＝孝	※解説なし。文意から「父母ニ孝ニ」以下
5）『勅語解釋』	*「父に孝に、君に忠」：忠≠孝*	善行を勉励し〔…〕※「父母ニ孝ニ」以下
6）『勅諭修身経詳解』	*「忠〔…〕君、孝〔…〕父母」：忠≠孝*	「上に謂う所の国憲を重んじ〔…〕」
7）『勅語講義』	「忠孝〔…〕もと一つ」：忠＝孝	*※「一旦緩急」以下を一括りで解説*
8）『勅語註解日本教育之基礎』	「所謂忠孝一致なり」：忠＝孝	*※「一旦緩急」以下として解説*
9）『教育勅語衍義』	「忠と孝を兼ね具へ」：君への忠＝忠＋孝	「学問ヲ修メ〔…〕皇運を盛大たらしめよ」

3 那珂通世・秋山四郎『教育勅語衍義』（明治二三年一二月）共益商社書店

4 井上哲次郎・中村正直閲・『勅語衍義』（明治二四年）井上蘇士・井上弘太郎（発行者）

5 内藤耻叟『勅語解釋』（明治二三年）青山清吉

6 末松謙澄『勅諭修身経詳解』（明治二四年）金港堂

7 栗田寛『勅語講義』（明治二五年）博文館

8 渡邊武助・西村茂樹校閲『勅語註解日本教育之基礎』（明治二四年）中村與右衛門（発行人）

9 今泉定介『教育勅語衍義』（明治二四年一一月）普及舎

参考のため、前記書の「忠／孝」同・別の扱いと「皇運扶翼」の範囲」を一覧表にして上に掲げる。イタリックにして下線を付したものが、円了の言う「通義」にあたる。

3. 右記以外の引用文献等

1 「六合雑誌」第一四九号（明治二八年五月）新刊批評／引用資料）東洋大学井上円了研究会第三部会『井上円了研究 資料集 第一冊』（昭和五六年）東洋大学／(2)p.35

2 井上哲次郎・中村正直閲『増訂版 勅語衍義』（明治三二年）文盛堂／(78)下pp.108-9 ,(79)下pp.121-2, (80)下pp.128-9, (81)下p.104, (82)下pp.8-9,(83)上自序p.5

3 読売新聞第九五九九号（明治三十年一月二三日）紙上、「公開状百通 第十八 井上圓了の与ふる書 上」／(3)

4 文部省『漢英仏独 教育勅語訳纂』（明治四二年）文部省／(99)

本文英訳部 p.1

5　大日本雄弁会編『高島米峰氏大演説集』（昭和二年）大日本雄弁会／(7)p.346

6　亘理章三郎『教育勅語釈義全書』（昭和九年）中文館書店／(73)pp.569-575。本書は一部再版書の重複や、かんじんの『玄義』が掲げられていないなど完全なリストとは言えないが、数量感を把握する上では問題ないものとして、これに拠った。

7　山口県教育会『吉田松陰全集 第三巻』（昭和14年）岩波書店／(84)p.552。吉田松陰は山県太華との論争の中で、次のように「皇国の道」を「怪異」と認めつつも、議論の封印を主張している。（『孔孟剳記（余話）』への太華の評語に対する松陰の反評）

神代の巻を按ずるに〔…〕怪しきのみ。論ずるは則ち可ならず。疑ふは尤も可ならず。皇国の道悉く神代に原づく。則ち此の巻は臣子の宜しく信奉すべき所なり。其の疑はしきものに至りては闕如して論ぜざるこそ、慎みの至りなり

8　東洋大学創立百年史編纂委員会／東洋大学井上円了記念学術センター『東洋大学百年史 通史編Ⅰ』（一九九三年）東洋大学／(92)pp.311-4。哲学館夏期講習会は明治三四〜三六、四〇年の計四回実施されている。『玄義』の講義記録は、明治三五年の第二回講習会のみ。円了自ら、八月一一〜一四日の四日間、一般聴講者六九名を対象に行っている。

9　三浦節夫「井上円了の全国巡講」（一九九八）『井上円了選集 第十五巻』東洋大学／(9)・(10)p.480

10　三浦節夫「井上円了の全国巡講データベース」（二〇一一）『井上円了センター年報 二二』／(5)p.37(326),(6)p.40(323)

11　三浦節夫・出野尚紀編『東洋大学創立寄付者名簿』（二〇一七）東洋大学井上円了研究センター／(12),p.16

『勅語玄義』に見る奇妙なナショナリズム

井上円了の比較宗教学

岡田正彦

はじめに

井上円了（1858-1919）の「宗教学」を日本の「宗教研究の前史」に位置づけ、近世以来の破邪学の系統を受け継ぐ「宗教学以前」の宗教学と見做したのは、鈴木範久である。鈴木は哲学館の講義録に収められた「実際的宗教学」と「理論的宗教学」をもとにして、井上円了の宗教学を解説し、円了の「学理的宗教学」は「古今万国宗教ノ…種類ヲ集メテ之ヲ比較シテ研究スル一法」ではなく、キリスト教批判を背景に「哲学上ノ道理思想ニ基キテ論及スル一法」であるとし、「今日でいう宗教学とは、まだ相当の開きのあるものである」とする。[1]

東京帝国大学に宗教学の講座が設けられた、明治三十八年（一九〇五）を日本の宗教学の始まりと考えれば、近世の学問の伝統にもとづく―あるいは、鈴木がそのように評価する―井上円了の「宗教学」は、日本における「宗教学以前」の宗教研究として評価されることになるだろう。のちに高木きよ子が指摘しているように、「以後の日本の宗教学の流れの中で井上宗教学が埋没してしまった」のである。[2]

鈴木が日本の宗教学史に関心を深めた時期には、姉崎正治の生誕百年（一九七三）を迎えて、東京大学の宗教学研究室でも「日本における宗教学史」への関心が高まっている。[3] 昭和五〇年代には、後の「宗教概念論」の展開にもつながる、日本の宗教学説史への関心が高まり、近代宗教学を批判的に検証する意識が多くの研究者たちに共有されていた。こうしたなかで、日本で最も早い時期に「宗教学」と題した講義を行ない、著作を刊行していた井上円了への関心も高まることになる。

鈴木とともに、姉崎正治生誕百年記念事業に関わった高木きよ子は、この時期の状況を次のように回顧している。

昭和五十年代に井上円了の宗教学に対してのある意味での評価が行なわれるようになってきているのである。これについては、この時期日本における宗教学の体系作りが大体終り、新しい視野にたっての宗教研究の展望がなされたこと、宗教学の領域内での各分野の接近と相関関係が問われはじめたことが考えられる。この意味で今は井上円了の宗教学についてより詳細な研究が行われることを望んでやまない[4]。

しかし実際には、井上円了の宗教学は客観的・中立的・実証的な宗教研究の前史に位置付けられるだけで、近代的な宗教概念の再考に寄与するような評価を受けてはこなかった。本稿では、井上円了の宗教学を日本の「宗教学以前」に位置づけるのではなく、姉崎正治や岸本能武太の比較宗教学会や帝国大学での宗教学講座の開設と同時期に展開された、円了の後半生の活動や思想に注目しながら井上円了の宗教学について考えていきたい。井上円了の宗教学を姉崎や岸本の宗教学と同時代の思想として再評価することは、円了の宗教学の現代的な可能性について考察することにもつながるのではないだろうか。

一　比較宗教学会と「宗教研究」

『わが生涯』と題した自叙伝のなかで、姉崎正治は井上円了の宗教学について、次のように述べている。

宗教学という名は、その前には、井上円了氏が哲学館講義録で、理論的並に実際的宗教学という講義をしていたが、その内容は吾々の所謂宗教学とはまったく別であった。そこで、自分が明治二十九年に大学を卒業して大学院に入るにあたり、その研究題目を、宗教を事実に基いて研究するという意味で、「宗教の発達」という題にした。[5]

ここで姉崎が「吾々の所謂宗教学とはまったく別であった」としているのは、「宗教を事実に基いて研究する」自らの立場と井上円了の宗教学を区別しているのであろう。鈴木や他の研究者たちも含めて、円了の比較宗教学は「仏教」の思想的優位性を前提とした、規範的な宗教論であると見做されてきたし、姉崎による井上円了の宗教学の評価もよく似た観点からなされたものだと思う。

また、姉崎の言う「所謂宗教学」を共有する「吾々」については、同じ自叙伝のなかに、次のような言及がある。

丁度その頃、大西君（大西祝）が早稲田の講義録を編纂していて、自分のそういった意味の講義をのせぬかという事であったので、自分は世間一般の習慣に従い「比較宗教学」の名でその講義録を書いた。一体、比較という事はいかなる研究にもある筈のことで、今更比較宗教学という必要もないが、世間殊にアメリカで比較宗教という名を用いていたので、それによったのである。それで、その比較宗教の内容を充実して、それをのちに「宗教学概論」としてだしたのである。この宗教学概論の組立は、大体ハルトマンによったもので、所謂宗教心理学、宗教倫理学、及び宗教社会学を骨子としたものであった。岸本能武太の「宗教研究」の宗教学もこれに似たものであった。[6]

明治三一年にハルトマンの著作の一部を『宗教哲学』と題して翻訳し、日本に紹介したのは姉崎である。さらに明治三三年、ドイツへの留学の直前に姉崎は『宗教学概論』を刊行した。その後、ドイツ留学から戻った姉崎は、明治三八年に東京帝国大学文科大学に開設された宗教学講座の担任教授となる。これが「日本の近代宗教学」の幕開けとされている。

また、姉崎がここで名前を挙げている岸本能武太は、同志社を卒業したあとアメリカに留学し、ハーバード大学でユニテリアンの教説に強く影響を受けながら比較宗教学を学ぶ。留学を終えて帰国する直前の明治二六年（一八九三）、岸本はシカゴ万博の会期中に開催された万国宗教会議に出席し、「日本における宗教の将来（Future of Religion in Japan）」と題する演説を行なった。

帰国後、岸本は万国宗教会議の影響のもとで開催された宗教家懇談会に参加し、その席上で姉崎正治と出会い、ともに諸宗教を比較研究するための学術的組織の結成をはかる。こうして、明治二九年に比較宗教学会が設立されることになるのである。鈴木範久の調査によれば、明治三二年十一月の第二二回まで、かなり集中的に会合が開かれている。この比較宗教学会の人々や宗教学講座に学んだ姉崎門下の人々などが、姉崎の言う「吾々」なのだろう(7)。

とはいえ、本稿には日本の「近代宗教学」の歴史を詳細にたどる紙幅の余裕はない。ここでは、比較宗教学会の中心的人物であり、井上円了と世代の近い岸本能武太（1866-1928）の著作をもとに、姉崎が井上円了の宗教学とは「まったく別」と評価する、当時の「近代宗教学」の動向について考えてみたい。

明治三二年、高等師範学校の教授に就任した岸本能武太は、『六合雑誌』などに発表した論文をまとめて『宗教研究』（警醒社）を刊行した。本書の冒頭において、岸本は執筆の意図を次のように述べている。

> 抑も宗教とは如何なるものなりや。宗教は如何にして起りしや、宗教には如何なる種類ありや。過去における宗教の経歴は如何、現在に於ける宗教の立場は如何。宗教と学問の関係は如何、宗教と道徳との関係は如何。宗教と国家との関係は如何。宗教の将来は如何（中略）苟も我国に於ける宗教の将来を論ぜんと欲する者は、必ず先づ此等の問題に関して虚心平気に研究する所なくんばあるべからず。少くとも泰西の学者が此等の問題に関して既に如何なる研究を為せしや、又如何なる結論に達せしやを極めざるべからず(8)。

岸本は、ここで披歴した問題意識に則して西洋の宗教研究の動向を詳しく紹介すると同時に、「憶断的態度を離れて、研究的批評的態度」を採った宗教論を展開する。

岸本によれば、宗教研究には二種の反対論がある。一つ目は、宗教は「信仰の範囲に属する」ものであって「智識の範囲に属するもの」ではなく、「宗教は信仰すべきもの」であって「研究すべきもの」ではない、といった主張である。これに対して岸本は、「自由研究」の重要性を訴え、「宗教の神聖を以て宗教の研究を拒絶」する独断的な姿勢を厳しく批判している。

もう一つは、理性の発達した時代において宗教は、「愚夫愚婦」が信じる迷信にすぎないのであり、学者が研究すべき価値のあるものではない、という主張である。これに対しては、「今日迄の宗教の多数が迷信的なればとて、将来に於ける凡ての宗教も亦迷信のみなりと断定するの基礎は何処にか在る」(9)として、科学的な手法を用いて宗教を積極的に研究すべきであると主張する。しかし、ここで岸本が重視する研究のアプローチは、次のようなものだ。

予が今茲に論ぜんとするは、宗教の神聖ならざることを主張せんとするにあらず。そは宗教は必ずしも神聖ならざるものにあらざればなり。又宗教の迷信のみにあらざることを証明せんとするにもあらず。此等は自ら他の問題にして、本章に於ける予の直接なる目的は、宗教研究の諸方面を指示せんとするにあるなり。(10)

ここで標榜されている価値中立的なアプローチは、井上円了の宗教学との差異の一つであると、後年の研究者たちに指摘されている部分である。真の宗教と迷信を区別するような規範的なアプローチではなく、「宗教研究の性質、範囲、方法等を概論」することが、岸本の宗教研究の目的なのである。

岸本は、まず「宗教の定義」の重要性と困難さを指摘したうえで、次のような研究姿勢を重視する。

未だ宗教其の者の性質如何を研究せざるに、単に或る宗教を基礎として、宗教其の者の性質を一概に論じ去らんとするは、粗忽極まれりと云ふべし。苟も宗教を研究せんとするものは宗教其の者の研究と諸宗教の研究との区別を記憶せざるべからざるなり。[11]

「宗教其の者」を明らかにするための比較研究は、「諸宗教の研究」ではない。このため、宗教の本質や社会における役割等を明らかにする研究は、価値中立的で実証的・経験的でなくてはならない。このような視座からなされる宗教の分類や歴史、本質の探究といった研究は、「一種の科学」というべきものになる。

さらに岸本は、主にC. P. ティーレの所説を参照しながら、宗教研究の諸分野の可能性を論じていく。これらの宗教研究の領域は、当時の日本の人々には目新しいものであったろうが、決して岸本の独創的な思索の産物ではない。しかし、岸本が宗教の進化に続いて「将来の宗教」について論じ、さらには「我国将来の宗教」について語っている部分は、かなり独自の見解ではなかろうか。

岸本は、近代日本の社会における宗教（我国将来の宗教）の「資格」として、①科学的であること、②道徳的であること、③哲学的であること、④世界的であること、⑤理想的であることの五つを挙げ、次のように結論づけている。

我国将来の宗教は忠君愛国的神道なるべき乎。平等寂滅的仏教なるべき乎。愛神将人的基督教たるべき乎。将亦他に待つべきや。要するに、今日の我国は啻に宗教に豊富なるのみならず、我国民は元来同化力に富み、古き材料の精華を蒐めて之に新らしき生命を与へ得るものなるが故に、我国将来の宗教たらんものは遂には世界将来の宗教となるべきもおにはあらざる乎。[12]

これからの時代の日本に必要とされる宗教は、五つの資格を満たす宗教であって、特定の宗教伝統に限定されるものではない。来るべき近代社会において、必要とされる宗教のあり方を模索する岸本の宗教論は、同時期の井上円了の宗教論や活動に共通するところがある。岸本能武太の実証的・客観的な宗教研究の手法は、井上円了の宗教研究とは対照的であると評価されがちであるが、両者の宗教研究の親和性にも目を向けるべきではなかろうか。

二　井上円了と「比較宗教学」

岸本能武太が姉崎正治と比較宗教学会を設立し、岸本が『宗教研究』を刊行したのと同時期に、井上円了は哲学館の講義録として『比較宗教学』（明治二六年頃）[13]を刊行している。まず、円了はカントやフィヒテ、フォイエルバッハなどの宗教論を紹介しながら、宗教思想と宗教学の起源について論じている。さらには、マックス・ミュラーやハーバート・スペンサーなどの所説を紹介しながら、独自の比較宗教論を展開している。

本書は、本格的な円了の著書というよりは、講義のための基礎知識をまとめたような内容になっている。とはいえ、「近来比較言語学の進歩と共に宗教なるものは耶蘇馬哈麥等の諸大聖か其の知識より新たに発見せられたるものゝ如く思へりしことの誤謬を知り宗教の人類の生すると同時に既に人類の上に起りしことの見出さるゝに及べり」とか、「希臘にありてターレスの哲学説をなしてより漸次に神の問題に解釈を与へ希臘人の信仰したる多神教に対して神は果たして多数なるか神は空想に過ぎざるか等を論ずるに至りしは実にこれ宗教学の初起なりとす[14]」といった記述は、現在でも宗教学の学説史にしばしば見られる見解であり、円了が当時の宗教学をめぐる学問の動向に広く目配りしている様子が窺える。

とくに、しばしば「宗教学」の学祖とされるフリードリヒ・マックス・ミュラーについては、かなり多くの紙幅を割きながら興味深い論評を加えている。

マクスミュラー氏以前既にシュライエルマーヘル氏は有限無限の二種の心性作用を立てゝ論弁したることあり

しものなれどもマクスミュラーに至りては一層明かに之が区別を判じ且つ進化の説をもって之に加へたるものなり即ち曰く智識の未た発達せざるに臨みては有限性のものを捕らへて之を無限性のもの、如く信仰し得たりしと雖も其の漸く発達するに及びては終に能く真の無限性の体を感得するに至るものなり此の故に歴史上宗教心の発達差異を見ることは決して難しとなさずとマクスミュラー氏は此の如く宗教を解釈して言語学によりて以て其の確実なる所以を証明したり[15]

有限と無限の差異を強調するマックス・ミュラーの読解は、やはり独自の井上円了流を感じさせる。しかし、それでも円了が比較宗教学の議論をしっかり吸収していることは間違いないだろう。

イギリス留学中にマックス・ミュラーのもとで学んだ南条文雄が、帰朝して東京帝国大学での講義を始めたのは明治一八年であり、同年に哲学科を卒業した井上円了は、少なくとも大学で宗教学／比較宗教学を学ぶ機会はなかった。このため、井上円了の比較宗教論は、「破邪学」として洋学やキリスト教を学んだ洋学校時代の知識を背景にした、独創的な見解だと評価されてきた。しかし、少なくとも姉崎や岸本が比較宗教学会を設立した時期までに、井上円了はマックス・ミュラーの宗教学をかなり深く学んでいたことは間違いないだろう。

円了は、マックス・ミュラーの宗教学の独自性について、次のように述べている。

此の無限を感得する所の心は元来人類固有のものにはあらずして漸く人知発達の後に出で来るものなりといふは今日学者多数の称ふる所（中略）マクスミュラー氏は之に反して宗教心の固有なることを主張し如何なる野蛮蒙昧の人種と雖も決して宗教心なきものはあらずと説く[16]

円了は、人類に普遍的に共有される信仰能力（faculty of faith）を説く、マックス・ミュラーの所説を高く評価しながらも、「経験派」が説くように「無限の思想は有限より発達したるものなり」として、両者の主張を折衷するような見解を述べている。

　無限心は本来人類に絶無なるものにはあらず唯有限の中に包まれ居たるものにして有限心の進むと共に無限心も益其の範囲を拡張して極めて高尚の域に到達するものなるか故に野蛮時代の無限は有限に附属して僅かに其の微光を漏らしたるものなるべし(17)

こうしたマックス・ミュラーの紹介に続いて、円了はハーバート・スペンサーの社会学を紹介する。円了は、スペンサーの社会進化説を背景にした宗教論をかなり誇張したかたちで概略するとともに、「宗教は野蛮の遺風なり」とする合理主義的な宗教論については、次のように厳しく評価している。

　抑々此進化説は表面外見の論にして宗教の全面を説き示したるものにはあらず若し更に翻て内部より考察する時は宗教をなすべき本心即ち無限性の宗教心は人類固有のものたるは前に述べたりし如くにして唯野蛮人にありては其の形甚た劣等なりしといふにありて其位置よりようやく発達して高騰の域に達するといふもこれ唯外形上のことのみ内面よりいはゞ高騰に達すべき丈の要因は下等なる外形の中にも既に業に含容し居れり(18)

円了は、スペンサーの社会進化説を高く評価している一方で、マックス・ミュラーのような人間の本質的な宗教性を前提にした議論にもかなり好意的な眼差しを向けている。迷信を否定する近代的合理主義者として評価される円了が、「スペンサー氏は唯其の外部のみを知て未た内部を知らざるものなり換言すれば人間固有の一種の宗教心ありて漸く発達し来る所以を知らざるものなり(19)」と論じているのは興味深い。

さらには、「宗教の分類」について言及し、主に「人種」にもとづく宗教の分類を比較宗教学の対象としている。その分類は、以下のようなものだ。

一、埃及教（埃及の古教）
二、バビロン教
三、アッシリヤ教
四、猶太教（旧：耶蘇以前、新：耶蘇以後）
五、孔子教
六、道教
七、日本教（神道）
八、印度教（婆羅門教）
九、仏教（印度の仏教、支那の仏教、日本の仏教）
十、ペルシヤ教（火教）
十一、希臘教幷羅馬教（耶蘇教以前の古教）
十二、スラポニック教（スラポニック人種固有の宗教）
十三、チュートニック教（チュートニック人種固有の宗教）
十四、摩哈麥教（回教）
十五、亜米利加教（米国の古教）
十六、耶蘇教[20]

本書のなかで円了は、ここで挙げたすべての宗教の分類を比較検討することはできていない。また、ここで試みられている比較は、かなり恣意的なものであることも否定できないだろう。とはいえ、その比較は基本的に価値中立的な立場からなされている。

かつて『宗教新論』（明治二一年）や『理論的宗教学』（明治二四年）のなかで、仏教擁護とキリスト教批判の基盤とされた「情感的宗教」と「智力的宗教」といった心理上からの宗教の分類については、本書でも簡単に言及されてはいるが、これは比較宗教の対象とはなされていない。「情感教」と「智力教」の区別について、円了は次のように述べている。

心理上より分類するときは情感教及び智力教の二となるべし余は亦別に情宗智宗意宗の三つを分つことを得るものとす例へは仏教中浄土門は情宗なり天台華厳等は智宗なり禅宗の如きは意宗なり或人は儒教を以て情宗とし仏教を以て智宗とし耶蘇教を以て意宗となしたることあり(21)

もちろん、晩年の円了もしばしば近代的思惟に合致した智力の宗教を重視するが、ここには初期の円了が強調しているような、仏教を近代的思惟に合致する智力の宗教として賞揚し、情感的宗教としてのキリスト教の非合理性を批判する見解は披歴されていない。本書における「人種上より分かつ」宗教の分類の是非は別にして、より客観的な立場からの比較宗教学が志向されていると言うべきだろう。このあたりには、高木や鈴木が参照する円了の初期の著作との違いを感じる。

また円了は、明治三五年に刊行した『宗教改革案』のなかで「宗教学研究の利益」について論じ、帝国大学に「宗教学」を設置する提言をなしている。

大学中に教科大学を置く一事に就きては、他に益するところ甚だ多し、日本には東西両洋の宗教並び行なはれ、之を比較研究するに自然の便利ある其一なり、我邦には西洋にて学び難くして而も世界の宗教中最も哲学の思想に富める仏教を研究するに最も便利なる其二なり、今や世界の宗教漸く動き、将来の宗教は何れに定まるか明かならざるに当り、我邦にては世界の学問と世界の宗教とを対照して、将来の宗教を定むるに種々の便利を有する其三なり（中略）故に余は帝国大学中に速に教科大学を別置されんことを望む、若し事情の許さゞるに於ては、文科大学中に教学科の一専門を置くも一策なれども、成るべく別置あらんことを熱望するなり[22]

現在の宗教を改良して、来るべき近代国家の宗教のあり方を模索する円了の宗教論は、この段階ではむしろ岸本能武太の宗教論と親和性が高い。

また、明治三八年（一九〇五）に姉崎正治は、東京帝国大学文科大学に開設された宗教学講座の主任に就任し、世界に先駆けて宗教史（テイーレ）と比較宗教学（ミュラー）を統合した宗教研究を展開することになる。井上円了の提言と宗教学講座の開設との関連性は不明であるが、この時期の岸本能武太、姉崎正治、井上円了の言説には、研究対象へのアプローチの差異はあったとしても、同時代の問題意識を共有する共通性があったと考えるべきではないだろうか。

三　井上円了の「比較宗教学」と哲学宗

井上円了は、明治三五年に刊行した『甫水論集』の「余がいわゆる宗教」と題するエッセイのなかで、これからの時代の宗教について興味深い発言をしている。

今や旧仏教を厭忌する風漸く動き、新宗教を喚起せんとする声漸く高く、人をして宗教改革の機運已に熟したるかを疑わしむるに至る（中略）今現に世間に行はる、もの二あり、曰く三田如来の自尊教、曰く番町大菩薩の自利教、此二者元来宗教にあらざれば、旧宗教に代用すると敢て其本意にあらざるべし、之に次ぐものを巽軒博士の宗教意見とす[23]

ここでの「三田如来」は福沢諭吉、「番町大菩薩」は加藤弘之のことであり、明治以来の日本の近代社会に大きな影響を及ぼしたこれらの思想家とともに、巽軒博士（井上哲次郎）の宗教論が紹介されている。円了は、明治三五年（一九〇二）に刊行された『巽軒博士倫理的宗教論批評集』のなかで、多くの思想家たちに取り上げられた井上哲次郎の「倫理的宗教」を近年の宗教革新の代表として高く評価する一方で、次のような厳しい意見を表明している。

巽軒博士の宗教論には、
第一に倫理の成分を捕らえ来りて宗教の第一原理とすること、
第二に諸宗教を一括して総合的新宗教を構成すること、
第三に人格的実在を宗教の組織中より全然除去すること、
この三条を含意するもののごとし。これ、余が同意を表することあたわざる要点なり。[24]

まず、倫理を「第一原理」とした宗教の理解については、「苟も宗教と倫理の異同を知るもの、焉ぞ其説に服従するを得んや」と厳しく批判する。どんな宗教にも必ず倫理的要素は含まれているが、倫理は宗教の「一方便」に過ぎないのであって、方便と目的を混同することがあってはならない。円了にとって、宗教の目的は次のようなものである。

古今東西の宗教を通観するに、人に宗教心の起るは、決して外部より注入又は装成したるものにあらず、換言すれば経験淘汰の結果にあらずして、人性自然の発達上内部より開展したるものなることは、比較宗教により て、大いに明かなるを得たり、而して学術と宗教とは、其源泉已に異なりて、正反両面の関係あり（中略）其正面より出づるものは学術となり、其反面より出づるものは宗教となる[25]

ここで比較宗教の重要性が、強調されているのは興味深い。思想の「正面」である学術の対象は「可知的」であって「有限」であり、相対的な現象界の範囲にとどまる。一方で、思想の「反面」である宗教の対象は「不可知的」あって「無限」であり、絶対的な真理の領域と関わる。初期の妖怪学などの学問体系にも共通する、独自の二元的なタクソノミーを使いながら、円了は学術／倫理と宗教の関係を明確に規定し、倫理と宗教を同化する意見は宗教の表面だけを外部から観察した愚説であるとする。[26]

また、第二の「諸宗教を一括して総合的新宗教を構成する」見解についても、次のように厳しく批判する。

諸宗教の根底に於ける契合点を執へ来りて総合的新宗教を開始せんとするは、余が敢て否定する所にあらず、寧ろ其旨趣に於ては幾分の賛同を表すと雖も、其実際の成功に於ては大に疑ふ所なき能はず、且つ方法手段に至りては余が解し難き所多し[27]

現在の宗教の状況を俯瞰して、どの宗教にも将来の宗教（近代社会の宗教）の可能性を見出せないからといって、すぐに新しい「倫理的宗教」を唱導する必要はない。今日の宗教は、外面の腐食によってその精彩を欠いているが、磨き上げることによってまた光を放つ可能性がある。円了は、近代社会に適合した「将来の宗教」を確立する方途には、次の二つの方向性があるとする。

第一に従来の宗教に改良を加へて、世界の大勢に適応せしむること、

第二に従来の宗教の外に、別に学理に考へて新宗教を開立すること、[28]

井上哲次郎の主張は、後者の方途を取るものであるが、円了はむしろ前者の方向性を目指すべきであるとする。

諸宗教の「契合点」を見つけて新時代の宗教を構想することは、「学者の迷夢」に過ぎず、宗教と学術の差異を無視するものである。後に「哲学宗」を唱導する円了が、ここで井上哲次郎の「倫理的宗教」を「井哲宗」と批判しているのは興味深い。円了の「哲学宗」と井上哲次郎の「倫理的宗教」の差異は、新時代の宗教に対する両者のアプローチの違いであると言えるだろう。

学術的な宗教を代表するのは「ユニテリアン宗」であるが、これは宗教としての味わいが薄くて効力が期待できない。円了が期待するのは、新しい時代に適合した旧宗教の改良である。

余は総合的新宗教を案出する前に、旧宗教の改良を試むるこそ実に焦眉の急要なるべけれと信ず(29)

第三の論点である「人格的実在を宗教の組織中より全然除去すること」については、学術と宗教を対比させながら、最も厳しい反対意見が表明されている。

宗教は学者一人の信念を以て止むべきものにあらず、必ず社会一般貴賤貧富賢愚利鈍の人に一味同感の法楽を与ふることを目的とせざるべからず(30)

円了は「心理学」や「倫理学」ではなく、「純正哲学」こそ宗教の本質を論じる媒体になりえるのであり、特殊性を普遍性に還元する倫理的ないし学術的宗教は無意味であるとし、村上専精の仏教統一論にも批判の矛先を向けている。

円了によれば、「宗教に人格的実在を立つるの必要を唱ふる」ことは、仏教ばかりでなく「一切の宗教」にとって必要なことであり、ここに宗教と学術／倫理の根本的な差異がある。人の思想は有限・相対であり、宗教的真理は無限にして絶対である。倫理的宗教は、いかに無味乾燥な妄想であるのか。円了は、次のような謎かけを案出する。

　巽軒博士の大我と掛けて何と解く、
　濱の松風と解く、其意は音ばかり㉛

新時代に適合した新宗教の構想にはシンパシーを覚えながら、円了は既存の宗教を改良することによって、新しい時代に適合した宗教のあり方を模索する。

また、この時期の円了は、明治三五年の第二回海外視察中に生じた、いわゆる「哲学館事件」を境にして、哲学館の経営や哲学書院などの出版活動を中心にしていた啓蒙活動を大きく方向転換し、社会教育に挺身するようになる。明治三六年、円了は『修身教会設立旨趣』を刊行して、新たな社会教育・啓蒙活動の構想を披歴し、翌三七年には哲学館大学長に就任する、しかし、結局は精神的な疲労から学校経営を断念。学校教育から身を退いた円了は、独自の社会教育活動に取り組むために、明治三九年以後は哲学堂に退隠して、修身教会運動と哲学堂の拡張のために全国巡講をはじめる。

哲学堂は、哲学館大学の設立を記念して、釈迦、孔子、ソクラテス、カントを三間四面の小堂に祀る「四聖堂」を建立したことに始まる。「哲学堂」とも称されるこの建物を中心に、円了は「精神修養」のための公園を整備し、活発な講演活動などから得た資金を投入して設備を拡充した。「精神修養的私設公園」として構想された哲学堂公園は、「教育的、倫理的、哲学的精神修養」のために建設され、そこに祀られた聖賢に接することによって、人々に精神の修養を促すテーマパークであった。この哲学堂が、学校教育から社会教育へと方向性を変えた、円了の後半生の啓蒙活動の拠点となる㉜。

また、明治三九年に『修身教会要旨』を発表した円了は、「国家の実力」を涵養するためには、国民一人ひとりの民力を高める必要があるとして、学校教育の「修身」に加えて、学校以外の修身教育を担う活動の必要性を訴える。円了は、伝統的価値観にしばられている当時の家庭や地域社会には修身教育の役割は期待できないとして、海外視察中に感嘆した欧米の国力を根底から支えている「教会」の日曜学校などの社会活動に言及して、「学校教育」と「宗教教会」が一致して推進する「修身教会」の全国的な組織化を提言した。

その際、もちろん円了は仏教寺院に大きな期待を寄せて、「出世間道」から「世間教」への転換を訴えているが、必ずしも仏教＝宗教とは定義していない。当時の宗教の状況については、次のように述べている。

我邦の宗教は大に衰へたりと云ふも、未だ廃滅せるにあらず、国内到る処寺院のあらざるなく、僧侶の住せざるなく、現今猶ほ七八万の寺院と十万以上の僧侶ありと云ふ其外に神道教会あり、耶蘇教会あり、此等の寺院教会が毎日曜町村の人民を集めて、修身の講話を為すに至らば、その効力著しかるべし[33]

修身教会の目的にとっては、宗派や宗教の違いはあまり意味を持たない。それよりも大切なのは、宗教活動の在り方である。修身教会は、旧来の宗派や教派の枠組みや伝統的な共同体の範疇を超えた、新たな地域社会の自主的な教化活動として構想されたのであった。

各地の修身教会は、それぞれの地域性に応じて独自に組織されるべきであるが、円了は情報を共有するために『修身教会雑誌』（『修身』）を創刊し、全国各地を周遊して趣旨の徹底と活動の拡大を図った。全国各地（台湾や朝鮮半島、樺太といった地域を含む）を隈なく巡回し、講演活動を行う円了の巡講は、大正八年に円了が逝去する直前まで活発に続けられている[34]。

円了の構想した修身教会運動自体は、期待したような組織化の成果は得られなかった。しかし、円了の全国巡講は、一個人の活動としては類を見ない大規模な講演活動であったことは間違いない。円了は、講演活動から得た収入（多くは揮毫による）を哲学堂の拡張に費やし、四聖堂を中心とする哲学堂の整備を進めた。また円了は、大正元年（一九一二）に「修身教会」を「国民道徳普及会」と改称し、雑誌『修身』を廃刊して、「会員を募集せず分会も支部も設けざる」啓蒙活動に方向転換する。[35]

こうしたなか、大正八年二月『東洋哲学』（第二六編第二号）誌上に掲載され、刊行された最後の論文となった「哲學上に於ける余の使命」のなかで、円了は哲学堂（道徳山哲学寺）を本山とする「哲学宗」の構想を披歴し、「哲学を実行化するときは、必ず一種の宗教となつて現はる、やうになる之を哲学宗と名けたい」と宣言する。そして、明治三九年からの一三年間に、「全国七分通り」を巡り終えた講演旅行の「残りの三分」を巡了した後に、哲学堂に訪れる人々に哲学宗の「宗意」を説法し、同時に哲学宗のバイブルとなる「教書」を編纂して、全国の同志を集めた「教団」を組織するという、壮大な構想を展開した。[36]

しかし、「哲学宗」のバイブルを編纂し、教団を組織するという円了の構想は、大正八年の講演旅行中に円了が大連で逝去したために、実現されることはなかった。

四　まとめ

井上円了が、後半生の社会教育の中心的な事業として構想した「哲学宗」の確立とその普及活動は、井上哲次郎の「倫理的宗教」とは似て非なるものである。後に「哲学堂（道徳山哲学寺）」を本山とする「哲学宗」を構想した円了が、井上哲次郎の「倫理的宗教」の構想を「井上山巽軒寺」とか、「大我山内容寺」などと揶揄しているのは興味深い。

井上円了にとって、来るべき近代社会における新しい宗教は、近代的思惟に適合した新しい宗教のかたちを取るべきであり、それは主に既存の宗教を現代社会に合致させ、改良することによって実現されるべきものなのである。国民道徳を宗教に替わるものとする営みやユニテリアンのような「学術的」宗教は、宗教の本質を見誤った結果なのであって、本当の意味での新時代の宗教にはなりえない。こうした主張の背景には、岸本能武太や姉崎正治にも共通する「比較宗教論」の理解とマックス・ミュラーの宗教学を踏まえた宗教の本質への眼差しがあった。

井上円了は、自らの真宗信仰と哲学宗の関係について、次のように告白している。

余の信仰に就て一言して置きたい、其信仰を自白すれば、表面には哲学宗を信じ、裏面には真宗を信ずるものである（中略）哲学宗の立て方を裏面より眺むれば忽ち真宗となりて現われて来る、もとより真宗に限るといふ訳ではない、一つの哲学宗が裏面の眺め方によりて、禅宗ともなれば浄土宗ともなり、真宗ともなれば日蓮宗ともなる、其中余は生来の因縁により、幼時に信仰の根底を真宗の地盤に植付けてあるから、我心眼の前には真宗となつて現はるゝのである[37]

円了の「哲学宗」は、特定の信仰の優位を主張する立場や学術によって薄められた形式上の信仰ではなく、近代社会の価値観に合致した個々の主体的な信仰を前提としているのである。近代世界の新しい価値観＝真理の絶対性を前提として、あらゆる個人の信仰の主体的選択を許容する円了の「哲学宗」は、ほぼ一〇〇年前の宗教論というよりは、むしろ個人の主体的な選択を基盤として多元的な価値観を尊重する、現代世界に生きる人々の信仰のあり方を予見した議論であると考えることもできるだろう。

来るべき近代社会における、あるべき宗教のあり方を模索する円了の宗教論は、智力的宗教を代表する宗教として「仏教」を称揚し、情感的宗教としてキリスト教を排斥する初期の主張に注目すれば、価値中立的な比較宗教学の前史に位置づけられるであろう。しかし、哲学宗の確立を志向していた後期の活動を重視すれば、むしろ同時期の姉崎や岸本の宗教論との親和性が見られる。井上円了の比較宗教論も価値中立的なものであったし、新時代の宗教として改良を期待されたのは、決して仏教だけではなかった。

井上円了の初期の著作である『仏教活論序論』や『真理金針』、同時期の「理論的宗教学」や「実際的宗教学」の内容を見る限り、円了の宗教学は破邪学の伝統を色濃く受け継いだ、仏教中心の比較宗教論であるというべきだろう。実際、これらの著作における「智力的宗教」と「情感的宗教」の二元的な分類は、主にキリスト教批判と仏教の合理性の称揚に使われている。

しかし、日本に本格的に宗教学が導入された時期以後の円了の比較宗教論は、決して仏教の優位性だけを主張する規範的な宗教論ではなく、マックス・ミュラー以来の宗教学の動向を積極的に取り入れた、より価値中立的な宗教論であった。井上円了の前半生ばかりでなく、後半生の思索や社会活動に注目するとき、井上円了の宗教学や哲学宗に結実する宗教論は、単に日本における「宗教学以前」に位置づけられるだけのものとは言えないだろう。

井上円了を姉崎正治や岸本能武太、さらには井上哲次郎たちと同時代の思想家として扱い、彼らの同時期の言説を並置するとき、個々のアプローチの差異よりも同時代的な問題意識が前景化されてくる。とくに井上円了の場合は、いつも前半生の思想を中心に評価がなされて、あまり世代の違わない岸本能武太のような人に対してさえ、まるで前世代の思想家であるかのように位置づけられることがある。日本の宗教学説史における井上円了の「宗教学」の位置づけを再考するためには、もう少し後半生の円了の思想や活動にも目を向けていく必要があるのではないだろうか[38]。

注

(1) 鈴木範久『明治宗教思潮の研究—宗教学事始—』東京大学出版会、一九七九年、九〜一一頁。
(2) 高木きよ子「井上円了の宗教学」(清水乞 編『井上円了の学理思想』東洋大学井上円了記念学術振興基金、一九八九年)二二八頁。
(3) 姉崎正治先生生誕百年記念会編『姉崎正治先生の業績　記念講演集・著作目録』姉崎正治先生生誕百年記念会、一九七四年、四頁。
(4) 前掲、高木「井上円了の宗教学」二二九頁。
(5) 姉崎正治『わが生涯　新版』姉崎正治先生生誕百年記念会、一九七四年、六頁。
(6) 同右書、七〜八頁。
(7) 前掲、鈴木『明治宗教思潮の研究』二六一〜二六九頁。

(8) 岸本能武太『宗教研究』警醒社、明治三二年、緒言一〜二頁。
(9) 同右書、五頁。
(10) 同右書、七頁。
(11) 同右書、一三〜一四頁。
(12) 同右書、二八一〜二八二頁。
(13)『井上円了選集』第八巻所収の翻刻では、年代は不明としながら明治二六年と推定しているが、原本を所蔵する国立国会図書館では刊年を明治三二年とする。
(14) 井上円了『比較宗教学』国立国会図書館蔵版、四〜六頁。
(15) 同右書、一六頁。
(16) 同右書、二〇頁。
(17) 同右書、二一〜二二頁。
(18) 同右書、三二〜三三頁。
(19) 同右書、三三頁。
(20) 同右書、三六〜三七頁。便宜上、一部表記の仕方を変えている
(21) 同右書、三五頁
(22) 井上円了『宗教改革案』哲学書院、明治三五年、四六〜四七頁
(23) 井上円了『甫水論集』博文館、明治三五年、七頁（当該論文の初出は『哲学雑誌』）。繁田真爾は、「明治二十年代の哲次郎と円了は思想的にも学問環境的にも、ごく近い関係にあった」（繁田真爾「一九〇〇年前後日本における国民道徳論のイデオロギー構造（下）：井上哲次郎と二つの「教育と宗教」論争にみる」『早稲田大学大学院文学研究科紀要』五四巻三号、二〇〇九年、一七六頁）と述べたうえで、明治三四年に『哲学雑誌』に掲載された「余が所謂宗教」をもとに両者の宗教論の違いを指摘している。二人の分岐点の一つに、明治三〇年頃から顕著になる、円了の比較宗教学的意識があったと考えることも可能ではなかろうか。
(24) 同右書、七〜八頁。
(25) 同右書、九頁。

(26)井上円了の妖怪学に使用されているタクソノミーについては、かつて次のような論文を発表したことがある。詳しくは、岡田正彦「自己同一性のための他者—井上円了の「妖怪学」と近代的宗教意識」『近代仏教』第一一号、日本近代仏教史研究会、二〇〇四年、を参照のこと。

(27)前掲、井上『甫水論集』二四頁。

(28)同右書、三五頁。

(29)同右書、四二頁。

(30)同右書、四三頁。

(31)同右書、五一頁。

(32)哲学堂と円了の思想については、かつて次のような論文を発表したことがある。詳しくは、岡田正彦「哲学堂散歩—近代日本の科学・哲学・宗教—」『佛教史学研究』第四八巻第二号、佛教史学会、二〇〇六年、を参照のこと。

(33)井上円了『修身教会要旨』東洋大学、一九〇六年、六頁。

(34)円了の全国巡講については、三浦節夫氏が『南船北馬集』などの記録を集計して、詳しい巡講地図や集計表をまとめている。それによれば、平均して一年間の聴衆は一〇万人を超えており、ピーク時には年間一七万人を超えている。巡回地もほぼ全国をカバーしており、巡回日数も多い年には年間二八〇日を超えている（井上円了『井上円了選集 第一五巻』学校法人 東洋大学、一九九八年、四九一～四九九頁）。

(35)「国民道徳普及会旨趣及び参考条目」によれば、甲・乙それぞれ二〇ずつの計四〇の演題を例示したうえで、「国民道徳普及の旨趣の外に教育、宗教、倫理道徳、妖怪談、旅行談、等に関し広く学術上の演説講義の依頼」に応じるとしている（東洋大学創立一〇〇年史編纂委員会編『東洋大学百年史 資料編Ⅰ・上』学校法人 東洋大学、一九八八年、四五～四八頁）。

(36)哲学宗のバイブルについては、岡田正彦「井上円了と近代人の神—哲学宗のバイブルをめぐる試論」『井上円了センター年報』第二四号、東洋大学、二〇一六年、を参照のこと。

(37)井上円了「哲学上に於ける余の使命」『東洋哲学』第二十六編第二号、大正八年二月、九〇～九一頁。

(38)井上円了の後半生の活動を意識した論文としては、次の二編を発表している。岡田正彦「井上円了と哲学宗—近代日本のユートピア的愛国主義」（京都仏教会監修『国家と仏教 上巻』法藏館、二〇〇八年）及び、岡田正彦「近代日本のユートピア思想と愛国主義—井上円了『星界想遊記』を読む—」『井上円了センター年報』第二〇号、二〇一一年。

円了妖怪学の基本構造について

井関大介

はじめに

井上円了の妖怪学に対する評価は、大きく二つに分けることができよう。一つは、明治という文明開化の時代にあって、西洋近代の学問により前近代的迷信を否定していく運動であったという論である。もう一つは、そのような迷信の打破を前提としつつも、その先にある哲学的・宗教的真理の探究、つまり「仮怪を払い去りて真怪を開きたる」（『妖怪学講義』「緒言」XVI:22）ことこそが妖怪学の本当の目的であったとする論である。円了も文脈に応じてその両方の主張をしているが、妖怪学とは如何なるものかと自身で要旨を語る際には、もっぱら後者が強調されている。そのため、従来の円了研究においても、そのような円了自身の提示する結論をそのまま引用する形で妖怪学を語る場合が多い。

しかし、たとえば、真怪が結局のところ哲学でいう理想、仏教でいう真如であるならば、哲学や仏教で到達可能であって、妖怪学で真怪を求める必要は無いのではないか。あるいは、円了のいう通りに仮怪の否定をしていけば、後に残るのは何の不思議も存在しない世俗的世界だけではあるまいか。直接的に真怪を主題としているはずの最晩年の著作『真怪』（一九一九年（大正八））でさえ、その大部分は相変わらず仮怪を否定していく作業で埋め尽くされており、真怪についてはわずかに結論部分で語るのみで、その論理的なつながりも不明瞭である。つまり、仮怪の否定が真怪の開示につながるという主張は、必ずしも自明なものではないのであるが、仮怪と真怪をつなぐ具体的な理路について本格的に検討されてきたとはいい難い。

そこで、本稿では、妖怪学関連著作のうち最も大部であり、かつ内容的にも完備していると見られる『妖怪学講義』のうち、全体の趣旨・概要を論じた「諸言」と「総論」を主な分析対象として、とくに円了が心理学を妖怪学の方法論として重視している事実に注目することで、円了妖怪学の基本構造を明らかにすることを試みる。

一　妖怪学における心理学の重要性

妖怪学の形成過程について詳細に論じた三浦節夫氏によれば、(1)円了の妖怪に関する研究自体は一八八四年(明治一七)に始められていたが、哲学館での当初の講義名は「心理学(応用并妖怪説明)」であり、独立した学問ではなく心理学に従属していた。一八九一年(明治二四)から『哲学館講義録』に掲載される「妖怪学」に至っても、まだ「応用心理学の一部分」という位置づけであり、妖怪学が「学」として体系化され成立するのは、明治二六年一一月から同二七年一〇月にかけて刊行された『哲学館講義録』中の「第七学年度妖怪学」においてであったという。

しかし、その後、『妖怪学講義』全部門が刊行されるに及んでさえ、妖怪学と心理学に特別な関係があるという主張は続けられていた。『妖怪学講義』では「理学部門」「医学部門」「純正哲学部門」「心理学部門」「宗教学部門」「教育学部門」「雑部門」という七部門を擁する総合学へと拡張されているものの、円了は理学・医学については専門外ゆえ「憶測をもって論断を下したるものすくなしとせず」と断り、自身の妖怪学における本領ではないとする(『妖怪学講義』「諸言」XVI:41)。一方、重んじられているのはやはり心理学であり、妖怪学の全体を概説する「総論」には次のような言及が散見する。

ゆえに妖怪学は、狭くこれをいえば心理学の応用学にして、広くこれをいえば百科諸学の応用学なり。しかして予が講述するところも、心理学を牙城とし、理学を前門とし、純正哲学を後門として、もってその説明を試みんと欲するなり。（XVI:68）

また、文章の量的な配分からも円了の心理学重視は明らかである。目次によれば、「総論」は左のように構成されている。

第一編　定義　第二編　学科　第三編　関係　第四編　種類　第五編　歴史　第六編　原因　第七編　説明

この中で「第七編　説明」だけが、「総論」内で明確に心理学的な説明をしている部分にあたる。しかし、これを具体的に井上円了選集の頁数で確認すると、「総論」の本文が二三三頁（XVI:53-285）あるうち、「第七講　説明編　第一」（XVI:112）から「第一一八節　説明編　結論」（XVI:273）の直前までの一六二頁、つまり、「総論」全体の実に約三分の二が心理学的解説で占められているのである。

さて、妖怪の心理学的な説明、つまり妖怪は客観的に実在するものではなく、人間心理の作用によって主観的に経験されるものでしかないという論は、現代の我々には納得しやすく、むしろ平凡で陳腐な議論であるようにさえ思われよう。ところが、妖怪をめぐる当代の状況について、円了自身も次のように評していた。

今日の論者は徹頭徹尾、妖怪談を目して虚妄なり無根なりと排斥し、あるいは一切の妖怪はみな神経の作用に外ならずと速断し、さらにその理由を示さざるの弊あり。（「総論」XVI:161）。

つまり、妖怪を「神経の作用」として否定する論は、少なくとも学識ある人々の間では、円了の妖怪学を待たずとも既に珍しいものではなかったのである。その上で、なぜ円了は心理学を用いて妖怪を論じようとするのか。円了は「一切の妖怪は虚妄にして真実にあらず、しかして人のこれを実視することあるは神経作用によるのみ」と主張する「妖怪排斥論者」に対し、説明を欠いた「独断」に陥っていると批判する。

もし妖怪の原因を神経作用に帰するときには、なにゆえに神経組織にこの作用を起こすやを説明し、かつ神経そのもののなにものにして、外界といかなる関係を有するかを説明せざるべからず。また、たとえ神経は妖怪を現出する力ありとするも、もとより原因なくして偶然に起こるべき理なし。(「総論」XVI:165)

たとえ「神経の作用」であろうとも、「だから妖怪は存在しない」として幕引きするわけにはいかないらしい。個人的・社会的な現象としての妖怪は確かに存在し、必然としてその現象を成り立たせている原因・事情が人々の心や環境に存在するからである。円了は続けて、その原因・事情を説明するのが心理学であると主張する。

しかしてその原因は、大抵内界にありて存す。たまたま外界に原因あるを見るも、これただ誘因となるに過ぎず。(中略)これらの原因、事情を説明するは実に心理学の研究にして、余はこれを心理的説明法という。ゆえに、もし心理的説明によるときには、妖怪の現出するはたとえ幻覚、妄覚によるとするも、みな必然の原因、事情ありて起こるものなれば、決してこれを評して単に虚妄なりというべからず。(「総論」XVI:166)

妖怪が「幻覚、妄覚」であったとしても、それは無視し得る「虚妄」なのではなく、むしろ妖怪現象を成り立たせる心理作用が確かに存在することを意味する。世間の懐疑論者が妖怪の原因とするところのものは、円了にとってはまだ原因ではなく、本当に論じたいことはそのさらに奥にあった。それゆえ心理学を一から説明するという手間をかけてまで、妖怪発生の仕組みを明らかにしようとしたのである。

明治二〇年代とは、前近代以来の数々の妖怪に惑う庶民がいる一方、既に幽霊を「神経」のせいとして再解釈した新時代の怪談、三遊亭円朝の『真景累ヶ淵』が好評を博していた時代である[2]。そのような中で、円了は心理学を動員して本格的に妖怪を研究することにより、世間の妖怪肯定派とも否定派とも異なる着地点を目指していた。

二　心理現象としての妖怪

では、なぜ円了は心理学を妖怪学の中心に据えたのか。心理学的説明を開始する「第七講　説明編　第一」冒頭では、次のようにいう。

そもそも妖怪はさきに述ぶるがごとく、物理的、心理的の二種ありて、物理的妖怪は諸科の理学に関係を有し、心理的妖怪は諸科の哲学すなわち心理学、宗教学、純正哲学等に関係を有するなり。しかしてそのうち、妖怪学講究にもっとも要するところのものは、心理学となす。なんとなれば、物理的妖怪もまた畢竟、心理現象の上に成立するものにして、物理的説明の一半も、心理学によりて講述せざるべからざればなり。しかして諸科の理学および哲学は、各部門において講述するときに譲り、本講はその説明の中心たる心理学の原理を論明せんとす。ゆえにこの編は、総論中もっとも重要なる部分なりと知るべし。(「総論」XVI:112)

「物理的妖怪」も結局は「心理現象」により成立しているために、心理学が最も重要なのだという。そして、心理現象の常態・尋常を説明する「正式的心理学」と、変態・異常を説明する「変式的心理学」に分けて説明していく。

「正式的心理学」の解説は、「まずはじめに物心相関を述べ、つぎに心身相関に及ぼし、つぎに神経組織を論ずべし」と進められる(同書 XVI:113)。「物心相関」とは「物心は互いに相待ち相対して存するものにして、物なければ心またなく、心なければ物またなし」という関係のことである。しかし、人が見ようと見まいと関係なく、物は客観的に存在しているというのが人々の常識的感覚であろう。円了もそれを充分に承知しており、「物を離れて心なきは疑うべからざる事実なれども、心を離れて物またなしというに至りてはその意を解するあたわず。なんとなれば、たとえわが心なきも、この天地万有の実に存するは否定すべからざればなり」という反論を挙げて、丁寧に説明する。

甲某今死してその心滅するも、天地依然として存するものは、乙某の心存すればなり。乙某死してその心滅するも、なお天地依然として存するものは、丙某の心存すればなり。（同書 XVI:113）

そのいわゆる心を離れて物なしとは、意識上に感見するところの諸物象なきを義とし、そのいわゆる物象とは色、声、香、味、触の諸象を指すものにして、この諸象を除き去り、あに吾人のいわゆる物なお存すというを得んや。これを要するに、物心両象は互いに相待ちて存すること明らかなれば、その関係の密接なること、もとより喋々をもちいざるなり。（同書 XVI:114）

通常人々が物だと認識しているものは、本当は円了のいう「物体」（人間が認識する以前の物自体）ではなく、人間が感覚器官を通じて知覚することによって生じる「物象」（経験された現象としての物）でしかない。「物体」は常に人間の認識の外にあって議論の対象とはならないため、「物象」が人間の知覚をはじめとする「心象」によって成立している以上、「心を離れて物なし」が真であると了解される。それを前提として物理的妖怪と心理的妖怪を説明していくわけであるが、「総論」では「心理学を中心として説明を与うる本意なれば、精神作用の物象上に及ぼせる影響いかんを詳論せんとす」という。つまり、妖怪を論じる上で重要なのは相関関係のうちの一方のみ、「心象」が「物象」にどう影響するかという問題について、「経験学派の心理論に照らして説明を与え」ることである（同書XVI:114）。

円了は「正式的心理学」を紹介した後、直接的に妖怪現象を対象とする「変式的心理学」の説明に入っていく。とはいえ、「正式的心理学」と同じ道理によって「変式的心理学」も貫かれており、つまり妖怪と非妖怪の境は学理上には存在せず、「理学、哲学の応用」、「なかんずく心理学の応用」で説明が可能であるという（同書XVI:210）。次のように、やはり〈外界―感覚―思想〉という「物心相関」の理をもとに論じられていく。

通常外界より与うるところの刺激は、感覚を経て思想に達するを正規とすれども、思想中の概念が感覚上に発し、外界に向かいて幻覚、妄象を示すことあり。例えば、声なきに声を聞き、形なきに形を見るがごときこれなり。これ実に精神上の変態にして、狂人中に幻妄的感覚を生ずる者あるゆえんなり。外界の現象が感覚を経て思想中に観念を形成するは、なにびとも怪しまざるところなれども、思想中の一観念が感覚上に妄象を現示するに至りては、一般にこれを指して妖怪となすなり。（同書XVI:212）

外界に存在しないものを見聞きしてしまう時、人々は初めてそれを異常・変態だと思い、精神的な疾患や妖怪であるとして騒ぎ立てる。つまり、〈思想→外界〉の「物心相関」が妖怪と関わっているということである。ただし、続けて円了はいう。

しかれども、深くその理を考察するときは、いずれが真に妖怪にして、いずれが妖怪にあらざるやは、容易に判定すべからず。ただ、世間一般に目して妖怪となすものを、妖怪的現象となすよりほかなし。すでにこれを現象と名付く。その仮怪なるは言をまたざるなり。（同書XVI:212）

ひとまず世間がいうところの妖怪を異常・変態として特別に研究対象とするのが妖怪学であるが、実際にはそれらも通常の道理で説明可能な「仮怪」でしかなく、多かれ少なかれ内界の「思想」が外界の「現象」に影響を及ぼすという点では、妖怪現象と通常の現象の間に違いは無い。妖怪という特殊な事例を待つまでもなく、外界は内界の心と関係して（むしろ心に主導されて）成り立っているという事実が、円了妖怪学の勘所であるらしい。「変式的心理学を講ずるに最要至重の部分にして、余が「妖怪学講義」の骨子」であるという「内界中の内界」、すなわち「想像と思想」の説明に入る際も、円了は同様の主張を繰り返す。

およそ妖怪現象は、その一半は外界にありて存すと称するも、もと外界の現象は吾人の心面に映写して、初めて現見するものなれば、外界の現象はすなわち心面の現象なり。これをもって外界の妖怪現象はすなわち内界の妖怪現象なることを知るべし。しかしてその現象は内界中、外覚の上に存すというも、外覚そのものは内想の意識の光に照らされて、はじめてその作用を現ずるものなれば、これまた内想の写影といわざるべからず。ゆえに、外覚上の妖怪はまた内想上の妖怪なるを知るべし。かく論じきたるときは、妖怪の根拠、巣窟は内想中にあること明らかなり。これ、余が心性をもって妖怪の本城とし、心理学をもって妖怪学の神体となすゆえんなり。（同書 XVI:223-224）

しかし、前に述べたように、現象を成り立たせる心理的過程に妖怪・非妖怪の間で本質的な違いが無いのであれば、物理的妖怪も心理作用によって生じると語る時、通常の現実世界もまた心が作り出しているという「物心相関」が強調されることになろう。つまり、妖怪が心理作用として解体されるのと同じ分だけ、見えている世界がそのまま客観的な唯一の世界だとする通俗的唯物論者の世界観もまた解体されているのである。存在しないはずの妖怪が現象として存在せしめられる心理的過程が示されることで、存在が自明視されている「正常」な現象世界もまた相対化され、その結果、現象としての世界を作り出している心の重要性・根源性が前景化する。

既に「神経作用」であると知れている妖怪を、なぜ円了がわざわざ取り上げるのかという疑問の答えは、そこにあったと考えられる。円了は大真面目に心理学で妖怪を説明してみせることで、妖怪を「神経作用」として唯物論的に否定する風潮を逆手にとり、いわば通常の世界もまた「神経作用」に他ならないことを示しているのである。全く外界に根拠を持たない幻覚さえも生じ得る心理作用の力、それによって成り立っている人間存在の実態を提示し、無自覚な日常の積み重ねによって形成された習慣的・惰性的なそれとは別のリアリティを立ち上げている。

三　心理学と仏教的唯心論

前節で論じたような意図があったとすれば、妖怪学は妖怪を心理学によって説明するという目的と同時に、妖怪によって心理学を説明するという逆方向の目的をも有していたということになる。そもそも「妖怪学」（『哲学館講義録』明治二四～二五年）において、円了は次のように語っていた。

妖怪学は応用心理学の一部分として講述するものにして、これに学の字を付するも、決して一科完成せる学義とするにあらず。ただ妖怪の事実を収集して、これに心理学上の説明を与えんことを試むるに過ぎず。すなわち、心理学の学説を実際に応用して事実を説明し、もって心理考究の一助となすのみ。（『妖怪学』一三頁）

この時点では、「心理考究の一助」とするのが妖怪学の目的であると明言しているのである。さらに遡ると、円了が妖怪の研究を始めたばかりの頃、『令知会雑誌』に広告を載せて妖怪についての情報提供を呼びかけた際、次のように主張していた。

世に妖怪不思議と称するもの多し。通俗之を神又は魔の致す所となす。其果して然るや否やは断定し難しと雖も、神や魔の如きは其有無すら今日未だ知るべからざるに、単に之を其所為に帰して更に妖怪の何たるを問はざるは、決して学者の務むる所にあらざるなり。故に余は日課の余間、其何たるを研究して、果して魔神の為す所なるか、又は物理及び心理上別に考ふべき原因ありて然るときは、之を仏教の唯心説に参照して、自ら大に得る所あるのみならず、其唯識所変の哲理を證立するに又大に益あるは勿論なり。(『令知会雑誌』第二五号広告文、一八八六年(明治一九)[3])

まず、合理的に妖怪を説明するための方法論として、「仏教の唯心説」が有効であるという。加えて、そのように妖怪を研究することが「唯識所変の哲理」を証することに貢献するとも主張する。客観的には存在しないにもかかわらず、心によって主観的に在らしめられる妖怪は、心が世界を作り出しているとする唯識論の正しさを示すに適した素材であると考えたのであろう。

円了にとって心理学と仏教的唯心論が深い関係にあることは、西洋心理学の概説書である『通信教授　心理学』[4]を見ても明らかである。冒頭の「開講旨趣」において、世界万物をあらしめる心の根源的な力が大げさなほどに主張されていた。

これを要するに、我人の思うこと行うこと、知ることとなすこと、感ずること覚すること、みなこれ心性の作用にして、天地六合の大なる、日月星辰の高き、山川草木の美なる、禽獣人類の多き、みなわが心の中にその形を現じ、地獄も極楽も、神も仏も、鬼も蛇も、過去も未来も、あらゆる三千世界も、みなことごとくわが方寸中よりえがきあらわしたるものに過ぎず。すなわち知る、心の作用は実に奇々妙々、神変不可思議にして、なんともかとも言語をもってたとうべからざるを、余は今この奇々妙々の作用を述べんとす。(『通信教授　心理学』IX:92)

まさに唯心論であるが、そのような心の力を証するものとして、この前年、半年にわたって病床にあった円了自身の体験が語られる。円了は一室内で病臥しながらにして、「日夜つねに心内に想像世界を構成して、無上の楽しみをその間に営むことを得た」という。

半生空しく寒窓に座して日月を消すといえども、その心常に安んずるところありて、ひとり無上の快楽を占領し、幸福の多寡に至りては一歩も富貴栄達の人に譲らざることを得るは、けだしこの想像世界の心内に現ずるによる。朝に破窓の風に吟ずるあり、夕に頽壁の月を漏らすあるは、みなわが想像の世界を構成するの良縁となり、風朝月夕ごとに一層の快楽を覚え、病苦を忘れて半年の日月を消したるは、果たしてだれの余恩なるや。（同書 IX:180）

その快楽は心のおかげであるから、「願わくば、一生の間よくこの心を守り、この心を全うして、もってこの心に報ぜんことを」と、「心に向かってその義務を尽くす」決心をしたという。さながら宗教的回心であるが、読者にも「請う、余と諸君とともにこの心を全うして、この心とともに一生を終えんことを。これ、全く心理学を研究して得るところの結果なり」と呼びかける。

ここで語られている境地は明らかに、最晩年に至るまで「もし人、この多苦多患の世界にありて、いやしくもその心中に快楽の別天地を見んと欲せば、妖怪学を研究するにしかざるなり」（『迷信と宗教』XX:272）と繰り返し主張されるような、世界の実相を観じ楽しむ「真怪」の妙境と重なるものである。円了が哲学・宗教・妖怪学の究極において一致するというその自在の境地は、心の潜在力を引き出すことで到達し得るものとして、西洋心理学概説書において早くも示されていた。円了にとって心理学はただ心的現象の客観的事実を明らかにするだけの学問ではなく、仏教の唯心論につながって悟りの境地に至る実践的学問となることが期待されていたのである。

それが西洋近代の心理学の枠組みを逸脱していることは、円了も承知の上であった。経験科学としての心理学が扱うのは観察可能な現象としての「心象」であって、「心象」を生じる本体として存在が論理上推定できる「心体」ではないと、初めに明言しているのである（『通信教授　心理学』IX:96）。にもかかわらず、円了は同書の結論部分に「心体論」の章を設け、物心の本源実体である形而上学的な「心体」（「理想」）を論じることに少なからぬ紙数を費やしている。「智識」の後天性／先天性を争うロックとライプニッツの対立を止揚するものとしてカントの論を紹介し、それが仏教の唯識論と大同小異であるとして東洋哲学とつなげた上で、「理想」を論じていく。そして、「この理想自体、開発の理は東洋哲学中にも論ずるところ」であり、中国哲学ではそれを「太極」、インド哲学では「真如」と呼ぶが、「この両哲学中明らかに理想と物心の関係を示すものは、釈迦哲学に及ぶものなきがごとし」（同書IX:288）と結ばれている。

四　「仏教心理学」の階梯

円了にとっての心理学と仏教の関係は、『妖怪学講義』「総論」においても度々参照が求められている『心理摘要』（明治二〇年）成立の背景からも理解できる。同書初版の著者自身による序言（同年八月）には、次のような記述がある。

> 先きに余が親友中原貞七君、成立学舎女子部を設立し、余に嘱するに心埋学の講師を以てし、併せて課業用書を編述せんことを望まる。余、当時仏教活論序論の著作にかかり、日夜寸隙を余さざるを以て因循今日に至れり。然るに仏教活論本論は心理学に関する所甚だ多く、且つ其書の脱稿巳に近きにあれば、予め人をして心理の大綱を知らしむるの必要なるを知り、茲に其大意を略述し、題して心理摘要と云ふ。故に是著の目的は専ら女子部課業書に用ふるにあれども、旁ら仏教活論参考書に供するの本意なり。（『心理摘要』初版一～二頁）

同書は成立学舎女子部の心理学教科書であると同時に、心理学への言及が多い『仏教活論』の参考書でもあるという。つまり、円了にとっての心理学は、仏教を近代化する作業を支える学問の一つであった。

『仏教活論』において仏教のキリスト教に対する優越性、また西洋哲学に匹敵する真理性を主張する上で、重要な論拠となっているのが、唯物論に対する唯心論の論理的優越である。物質の正体・根源を追究して微少な元素に分解していったところで、「元素の元素はなにものなるやの問難起こる」だけで解決には至らない。唯物論では真理に到達し得ないのである。それゆえ、「空間上物質のなんたるを知らんと欲せば、客観の解釈極まりて主観の解釈によらざるべからず」、つまり「客観極まりて主観に入る」のが、仏教のみならず論理推究の必然的な道筋であるという（『破邪活論』IV:177）。

では、その主観論における「物質はなにものなるやの問い」への答えはどういうものかというと、「色、声、香、味、触（形質）の五部分より成立するものとす」（同右）、つまり五感が感知する「五境」から成り立っていると捉える。まさに「物心相関」として『妖怪学講義』「総論」でも繰り返されていた議論であるが、ここで「『心理摘要』第四章を参見すべし」と円了は注記する。客観論から仏教の特長である主観論への転回を迫る重要な局面において、西洋心理学が動員されていることになる。

そして、その論理の帰結は、感覚の対象（客感・所感）は感覚（主感・能感）無しには存在し得ないため、結局は「五境は全く感覚の範囲内に入る」ものであり、「物質は感覚内の物質にして感覚外の物質にあらず。これにおいて物界全く心界の中に帰入するなり」というものである。円了はこの外界の物もまた内界によって成り立っているという論が、仏教の唯識論（法相宗）が確立した「唯識所変」の哲理であるとして、「仏教の心理学」とも呼ぶ。

> これ余がさきにいわゆる客観論の主観論に変ずるものにして、すなわち客観上物質の解釈究まりて主観の解釈に入り、物質自体は内界の感覚なることを知るものなり。これ仏教の心理学の起こるゆえんにして、その法相宗に主観論を説き、外界は内界より現ずるゆえんを示して、「森羅万象はただ識の変ずるところなり。」（森羅万象唯識所変）と立つるゆえんなり。（『破邪活論』IV:179-180）

客観論からより高度な認識である主観論へと転回させる思想が「仏教の心理学」すなわち唯識論であり、それを経験科学としての西洋心理学が支えるという構図になる。続く『顕正活論』では、より明確に西洋哲学と仏教の三段階の階梯が比較対応させられている。

以上、物体心体理体三種の哲学を仏教の上に考うるときは、倶舎の法体哲学、法相の唯識もしくは識体哲学、華天〔華厳、天台〕の中道哲学なり。これを主観客観に配するときは、その法体哲学は客観論なり。もしこれを外道諸流に対するときは主観的客観論なり。唯識は主観論なり、中道は主客両観を兼ねたる理想論なり。これを唯物唯心の上に考うるときは、倶舎は物心両存の唯物論なり、法相は唯心論なり、天台は唯物唯心統合の完理論なり。（『顕正活論』IV:261）

三段階のいずれも仏教の一部であるが、目的とするところはあくまでも真如であり、そこに至る方法論は主観論であることが強調される。

かくのごとく仏教哲学と純正哲学とを比考するときは二者共に物体心体理体の三哲学、客観主観理想の三論ありといえども、仏教の目的とするところは理想の体すなわち真如にあること言を待たず。その物心両体を説くがごときはこの真如に達する階梯に過ぎず。もし物心両体、主客両観中にありて対比するときは、仏教の本旨は客観よりむしろ主観にあることまた明らかなり。その客観の物体を説くがごときは主観の心体に入るの門戸に外ならず。故に仏教の目的は客観より主観、主観より理想と次第に昇進するにあり。（同書IV:262）

このように〈客観（小乗）→主観（大乗）→理想（実大乗）〉という階梯を示されると、最終到達点である「理想」

にばかり目を向けがちであるが、主観論によって客観論を否定しない限り理想論への止揚も生じ得ないのであって、実はこの階梯の全体を成り立たせているのは主観論であるといえよう。それゆえ、円了は仏教における主観論の重要性を繰り返し主張する。

そもそも主観論は仏教の要旨にしてまたその長所なり。その客観論の小乗も主観的にこれを組織し、その理想論の実大乗も主観的にこれを構成す。すなわち主観論は一方には客観のその実なきを証し、一方には理想のその体あるを示したるものなり。他語にてこれをいえば、仏教の性質は無神教なることを知るも主観論にあり、その目的は真如の理体にあることを知るも主観論にあり。（同書Ⅳ:264）

円了は大学の学科の一つとしてたまたま受動的に心理学を学び、それをただ有効だからと妖怪学に応用したのではなく、仏教を完全な宗教へと改革するという自らの目的のため必要として、自覚的に学び講じたのであろう。最初から唯心論的な形而上学を先に見据えての心理学導入であり、理学寄りの西洋心理学に形而上学寄りの唯識論を接合し、その重なり合う東西の心理学を要として東洋学と西洋学、形而上学と形而下学の全体が連環する壮大な学問体系を構想したのである。

円了が東洋学の中でも心理学的部分を特に重視したことは、『東洋心理学』（刊年不明、明治二七年頃か）、『仏教心理学』（刊年不明、明治三〇年頃か）を著していることからも分かる。『東洋心理学』では、西洋の「客観的心理学」と東洋の「主観的心理学」（仏教の倶舎論、唯識論）とを次のように対比させている。

西洋―経験的　帰納的　発達的　心象的　客観的　理学的　究理的　学術的　唯物的　理論的
仏教―独断的　演繹的　分解的　心体的　主観的　哲学的　道理的　宗教的　唯心的　応用的

西洋のそれが内界の現象としての心理を観察する唯物的探求であるのに対し、仏教のそれは内外二境をともに心から生じるものと見る唯心的探求であるという。『妖怪学講義』「総論」において繰り返される「物理的妖怪」もまた心より生じるという論は、西洋心理学を援用しつつ、主としてこのような唯心論を背景として語られていたのである。

これらの著作においても『仏教活論』と同じく、仏教的唯心論の〈小乗（倶舎）→大乗（唯識）→実大乗（華厳、天台）〉という段階的発展を論じる。「小乗」の立場は経験主義的な西洋の心理学と同様で、心性の実体（「心体」）ではなく現象（「心象」）のみを論じ、物心二元論的とされる。「大乗」つまり唯識論では、物心両界ともに心の作用で存立しているとする唯心論となる。さらにその「唯識の本体」を追究していくことで、内外両界・物心万境の本源実体としての「心体」、すなわち真如・理想に至るのが、心理学を超えて純正哲学に属する「実大乗」の立場である。

円了は「いやしくも東洋学に志あるもの、あに仏教の心理を不問に付するを得んや」（『仏教心理学』X:16）と、仏教の心理学的な再解釈を「東洋学」の課題として提示する。「仏教は哲学上よりこれをみるに、大小両乗の諸説はみな心理学の範囲を出でず、仏教哲学はすべて心理哲学と称して可」（X:11）であり、「仏教は心理の秘鍵によりて理想の玄門を開示せんとする」ものと位置づけられるのである。

ただし、仏教が生まれた古代インドでは経験科学がまだ存在せず、その後も中国・日本ともにそうした論敵がいなかったため、唯識論を証明する論理は二千年以上前から進歩しておらず、「仏教は高妙の真理をそなえながら、実に卑近陳腐の外観を示せり」という状況にあった。それゆえ、円了は「仏教の唯心の妙理は内外東西の諸書に考え、諸学に徴して論定」することが必要であると考え、自ら東西心理学の接合を試みる（X:127）。つまり、最新の西洋心理学を用いて、仏教の唯心論を近代知識人の批判にも耐え得るものへと進化させるのであり、そのような東西和合した広義の「心理学」の応用として妖怪学は構想されていたことになる。

五　妖怪学の二つの方法論

以上のことを踏まえて『妖怪学講義』「総論」を見直すと、心理学を方法論の中心とするという妖怪学もまた、「仏教心理学」と同様に二段階あるいは三段階の階梯を上るものとして構造化されていることが理解される。いわば狭義と広義の妖怪学があるのである。

妖怪の説明＝「宇宙万有」の説明の発達のあり方を、円了は次の三時期に分ける。

第一時期 感覚時代 ―― 第二時期 想像時代 ―― 第三時期 推理時代

明治日本は「第三時期」にあたり、この時期の方法論として三つを挙げる。第一は「理外的もしくは神秘的説明法」、第二は「唯心的もしくは理想的説明法」、第三は「経験的もしくは自然的説明法」である（「総論」XVI:92）。次のように各学問分野に対応している。

理外論は宗教学に属し、唯心論および理想論は純正哲学に属し、経験論は理学および心理学に属すというべし。もしこれを現象実体の上に考うるときは、理想的は物心万有の実体につきて説明を与え、経験的はその現象につきて説明を与うるものなり。（同書 XVI:95）

そのうち、理外的・神秘的説明法とは、妖怪は「理外の理」で人知が及ばぬため、「神人の感通もしくは天啓、直覚」でしか語れないとするものであるが、これは理知的議論を旨とする円了の妖怪学には適さず、扱われない。残る二つが円了妖怪学の方法論である。

経験的説明法とは「今日の学術的説明法」、すなわち物心の現象を「万有自然の法則」によって解釈する理学と心理学であり、「唯心論に反対して唯物論を根拠とするもの」であるという（同書 XVI:93）。ここで「予は唯物論者にあらずといえども、万有の間に存する妖怪は、万有の道理によりて説明せざるべからずと信じ、この説明法によりて予が目的を達せんとす」とわざわざ断るのは、迷信的な仮怪を経験科学で解体するという作業が、大方の予想に反して、実は唯物論ではなく唯心論へと読者を導くという作業をも兼ねているからであろう。つまり、「仮怪をはらい去るは経験的説明法により、真怪を開き現すは理想的説明法による」（同書 XVI:93）という二つの作業は、円了にとっては別個のものではなく、「かくして普通の妖怪を説明し去れば、その極み理想論に達せざるを得ず」という一連の論理展開でなければならない（同書 XVI:94）。

すなわち、自然法則で形而下の「現象」における妖怪を説明するという第一の目的を達成することで、その結果として輪郭を現すのが形而上的な理想論の領域である。とはいえ、次のような比喩でも語る通り、そこに近代的学問としては方法論上の断絶があるということでもあった。

いずれを階梯としてこれにのぼり得べきや。曰く、実験と論究との二者なり。この二者は、物心二大臣より理想の朝廷へ差遣する使節なり。（中略）しかして、その使節も関門以内に入るあたわず。ゆえに、吾人も関門をもって限りとせざるべからず、果たしてしからば、世に妖怪の根拠を断絶することあたわざるべし。ゆえに、ただ吾人は仮怪をはらい去りて、真怪を開きたすをもって足れりとせざるべからず。（同書 XVI:85）

円了は形而上と形而下の問題をはっきりと区別している。実証と論理という科学的手段によって真怪を目指すが、両者はその入り口まで達するのみで、中には踏み入れない。理学・心理学によって仮怪を解体しつつ、経験科学の限界点まで上りつめて唯心論および理想論の入り口に立たせるまでが、経験的説明法という狭義の妖怪学で行われる作業である。

「今日の学術的説明法」の立場からすれば、そこまでで妖怪学は終わるべきであったろう。しかし、円了は繰り返し真怪を語り、それこそが妖怪学の最終目的であると主張する。この唯心的・理想的説明法までも含む広義の妖怪学を可能にしているのは、〈客観論→主観論→理想論〉の全体を真如に至る連続した一つの階梯とする「仏教心理学」の枠組みである。円了は西洋心理学でも証し得る「物心相関」をつきつめることで唯識論に重ね、可能な限り経験的説明法を用いて仏教的悟道の階梯を上り、唯心的・理想的説明法へと一直線に接続しようとしている。つまり、経験科学を最大限に生かしつつも唯物論には陥らず、形而下の世界を心理学→唯識論によって離脱し、唯心論によって宗教的な真理に到達することを目指すという実践的な道を敷設するのである。

もとより仏教的修行においては、それは心が心自身についての理解を深め目覚めていくひとつらなりの過程であった。『妖怪学講義』「総論」においても、あくまでも心理学的説明の延長上にあるものとして真怪に到達した人間の心理状態が論じられ、それは妖怪現象の核であるという「内想の異状」の一類に位置づけられている。「内想の異状の起こる原因、事情」を、円了は次のような五つに分けて説明する。

第一段 相対（主観的）― 第二段 専制（知情意）― 第三段 変識（無識および重識）― 第四段 幻境 ― 第五段 真際（真怪）

「相対」とは、観念の比較対象次第で物事の認識が左右されるという心理作用であり、時間の長短や距離の遠近の判断を誤るといった錯誤を生ずる原因となる。「専制」とは、精神がある一つの物事に集中することで他の部分も皆それに支配されるという作用であり、自身が負傷したと思い込んだ人が実際には存在しないはずの激痛を感じるといった事例が挙げられる。「変識」とはいわゆる「無意識」のことで、意識の統制から外れて心身が活動したり活動を停止したりするという作用である。「幻境」とは「内界の想像」がそのまま「外界の境遇」を作り上げ、現実世界とは異なる「一種の幻天地」を無意識中に展開するような作用であり、催眠術によっても生じさせることができる。

そして、最後に論じられる「真際」とは、「一切の心象の境遇を超過して、心体の本境に達せしもの」（同書XVI:237）であり、ここまで異常・変態についての説明であったものが、逆に真正の本源実体についての説明に転じている。「幻境および種々の妄念、妄想のごとき」を払い去って後に開顕する「一種高等玄妙なる意識の別境」が「真際」であり、それはもはや「心象」ではなく「心体」そのものに至った状態である。「静水のひとたび動きて波を生ずるがごとし」と喩えられるように、「心象」と「心体」は別物ではないため、個人の「差別相対の心象」を通じて「無限絶対の心体」に到達することが可能という理屈であるが、それは次のように東洋の宗教的な修行で得られる悟りの境地として説明されている。

これをもって吾人、有限の心象上に無限の神光を開くことを得べく、したがって世に宗教の成仏悟道の法あるに至る。すでに禅宗のごとき本来の面目、本地の風光を開現すというは、これすなわち差別相対の心象上に、無限絶対の心体を開現するの謂にあらざるはなし。けだし、そのいわゆる座禅といい観法といい、みなこれに達する階梯に過ぎざるべし。また、仏教の目的は転迷開悟と称して、生死の迷いを転捨して涅槃の悟りを開現すというも、そのいわゆる涅槃は、これすなわち無限絶対の心体にして、これを真如というも可なり、これを理想というもまた可なり。（同書XVI:238）

続いて、勇み足の言い訳をするかのように、この「真際」論は経験的説明法からは逸脱しているという説明が付け加えられ、心理学的説明でありつつ宗教の領域に踏み入っているという、「真際」論の両義性が窺える。

この真際の一論に至りては、すでに心象の範囲を超脱したるものなれば、心理学の範囲に属することなし。ゆえに、これを変式的心理学の一部として論ずるはその当を得ざるもののごとしといえども、元来吾人の心象は現境、幻境ともに、その内部に心体の世界を具するものなるをもって、勢い心象に連絡して心体を説かざるを得ず。（中略）今、右真際の一論のごときは全く真怪の問題に属するなり。しかして、この真怪は仮怪を離れて別に存するにあらずして、仮怪の裏面、心象の内部に存するものなれば、現境一変して無識界となり、無識一変して幻境となり、幻境一変せばここに真際を開くことあるべし。（同書 XVI:238-239）

近代的学問としては心理学から純正哲学へと方法論上の境界を跨いでしまっているが、主観的な「心」のありようとしては、「現境」（通常の現実世界の認識）から「無識」・「幻境」を通過し、「真際」に到達するのはひとつらなりの変容過程なのである。[5] 妖怪の一番の原因とされる「内想の異状」は、常識的な「現境」とは異なるがゆえに異常・変態とされているが、本来それ自体に善悪は無く、むしろ「無識」・「幻境」さえ生じ得る心であるからこそ、「現境」を離れて「真際」という宗教的悟道に至ることが可能になっているともいえる。前の二つの「内想の異状」についても、ずっと鳴っていた隣室の時計の音に深夜静まりかえることで初めて気づくのを可能にするのも「相対」ゆえ、火事場や戦場で負傷者が痛みを意に介さず奔走することを可能にするのも「専制」ゆえと、実はその功罪両面を論じていた。

あえて仏教的な言い回しをすれば、同じ一心の用い方次第で、人間は仮怪に惑い苦しむこともあれば、常人の認識を超えた真実の世界のありようを悟ることもできるということである。後者が仏教の目的であり、妖怪学の目的ともされる「転迷開悟」であって、その「迷」とは実は仮怪のみならず、仮怪を妖怪として括り出す常識的世界観（「現境」の自明視）のことでもあった。異常・変態こそが、そのような意識の変容可能性を示してくれているのである。

六　心の秘鍵としての妖怪学

前節の内容から、円了がいう「仮怪をはらう」とは、ただ有害な迷信を脱神秘化し排除しているだけではなく、仮怪を生じさせるような人心の仕組みを明らかにし、その無限の可能性を開示するという作業であったことになる。妖怪自体ではなく、妖怪を生じる心が本当に論ずべき対象なのである。

それゆえ、円了の妖怪に関する講演を筆記した『妖怪談』（一九〇五年〔明治三八〕）によれば、庶民に向けて妖怪学を講じる際、次のような流れで語られていた。まず、コックリや狐憑きについての実体験を含む事例を妄想や錯覚といった「心理作用」による仮怪として合理主義的に解説し、その上で「以上のごとく説明いたしてみると、この世界にはなにものも妖怪たるものなし。しかしながら、すでにかく言いおるものが、妖怪をつくりだすものであろうと思います」と、「妖怪」を作り出すもの、つまり心を主題化していく。

> 世間にいわゆる妖怪と申すのは、まことの妖怪でなくして、その妖怪の端であります。その真の妖とはなんぞや。曰く、「心これなり」と申します。〔中略〕心はいかなるものかと探るものも、また心の作用なり。また、心はなになになりと言うも、心はありと言うもないとするも、また不思議とするも、みな心の作用なれば、ただ心が心のことを言うのでありますから、分かったと言うのも心なれば、分からぬと言うも心でありますれば、あたかも自分の眼では自分の眼が見えぬがごとく、また自分の力で自分を上げることはできませぬがごとく、心で心を知ることはできませぬ。そこで、仏教ではこれを妙心と申します。これほど大きなる妖怪はありませぬ。（「妖怪談」XXI:423）

妖怪に対する好奇心、不思議なものについて知りたいという人々の探究心は、「妖怪の親玉」とされる己自身の心へと向けさせられる。『妖怪学講義』に比べると論理は単純化されているが、このように人々をして自らの心の重要性・可能性に気づかせるのが妖怪学の役割であった。外部に存在すると期待された魔物や神仏ではなく、万象を生み出す己の心を対象化し、身心の修養、ひいては安心立命へと向かわせるのである。円了にとってこの一連の過程が広義の妖怪学であり、また西洋の物理学・心理学を取り入れて改良された仏教の実践でもあったろう。

円了は仏教について、西洋の諸学に比べて実証主義的な正確さよりも「むしろ衆人の知見に応じていわゆる随機開導する」ことを重視し、「常識を誘いて非常識に進め、凡俗を導きて非凡俗に入らしむるには、かくのごとき階梯方便を用うる」ものであると語っていた（『仏教心理学』X:66）。妖怪という話題を用いて心理学を語ったのも、庶民を唯心論に赴かせるための卑近な入り口とするためであったと考えられる。それを可能にするのは、「変態、異常、不可思議に対し起こるところの感情」、すなわち人々の心を捉えている「怪情」の存在である。「怪情」は既存の心理学には説かれておらず、妖怪に関わる種々の感情（驚情や恐情等）を包含する複合的感情に円了が名付けた独自の概念である。

　およそ人はその自然の性として、異常もしくは不可思議に接触するときはたちまちこれを怪しみ、かつその理由を知らんことを求むるものなり。また、すでにその理由を知れば、さらに進んで他の不可思議を考定せんことを求むるものなり。これをもって、人は妖怪、不思議に向かいてその情を走らせ、既知、既明の位地に安んずることあたわずして、常に未知、未明の境遇に向かいて進まんとする傾きあり。ゆえをもって、人はだれも妖怪を好み、かつ怪談を聞きて自ら楽しみ、また、妖怪事実を潤飾、増補して、これを回護せんとする情あるに至る。（同書 XVI:189）

この引用の前の部分で、「怪情」は真・善・美を目的とする「宗情」（知情・美情・徳情の総合）の正反対で、偽・醜・悪を目的とする悪性の感情であるとして否定的に語られていた（同書 XVI:183）。しかし、「有限相対界」

の範囲内で発動する情緒である「常情」と対比する場合、「無限絶対界」に対して進向するという「怪情」には、「宗情」と重なる肯定的評価がなされる。

余がいわゆる怪情は仮怪、真怪を合称したる情にして、ただその仮怪に対する感情も、その方針はあくまで真怪に向かう途次にあるものなれば、これを有限より絶対に進向する情なりとなすのみ。かくして仮怪極まれば真怪に達するに至るべし。真怪は宗、怪二情の合して一つとなる点にして、この点は実に諸情の最上なり。ゆえに余は、妖怪極まりて宗教はじめてその真光を開現すといわんとす。（同書 XVI:189-190）

「怪情」は仮怪にとどまる限りは悪性の感情であるが、本来は真怪に向かうベクトルを有している。その仮怪から真怪への「途次を照らす」のは「教育の灯台」であり、「仮怪を払うは教育にして、真怪を開くは宗教」であるが、その二者だけでは充分ではないという。

宗教、教育ともに外因にして内因にあらず。その内因は吾人の有するところの怪情なり。すでに怪情は迷誤の情なりといえども、その裏面には真怪に向かって進まんとする一種の蒸気力を有するものなり。換言すれば、外部に仮怪の迷情を示し、内部に真怪の実相を含むものなり。ここに至りてこれをみれば、怪情ははるかに常情の上に位するを知るべし。（同書 XVI:190）

人々を真怪へと走らせる「怪情」という動力が無ければ、教育や宗教というレールも意味を成さず、それゆえ日常世界内で完結する「常情」よりも「怪情」のほうが優れているとされる。この「怪情」があるからこそ、「もし、人この理を推究するときは、妖怪学は宇宙の機密に体達する一種の別門たることを知るべし」（同書 XVI:191）と、仏教や純正哲学とは別に真理に到達する一門として、妖怪学が独自の存在意義を主張し得るのである。

井上円了口述『哲学堂案内』[6]では、哲学堂の正門として建てられた「哲理門」に天狗と幽霊の像を置いた理由について、次のように説明していた。

世間一般に信ずるが如き天狗幽霊は固より迷信なれども、其中には一分の真理を含みたる所がある。凡て物質界にも精神界にも其根底には理外の理即ち不可思議を備へて居る。若し人が物質界に於て不可思議の一端に接触したるときに想出せるものが天狗となり、精神界に於て同様の感を浮べたるものが幽霊になつたのと思ふ。（『哲学堂案内』二頁）

天狗と幽霊はそれぞれ「物理的妖怪」、「心理的妖怪」の代表であり、どちらも仮怪に過ぎないが、人々が自然や人心に向かうことで発動した不可思議の感情、つまり「怪情」によって生み出された表象である。それは日常的な「常情」とは全く方向性を異にし、その延長線上に形而上学的な真理の希求があるような宗教的感情と同種のものなのである。世俗的な利害関心に没頭している者よりは、仮怪に対してであれ、何らか不可思議の感情を抱き畏怖する者のほうが、まだしも真理に近づく可能性が高い。それゆえ、円了はいう。「されば、妖怪研究はいかにも不思議なものであると考えます。これは、人心の秘蔵を開く唯一の鍵と申してよろしい」（『おばけの正体』XX:115）。

七　通俗的唯物論に抗して

以上の内容をふり返ると、円了の妖怪学とは、物理的に存在しない妖怪をも「内想」の主導によって知覚させるような心の力を心理学で論じることで、日常見ている世界が唯一の現実世界であるとする唯物論的な常識を揺るがし、心のありよう次第でより優れた世界認識を得ることも可能であるという唯心論へと人々を導いて、最終的には世界の本源実体たる真怪に至らしめる過程の全体であった。

それは西洋の学問体系からいえば「心理学を牙城とし、理学を前門とし、純正哲学を後門」とする構造（「総論」XVI:68）、すなわち〈理学→心理学→純正哲学〉と学科の境界を跨ぎながら順次向上していく過程であって、論理的には〈唯物論→唯心論→理想論〉という円了の哲学体系と重なると同時に、実践的には仏教の〈小乗→大乗→実大乗〉という真如に至るための階梯と重なるものである。仏教と異なるのは、可能な限り西洋の経験科学で論じきろうとしている点であるが、そのような狭義の妖怪学では真怪の門前止まりであって、最終的には宗教的方法論が要請される。まさに「宗教に入るの門路」（『妖怪学講義』「緒言」XVI:45）として妖怪学はあり、この一連の構造を立ち上げる要となっているのは、やはり西洋心理学を援用して近代化された唯識論であった。その広義の「心理学」によって日常世界を相対化することが、妖怪学中で最も重要な過程なのである。

では、なぜそうまでして唯物論的世界観を否定し、真怪に人々を向かわせる必要があったのか。妖怪学のみならず、円了の全ての思想・実践の背景には、世俗的（西洋的）近代化が進む時代における一つの危惧があったと考えられる。円了自身もその一人であろうが、近代的な教育によって若い世代が伝統的教説を信じられなくなっている状況があると、円了は認識していた。彼らが宗教を丸ごと捨ててしまわないように、「今日にありて世間すでに従来の証明に満足せざる以上は、必ずこれを学理上より攻究して、従来の説明を一変することをつとめざるべからず」と主張している（『妖怪学講義』「宗教学部門」XVIII:193）。迷信とともに近代的学知によって葬り去られんとする宗教から、迷信的な要素を取り払い、逆に近代的学知で補うことで宗教を進化させようという意図であった。

宗教そのものを迷信として否定する無宗教的な人々への批判は、早くは初期の宗教論に見ることができる。仏教弁護およびキリスト教批判の書として知られる『宗教編』（明治一五年（一八八二））では、仏教の最大の敵はキリスト教ではなく無宗教者であると明言し、近代的学問分野の一部を批判していた。

ヤソ教はわが第一の敵にあらずして、その敵となすべきものは無教者あるいは排教者なることは、すでに明らかなりと信ず。しかしてその第一敵中、最も恐るべくかつこれを防御するに最も難きものはなんぞや。曰く、

理学者なり、政治法律学者なり。（『宗教編』七一八頁）

同様の主張はその後も繰り返され、円了の一貫した学問観・宗教観であったらしい。中でも『破唯物論』（明治三一年）は利害得失を論じるだけの世俗的学問を強く批判する著作であり、その執筆目的は「近来流行の唯物論を破斥」し、また「傍ら神儒仏三道の再興をはからんとする」ものであるという[7]（『破唯物論』VII:521）。ここでいう「唯物論」は「三道の敵」とされ、学問的な「唯物論、進化論、実験論、感覚論、自利論等」に加えて、それに従属する「拝金宗」（拝金主義者）、「体欲宗」（快楽主義者）、「御幣連」（妄信者）、「いも虫連」（利己的富裕者）を含む。実際には、円了は学問的な唯物論そのものよりも、それが「わが従来の通俗的唯物論」の上に及ぼす悪影響こそを問題視していた。「通俗的唯物論」とは、「愚人」達による「別に学術の道理に照らすにあらず、ただ通俗の見解によりて人の死後には霊魂もなければ未来もなく、その死するや煙の散ずるがごとく火の滅するがごとしと唱え、主に宗教の霊魂説に反対して起こりし論」（同書VII:548）である。つまり、「学科的唯物論」が「愚人」達の刹那主義や利己主義を助長し、「わが社会の徳義」が失われることを円了は深く憂慮するのである（同書VII:549）。

ただし、西洋学を排除して従来のままの東洋学や宗教に回帰せよというのではなく、「神儒仏の身体へ西洋学説の滋養を与えて、いずれの点まで発達し得るやを試みんことを期す」という「再興」論であった（『破唯物論』VII:521）。円了が求めているのは前近代への復古ではなく、前近代の知を捨て去ることでもない。いわば近代／前近代あるいは西洋／東洋、そして科学／宗教の中道である。妖怪学もまた、そのような道の一つであったろう。

おわりに

井上円了の妖怪学は、真怪の開悟という最終的な目標を繰り返し掲げながら、仮怪を合理主義的に解体していく実践である。「無限絶対界」という向かうべき方向を常に示さなければ、妖怪の否定は「有限相対界」内で完結する単なる迷信排除に終わり、それまで迷信を介して宗教に向けられていた人々のエネルギーが「有限相対界」に回収され、社会はますます世俗的になるだけであろう。しかし、円了が意図していたのはその逆である。妖怪に向けられた感情を日常世界から離脱して真理に向かう感情へと昇華させる、反世俗の学問として妖怪学は構築されていた。『破唯物論』でやや誇張して描かれているように、円了の思想・実践は総じて通俗的唯物論を相手取った戦いであったとさえいえるが、その戦いにおいて心理学は文字通り円了の「牙城」であり、半ば敵の領分でもある経験科学の内側から唯心論への転回を迫る、決定的な武器でもあったことを本稿で明らかにしてきた。

そうであれば、明治から現代に至る精神史を単線的な進歩の歴史として見、円了妖怪学を既に通過済みの「我々の」過去、当時は相応の意義があったものの、今となっては陳腐かつ過渡的な合理主義に過ぎないとするような評価は、妖怪学を誤読するものであろう。それが日本人の精神の近代化を促すための学問であったという従来の評価はもちろん正しいが、その上でなお問われるべきは、円了が目指したのはどのような近代化であったのかという問題である。その本来の意図によれば、妖怪学によって仮怪が根絶される時、結果として顕れるべきものは、現代の我々にとって常識的であるような、何の不思議も存在しない平明な唯物論的世界ではなかったのであるから。

このような円了妖怪学を適切に評価するには、我々が実際に歩んできた、そして現に拠って立っているところの「近代」とは如何なるものであるかを問い直すような、存外に大きな尺度が必要になるのではないか。

注

（1）三浦節夫「解説—井上円了と妖怪学の誕生」（『井上円了選集』第二一巻）を参照。

（2）江戸時代の代表的怪談をもとにした円朝の怪談噺。当初の演題は『累ヶ淵後日の怪談』であったが、文明開化の時代に怪談は通用しないとの指摘を受け、幽霊を見るのは「神経」のせいに過ぎないとの意を込めて『真景累ヶ淵』と改めた。明治二〇年から明治二一年にかけて速記録が『やまと新聞』に掲載され、同二一年に単行本が出版された。

（3）『井上円了選集』ではなく原文から直接引用する際は、読みやすさを考慮して句読点、濁点等を補い、一部表記を改めた。

（4）『心理摘要』初版の序言によれば、円了は明治一九年から通信講学会で心理学の部を担当したが、その講義録をまとめて出版したのが『通信教授　心理学』であり、「是れ稍詳細に心理学の大意を叙述せるもの」であるから、もし『心理摘要』に理解し難い箇所があれば参照せよという。

（5）この点については甲田烈氏が、同じく『妖怪学講義』「総論」の検討により、妖怪学が「単なる科学的立場からの迷信否定でもなければ、端的な哲学的認識論にとどまら」ず、「「真如」への到達が、人間の意識そのものを変容させる「進化」でもある」と指摘している（「井上妖怪学の現象学的転回」『相模女子大学紀要』A・人文系、七三号、二〇〇九年、二三頁）。

（6）財団法人哲学堂事務所、昭和一六年一〇月発行。

（7）『破唯物論』の翌年には「東洋学の真相」と題する文章を著している。「我心に固有せる直観力」によって「真理に即到する道」が、「東洋学の真相」であると主張するが、それを西洋心理学で説いていないのは「心理学そのものが西洋風でありて、東洋風でないから」であり、「東洋にありては心理学そのものまでも作り換えなければなりませぬ」と論じている（「東洋学の真相」XXV:184）。来たるべき東洋学が心理学的に再解釈された儒教・仏教、すなわち「東洋心理学」的な道であることを前提とした論なのである。

井上円了と民俗学

甲田　烈

一　はじめに：民俗学からみた円了妖怪学

井上円了の妖怪学は、新たなアニミズムの可能性を拓くものである。

このようなことを述べるとすれば、すぐさま誤読という批判は免れないように思われる。一般的にも、円了は「妖怪」を迷信として撲滅しようとした思想家であり、かつ仏教哲学者であることは知られている。それゆえに、「およそ人間の持つ魂を動植物やモノなどの自然的存在へと投影して自然的存在にも魂を認める思考[1]」であるアニミズムなどは、円了自らも迷信として批判するものなのではないだろうか。しかし、立ち止まってみよう。たとえば円了は一八九三年（明治二六）から翌年にかけて『哲学館講義録』に分載され、一八九六年（明治二九）に合本として刊行された『妖怪学講義』において、「世界活物論」（XVI:316）を主張し、唯物論に反対して「この世界を一大活物となす」（XVI:478）と説いてはいなかっただろうか。また、『妖怪学講義』における「霊魂」論を一般向けに敷衍した一八九九年（明治三二）の『霊魂不滅論』において、「宇宙には一大勢力の永存せるありて、世界万物はその活動より生ずる現象なることを発見いたしました」（XX:338-339）と述べていなかったであろうか。こうした円了の主張について、肉体と精神が独立に存在しうるという離存説という前提を含まず、あらゆるものに物質と精神が内在するという根源的同一説として哲学的に評価することもできるだろう。[2]

しかし、本稿の関心はそこにはない。主題とするのは、井上円了の妖怪学の営為を民俗学的な妖怪研究との対話の場に今一度据えて、そのなかから、未だ妖怪学にも民俗学にも未知な新たな可能性を探ることが目的である。しかしそれはまた、民俗学の立場から円了の妖怪学を批判的に考察することを意味しない。そのような試みは、後述する柳田國男（1875-1962）による激烈な円了批判に端を発し、決してこれまでなされてこなかったものではない。たとえば、円了と柳田の著作を精査した大島清昭は、「井上の妖怪学の学説が、きわめて率直なことばで、妖怪の誤った観念をしりぞけようとしたのに対し、新しい民俗学が、いっそう慎重な口ぶりで、その隠された意味を探ろうとしたものと知られる[3]」と述べ、さらに両者の霊魂論に着目しながら、「両者の偉大な先達は、いずれも実用の学問をめざして、ともに霊魂の問題と取りくみながらも、ついに同じ道をたどることがなかった[4]」と述べている。民俗学的な妖怪研究の文脈においても、宮田登は『妖怪の民俗学』（一九八五）の中で、「柳田の立場からいうと、井上円了の妖怪学が妖怪とは迷信の産物であると考えているところに問題があった[5]」と説いている。また現在における怪異・妖怪研究を民俗学・文化人類学の立場から牽引している小松和彦は、『妖怪学新考：妖怪から見る日本人の心』（一九九四）において、「妖怪現象や妖怪存在を信じる人々に対して、科学的知識を動員してそれを否定していく研究[6]」として円了の営為を位置づけている。こうした小松の見解は、「解説：井上円了の妖怪学とそれ以降」（二〇〇一）においても踏襲されている。そこでは「つまり、かれの妖怪学は、妖怪現象の多くを合理的に解釈し、可能な限り妖怪を撲滅していくことであった[7]」とされ、さらに、円了の今日的な価値として、当時の書物や新聞を博捜し、実地調査を加えた妖怪資料に着目している[8]」としている。つまり、円了の妖怪学はその理路や内実というより、そこに含まれたデータベースにこそ意味があると考えられているのだ。もっとも、「迷信撲滅家＝井上円了」というこうしたシェーマは、やはり小松編『図解雑学　日本の妖怪』（二〇〇九）では「円了の活動は決して「科学万能論者の妖怪退治」などではなく、哲学を持って世界を把握する実践であり、啓蒙活動だったのである[9]」と紹介され、また香川雅信は「妖怪の思想史」（二〇一一）では、「また、円了が最終的な目標としたのは、合理的解釈による「妖怪」＝「迷信」の撲滅というよりもむしろ、本当の「不思議」である「真怪」の探求であった[10]）と述べていることから編み変えられつつあるといえよう。しかしその一方で、香川はまた円了が膨大な妖怪の事例に対して「偽怪」「誤怪」「仮怪」といった解釈を下していることに触れ、「迷信撲滅学」として円了妖怪学が捉えられていることも無理からぬことであると述べているのである。

このように、柳田以降、一九八〇年代から隆盛し、二〇一〇年代におよぶ民俗学的な妖怪研究の文脈において、円了妖怪学は柳田の営為と対比させられ、「迷信撲滅学」、あるいは哲学的探究であったとしても、妖怪の撲滅に重心のおかれた営みとして読み解かれてきた。さらにこのことは、いみじくも小松が指摘したように、円了の妖怪学は民俗学・文化人類学にとってもはや資料的価値しか存しないのであり、つまりは過去のものと考えられていることを意味しているだろう。「妖怪」という事象の研究の思想史的文脈に円了をおき、さらに民俗学的なアプローチと対比させただけでは、円了妖怪学の可能性を継承するという関心からすれば、さして興味深い帰結を引き出すことはできない。

しかし、こうした状況は変わり始めているように思われる。その一つとして、近年の妖怪研究において「存在論的前提[12]」が問われていることがあげられるだろう。廣田龍平によれば、民俗学的な妖怪研究者たちは、妖怪に関して「超自然性と非実在性[13]」という前提を持っている。前者は「自然なものを超えたもの」ということであり、それは事物の自然な秩序が存在することを前提にしている。そして後者は、研究者たちが妖怪の実在を前提していないということを意味している。しかしこうした立場は、たとえば『遠野物語』（一九一〇）において「川童」が非合理的でも不思議でもない自然な動物の一種として捉えられていることをうまく解釈できないであろうし、伝承者にとって妖怪が人間や動植物と同じく実在すると考えられている以上、そうした伝承者の存在論とは齟齬をきたすものになる。ここで奇妙なことに気がつかないであろうか。円了以降の民俗学的な妖怪研究は、「迷信撲滅」ではなく、慎重にそうした現象が文化的に存在する意味を解き明かそうとする試みとして定位されている。しかしそうした研究者たちが前提する存在論的な立場が、妖怪の非実在性を所与の前提としてしまっているのである。しかしそうであるとすれば、伝承者の存在論を的確に解明することはできないだろう。またこのことは、廣田の研究を受けた飯倉義之が、複数のリアリティに〈憑かれる〉研究の可能性を提起していることと考え合わせると興味深い。飯倉はガーナ南部の森林地帯における神霊・精霊祭祀のフィールドワークを行なった石井美保の研究を参照する。石井はフィールドワークにおいて現地で伝承されている「小人」の存在を見てしまうが、かたや「小人」のいない近代自然科学的世界も了解している。このことを飯倉は次のように表現する。「小人のいる世界に憑かれる＝リアリティを感じることと、小人のいない近代科学の世界に憑かれることを往還する。……いくつものリアリティを往還する可能性が、ここには言挙げされている[15]」と。

妖怪の実在・非実在をめぐり、どちらかの存在論的前提に無自覚に依拠するのではなく、両者を往還する可能性。二〇一〇年代の民俗学的な妖怪研究は、そのことを示唆している。そしてこれは、円了の妖怪学においてより明瞭に示唆されていたものだとしたら、どうだろうか。冒頭で「新たなアニミズムの可能性」と呼んだのは、そのことである。またそれは円了の「世界活物論」とも深く関係してくるであろう。円了は複数のリアリティを往還する機能として妖怪学を構想していた。そのことを論じるために、以下ではまず円了の妖怪学と、民俗学的妖怪研究の嚆矢となった柳田のアプローチを、両者の「原理」論から解明してみよう。

二　妖怪研究の「原理」

二・一　円了妖怪学における「原理」

円了が膨大な『妖怪学講義』を著した目的は、その「緒言」に次のように述べられている。

今やわが国、海に輪船あり、陸に鉄路あり、電信、電灯全国に普及し、これを数十年の往時に比するに、全く別世界を開くを覚ゆ。国民のこれによりて得るところの便益、実に夥多なりというべし。ただうらむらくは、諸学の応用いまだ尽さざるところありて、愚民なお迷裏に彷徨し、苦中に呻吟する者多きを。これ余がかつて、今日の文明は有形上器械的の進歩にして、無形上精神的の発達にあらずというゆえんなり。もし、この愚民の心地に諸学の鉄路を架し、知識の電灯を点ずるに至らば、はじめて明治の偉業全く成功すというべし。しかして、この目的を達するは、実に諸学の応用、なかんずく妖怪学の講究なり（XVI:19-20）。

一読して意図は明瞭であろう。この部分だけを読めば、「迷信撲滅家・円了」という民俗学側のイメージを裏切るものではないように思われる。円了は自らの妖怪学の試みをインフラとのアナロジーで説明している。明治の文明がその整備によって「有形上器械的」に進歩したことに対して、迷いの裡にある「愚民」においては、学問の応用による恩恵が行きわたらないがゆえに、「無形上精神的の発達」が阻害されている。しかしこの両者が揃うことによってこそ、「明治の偉業」は成功するのだ。ここで円了が「進歩」と「発達」を両者ともに必要なものであるとしながらも識別していることに注意しよう。妖怪学は「発達」を目的とするものであり、それがインフラに喩えられるものであったとしても、「進歩」を説くものではない。妖怪学とはなんであるのか、円了は端的に次のように述べる。

妖怪学とはなんぞや。その解釈を与うるは、すなわち妖怪学の一部分なり。今、一言にしてこれを解すれば、妖怪の原理を論究してその現象を説明する学なり（XVI:20）。

妖怪学が、まず「妖怪の原理を論究する」ものだとすれば、まずその「原理」とはなんであるかが問題になるであろう。円了はまず「妖怪」について考察するにあたり、「現象」に焦点化し、その解釈を試みる。それでは、円了のいう「妖怪」とはいかなる現象なのであろうか。たとえば日常で接することのない現象に出会ったとしよう。タヌキやキツネに化かされたり、幽霊を見てしまうといったことである。しかし、普段の生活圏では出会わないのに、街の中で外国人に出会ったとしても、それを「妖怪」とは言わない（これは明治時代の例示であることに留意しよう）。「妖怪」とは日常において生起しない現象であるだけでなくて、それが通常の理解の範疇を超えるという条件を満たすものなのである。かくして円了は、「妖怪とは異常・変態にして、しかもその道理の解すべからず、いわゆる不思議に属するものにして、これを約言すれば不思議と異常を兼ぬるもの」（XVI:58）であることになる。もう少し、円了による「妖怪」の定義を追ってみよう。「異常・変態」とはどのようなことを意味するのであろうか。それは「変化・新奇」（XVI:170）のことなのだと円了は述べる。たとえば古代人が彗星が流れることを妖怪とし、夏に雪が降ることを妖怪としたのは、「平常と異なりたる現象」（XVI:170）に接したからである。また、怪しい形をした草や樹木を見、普段は触れたことのない鳥や獣に接することや、歳を経たそれらに接することも「妖怪」とよばれる（XVI:170）。また、こうした環境的な条件のみが「妖怪」と考えられるのではない。現象と遭遇した際の人間の情動に関する考察も、不可欠の条件だと円了は考える。「すでに妖怪は新奇、変化の極に達したるものなれば、これに接して驚愕の情を起こすに至る」（XVI:171）のが人間であるからだ。かくして妖怪現象とは、主体と環境を包んで生起する出来事なのである。

それでは、「妖怪」の基本的定義が以上のようなものとして、その具体的な種別はどのように考えられるのだろうか。円了はこの問題について次のように述べている。

およそ妖怪の種類は、これを類別するにいくたあるを知らずといえども、これを概括すれば物怪・心怪の二大門に類別するを得べし。物怪はこれを物理的妖怪と称し、心怪はこれを心理的妖怪と称す。しかしてまた、この二者相互の関係より生ずる一種の妖怪あり。たとえば、鬼火、不知火のごときは単純なる物理的妖怪にして、奇夢、霊夢のごときは単純なる心理的妖怪なり。しかして、コックリ、催眠術、幻術のごときに至りては、物心相関の妖怪というべし。……妖怪学は哲学の道理を経とし緯とし、四方上下にその通路を開達したるものなり。もし哲学の火気を各自の心灯に点じきたらば、従来の千種万類の妖怪、一時に霧消雲散し去りて、さらに一大妖怪の霊然としてその幽光を発揚するを見る。これ、余がいわゆる真正の妖怪なり（XVI:23-24）。

ここで円了は妖怪学の基礎が哲学にあることに読者の注意を喚起している。そして妖怪現象は、物理的側面から説明できる「物怪」と心理的側面から説明可能な「心怪」、そして両者の相関である「物心相関の妖怪」があることを指摘している。また、それら妖怪現象の背後に、「真正の妖怪」が存在すると説く。「物怪」と「心怪」はある特定の視点から解釈できる妖怪現象であり、それそのものとしては存在しうるものではない。それに対して、「真正の妖怪」は、それら仮の妖怪現象との対比において実在的であると考えられている。灯火（真正の妖怪）と影（物・心・物心相関）のアナロジーは、そのことを意味している。かくして、円了は妖怪学の目的をあらためて次のように宣言する。「仮怪を払い去りて真怪を開き示すにあり」（XVI:24）と。ここで「仮怪」とは物・心・物心相関の妖怪現象であり、「真怪」とは「真正の妖怪」に当たるものであることは見やすい道理だろう。しかし「払い去る」とはどういうことだろうか。ここで円了がとった戦略は観点相関的なものである。すなわち、闇としての多様な妖怪現象に対しては、視点の差異から、仮の現れとしての「見え」の多様性が担保されると同時に、それら諸視点の差異も、もう一つ高階の視点から、その一面性が否定されると同時に、それらの存立可能性が担保されるのである。このことを円了は真・妄・仮という構造として述べている。円了によれば、「偽怪」や「誤怪」は人間による虚構や誤謬によるものであり、その意味で「妄有」といえる。それに対して「仮怪」は真の妖怪ではないが、事実上、仮の妖怪として現象するもので、これを「仮有」とすることができる。それらに対して「真怪」のみが「真正の妖怪」である。これら真・妄・仮の関係を、円了は絶対・人間・相対というカテゴリーに敷衍して、このように述べる。

これを世界の上に考うるに、世界には無限絶対の世界と、有限相対の世界あり。また別に人間世界あり。この人間世界は両界の間にまたがりて、よく二界と相通ずるものなり。これを三大世界となす。今この三大世界に相応して妖怪にも三大種あり。すなわち、真怪はいわゆる絶対世界の妖怪にして、仮怪はそのいわゆる相対世界の妖怪、偽怪はいわゆる人間世界の妖怪なり（XVI:285）。

ここでは、円了の妖怪分類として一般的にもよく知られている真怪・仮怪・偽怪が示されている。さしあたってそれは静態的な分類に見えるが、同時に単なる認識論的なカテゴリーではなく、絶対と相対、そして両者を媒介する人間という存在論的な把握に基づいていることがわかるであろう。このことを真・妄・仮ということと重ね合わせるならば、絶対・人間・相対というパースペクティブ的な構造も見えてくるのではないだろうか。すなわち、人間は相対から絶対に向かうことのできる存在であり、また絶対の側からは、人間を通して相対を見通すことができる。すなわち人間は、変容する媒介者なのである。「仮怪を払い去りて真怪を開き示す」とは、かくして、特定の視点に固執してその立場を絶対化する態度を批判的に相対化しつつ、同時にそうした多様な視点が存立している意味を体得していく哲学的な営為であると考えられるだろう。円了における妖怪学の「原理」がこのようなものであるとしたら、柳田の妖怪研究の場合はいかがであろうか。

二・二　柳田民俗学における妖怪研究の「原理」

国家の急務は、無形なる拘束を受けて悩んでいる人を救うにある。迷信を捨てよ、お化けなど考えるなということは大切である。

しかしながら、ただ声を大きくしても彼等の持つ不安を除かない限りは駄目である。かかる不安を抱かせないような安心の状態に置かなければならぬ。不安になれば何かに頼らねばならぬ。頼るものがないから、淫祠邪神の信仰になるのである。(16)

この、円了によるものとして引用してもさしておかしくない発言は、柳田によって一九二八年（昭和三年）に長野県飯山で行われた講演「妖怪変化」の一節である。講演自体の内容は背景となる郷土研究にまで踏み込んだ多岐にわたる内容のものであるが、注目すべきは、「幻覚」の問題が強調されていることである。「すべての幻覚のあり得ることを知らなければ（ここまで考えないと）宗教上の問題は解けないのである。耳にはこれが多い[17]」と柳田は述べ、「狸」によるとされる「電報」と深夜に呼ぶ声や、山中の不可解な音響である「天狗だまし」などという聴覚による妖怪現象の事例をあげる。そして、次のように話を続けていく。

狸の夜汽車でもみんなで聞く。天狗倒しは昔からあると思っている。異常な感覚があるのである。共通な記憶から共通な経験が起ってくるのである。何千年も昔から同じ宗教的な雰囲気に育ったものだから、そうなるのはもっともである。だから井上円了式に説くのは間違っているのである。
要するに妖怪変化は、個人現象でなく社会現象、集合現象である。個人教育から入っても駄目で、社会改革から考えてゆくべきである。社会を単位として研究するので、地方的に研究するのもこれがためである[18]。

ここには、柳田による妖怪研究の意図が明晰に述べられている。それによれば、「妖怪」とは異常な感覚によるものであり、しかも個人が遭遇したものではなく共通な記憶と経験による「集合現象」である。それゆえ、個人に対する啓蒙のみで、このような「迷信」から人々を解放することはできない。柳田はここで円了に対して批判的に言及しているが、そうした態度は昭和期に始まったものではなく、すでに一九〇五年（明治三八）になされた「幽冥談」においてなされていることはよく知られている。この談話で柳田は「昔の民族と一緒に成り立って居る宗教」としての「幽冥道」が現在は衰滅しつつも、その復興の可能性をも視野に入れながら、「かるが故に僕は井上円了さんなどに対しては徹頭徹尾反対の意を評せざるをえないのである[19]」と強く表明している。「幽冥談」から二十年余を経ても、こうした柳田のスタンスは基本的に変わらなかったように見えるし、一九五六年（昭和三一）に刊行された『妖怪談義』の「自序」の中でも、自分の両親が妖怪に対する柳田の幼い疑問に対して、「ちょうど後年の井上円了さんなどと反対に、「私たちにもまだ本とうはわからぬのだ。気を付けていたら今に少しづつ、わかって来るかもしれぬ」と答え[20]るという鷹揚な態度をとっていたことを回想している。さらに、表題と同じ題がついている昭和一一年（一九三六）の「妖怪談義」では、「まだしも腹の底から不思議のないことを信じて、やっきとなって論弁した妖怪学時代がなつかしいくらいなものである[21]」と述べる。このようにたどってみると、柳田は始終一貫して「妖怪」の解釈については円了に批判的だったことが推察される。しかし、その学問的活動の初期に「幽冥道」の実在への関心を深く持っていた柳田は、昭和初期の講演では「妖怪」を「幻覚」であると述べているのである。これは百八十度の解釈の転回と見えなくもない。しかも「迷信」からの解放を説いたはずの円了への評価は厳しいままなのである。これは一体、どういうことだろうか。

それを解く鍵となるのは、柳田民俗学における妖怪の「原理」の位置を確かめることだろう。実は、円了に言及した談話「幽冥談」においても、柳田はその末尾で妖怪談について「これには必ずプリンシプル、一の原則が存在して居ることと信ずる[22]」と語っている。その「プリンシプル」がどのようなものであるかは説かれていないが、それは『妖怪談義』に収録された「盆過ぎメドチ談」（一九三二）に「川童」を例として次のように述べられる。

我々の妖怪学の初歩の原理は、どうやらこの間から発明《ママ》せられそうに思われる。その一箇条としては、ばけ物思想の進化過程、すなわち人が彼等に対する態度には三段の展開のあったことが、この地方の川童の挙動と称するものから窺い知られる。第一段はいわゆる敬して遠ざけるもので、出逢えばきゃっといい、角力を取ろうとすれば遁げて来夜分はその辺りを決して通らぬという類、こうしていれば無難ではあるが、その代りにはいつまでも不安は絶えず、ある一定の場所だけは長く妖怪の支配に委棄しなければならない。それをできるだけ否認せんとし、何の今時そのような馬鹿げたことがあるものかと、進んで彼の力を試みようとして、しかも内心はまだ気味が悪いという態度、これが第二段である。……それが今一歩を進めて信じない分子がいよいよ多くなると、次に現れて来るのは神の威徳、仏の慈悲、ないしは知慮に富む者の計略によって、化け物が兜をぬぎ正体を現して、二度と再びかような悪戯はせぬと誓い、または退治せられてまったく滅びてしまったという話が起こる。[23]

これが柳田による「妖怪学の初歩の原理」であり、いわゆる「零落説」である。同様の仮説は、一九一七年（大正六）の「一目小僧」（『一つ目小僧その他』所収）ではより明確に「妖怪はいわば公認せられざる神である」[24]と表現されている。すなわち大昔には神祭の日に眷属にするつもりで生贄の風習があり、そのために指定された人物の片目を潰し、片足を折っておいたのが、やがて目を潰す方式のみが残り、それが草木で目を突いた神がいるので、その特定の植物を忌むということになったが、片目を潰す儀式の記憶は長く残り、それがやがては山野を漂泊する妖怪として怖れられるようになったのだと柳田は説く。[25]

このような柳田の妖怪研究の「原理」としての零落説が、彼以降の民俗学的研究において反証されていることは留意されてよい。「神霊」の零落として「妖怪」を考えてしまうと、歴史上や人類文化のある段階において、「妖怪」が存在せず、「神霊」のみが信じられた段階を仮定しなければならないが、それは現実離れした夢物語なのである。[26]もちろん「妖怪」から「神霊」への祀り上げの可能性や、最初から「妖怪」がそれとして立ち現れている事例、さらには人間・動物・植物・器物と「妖怪」との相互の可変的関係の可能性を考慮に入れていないという点においても、こうした柳田民俗学批判には耳を傾ける価値があるだろう。しかし、留意しておいてよいことは、柳田が零落する以前の「神」について、一義的に超自然的な存在とは考えていなかったことである。たとえば「川童」の原型は「水神」であったとしても、「一つ目小僧」の原型は「神の眷属」と考えられたとはいえ「人間」である。このように考えると、柳田による零落説は、「神霊」が「妖怪」に零落するということよりも、むしろ人間の不可思議な現象への態度の変様に力点があったと見ることができるのではないだろうか。その変様を支えるものに届かない限り、哲学的な理路としての円了妖怪学は機能しないと柳田は考えたのである。

それでは、「妖怪」に対する人間の態度として、柳田が着目したのは何だったのだろうか。それが講演「妖怪変化」にも説かれていた「異常な感覚」である。この講演の三年後に公刊された『明治大正史世相編』において柳田が注目したのは、「多数の幻」もしくは「共同の幻覚」であった[27]。村人たちは、電信や鉄道の開通に出会うと、夜中に「狸」や「狢」の音としてそれらを聴いている。ここで音響の正体をこうした化かす動物に比定するのは、たしかに「幻」であるだろう。しかし「音」を聴くということに関しては、柳田はその営為を「濃かなもの」[28]と評価する。正体がなんであるかということではなく、たしかに音は聞こえたのだ。『妖怪談義』の末尾に収められた「妖怪名彙」（一九三八～一九四〇）という、八十の妖怪現象の名称を記したものについても、柳田は「耳とか目とか触感とか、またはその綜合とかにも分けられるが、それも直接実験者にも就けないのだから」[29]と断りつつも、夜中に遠方から餅を搗くような音が聞こえる「シズカモチ」、水のほとりで小豆を洗うような音がする「アズキトギ」、岩が崩れ落ちて落ちたような大きな音がする「イシナゲンジョ」など、音響に注目するだけでも、感覚に着目した「妖怪」の名の採集をしているのである。

柳田において、自らの妖怪研究の「原理」とは、「妖怪とは公認せられざる神である」という零落説であった。しかしそれは、水神のような場合もあれば、人間や動物と言った場合もあり、その意味で人間もまた、「妖怪」にも「神」にもなりうる可変的な存在として捉えられていたのである。また柳田は人間の感覚に着目した。それは「共同の幻覚」には違いないが、確実に聴こえ、見えるものだった。それらの行為主体は幻であったとしても、体験自体は否定しえない。このような立場からすると、円了の「迷信」否定の理路は機能しないように思われたのである。

しかし他方において、円了と柳田の共通点も無視できないであろう。それは、「妖怪」と相対する「人間」の理解に関わる。円了において絶対と相対を媒介するのが人間であったとすれば、「神」にも「妖怪」にもなりうるのが柳田における「人間」であった。もう少しこの角度を深めてみよう。ことは「霊魂」に関わる。

三　活物の方へ

三・一　円了妖怪学と活物論

円了妖怪学において、「霊魂」はどのように捉えられているであろうか。『妖怪学講義』はすでに触れたように、妖怪の「原理」を論究する営為だった。しかしそれのみにとどまらず、同時にその「現象を説明する」という目的も持っている。そこで、円了の「霊魂」論に入る前に、円了における妖怪現象の説明の基礎について、簡略に述べておこう。『妖怪学講義』の「第一　総論」において、まず円了は「妖怪は迷誤とその意を同じくする」（XVI:98）と断ずる。そして、「ただここに論理上、推理判断の誤謬より妖怪の生ずるゆえんを説示する」（XVI:102）のである。もちろん、この場合の「妖怪」とは「絶対世界」としての「真怪」のことではない。推理・判断における誤謬という認知エラーが関わる以上、「通俗の妖怪は迷誤にして妖怪にあらず、仮怪にして真怪にあらず」（XVI:101-102）なのである。

それでは、どのような推理と判断の誤りが、仮怪としての妖怪現象を生み出してしまうのであろうか。円了はまず、「演繹的妖怪はすなわち演繹的迷誤にして、演繹法の原理原則たる部分全体の関係を誤認するより起こる」（XVI:102）と説く。たとえば、世界の一部分である人間に霊魂があることから、日月星辰や山川草木にも霊魂が宿っていると考えたり、宇宙の一部分である天気の異変によって、人間界にも異変があると捉えることがそれにあたる。さらにまた、「論理の過失中、原因結果の関係より生ずる誤謬、なわち余がいわゆる帰納的妖怪は、種々の妖怪を生ずる主因なり」（XVI:103）とも説かれている。この場合は、革命に先立って彗星が現れることをその予兆と捉えたり、ある人物が別の人物を殺した後に、殺した方の人間が病死した場合、それは殺された人間の亡霊の仕業だと考えることが具体例としてあげられる。

ところで、このように妖怪現象がすべて推理・判断の誤謬によるものであるならば、「霊魂」を論じる余地もなさそうに見える。しかし円了は『妖怪学講義』「第六　宗教学部門」において、物質不滅・勢力恒存という当時の物理学で知られていた理法と、顕勢力と潜勢力という二つの観点から、「霊魂不滅」の説明を試みている。もちろん、それは一般的に知られる可視的な「幽霊」の否定の後になされる（XVIII:24）。まず万物の根拠となっている物質が偶然に発生し、なんの理由もなく消滅するということは、勢力恒存という物理学的立場からも認められない。なぜならば、形態が変化して一見消滅したかに考えられる物質は、実はその変化を通じて存在するからである。そうだとするならば、同様に万物の一つである精神も、不滅であると考えられる（XVIII:35-36）。しかしより重要となるのは後者の論であろう。円了は種子と植物との関係や、手を動かす力と手との関係という比喩を用いて、そのことを説明している。手を動かすとしよう。その時、手を動かしたその力は、静止させると同時に無くなってしまうようにみえる。しかしそう感じられるのは見かけだけであり、手を動かす時にその力は顕在化し、止めた時はその同じ力が潜在化しただけなのである。またたとえば植物の種は、箱にでもしまい込んでいる限りは発芽することがない。しかしひとたび土の中に蒔いて育てれば、植物として成長するのである。これらはすべて、「内包外発」（XVIII:36）の原理といえよう。腕の静止状態・種（内包）という潜在的状態は、ある契機によって腕の運動・植物（外発）として顕在化する。これと同様に人間の無形の「霊魂」は、あるときは有形の肉体や精神として発現し、死後は無形のものとして潜在化するのである（XVIII:36）。このような内包と外発、無形と有形との関係は、真如（真怪）と現象世界との関係とパラレルである。円了はそのことを次のように述べる。

それ宇宙万有の本体、精神思想の本源は、儒教これを太極といい、仏教これを真如という。しかして、真如はこれを平等一方の裏面よりみるときは、空寂無覚の体なるがごとくなるも、差別の表面より見るときは、最上純然の覚知体となる。すなわち、真如に表裏両面あることを知らざるべからず。およそ天地間の生類は、宇宙進化の理法によるに、最初不覚の状態よりようやく進みて覚知の光明を発顕し、いよいよ進みてますますその光輝を増し、人間に至りて大いに知光の赫赫たるを見るに至れり。しかれどもこの光明は、決して人間にありて、すでにその全分を尽くしたるにあらず。これよりますます進化せば、他日さらにいよいよ輝くのときあるべし（XVIII:38）。

このことは、「しかして、余がいわゆる霊魂とは、すなわちこの物質内包の力、すなわち妙力に他ならざれば、幽冥世界というもまた、この力の世界というに他ならず。……すなわち、不可思議の境遇なり。しかれども、人はまたその身内に不可思議世界の一部を開きたれば、これによりて幽冥界と相通ずべき道あり」（XVIII:150-151）という円了の「霊魂」論と接続するものであろう。ここには、すでに第一節で検討した相対世界と絶対世界を媒介する人間の位置も説き示されている。すなわち、人間もまた他の生類や天地とともに、宇宙の進化のただなかにある「活物」なのである。こうした理路は、より端的に『霊魂不滅論』では次のように表現される。「すなわち、宇宙自体はわれわれ活物の親である。子が人間ならば親も人間、子が猿ならば親も猿であると同様に、子が活物ならば親も活物であることは、これまた決して疑われぬ道理である」（XX:337）と。こうした円了の理路に触れると、あたかも自身がそれを否定した「演繹的妖怪」を産んでしまっているのではないかと思われるかもしれないが、そうではない。「演繹的妖怪」は、人間の持つ「霊魂」を他の自然物や世界に付託する全体・部分関係の誤りであった。しかし円了の「霊魂不滅」論は、人間に「霊魂」があるということを前提としてはいない。そうではなく、「物質（もの）」の本質としても否定しえない「霊魂」が先に働いており、われわれ人間や世界は、その働きのうちにあるというのだ。

このように円了の「霊魂」論は壮大なものだが、それは絶対世界と相対世界の媒介者として人間を位置づけるその妖怪学の発想と緊密に結びつき、その土台をなしていると言えるものである。では、柳田の「霊魂」論の場合は、どうであろうか。

三・二 『先祖の話』における霊魂不滅論

柳田は「幽霊」に対しては冷淡であった。たとえば「妖怪談義」にはオバケ（妖怪）と幽霊の識別の基準が三点にわたって示されている。それは（一）妖怪は出現場所が定まっているが、幽霊は恨む人に対して現れるから場所は不定である、（二）妖怪は不特定多数を相手にするが、幽霊は特定の相手をめざす、（三）妖怪は宵か暁の薄明かりに出現するが、幽霊は真夜中に現れるというものである。こうした基準を立てたのは、「幽霊とオバケを混同している」[30]からだが、今日こうした弁別すでに反証されている。[31]しかし重要な点は、柳田が「幽霊」に特定の相手のみを志向する個体性を認めていたことであろう。そのことは、彼の「霊魂」論の文脈においてみると、より一層明瞭になるように思われる。

柳田は一九四五年（昭和二〇）の灯火管制下に『先祖の話』を執筆し、翌年に刊行したが、戦時中の困難な時期において「先祖」観の研究に固執した理由について次のように述べている。

このたびの超非常時局によって、国民の生活は底の底から引っかきまわされた。日頃は見聞することもできぬような、悲壮な痛烈な人間現象が、全国の最も静かな区域にも簇出している。その片端だけがわずかに新聞などで世に伝えられ、私たちはまたそれを尋ね捜しに地方を歩いてみることもできなかった。かつては常人が口にすることをさえ畏れていた死後の世界、霊魂はあるかないかの疑問、さては生者のこれに対する心の奥の感じと考え方等々、おおよそ国民の意志と愛情とを、縦に百代にわたって繋ぎ合せていた糸筋のようなものが、突如として全て人生の表層に顕われ来たったのを、じっと見守っていた人もこの読者の間には多いのである。私はそれがこの書に対する関心の端緒となることを、心ひそかに期待している。[32]

戦争は人間の生と死に関わる疑問を剥き出しにするものである。柳田は太平洋戦争において日本が被った惨禍を目の前にして、死後の世界や霊魂の実在性といったような、日常においては問われない疑問が日本人の心に浮かび、それが「国民の意志と愛情とを、縦に百代にわたって繋ぎ合せていた糸筋のようなもの」を浮き彫りにすると考えたのである。『先祖の話』の大部分は、「先祖」という言葉の意味や、それに関わる家の問題、さらには祭祀の方式に至るまで、具体的な事例の紹介と検討に満たされている。今、ここでそれらを見ることはできないが、柳田は日本人の死後の世界に対する観念と霊魂観の特徴について、次のように述べている。

日本人の多数が、もとは死後の世界を近く親しく、何かその消息に通じているような気持ちを、抱いていたということには幾つもの理由が挙げられる。そういう中には比隣の諸民族、ことに漢土と共通のものもあると思うが、それを説き立てようとすると私の時間が足りなくなる。ここに四つほど特に日本的なもの、少なくとも我々の間において、やや著しく現れているらしいものを列記すると、第一には死してもこの国の中に、霊は留って遠くへは行かぬと思ったこと、第二には顕幽二界の交通が繁く、単に春秋の定期の祭だけでなしに、招き招かるることがさまで困難でないように思っていたこと、第三には生人の今わのきわの念願が、死後には必ず達成するものと思っていたことで、これによって子孫のためにいろいろの計画を立てたのみか、さらにふたたび三たび生まれ代わって、同じ事業を続けられるもののごとく、思った者の多かったというのが第四である。(33)

この四つの霊魂観と死後世界観は、緊密に結びついて「糸筋」をなしていると柳田は考える。死後の世界が遠い別世界でないとすれば、生きている人間の領域（顕）と死者の霊魂の領域（幽）はほとんど裏表のような近しい関係となる。そして霊魂が生きている人間の領域に戻ってくることも容易なのである。そうだとすれば、生者の死に臨む一念が、死後においても存続することや、生まれ代わりというものがあることも納得できるであろう。このようなコスモロジーに基づいて、柳田は死後の霊魂が日本の地（多くは山）に留まり、必要とあれば霊のまま姿を現して生者にメッセージを託し、やがては個体性を捨てて「神」となるのではないかと解釈した。ここで、もし死後にも霊魂の個体性が存続するのだとしたら、それは「幽霊」と同じではないかという疑問が出るかもしれない。しかし柳田によれば、「幽霊の話はどれもこれも、女々しいけちくさいまた個人的な、知らずにしまっても少しも差支えのないようなもの」を詮索していたのに対して、「まだまだこの社会には正しきを貫くために、尊い事業を完成せんがために、化けて出ていた亡魂もうんとある」[34]という差異がある。「亡魂」にたとえ個体性があったとしても、それは個人的な執着からではなく、公共性に開かれているのである。死しても「子孫のためにいろいろの計画を立て」、さらには「ふたたび三たび生まれ代わって、同じ事業を続けられる」というのは、この後者の「亡魂」のことであろう。では、「神」となるというのはどういうことであろうか。霊魂から神への変容については、修行によって別の世界に生まれ変わるとする世界観との対比によって次のように説かれている。

これは私のいうみたまの清まり、すなわち現世の汚辱から遠ざかるにつれて、神と呼ばれて良い地位に登るという考え方とは、同じものでないと思うわけは、前者がいかなる世界へでも個人格を携え歩くのに、こちらはある期間が過ぎてしまうと、いつとなく大きな霊体の中に融合していくように感じられる。この点は私の力では保証することができぬが、ともかくも神と祭られるようになってからは、もはや生まれ替わりの機会はないらしいのである。[35]

柳田はここで注意深く断定は避けながらも、死者の霊魂がいかに「神」に変容するかを語っている。前世の善悪業によって死後の再生が決定されるというのは、死者の今わの際の一念が実現するという仏教的世界観と酷似しているように見えるが、実はそうではない。六道輪廻説の場合、そのどの世界に生まれ変わろうと人間は「個人格」を備えていると柳田は考えていた。しかし「みたまの清まり」の世界観においては、死者の霊魂は現世を遠ざかり「神」として祭られるにつれて、その「個人格」を喪失し「霊体」の中に融合していくのである。ここでわれわれは、「神霊の零落した姿」こそが妖怪であるという柳田の妖怪論を想起してもよいであろう。死者の霊魂が「個人格」を有するということは、やがて向かうべき「神」の視点からすれば、生者と「神」との中間ということになるであろう。死者の霊魂が祭祀されない場合、それは暴風や旱魃、稲につく虫や疫病をもたらすものとして怖れられた。また「幽霊」は死者の一念が化けて出たものとも考えられるが、それも先に触れたようにある事業を完成させるための生まれ変わりが崩れた形という側面も有するのである。このように考えてみると、柳田の霊魂不滅論は、死者の魂が「先祖」として家に祭られることなく忘却され、いわば「妖怪」化することへの危機感から説き出されているると見ることができよう。さらに柳田は単に客観的に日本人の霊魂観を探究したのみではないことは、「魂の行くえ」（一九四九）というエッセーにおいて、「魂になってもなお生涯の地に留まるという想像は、自分も日本人である故か、私には至極楽しく感じられる。できるものならば、いつまでもこの国にいたい[36]」と述べていることによってても明らかである。

これまで見てきたように、柳田における霊魂不滅論は、何よりも日本人の生活感覚を具体的に検討する中から生まれたものであった。それは「妖怪」論と同じく、事例の積み重ねから、死者の霊魂は遠いあの世に行ってしまうのではなく、この世界の「裏」に留まって、家の先祖として祭られ、やがては神となるというものである。このような立場は、円了のような哲学的原理から霊魂不滅の「活物」論を論証する方法とは異なる筋道をたどっており、柳田は明示的に「活物」を説いているわけではない。しかし、柳田においても、生者と死者とはやがて「神」や「霊体」となる可能性を秘めている存在であった。また死者の霊魂は顕在的な生者の世界と通じると同時に、聖者もまた幽界と交流しうるものである。「霊体」の視点からすれば、死者の魂も生者もその一部であるが、死者は死者、生者は生者という固有の視点を同時に持っているものなのである。説かれる角度はこのように異なるが。円了と柳田は「活物」の視座を共有していたと言えるのではないだろうか。このことは、妖怪学の可能性について、何を示唆しているであろうか。

四　小結：新たなるアニミズムへ

これまでわれわれは、井上円了の妖怪学と柳田國男による民俗学的な妖怪研究をあらためて対話の場におき、そこから円了妖怪学の継承の方途として、新たなアニミズムへの方向性を探ってきた。円了の妖怪学を現在の民俗学における妖怪研究の水準から評価するのみでは、それは過去における「妖怪資料」のデータベースとしての価値が認められるのみで、哲学的理路は再評価の対象にはならない。また妖怪学の側から、そうした評価の一面性について指摘したとしても、さして創造的なものではないだろう。しかし、円了妖怪学と柳田の妖怪研究を比較してみたとき、そこには興味深い共通点が認められることは、これまで述べてきたとおりである。それは、(一)「人間」の媒体的位置づけ、(二) それによる「霊魂不滅」の主張、(三) それらを前提としたパースペクティブの複数性の担保、というようにまとめることができるだろう。以下、簡略にこれらの論点を振り返り、アニミズムの問題と接続してみたい。

まず (一) についてであるが、円了妖怪学においては、円了は妖怪学の「原理」として絶対世界・人間世界・相対世界というよう世界の存在論的構造を三区分し、それにしたがって真怪・偽怪・仮怪という大きな妖怪現象の分類を行いつつも、人間を絶対と相対の媒介の位置においていた。これに対して柳田は円了を批判しつつ、妖怪を「神霊の零落」であるとする論を展開したが、その際に、人間は「神霊」にもなれれば「妖怪」にもなりうる存在として位置づけている。これは両者の中間に人間が生きていることを意味しているだろう。次に (二) についてであるが、円了は当時の物理学の知識も援用して、世界全体を「活物」と捉え、その中で人間の「霊魂」もまた「活物」であり、生きている時には顕在化しているが、死後には潜在化していると捉えたのに対して、柳田は民俗学的な事例検討から、生者と死者の世界は近く、また人間は死後に先祖として祭祀され、やがて「霊体」に融合する神に変容していくと考えた。柳田もまた霊魂不滅を考えたのである。次に (三) であるが、(一)(二) から帰結するのは、世界のパースペクティヴ的構造であり、すなわち、人間は自分たちを自分たちとしてみることもできれば、「死者」や「妖怪」、「霊魂」といった位置からもみることができるのである。このことは少し説明を要するかもしれない。人間は相対的な現象世界と、顕現していないという意味で絶対的世界の「中間」にいる。と、いうことは、両者に通じていながら、そのどちらでもないということになろう。もちろん絶対の側からすれば、人間もまたその一部で「ある」ことになるが、同時にそれは相対的な世界と分離されたものではないから、絶対「ではない」ことにもなる。約言すれば、人間は絶対でもあり、相対でなくもないという二重否定の位置にいるのである。このことは「神霊」と「妖怪」の中間として考えても、同様であろう。

このように考えると、それは現代において再評価の機運にあるアニミズムの理路と通底してくるのではないだろうか。もちろん、第一節で述べたように、アニミズムを人間の霊魂を動植物や自然物に投影するものであるとしたら、それは妥当しない。このようなアニミズムは、円了が「演繹的妖怪」として批判したものでしかないだろう。しかし近年では、たとえばデスコラのように、アニミズムを世界の成り立ちを考え、人間と非人間との間に内面的な連続性を認める存在論的な様式の一つとして捉えるというアプローチも見られるようになった[37]。この場合、アニミズムは人間による投影の産物ではない。そうではなく、人間と非人間とは、もともと共通した基盤＝内面があるが、それが顕現した具体的な姿＝外面としては、たとえば鳥は鳥、クマはクマ、人間は人間というふうに、各々やはり異なるのである。これは「活物論」に酷似してはいないだろうか。そうであるとすれば、円了妖怪学のプログラムは、こうした新しいアニミズム解釈とも通底する試みとして、継承されてもよいのではないだろうか。

では、それは妖怪学の探究プログラムに、どのような方向性を与えるものなのだろうか。すでに述べたように、現代の民俗学研究においては、妖怪の非実在性をめぐる研究者の前提が疑念視されている。しかしアニミズム的視点をとるとすれば、この実在・非実在という視点も往還可能なものになるのではないだろうか。たとえば表面的には人間は人間、鳥は鳥であり、両者は截然と区別される。人間が鳥になることができなければ、鳥は人間ではない。しかし、両者を生かしている根源に視点を移すと、鳥も人間も内面的には区別のない「いのち」となるだろう。こうした両者の視点（そして潜在する複数の視点も）、そのどの一つも特権化されてはならない。しかし同時に、これら複数の視点を往還するためには、我々が複数の視点を日常において生きるしなやかさを養うことが求められるだろう。そしてこれは、現代の民俗学における問題意識とも共振するものである。

世界のすべては活きている。これが民俗学的な妖怪研究の対話から照射された、円了妖怪学の新たな可能性である。このように、円了妖怪学の継承のためには、民俗学や文化人類学とのさらなる対話は欠かせないだろう。

注

（1）奥野克己「アニミズム、「きり」よく捉えられない幻想領域」（吉田匡・花渕馨也・石井美保編『宗教の人類学』春風社、二〇一〇年）、二二九頁。
（2）加藤尚武「死生観の東西：井上円了の霊魂論」（『井上円了センター年報』第二五号、東洋大学井上円了研究センター、二〇一六年）、一一～一三頁参照。
（3）大島清昭「学祖の学問と民俗学」（清水乞編『井上円了の学理思想』東洋大学、一九八九年）、三〇〇頁。
（4）前掲書、三〇五頁。
（5）宮田登『妖怪の民俗学』（筑摩書房、二〇〇二年）、五四頁。
（6）小松和彦『妖怪学新考：妖怪から見る日本人の心』（小学館、二〇〇〇年）、一六頁。
（7）小松和彦「解説：井上円了の妖怪学とそれ以降」（『井上円了選集』第二一巻、東洋大学、二〇〇一年）、四五二頁。
（8）前掲書、四六二頁。
（9）小松和彦編『図解雑学　日本の妖怪』（ナツメ社、二〇〇九年）、二二六頁。
（10）香川雅信「妖怪の思想史」（小松和彦編『妖怪学の基礎知識』（角川学芸出版、二〇一一年）、四〇頁。
（11）前掲書、四一頁参照。
（12）廣田龍平「妖怪の、一つではない複数の存在論：妖怪研究における存在論的前提についての批判的検討」（『現代民俗学研究』第六号、二〇一四年）、一一五～一二〇頁参照。
（13）前掲書、一一四頁。

(14) 前掲書、一一九～一二〇頁参照。
(15) 飯倉義之「妖怪のリアリティを生きる：複数のリアリティに〈憑かれる〉研究の可能性」(『現代民俗学研究』第七号、二〇一五年)、一〇～一一頁。
(16) 大月松二「柳田國男講演『妖怪変化』筆記（昭和三年六月十一日)」(『伊那民俗研究』第一六号、柳田國男記念伊那民俗学研究所、二〇〇八年)、六六頁。
(17) 前掲書、五八頁。
(18) 前掲書、五九頁。
(19) 柳田國男「幽冥談」(大塚英志編『柳田國男山人論集成』角川学芸出版、二〇一三年)、三一～三二頁。
(20) 柳田國男『妖怪談義』(『柳田國男全集』第六巻、筑摩書房、一九八九年)、九頁。
(21) 前掲書、一五頁。
(22) 柳田國男「幽冥談」(大塚英志編『柳田國男山人論集成』角川学芸出版、二〇一三年)、三四～三五頁。
(23) 柳田國男『妖怪談義』(『柳田國男全集』第六巻、筑摩書房、一九八九年)、九三頁。
(24) 柳田國男「一目小僧その他」(『柳田國男全集』第六巻、筑摩書房、一九八九年)、二三一頁。
(25) 前掲書、二六七～二七八頁参照。
(26) 小松和彦『妖怪学新考：妖怪から見る日本人の心』(小学館、二〇〇〇年)、一八五頁参照。
(27) 柳田國男『明治大正史世相篇』(『柳田國男全集』第二六巻、筑摩書房、一九九〇年)、四九頁参照。
(28) 前掲書、四九頁。
(29) 柳田國男『妖怪談義』(『柳田國男全集』第六巻、筑摩書房、一九八九年)、一九三頁。
(30) 柳田國男『妖怪談義』(『柳田國男全集』第六巻、筑摩書房、一九八九年)、一六～一七頁参照。
(31) たとえばこの柳田の基準にしたがうと、「地縛霊」は「妖怪」なのか「幽霊」なのか不分明になるだろう。
(32) 柳田國男『先祖の話』(『柳田國男全集』第一三巻、筑摩書房、一九九〇年)、一二頁。
(33) 前掲書、一六五～一六六頁。
(34) 前掲書、一九四頁。
(35) 前掲書、一九八～一九九頁。

(36) 柳田國男「魂の行くえ」(『柳田國男全集』第一三巻、筑摩書房、一九九〇年)、七一一頁。

(37) デスコラによるアニミズム論については、秋道智彌編『交錯する世界　自然と文化の脱構築：フィリップ・デスコラとの対話』(京都大学学術出版会、二〇一八年)が多岐にわたる論点を提示していて参考になる。

明治期日本哲学における実在論の諸相

白井雅人

はじめに

井上円了や井上哲次郎の哲学を「現象即実在論」の系譜として位置付けたのは、船山信一であった。船山によれば、明治期の日本哲学は西周に端を発し、井上円了、井上哲次郎などの哲学を経て、西田幾多郎において完成するという系譜をたどるものであった(1)。そして船山は、明治期の哲学について、「本質において、またその主流は観念（即）実在論であり、現象即実在論である」（船山［一九五九→一九九九：一〇五］）と特徴づけ、現象即実在論の代表者として、井上円了、井上哲次郎、三宅雪嶺、清沢満之を挙げる（船山［一九五九→一九九九：一〇六～一〇七］）。この船山の議論はその後の明治期の哲学の研究に大きな影響を与え、西田幾多郎に至る明治期の日本哲学を「現象即実在論」の系譜として論じる試みが多くなされるようになった(2)。

明治期の日本の哲学者たちが「実在」を主題として論じていたのは間違いなく、彼らは同じように一即多の実在論と呼ぶべき哲学を展開していた(3)。しかし「現象即実在論」の完成者とされる西田は、「現象即実在論」という語を発案した井上哲次郎の哲学を評価していなかった(4)。また、井上円了の『哲学一夕話』や『哲学要領』は、井上哲次郎による「現象即実在論」に関する諸論文に先立つものであった。このような事実は見過ごされるべきではない。というのも、同じように実在を論じていたとしても、それぞれの実在理解に相違がある可能性を、これらの事実が示しているからである。だが、「現象即実在論」という構図に落とし込むことによって、各自の実在理解を十分に検討せずに、同じ「実在」を問題にしていたという理解を生み出す危険性がある[5]。彼らの「実在理解」を慎重に検討することによって、明治期の日本哲学における実在論の実相を明らかにする必要があるのではないだろうか。

このような問題意識に基づき、「現象即実在論」を改めて問い直すことにしたい。そのために、まず井上哲次郎と井上円了の哲学史理解を概観する（第一節）。彼らが哲学史をどのように理解し、その中で自らをどのように位置づけようとしたのかを明らかにすることによって、彼らの実在理解の基盤となるものが明らかになるであろう。次に、両者がどのように「実在」を捉えていたのかを論じる（第二節）。そのための手引きとなるのが、両者の宗教の捉え方である。二人は宗教をめぐって対立したのであるが、その対立の背景には両者の「実在」把握の違いがあった。宗教についての対立を参照することによって、両者の「実在」理解の差異が明らかになるであろう。そして、宗教と人間とのかかわりが明らかになることによって、人間理解の差異も際立たせられることになる。最後に、二人の井上と西田を比較することによって、現象即実在論をどのように考えるべきかについての示唆を得ることができるだろう（結語）。

一　哲学史における日本哲学の位置

一・一　井上哲次郎と「哲学史」

井上哲次郎は「日本民族思潮の傾向」という論文において、日本の哲学思想の過去の傾向と現在の傾向を論じ、さらに未来の傾向についての予想を行っている。この論文の検討を通して、井上哲次郎が日本の哲学思想の歴史についてどのように考えており、どのように自らを位置付けようとしたのか、明らかにしていこう[6]。

井上哲次郎によれば、日本の哲学思想は、日本に端を発するものではなく、仏教と儒教の輸入によって始まったものである。ただし、それらが輸入されてからすぐに哲学思想が生じたのではなく、八世紀から九世紀にかけて、最澄と空海らによって初めて仏教哲学と呼ぶにふさわしいものが成立したのである。彼らの思想が「哲学」と呼べるのは、「各〻自家独得の見」があったためである。十世紀には儒教が隆盛を極めたが、哲学思想と呼ぶにふさわしいものにはならず、漢籍を参考に講義を行うに留まった（思潮：三一）。その後、法然、親鸞、日蓮が現れ、仏教の優位が定まった。それ以降は徳川時代まで思想上に見るべきものは少なく、「哲学としては独り仏教哲学ありしのみ」という状態が続いた（思潮：三一〜三二）。

これらの記述から、経典や論書をもとに解釈したり講義を行ったりするだけでは、「哲学」とは呼べないと哲次郎が考えていたことが分かる。独自の思索をなし、同時に宗派の開祖となるような影響力をもっていたために「哲学」と呼ばれ得るのである。そして、独自の思索を行わず、漢籍を解釈するだけの儒教は、徳川時代にいたるまで「哲学」ではなかったのである。

しかし、徳川時代に入ると、儒教と仏教の力関係は逆転し、哲学としては儒教が支配的になった（思潮：三二〜三三）。その理由として哲次郎は、「日本民族の思想は実際的なり、現実的なり、果して然らば儒教は仏教よりも日本国民に親近にして且つ適切」（思潮：三三）だったことを挙げた。儒教が実際的で現実的であるために、日本国民に親しみやすく、適切なものとして受け入れられたというのである。では、どのような点で実際的で現実的であったのだろうか。

井上哲次郎によれば、中国の宋学は「理気二元論」に基づき、「現象」と現象を超越した「本体」を区別した。しかし、日本の儒学者たちはこの二元論を受け入れず、それぞれ一元論的な哲学を展開した。彼らは、経験可能な現象を超越した「本体」を認めず、本体と現象が同一であるという「理気合一論」や、経験可能な現象のみを認める「唯気論」といった、一元論の立場に立ったのである。それぞれの立場が異なっていても、経験を超越した本体を認めないという点で、日本の儒教哲学者たちは同じように経験的であり、現実的であるのである（思潮：三三〜三七）。非経験論的で形而上学的な思索を展開した仏教の諸宗派が衰え、現実的であった浄土真宗が大きな勢力をもっているのも、日本人の経験的・現実的傾向に合致したからなのである[7]（思潮：三七〜三九）。

こうして日本の哲学思想の傾向を描き出した哲次郎は、現在の哲学思想の状況を概観する。彼は、現在の哲学思想の代表者として福沢諭吉と加藤弘之を挙げ、その両者とも経験的で現実的であることを明らかにする。過去から現在に至るまで、日本の哲学思想は「経験的・現実的」であるという傾向を有するのである。同じように大陸に隣接する島国であるイギリスも経験論的な哲学の傾向を有することから、日本の哲学思想の傾向もその地理的条件に由来するものであると考えられる（思潮：三九～四五）。

しかし哲次郎は、日本哲学の将来の傾向として、単に経験的・現実的な思想にとどまらない可能性があるということを予測する。仏教哲学は先天的唯心論[8]であり、ドイツ観念論と同じ内容をもつ。それ故、仏教哲学の伝統をもつ日本はドイツ哲学を受け入れる素地が整っていると言える。そこから、仏教哲学とドイツ観念論を併せた超越論的唯心論が生じる未来が予測される。経験的・現実的哲学は浅薄な感覚主義や唯物論に陥る危険性があるため、仏教哲学的・ドイツ観念論的な超越的唯心論を通じてその問題点を是正する必要があるとされるのである[9]（思潮：四五～四九）。

さらに哲次郎は、現実的・経験的な思想と、超越的・唯心的な思想を「融合調和して、一種新規の哲学を胚胎せん、否、胚胎せざるべからざるなり」（思潮：五〇）と説く。二つの思想的潮流が相互の欠点を正すだけでなく、さらに進んで最終的には融合調和するようになるというのが、日本の哲学の未来像となるのである。

では、哲次郎はどのような立場を採用したのだろうか。昭和に入って彼は、自らの歩みを回顧して、「流行の唯物主義、機械主義、功利主義等に反対して、絶えず理想主義の側に立つて戦つて来た」（回顧：七三）と述べている。この言葉から、哲次郎は唯物論に対抗するために仏教的な「先天的唯心論」にある程度接近していったことが分かる。しかし、哲次郎が「実在」について「一如的実在」と名を与え、この一如的実在を「心物を融合せる一如的の状態」（認識：四三八）と表現していることを忘れてはならない。哲次郎は唯物論にも唯心論にも満足せずに、それらを融合した「現象即実在論」を唱えた。すなわち、唯心論としての仏教哲学の立場には定位できないのである。彼ははっきりと、「北方の仏教〔＝大乗仏教：引用者注〕も吠檀達派〔＝ヴェーダーンタ学派：引用者注〕

と大同小異の唯心論、併し夫は全く古人の謬見より起こつた世界観」（世界：五一二）と仏教の唯心論を否定する。彼にとって唯心論は、「此客観的世界と云ふものはまるで無いものである」（世界：四九七）という間違った意見をもつものなのである(10)。

このことから、哲次郎の現象即実在論は、仏教の唯心論に近付きながらも、現実的・経験的な儒教哲学の延長線上に位置づけられるということが予想される(11)。ただしそれは、上で見たように、浅薄皮相な現実主義に堕する危険性を避けるために、唯心論的思想と融合し、それと調和したものでなければならない。日本の儒学哲学がこの要求を充たすものであると哲次郎が考えていたならば、現象即実在論がその延長線上に位置づけられることになる。

それでは、哲次郎が、どのように儒教哲学を評価していたのか。中江藤樹の哲学についての、哲次郎の記述を見てみよう。

哲次郎は、中江藤樹の「我心は則ち太虚なり、天地四海も我心中に在り」という言葉を引いて、彼の哲学が唯心論的であると述べる（陽明：四九）。しかし、藤樹の哲学は仏教の誤りを正すものでもある。仏教は意志の消滅を説くが、「生命の存する限り、世界の存する限り、意の消滅すべき謂れはなし、是故に藤樹は意を誠にせよと教へて、仏教の謬見を破れり」（陽明：九七〜九八）と哲次郎は述べている。つまり、意志の消滅を説く仏教の誤った意見を、藤樹は「意を誠にせよ」という教えによって破ったのである。哲次郎にとって仏教は、意志を消滅させ、客観世界、現象世界から遊離する教えであり、現象即実在論にはそぐわない。一方、現象世界から離れずに「誠」を重視する日本の儒教哲学は、唯心論的傾向を有しながら現象即実在論に通底するものがあるのである(12)。

現象即実在論との共通性を確認するため、さらに哲次郎による藤樹の宇宙論についての記述も見てみよう。

藤樹は理気の妙合を説き、更に進んで理気共に是れ上帝の具有する二種の属性とし、幾んどスピノザ氏が心意と物質とを万有本体の属性とせる、一元的世界観と奇異なる暗合をなさんとせり、然るに藤樹の上帝は決して理気以外にあるものにあらず、分ちて之れを言へば、理気なり、合して之れを言へば上帝なり、同一の世界に

して両方面あり、差別として之れを見れば理気なり、平等として之れを見れば上帝なり（陽明：四七）

「理」は世界の「心」とされており、「気」は世界の「形」とされている（陽明：四八）。「形」は物質的要素を含むものであるから、理気合一論は心物融合を目指すものと考えられる。さらに心物の究極の根拠として「上帝」をおく。これはスピノザ的な一元論と類似している。だが哲次郎によると、藤樹の哲学はスピノザ的一元論に留まらない。差別（現象）としての理気と平等（実在）としての上帝が同一であるとも言われている。これらの記述から、「藤樹の哲学は、スピノザの実在論を越えて、現象即実在論に近付くものである」と哲次郎が認識していたことが分かるであろう。

井上哲次郎が、現象即実在論を哲学史の中にどのように位置づけたのか。彼は、仏教的唯心論を内包しながら、同時に現実的・経験的な側面をもつ儒教哲学の延長線上に、日本の哲学としての現象即実在論を見出したのである。

一・二　井上円了と「哲学史」

井上円了は仏教の原理と近代西洋哲学の歴史が一致することを『仏教活論序論』において説いていた[13]（III:361）。そこで円了は、西洋哲学の歴史を、「内」なるもの（認識主観等）を中心とする立場（唯心論、合理論、理性主義）、「外」なるもの（客観的対象等）を中心とする立場（唯物論、経験論[14]）、中道的立場の三つのパターンに分け、この三つのパターンを繰り返しながら発展するものとして哲学の歴史を特徴づけた。井上哲次郎の哲学史理解と対比させるために、円了の哲学史理解を、『哲学要領』の記述で適宜補いながら見ていくことにしよう。

ロックの経験論は「感覚上の外境を本」とした。すなわち、感覚を呼び起こす外なるものを認めていたため、客観的対象を中心とする立場に位置づけられる（I:137）。一方、ライプニッツは、「念想上の内境を本とする」立場とされる（I:137）。認識主体の外部に実体を認めていないため、「心内の念想を本としたるをもって唯心論の基を開きたる」（I:138）ものとされ、内なる認識主観を中心とする立場とされるのである。そしてカントは「これを統合」したため、カントの哲学が中道に位置づけられることになる（III:361）。

ヒュームは、「感覚のなんたるを究むるに至りて、その体また真とするに足らざる」（I:139）と主張する立場とされる。つまり、感覚の本体に当たる精神的実体を否定したため、唯物論に位置づけられる（III:361）。一方、ヒュームに先立つバークリーの立場は、精神的実体を認める立場であり、「物界は心界を離れて存せずという唯心論」である（I:138）。この両者を統合して、リードが「物心二元論を起こ」したため中道の立場に位置づけられる（III:361）。

フィヒテの立場は「我をもって起点となす」ために唯心論であるとされ（I:143）、「主観をと」る立場に位置づけられる（III:361）。「彼我両境の外に別に絶対の体を設けた」（I:144）シェリングは、外なるものを認めたという点で、「客観をとる」ものとされる（III:361）。ヘーゲルは「理想論を唱えてまた二者を調和」したものとして中道の立場に位置づけられる（III:361）。

また、中道の立場に位置づけられる哲学者として、ドイツ観念論とスコットランド常識学派の折衷を目指したフランスのクーザン（Victor Cousin）や、可知境と不可知境の折衷をめざしたスペンサーが挙げられている（III:361）。この二人は、円了が生きていた時代に近い哲学者である。円了は現在の哲学の主流が中道の哲学であると認識していたのであろう。

以上のように、西洋哲学史は唯物・客観の立場と唯心・主観の立場を経て、その中道を目指す歴史として描写される。ただし、真の意味での中道を達成した立場は西洋哲学にはないとも言われている（III:361）。円了は、この西洋哲学の発展のパターンを、仏教の宗派の発展に当てはめ、仏教と西洋哲学が一致すると論じることになる。すなわち、倶舎宗が唯物論の立場（III:363）であり、成実宗が唯物論から唯心論に向かう途中段階とされる（III:365）。法相宗が唯心論（III:366）であり、三論宗が中道の立場に向かう途中段階とされる（III:366）。そして、華厳宗と天台宗が中道に位置づけられる（III:366）。

では、井上円了の哲学は哲学史の中にどのように位置づけられるだろうか。円了は哲学の歴史について、「哲学の向上門の理論は三千年間の諸家の研究より大本は既に定まつて居る、只枝葉の末理を争ふだけが今日の哲学である」（使命：一〇）と述べている。円了の哲学理論のうち、「向上門」とされる理論哲学は、ほぼ完成された哲学の歴史の最終地点に位置づけられることになる。歴史的には唯物論、唯心論、中道の立場というパターンを繰り返すため、その最終地点にある円了の哲学は、真正の中道を目指すものとなる。

円了が目指すのが真正の中道であるため、彼自身の哲学も哲学の歴史をなぞるように、唯物論と唯心論の立場を通って、最終的に中道に真理を見出すものとなる。円了初期の哲学概論である『哲学要領』後編の目次を見れば、物心二元論からはじまり、唯物論、唯心論を経て、物心同体論で終わることが分かる（1:12-17）。また円了の活動の後期に作られた哲学堂公園の作りも、同様の構造をもっている。哲理門を通ることによって、世間の多元的な見方から、一元的な哲理へと進む（案内：一六〜二三）。円了は、自身の哲学において、哲学の歴史を反復しながら、真正の中道を指し示そうとするのである。そして、唯物園と唯心庭を通って、丘の上の絶対城に到る（案内：三）。そしてこの中道の道を正しく進んだものとして、仏教が位置付けられるのである。

井上哲次郎と井上円了の哲学史理解の検討を通じて、両者の差異が明らかになった。哲次郎の実在論は、彼が理解した限りでの儒教哲学に近いものとして展開されている。彼にとって仏教とは、唯心論であり、意志の消滅を目指す現象界への否定を含むものであった。一方、円了にとって仏教は、哲学と並んで、真理の道を示すものであった。円了の哲学は、仏教と西洋哲学の歴史がたどった、唯物、唯心、中道という道行を反復し、完成を目指すものであった。次節では、二人の実在観の差異について具体的に見ていくことにしよう。

二　宗教をめぐる対立

井上哲次郎と井上円了は宗教をめぐって鋭く対立した。この対立の背景には、それぞれの実在理解の差異がある。二人の実在理解の差異を際立たせるために、宗教についての論争を見ていくことにしよう。[15]

二・一　井上哲次郎の倫理的宗教の構想

井上哲次郎はまず、日本において、儒教、仏教、基督教、神道、いずれの宗教も力を失っていると論じる（将来：二〇七～二〇九）。宗教が力を失ってしまったために、教育と宗教の分離も起こる。その結果、教育において徳育が充分に上手くいかなくなってしまう。[16] 宗教に代わって倫理学が徳育の役目を担うが、倫理学的に知ったとしても、必ずしも実行に移すとは限らないからである。[17] そのため、徳育のための宗教が必要になっているとされる（将来：二一〇～二一二）。だが、各宗教にはそれぞれ短所があるために、日本の徳育に役立つことはできない（将来：二一三～二二一）。

そこで井上哲次郎は、各宗教の共通点を取り出して、その共通点をもとに徳育に役立つ新しい宗教を作り出す、ということを構想する。宗教に共通点がある理由として、それが同一の「実在」に基づいて成立することが挙げられる。そもそも「実在」は言語や文字で表すことができないものであるが、そこから世界観や人生観、一切の道義が生じるからである（将来：二二二～二二三）。

では、宗教の実在観はいかなるものであろうか。井上哲次郎は、（一）人格的、（二）万有的（汎神論的）、（三）倫理的、という三つの共通点を挙げる（将来：二二三）。しかし、ユダヤ教や基督教が汎神論ではないところから、万有的という特徴は宗教の共通点とはならない。それは宗教の本領というよりは哲学であるとされ、退けられる。万有的実在観念は、宗教として効力のあるものではないのである（将来：二二八～二二九）。

人格的という特徴も、「高尚なる哲理を了解すること能はざる幼稚なるもの」であるために、新しい宗教に相応しくないとされる（将来：二二六）。実在を人格的に考えることが間違っている理由として、井上哲次郎は以下の三点を挙げる。第一に、人格的である以上は個体でなければならないという点である。あらゆるものの根柢としての実在である以上、身体をもった個体とは考えられない。そのため、身体を離れた一個の精神と考えざるを得ないが、身体を離れた精神があり得るのか疑問である、というのである（将来：二二六～二二七）。第二に、因果律に反するという点である。人格的な実在であるならば、自由意志によって物理的進行に介入してしまうが、それは科学と相容れないというのである[18]（将来：二二七）。第三に、人格として個体である以上、どこかに位置をもっているはずだが、その位置を確定することができないという点である。世界の根柢としての実存は、世界とは同一ではないため、世界の内外のどこかに位置すると考えられないというのである（将来：二二七〜二二八）。

そこで倫理的な実在観こそが宗教にとってもっとも重要であるとされる。バラモン教や仏教では、実在としての梵天や如来が各自の内部に見出される。そしてこの実在に基づいて行為を行うという点で、倫理的である（将来：二二九〜二三一）。基督教でも、自身の良心の呼声として神の声が聞こえるという点で、倫理的である（将来：二三一〜二三二）。儒教でも天と人とが合一することによって正しく行為できるという点で、倫理的である（将来：二三二〜二三三）。神道でも、「正直の頭に神宿る」と俗に言われるように、倫理的である（将来：二三三）。このように、すべての宗教は倫理的であり、さらに共通の構造をもっている。すべての宗教において、自己の内に倫理的行為を導く超越的なものが見出されている。自己の内に超越的なものが見出されるという意味で、倫理的宗教は「人天合一」（将来：二三三）という構造をもつのである。

自己の内側に見いだされ、我々の行為を導くものを井上哲次郎は「大我の声」と呼ぶ。この大我の声は、個々人としての「小我」の意志に先立ち、平等無差別の実在界から来るものとされる（将来：二三六〜二三七）。そしてこの大我の声に導かれて、釈迦、基督、孔子は宗教の開祖となっていったのである。このような大我の声に導かれる倫理こそ、単に知識として学ぶ倫理学とは異なる、実効性ある倫理なのである（将来：二四〇）。

こうして、井上哲次郎が構想する新宗教のあり方が定まる。すなわち、それは「唯々倫理的の旨趣を有するのみにて、毫も人格といふものを取らざるが故に、今日の哲学及び自然科学と併存して、何等の撞着もあらざるなり」（将来：二四四）ということになる。すなわち、宗教から人格性が除去され、単に倫理的なものとなる。そしてその倫理的宗教は、「人天合一」という構造をもつことになる。

ここに井上哲次郎の実在観が明確に表れている。簡単にまとめてみよう。実在は「大我」とも言い換えられるものである。しかし「大我」でもあるが、人格的ではないものとされる。そして実在は、あらゆる現象の根柢にあり、とりわけ倫理的な力をもって人を動かすものとされるのである。

二・二　井上円了による井上哲次郎批判

井上円了は、以上のような哲次郎の議論を三つの観点から厳しく批判した。最初に円了が批判するのは、宗教の根本に倫理的なものを見出す哲次郎の立場である。円了は、宗教の一要素として倫理的なものがあることは認めるが、それは宗教の目的ではないとする。宗教の目的は不可知的なものへと進むことであり、その動機として人生の無常や不幸、人間の無力さが挙げられる（XXV:25-27）。知的学問では、人生の無常や不幸、人間の無力さを埋めることはできず、宗教のみがそれを行うことができる。宗教は、絶対平等不可思議な世界を示し、無限世界を通じて有限世界での問題を慰安するのである（XXV:27-29）。倫理は人々をこの「妙楽の心地」へと誘導するための手段の一つであり、あくまで可知界の事柄に過ぎないのである（XXV:29）。

円了の第二の批判は、諸宗教を統合した新宗教を作り出すということへの批判である。円了はまず、諸宗教に短所があることを認めるが、この短所は諸宗教の改良によって克服できると考える。さらに円了は、哲次郎が作り出した宗教を、他宗教は正統なものとは認めないだろうし、哲次郎の論敵であった加藤弘之なども認めないだろう、と批判する。できあがったのは「巽軒教」や「井哲宗」といった宗教の一派でしかないのである。また円了は、諸宗教の共通点を抽出した結果、無味無色になり、人々を引き付けることはできなくなるだろうとも批判する（XXV:42-47）。

円了の第三の批判は、人格性を除去するという点への批判である。円了によれば、人々を導く宗教は「知力の骨と情感の肉」を具えている必要があるが、人格性を除去した宗教は情感に欠け、人々を導く力がなくなってしまうのである（XXV:47-48）。円了は、報身の概念を例にして、仏教に人格性が不可欠であることを論じたのち（XXV:49）、宗教一般においても人格性が不可欠であることを力説する。人間は、「有限中の有限」であり、「相対中の相対」であり、「差別中の差別」である。そのような人間が絶対平等の無限なるものへと「一致冥合」するためには、無限を有限化し、さらに人格化する必要があるのである（XXV:49-50）。さらに円了は、絶対そのもののにも、消極的実在と積極的実在の両方面があると考える。消極的方面では、実在は「空々寂々あれどもなきがごとき実在」となる。一方、積極的方面では「勢力あり、活動あり、光明あり、開展ありて、有為有作の実在」となっている。いわば、自ら活動し展開するダイナムズムを具えているのである。この積極的方面の展開として、人格性が現れるのである（XXV:51）。そもそも「本来無限の実在が有限の実在を示す」のでなければ、人は実在を受け入れることはできないだろう。有限世界に現れない無限は、無と変わらないのである。運動する実在として、絶対平等の無限が可知界に現れる際に、人格という形をとることになる（XXV:51-52）。円了は哲次郎が「大我の声」を認めているのに、「大我の形色」を認めないのは不合理だとも述べる（XXV:52）。この後も円了は人格性について論を展開しているが、哲次郎と円了の実在理解の差異を際立てるには、ここまで見ていけば充分であろう。次に、人格性の問題を通じて際立ってきた実在理解の差異を具体的に見ていこう。

三　井上哲次郎と井上円了の実在観と人間観

哲次郎は、バラモン教を引いて「我精神は即ち梵天なり」（将来：二三〇）とか、儒教を引いて「我本体即ち天なり」（将来：二三二）と述べている。我々の自己がそのまま「大我」でもあるのである。「現象界には無数の我があるも一歩進むで超絶的に考ふれば我は一つである」（本体：二一六）と言われるように、現象界の個別的自己は、超絶的な観点に立てば、そのまま大我と一つになっているのである。我々の自己がそのまま大我であるので、実在から自己に働きかける必要がない。それ故、実在は人格的なものではなく、静的なものでよいのである。哲次郎は、一如的実在について、「現象を離れずして現象にあらず、即ち現象の他方面にして、空間時間及び因果の規定を超越するものなるが故に、縦横の差なく、上下の別なく、停住今 nunc stans に外ならず」（認識：四三六）と述べる。

彼にとって「実在は静的」であり「絶対としては発展の余地のあらう筈がない」（回顧：七六）のである。

一方既に見たように円了の実在は静的な側面があるとともに、動的な側面があり、有限者に対して人格という形をとって働きかけるものとなっている。円了にとって人間は、たとえ実在と繋がっていようとも、「有限中の有限なり、相対中の相対なり、差別中の差別なり」（XXV:50）というものであった。どのような人間でも無常や不幸、人間の無力を免れることができない（XXV:31）。そのため、絶対無限の実在からの働きかけなくして、実在との一致はなしえないのである。

長谷川琢哉が指摘するように（長谷川［二〇一三：四五］）、哲次郎の現象即実在論は無媒介に普遍と個別を結び付けるものであった。現象としての個別的自己はそのまま実在としての大我と一つになっている。一方、円了にとって個別的自己は、決して自力では実在と同一にはなれない。静的な側面をもつ実在が、同時に人格的に働きかける動的な側面をもつことによって、自己は実在を受け容れて一つになれる。この人間観の大きな違いによって、実在に人格性を認めるかどうかの差異が生まれる。哲次郎の現象即実在論は、無媒介に個別的自己と実在が結びつく一元論であった。確かに哲次郎は、現象にも価値を認め、現象世界を離脱するような思想を否定していた。しかし、無媒介に実在と一致するという点で、一元論と言わざるを得ない。その結果、実在は人格性のない静止した世界となるのである。一方円了が主張しているのは、絶対無限の実在と相対的な個人との間に、大きな差異があるということである。個人の力では絶対無限には至れず、絶対無限の働きかけによって実在と初めて一致できる。無媒介に一つにならないという点で、円了は非一元論的である。しかし、絶対無限の働きによって我々が実在と一致するという意味では、非二元論的である。非一元論かつ非二元論であるという点において、円了の実在観は哲次郎と大きく異なるのである。[19]

結語　西田幾多郎から見た哲次郎と円了

最後に船山によって現象即実在論の完成者と位置付けられた西田幾多郎と、哲次郎、円了との関係を見ていくことにしよう。それによって、現象即実在論の系譜とされるものを、どのように考えるべきなのか、示唆を得ることができるだろう。

西田は哲次郎に対する尊敬は終生もち続けていたが、序で見たようにその哲学に対しては否定的であった。一方円了については、若い頃に円了の『哲学一夕話』を読んで哲学の道を志したと西田は述べている[20]。ただしその哲学的内容についての言及は行わなかった。そのため、円了の哲学の内容を西田がどのように評価していたのかを明らかにすることは難しい。そこで、哲次郎と円了の論争の争点について、西田がどのようなスタンスだったのかを見ていくことによって、彼らの関係を考察していこう。

まずは、従来の宗教の共通点から新しい宗教を作ることについて、どのように西田が考えていたのかを見ていくことにしよう。西田は、哲次郎の新宗教論を受けて書いたと推測できる論文、「現今の宗教について」（一九〇一年）の中で、以下のよう述べている。

> 余は仏教と耶蘇教の改善を以て満足せんと欲する者なり、而も余の改善と云ふは仏耶両教そのものを改善せんとするにあらす、今日の宗教家が両教祖の真意に復帰せんことを望むものなり。（……）何を苦しんで浅薄なる学者の新宗教に雷同せんや。（西全一一：六七）

哲次郎の構想するような倫理的宗教は「浅薄なる学者の新宗教」に過ぎないとされ、仏教とキリスト教を改善すればよいというのが西田の立場になる。その意味では円了の批判と軌を一にしている。しかし注目に値するのは、仏教とキリスト教の改善が必要なのは、宗教家が両教祖の真意を忘れているからであり、その真意に復帰することこそが改善であるという主張である。円了が宗教の改良の必要を認めているのに対して、よりラディカルな立場でもあると言えよう。現在の宗教の問題は、宗教自身の問題ではなく、宗教家の問題であるため、宗教そのものの改善の必要がないという主張だからである。それゆえ西田の立場は、円了以上に、哲次郎の主張から距離を置いた立場である。哲次郎と円了は対立しているが、西田に比べれば、円了はまだ哲次郎に近い立場であると言えるのである。

次に、哲次郎のように実在と一体であることを強調するのか、円了のように人間の有限性を強調して実在との差異を際立たせるのか、西田の立場を見ていこう。『善の研究』（一九一〇年）の第四編は以下のように始まる。

宗教的要求は自己に対する要求である、自己の生命に就いての要求である。我々の自己がその相対的にして有限なることを覚知すると共に、絶対無限の力に合一して之に由りて永遠の真生命を得んと欲するの要求である。パウロが既にわれ生けるにあらず基督我にありて生けるなりといつた様に、肉的生命の凡てを十字架に釘付け了りて独り神に由りて生きんとするの情である。（西全一：一三五）

宗教が絶対無限の力に合一するという点においては、哲次郎にも円了にも通じる宗教理解である。しかし、自己が相対的であり有限であることを覚知し、神によって救われるという点で、神と自己の差異を強調する円了の立場に近い。しかも、ここでも西田は円了以上に、哲次郎と距離を置く立場である。「肉的生命の凡てを十字架に釘付け」るような徹底した自己否定は、哲次郎の体系にないだけではなく、円了の議論の中でも主題的に展開されるものではないからである。

自己の有限性が覚知され、徹底した自己否定が求められているため、円了同様、西田は実在に人格性を見出す。西田は神について、「統一的或者の自己発展といふのが凡ての実在の形式であつて、神とはかくの如き実在の統一者である」（西全一：一四五）と述べている。実在とは自己発展する動的なものであり、その統一の力として神があることになるのである。この力は、「神は無限の愛なるが故に、凡ての人格を包含すると共に凡ての人格の独立を認めるといふことができる」（西全一：一五四）と言われるように、すべての人格に愛として働きかけ、すべての人格の独立を助けるものである。このような実在や神について、西田は「実在の本質が人格的の者であるとすれば、神は最人格的なる者である」（西全一：一五九）と結論付ける。ここでも、西田が円了よりも徹底した立場であることがうかがえる。哲次郎は実在の人格性を否定し、円了は人格性を肯定した。西田はさらに、人格こそ実在の「本質」であると強く主張するのである。

人間を徹底的に相対的で有限な存在として捉える点、実在を人格的・動的にとらえているという点、絶対無限の働きかけによって我々の宗教的要求が満たされるという点、これらは井上哲次郎の理解と異なる点である。哲次郎に批判的であった理由を西田は具体的に述べていないが、人間や実在についての理解の差異がその理由の一つであることは推測できよう。むしろこれらの点で西田は円了に近いのである(21)。

以上のことから見えてくるのは、哲次郎の実在理解と人間理解は、円了と西田の理解とは異なるということである。そして西田は、円了よりも徹底しているために、哲次郎との差異が円了よりも大きくなる。西田は哲次郎と円了の間に位置しているのではなく、円了を越えてさらに哲次郎と離れた位置にいるのである。そのため、現象即実在論の系譜は円了から哲次郎を通って西田に至る直線とはならない。西田は哲次郎よりも円了に近いし、円了よりも哲次郎から遠い場所に位置づけられるからである。このことは、現象即実在論の系譜を検討する際に、見落としてはならない事柄であろう。

凡例

一　井上哲次郎の論文については、以下の略号を用い、本文及び注において、（略号：頁数）の形で表記する。引用に際して旧漢字を新漢字に改めた。

世界：井上哲次郎「我世界観の一塵」、（『哲学雑誌』第九巻八九号、一八九四年）
思潮：井上哲次郎「日本民族思潮の傾向」（『巽軒論文』初集、冨山房、一八九九年）
将来：井上哲次郎「宗教の将来に関する意見」（『巽軒論文』初集、冨山房、一八九九年）
認識：井上哲次郎「認識と実在の関係」（『哲学叢書』第一巻第二集、集文閣、一九〇〇年）
陽明：井上哲次郎『日本陽明学派之哲学』（冨山房、一九〇〇年）
本体：井上哲次郎「宗教の本体に就いて」（『巽軒講話集』初編、博文館、一九〇三年）
回顧：井上哲次郎『明治哲学界の回顧』（岩波書店、岩波哲学講座第十、一九三二年）

二　井上円了の著作のうち、『井上円了選集』所収のものについては、本書の統一的表記に従う。それ以外の著作については以下の略号を用いて、（略号：頁数）の形で表記する。旧漢字は新漢字に改めた。
案内：井上円了「哲学堂案内」（増補改訂三版『哲学堂案内』、哲学堂事務所、一九二〇年）
使命：井上円了「哲学上に於ける余の使命」（増補改訂三版『哲学堂案内』附録、哲学堂事務所、一九二〇年）

三　西田幾多郎からの引用は、『西田幾多郎全集』（クラウス・リーゼンフーバー他編、岩波書店、二〇〇二～二〇〇九年）から、「西全」という略号を用いて（西全巻数：頁数）という形で引用する。

四　その他の引用は、本文及び注において、著者名〔出版年：頁数〕のように記した。当該の文献は文献表によって知ることができる。また、再版されたものや全集等に収録されたものを参照した際には、出版年を〔初版年→参照したテキストの出版年〕の形で表記した。

五　引用文中で省略する場合は、（……）と表記した。引用文中に引用者が注記をする場合は、〔　〕で示し、その旨を明記した。引用文中における傍点などの強調はすべて原文のものである。

注

（1）「明治哲学は西周から出発し、その観念論は井上哲次郎において確立し、西田幾多郎において大成した」（舩山〔一九五九→一九九九：七五〕）。

（2）例えば井上克人は「西田と井上〔哲次郎：引用者注〕および他の現象即実在論者たち（特に井上円了と清沢満之）と

の実質的関連が考慮に容れられてしかるべきであろうと思われる」（井上［二〇一一：一五一］）と述べる。小坂国継も、「現象即実在論の系譜」として井上円了、井上哲次郎、清沢満之、西田幾多郎を論じる（小坂［二〇一三：二九五～四二四］）。藤田正勝は、井上哲次郎と井上円了のみを「現象即実在論」として論じているが、船山の明治哲学研究を「重要な論点を提示した」（藤田［二〇一八：九三］）と評価している。

（3）白井［二〇一八：二八七～三一〇］において、井上哲次郎、井上円了、清沢満之の実在論について、原子論を手引きにして、一即多の実在論であることを論じた。

（4）西田は、一九〇八年の田部隆次宛の手紙で、「小生はあまり井上さんの学術に感服せず　先生の事は悪口無礼せし事もある」（西全一九：一三五）と記しており、また一九二一年の山内得立宛の手紙においても、「井上さんがボルツァーノ全集を買はれたのは羨しい　多少猫に小判の感なきを得ない」（西全二〇：四〇）と書いている。ただし、西田幾多郎の娘である西田静子は「父の口から先生という言葉をきくのは、北條先生、ケーベル先生、井上哲次郎先生くらいであったかと記憶いたします」（西田［一九四八：九～一〇］）と述べているように、人間的には尊敬していた。

（5）もっとも極端な例として挙げられるのは、明治期の現象即実在論は「大乗起信論」を西洋哲学の言語で語りなおしたものであるとする渡部［二〇一四：一〇九～一一三］であろう。小坂も哲次郎、円了、清沢、西田の差異を慎重に検討して安易な同一視を避けながらも、「彼らの説く実在は『大乗起信論』の「真如」の観念にもっとも近いのではなかろうか」（小坂［二〇一三：二九八］）と述べている。

（6）なお、井上哲次郎は日本の哲学思想の歴史が「哲学史」と呼ぶべきものであるかどうかについては、明言を避けた。しかし、史的事実として日本哲学思想の歴史の概略を示すことは可能であるとした（思潮：三〇～三一）。また、彼は東洋哲学史の講義を行い、西洋哲学と東洋哲学の融合を目指した（回顧：八六）。これらの点を考慮に入れれば、論文「日本民族思潮の傾向」において、彼の考えていた「日本哲学史」の概略が示されていると考えられるであろう。

（7）井上哲次郎によれば、空海も、真言密教という神秘主義的な仏教を展開したにもかかわらず、「其世界観及び人生観の如きは頗る現実主義」（思潮：三八）であった。というのも「地水火風空識の六元素を以て万物の本体とせり、是故に空海が現象界を超絶することを敢てせずして、直に此現象界を以て真実なりとする」（思潮：三八）からである。すなわち六元素を越えた超越的実在を認めず、万物の本体を現象界に認めていたため、現実主義的と呼ばれる。

（8）仏教を唯心論と解釈するのは、東京大学文学部において初めて「仏書講義」を担当した原坦山の影響が考えられる。渡部［一九九八：一〇三］によれば、原は仏教を「心性哲学」と解していた。

（9）井上哲次郎は、その先駆的な仕事として井上円了の『破唯物論』を挙げている（思潮：四九）。

(10) 哲次郎は、真偽がある現象界の基準を当てはめて、実在を「真如」と呼称することも否定している（認識：四一八～四一九）。

(11) 儒教哲学の一元論のうち、「唯気論」は「唯物論」に近い立場とされるため（思潮：三五）、「理気合一論」が現象即実在論の立場に近いものになる。

(12) ただし、井上哲次郎は昭和に入って自らの仕事を回顧して、「支那、日本に発達した仏教哲学の中に大いに哲学上考慮すべきものがある」（回顧：八六）とも述べている。唯物論者との対決においては「理想主義」の立場に立っていたという点で、仏教哲学も重視していたということは間違いない。

(13) 仏教と西洋哲学が一致するという円了の考えを、図表を用いて簡明にまとめたものとして、佐藤［二〇一五：八七～八八］を参照。この論文で佐藤は、吉谷覚寿の講義から刺激を受けて、円了は仏教と西洋哲学が一致するという説を構想したのではないか、と論じている。佐藤の説が正しいのならば、円了の哲学の形成に重要な役割を果たしたのは、原坦山が講義した『大乗起信論』ではなく、吉谷が講義した『八宗綱要』と『天台四教義』ということになる。

(14) 経験論が「外なるもの」を重視する立場になるのは、経験内容は経験主体の外側からやってくると考えられるからである。後述のように、バークレーは精神的実体を認めているため、経験論者の中で例外的に「内なるもの」を重視する立場に位置づけられる。

(15) 宗教の論争を手がかりに井上哲次郎と井上円了の差異を論じる先行研究として、長谷川［二〇一三：二三～四九］がある。長谷川は二人の差異を、「現象即実在論という哲学的宗教を宗教の場面へと「応用」する」際に、哲次郎は「普遍性と個別性、社会と個人とを無媒介に接続する」が、円了は「それらを結びつけるための歴史的な特定宗教の媒介的役割」を重視したために生じるとした（長谷川［二〇一三：四五］）。これから見ていくように、両者の差異は「応用」の問題ではなく、そもそも実在理解とそれに伴う人間理解が異なるために生じる、というのが本論考の主張である。

(16) このような井上哲次郎の議論の背景には、「教育勅語公布から十年、日清日露戦間期の資本主義の昂進や条約改正による内地雑居の開始など、内外をとりまく急速なグローバリゼーションのなかで説得力を失いつつあった教育勅語の道徳を、いかに再構成すればよいかという、国民道徳の危機」（繁田［二〇〇八：一八八］）があった。哲次郎の議論に対する批判と、哲次郎による反論については繁田［二〇〇九：一七四～一七九］を参照。繁田の論考は、哲次郎と円了の哲学的な実在的理解の差異にまで踏み込んではいないが、本論考の執筆に際して大きな示唆を与えるものであった。

(17) 井上哲次郎は、倫理学を学んだところで実行するとは限らないことについて、美術の知識を得たところで美術作品を作れるとは限らないことと同じであると論じる（将来：二一一二）。

(18) 実在に自由を認めないならば、決定論となり、そもそも徳育の必要性もなくなるように思えるかもしれない。自由がなくすべてが決定されているならば、どのような行為にも責任を帰することができず、倫理的な問題そのものが意味をもたないからである。しかし、井上哲次郎は、決定論と倫理の問題が両立すると考えていたようだ。例えば彼は、原子論と心的な実体が両立すると考えていた(白井[二〇一八:三〇〇～三〇二])。すべての現象を原子の働きとみなす原子論と、心的現象の背後に心的実体を想定することが両立するように、決定論と心的実体を陶冶する徳育は両立するのであろう。

(19) 小坂は清沢満之の思想について「現象すなわち有限なものは自覚や実践を通して実在すなわち無限にいたると考えられている点が、両井上〔＝哲次郎と円了：引用者注〕の思想とは大きく異なっている。即が同時に即非であるという側面が顕著になっている」(小坂[二〇一三:三〇七])と評価し、西田幾多郎の『善の研究』についても「両井上との違いは、清沢と同様、そこに自己否定や自覚の契機が強調されていることである」(小坂[二〇一三:二〇九])と評価している。確かに、円了の体系において「即非」のような否定的契機は明示的に述べられていないかもしれない。だが、哲次郎との宗教的実在を主題とする論争において、自己の有限性が強調されており、そこに実在との非一元論的な立場を垣間見ることができる。清沢や西田にある否定的契機は円了において萌芽的に含まれており、その意味で、円了、清沢、西田の三人は、哲次郎と区別することができるかもしれない。そして、円了、清沢、西田の三人が浄土真宗と深い関係にあったという点は、考慮に値する事柄のように思われる。

(20) 『哲学一夕話』についての西田の証言に関しては、白井[二〇一二:一〇二]で概要をまとめた。

(21) 白井[二〇一二:一〇五～一〇六]では、西田の『善の研究』を検討し、円了の『哲学一夕話』との共通点を論じた。

文献表

井上克人『西田幾多郎と明治の精神』(関西大学出版部、二〇一一年)

小坂国継『明治哲学の研究』(岩波書店、二〇一三年)

佐藤厚「吉谷覚寿の思想と井上円了」(『国際井上円了研究』第三号、国際井上円了学会、二〇一五年)

繁田真爾「一九〇〇年前後日本における国民道徳論のイデオロギー構造――井上哲次郎と二つの「教育と宗教」論争にみる――」上(『早稲田大学大学院文学研究科紀要第三分冊』第五十三巻、二〇〇八年)

繁田真爾「一九〇〇年前後日本における国民道徳論のイデオロギー構造――井上哲次郎と二つの「教育と宗教」論争にみる――」下（『早稲田大学大学院文学研究科紀要第三分冊』第五十四巻、二〇〇九年）
白井雅人「井上円了『哲学一夕話』と西田幾多郎」（『国際哲学研究』第一号、東洋大学国際哲学研究センター、二〇一二年）
白井雅人「明治期における実在論の系譜と原子論：「一即多」の哲学の展開」（田上孝一、本郷朝香編『原子論の可能性：近現代哲学における古代的思惟の反響』、法政大学出版局、二〇一八年）
西田静子「父」（西田静子・上田弥生『わが父西田幾多郎』、弘文堂、一九四八年）
長谷川琢哉「円了と哲次郎―第二次「教育と宗教の衝突」論争を中心として」（井上円了センター年報二二号、東洋大学井上円了記念学術センター、二〇一三年）
船山信一『明治哲学史研究』（『船山信一著作集』第六巻、こぶし書房、一九五九→一九九九年）
藤田正勝『日本哲学史』（昭和堂、二〇一八年）
渡部清「仏教哲学者としての原坦山と「現象即実在論」との関係」（『哲学科紀要』二四号、一九九八年）
渡部清「日本哲学研究の新たな開始にむけて――「西田哲学」の独自性を検証する試みをとおして――」（『国際哲学研究』第三号、東洋大学国際哲学研究センター、二〇一四年）

ハーバート・スペンサーの宗教論と井上円了

長谷川琢哉

はじめに

東本願寺の留学生として設立間もない東大哲学科で学んだ井上円了は、西洋哲学を用いた仏教の復興を行った先駆者とみなされてきた。そしてその際、彼自身が高く評価した大乗仏教の思想が、しばしばヘーゲルの哲学となぞらえられていることもよく知られた事実である。「万法是真如、真如是万法というはヘーゲル氏の現象是無象、無象是現象と論ずるところに同じ」[1]といった言い回しは、円了の著作の随所で見出すことのできるものである。たしかに円了在学中の明治中期に、東大講師であったフェノロサによってヘーゲルを中心としたドイツ哲学が日本へともたらされ、円了がその影響を受けてヘーゲル思想と大乗仏教の思想に共通性を見出したことは間違いない。

その一方で、この事実をもって、円了の西洋哲学受容の中心にヘーゲルのみを見出すのはやや早計であるかもしれない。というのも、円了の著作の中にヘーゲル哲学に対する詳しい言及があるわけではないし、それゆえ大乗仏教とヘーゲル哲学の重ね合わせも、表層的なものに見えてしまう可能性があるからである。実際、近代仏教研究者のジュディス・スノドグラスは次のように述べている。

井上の仏教的概念と西洋哲学の同一化はつねに限定的であり、ヘーゲルと天台の教説が同一であるとの主張に見られるように、つねに孤立した事例から引き出されたものである。それはつまり、一貫した体系の一致ではなく、孤立した諸原理の一致なのである。井上は西洋哲学についていかなる説明も行ってはいない。西洋人の名前や西洋的カテゴリーは、むしろ、仏教の教えに導入するための道しるべであるように見える。つまり、西洋的教育を受けたものに仏教の領域を親しませるための導きであるように見える。井上は日本仏教に注意をひきつけ、関心を引き起こし、そして説明するために、西洋哲学の威信を援用したのである[2]〔強調：引用者〕。

スノドグラスの見方からすれば、円了は大乗仏教が哲学的に高度なものであるという主張を行うためにヘーゲルの名前を利用したにすぎず、そこには西洋哲学の本格的な受容や、ダイナミックな思想の交流が生じていたわけではないということになるだろう。いずれにせよ、ヘーゲルの何らかの著作に見られる議論と円了の主張とを直接比較するには、やや材料に乏しいことは事実である。

しかしながら、ここで十九世紀の進化論哲学者であるハーバート・スペンサーの思想に目を向けると、それとは異なる様相が見えてくる。円了在学中の東大哲学科は明治中期の「スペンサー・ブーム」の只中にあって、スペンサー受容の中心地として機能していた。そして実際、円了はスペンサーの諸著作を英語によって複数読み込んでいた形跡が残されており、円了の著作の中にも、そうした学習を踏まえたスペンサーの受容をはっきりと見て取ることができる。これに関して言えば、哲学史的な理解を除いて、英訳された文献ですら直接的な言及を見出すことのできないヘーゲルとは対照的である。

そこで本稿では、円了におけるスペンサー思想の影響についての一側面を明らかにすることを試みたい。ただし、円了によるスペンサー受容は広範囲にわたるため[3]、以下では円了の思想と行動においてとりわけ重要な意義をもつ「宗教」という主題に限定して考察を進めたい。

一　「グローバル宗教史」から見る井上円了

まずは円了におけるスペンサー受容の背景となる思想史的状況を確認しておこう。そもそも円了が東本願寺の留学生として東京大学で哲学を学ぶことになったのは、幕末・明治初頭におこった廃仏思想などの影響により、仏教界全体が苦境に立たされていたことが直接的な要因となっている[4]。新しい時代の宗門および仏教界を担いうるような人材を育成するため、円了は全国の宗門の子弟の中から選抜され、東大哲学科に留学生として派遣されることになった。「文明開化」の名のもとに日本に導入され始めた西洋の学問や、同時期に日本に急速に入ってきたキリスト教に対抗するために、「仏教」を理論的な側面から立て直すことが急務とされていたのである。

ところで、こうした円了（および仏教界）の課題意識が、どのようにスペンサーと結びつくことになったのか。このことを明確にするために、ここで「グローバル宗教史」という枠組みを導入しておきたい。この枠組を提案しているミヒャエル・ベルグンダーによれば、近代における「宗教」をめぐる歴史は、同時に進行するいくつかのプロセスの結果であるという[5]。まず一九世紀における急速な科学の発展とその帰結としての科学的な唯物論の拡大は、伝統的なキリスト教にとって大きな躓きとなった。これに対してたとえば自由主義神学は、キリスト教を「科学」とは異なる「宗教」として再定義するという方向へと進み、キリスト教は諸宗教の中の一つの「宗教」として位置づけられることにもなる。さらにこうした動きは、キリスト教の外部にももたらされた。一九世紀においては、とりわけヨーロッパの植民地となっていた（あるいはその可能性のあった）地域において、諸伝統を改良しようとする運動がいくつも生じた。ヒンドゥー教、仏教、イスラームといった諸伝統が、ヨーロッパの枠組みを通して自らを「宗教」として再定義し、場合によってはそのことが植民地支配に対する抵抗運動を活気づけることにもなった。その場合にはむしろ、伝統的なキリスト教が「科学」と対立したことを逆手にとり、自らを「科学」と矛盾しない「宗教」として再提示するということも行われた[6]。このような動きは、西洋の植民地支配と共に飛躍的な発展を遂げた「比較宗教学」の営みとも密接に関係しているのは言うまでもないだろう。いずれにせよ、一九世紀以降「諸宗教」は、科学との関わりの中で自らを再提示しつつ、他宗教と区別されながらも何らかの共通性をもつ「宗教」として規定されるようになっていく。こうして一般的な「宗教」性を背景にしながら諸宗教が分類されていくという一般的な宗教史が可能となる。こうしたプロセスの全体を、ベルグンダーは「グローバル宗教史」と呼ぶのである。

ところで、ベルグンダー自身が論考の中で言及していることからもうかがえるように、東大で西洋の科学や哲学を学び、それらを用いて仏教の復興を試みた井上円了の思想的・実践的営みもまた、「グローバル宗教史」という観点からその意義を見定めることが可能であると思われる。つまり、円了は、一般に「科学と宗教の対立」とも名指されてきた、一九世紀の科学的唯物論や進化論と伝統的なキリスト教との対立を背景としつつ、その中で東アジアの伝統である「仏教」ないし「大乗」仏教を、ひとつの「合理的な」「宗教」として再定義したのである。つまり「仏教」はキリスト教やイスラームといった様々な「宗教」の中の一つであり、かつその中でも際立った（たとえば「智的宗教」のような）特徴を持つ「宗教」であるという言説が成り立つには、「グローバル宗教史」と呼びうるような共通のプロセスが必要であるということである。

そしておそらく、このような枠組みを通して見ることによって、仏教の近代化を自らの課題としていた円了が、なぜ、そしてどのようにしてハーバート・スペンサーの思想を受容したのかということの意味も明らかになるだろう。というのもスペンサーは、進化論哲学者として当時最先端の理論を提示しながら、同時に「科学と宗教の対立」を正面から受け止め、両者の「和解」を試みた思想家でもあったからである。以下では、まずは一九世紀的な「科学と宗教の対立」という問題に対して、スペンサーがどのようなアプローチを行ったのかを理論的な観点から、やや踏み込んで見ていくことにしよう。

二　『第一原理』におけるスペンサーの宗教論

さて、ハーバート・スペンサーといえば、一般に、彼の用語である「適者生存（survival of the fittest）」とともに、「社会進化論」の提唱者として知られていることだろう。しかし「社会進化論」は彼の思想全体からすれば、ごく一部にすぎない。スペンサー思想の全体は、天体から生物、人間の倫理にいたるまでの宇宙のすべての現象を「進化の一般法則」に従って記述するという、『総合哲学体系』の試みによって特徴づけられる。スペンサーはその構想を一八六〇年に公表し、以後『第一原理』（一八六二）、『生物学原理』（一八六四〜一八六七）、『社会学原理』（一八七六〜一八九六）等の著作を次々と発表していった。

スペンサーの宗教論が集中的に論じられているのは、『総合哲学体系』の第一巻『第一原理（First Principles）』[7]においてである。この著作では、進化の法則に従うあらゆる現象の背後で働いていると想定される、「究極原因」あるいは「不可知的な実在（Unknown Reality）」というものが扱われている。そしてこの書はまた、明治中ごろの東京大学哲学科でもっとも熱心に読まれたもののひとつでもあった[8]。そこでまずは『第一原理』の論述に従い、スペンサーの形而上学の概要を確認しておきたい。

先に指摘したように、スペンサーの議論は、ひとつの論争状況を背景としたものであった。それは直接的にはダーウィンの『種の起源』（一八五九）によって深刻化した「科学と宗教の対立[9]」である。進化論の学説は、それが科学的な実証性に基づいて主張される一方で、人間は神が造ったとするキリスト教信仰と真っ向から衝突する部分をもっていた。また、そのため進化論の信奉者たちの中には、反キリスト教的もしくは反宗教的傾向を持つものも少なくなかった。当時最も影響力の強かった進化論は反宗教的言説と強く結びつき、科学と宗教の対立を激化させていたのである。

しかしながら、一九世紀の進化論哲学の代表者でもあるスペンサーは決して反宗教的ではなかった。それどころかむしろ、『第一原理』における彼の主要なねらいは「科学と宗教の和解」にあったのである。「科学と宗教双方の結論を結びつけるような考えを探し求めねばならない」[10]と、スペンサーは主張する。スペンサーは科学としての進化論とある種の宗教性を調和した、ひとつの哲学体系の構築を試みたのである。

スペンサーは『第一原理』において、人間の認識の全体を「不可知界（the Unknowable）」と「可知界（the Knowable）」という二つ領域に分けている。「不可知界」とは、人間の有限な知性では決して認識しえないが、しかし何らかの仕方でその実在が推測されるような領域のことである。それに対し「可知界」は人間にとって認識可能な領域であり、実証的かつ合理的な科学の対象となる領域、ひとことで言えば「現象」の領域である。

まずは「可知界」から考えてみよう。スペンサーによれば、われわれが見たり触れたりできる現象はすべて科学法則に従うものである。そこでは合法則性が支配しており、たとえば「奇跡」のような例外は生じえない。この意味でスペンサーの哲学は、現象世界への超自然的介入を信じるようなキリスト教信仰に対しては懐疑的な立場となる[11]。そして先にも触れたように、スペンサーの『総合哲学』とは、当初は生物学において主に展開されていた「進化」についての学説を宇宙全体へと応用し、宇宙におけるすべての現象を「進化の一般法則」（およびその他の科学的諸法則）によって説明するという試みであった。実際スペンサーによれば、宇宙のすべての現象は「単純なものから複雑なものへの移行」（たとえば単純な細胞が分化し、複雑な機能をもつ器官が形成される）という進化の法則に従っており、そして「進化」と「解体」というリズム（たとえば星雲から天体が形成され、やがて消滅するというリズム）に従って生成消滅していくプロセスとして描かれるのである。このようにスペンサーの進化論哲学は、まずは非常に科学的・実証的合理性に満ちたものであると言えよう。

しかしながら、そのような「可知界」がすべてではないとスペンサーは考える。「実証的知識が、可能な思考の全領域を覆うわけではないし、覆いうるわけでもない。発見の最終到達点にいたると、その向こうには何が横たわっているのか、という問いが生じる、あるいは生じざるをえない」[12]。つまり科学的な世界の認識は、その限界についての認識を伴わざるをえないということである。たとえば物質を取り上げてみよう。科学は物質についての様々な整合的な知識を積み上げてきた。しかしながら、そもそも物質とは何だろうか。物質とは無限に分割可能なものだろうか、あるいはどこかに分割不可能な段階があるのだろうか。いずれの場合をとっても、人間の有限な知性はそれを矛盾なく考えることができない。つまり物質の「本性」についての認識は不可能なのである。

そうであるならば、科学の対象である「現象」の認識的地位も変化せざるをえないだろう。スペンサーによれば「現象」とは、本来存在するものという意味での「実在（Reality）」が、人間の意識において識別可能なものとなった「現象（manifestations）」にすぎず、それゆえ「実在」そのものは認識不可能とみなされる。「あらゆる現象の背後に存在する実在は、知りえないものであり、また決して知られるべくもないものである」[13]。このような実在をスペンサーは「不可知的な実在（Unknown Reality）」と呼ぶのである。

そしてこの「不可知的な実在」こそが科学と宗教の対立を和解させる「結び目」となる。スペンサーは、あらゆる現象の背後にこの実在の働きを見てとっているが、それは宇宙全体の進化運動の原動力としての「力（Force）」ともみなされる。進化現象はそのような「力」によって生じる。あるいは言い換えれば、万物の根源に存する「力」が時間空間の内に現出した形態が「現象」である。しかし「力」そのものは現象ではありえず、それゆえ、それ自体はどこまでも不可知である。それは、現象世界のプロセスを説明するために必要なものとして想定されるにすぎない。このような「力」は宇宙全体の「第一原因（First Cause）」として人間の認識をどこまでも逃れる「無限（Infinity）」であるとされ、また何らかの「神性（deity）」をもつものとされる。要するにスペンサーの進化論哲学とは、科学的な諸法則に従う「現象」についての包括的な理論と、その背後で働く神的な原理とをひとつの哲学体系の内にまとめ、それによって科学と宗教の調和を見出そうとする試みなのである。

しかしそうだとすれば、宇宙の生成消滅の根本的な原理として、ある種の神的「力」を見出だそうという試みは、ほとんど「汎神論」に近いものではないだろうか。実際スペンサー主義者の中には、明確な汎神論を唱える者もいた[14]。少なくとも言えることは、スペンサー哲学において示されているのは、超越性をもった「実在」が、経験の外側から付け加わるのではなく、経験に内在するような仕方で存在しているということである。その限りで、スペンサーの哲学は「内在的超越」についての積極的な肯定を含んでいる。ただし、スペンサー哲学の枠内では、そのような超越的な存在が何であるのかを問うことはできない。それは有限な人間的知性を超えており、いかなる述語づけも許容しない「絶対（Absolut）」だからである。それゆえ、それは汎神論であるともないとも言うことができないのである。ここにはスペンサー的「不可知論」の微妙な立場を見てとることができるが、この問題については後述しよう。

いずれにせよ、スペンサーの『第一原理』においては、実証科学の方法論を徹底的に押し進めながら、その限界点に科学を超えた「不可知的」な領域が開かれることとなった。このようなスペンサーの試みは、ある意味では、科学の側からの唯物論に対する批判であるとも言えよう。実際、われわれが見たように、スペンサーは科学的な方法論を通して汎神論へと近づいていった。伝統的なキリスト教に対して懐疑的であったスペンサーは、科学時代においても維持しうるような、新たな、あるいは代替的な「宗教性」を求めていたと言うことができるだろう。

三．スペンサーの宗教進化論

以上の議論で、スペンサーがどのようにして宗教と科学を和解させたのかは明らかになった。スペンサーのそうした試みが円了に与えた影響を見る前に、次にスペンサーの宗教進化論について確認しておきたい。彼の宗教進化論は、とくに『社会学原理』[15]の一部である「宗教の回顧と展望」と題された章において展開されている。この章は独立して日本語訳がなされ、明治一九年（一八八六）に出版された[16]。スペンサーの宗教進化論も明治期には大きな影響力をもっており[17]、円了の宗教論を理解する上でも決して無視することのできないものである。

さて、スペンサーの形而上学においては、「不可知的な実在」あるいは「力」というものに宗教性が与えられていた。そしてスペンサーによれば、現実に存在する諸宗教（実定宗教）もそれと無関係ではない。スペンサーにおいて宗教とは、そもそも「不可知的な実在」、宇宙の根源にある神的な「力」を何らかの仕方で表象しようとする営みとみなされている。ところで現実に存在する宗教は、現実に存在する限りにおいては「現象」であり、そうである以上「進化の一般法則」に従うものである。つまり宗教もまた、進化のプロセスをたどるのである。そしてそれゆえにこそ、スペンサーは「宗教の回顧と展望」を語ることができたのであり、またスペンサーの宗教進化論は、近代化の方向を模索していた明治の宗教者たちにとって、来たるべき「未来の宗教」を探るための指針ともなりえたのである[18]。

さて、われわれは先に、スペンサーにおいて宗教とは「不可知的な実在」を何らかの仕方で表象することであると確認した。そしてスペンサーが宗教進化の段階を見てとるのは、まさしくその表象の仕方にある。スペンサーによれば、あらゆる宗教の共通点として見られるのが、現象の背後に何らかの見えない動因を探ることであるという。たとえば何か不思議なことが生じた際、人々は、それは幽霊（スペンサーの用語法では「二重映し（Double）」）の仕業であるとか、先祖の霊の仕業である等と想像してきた。スペンサーはそこに高次と低次の段階を見てとっている。スペンサーの宗教進化論においては、それは幽霊→祖先→多神教的神々→唯一神→全能遍在の神性（an omnipotent and omnipresent deity）といったかたちで進化していくとされる。そしてこのような進化のプロセスは、漸次的な「脱物質化」、あるいは、「脱神人同型化（deanthropomorphization）」という特徴によって説明されている。たとえば、原初的な人々は、何か不思議なことが起った時に、生きている人間と同等の力を備えた幽霊を想定するかもしれない。しかし社会や知性が進化するにつれ、より非物質的で非人間的な働き、遍在的な「力」を想像するようになるという。つまり現象の背後で働いている「力」を表象する際に、人間に近い個別的・特定的なものから、より人間を超越した普遍的な表象へと進化していくということである。「幽霊や神の脱・物質化を止めるものはなにもない（中略）神は触れることができなくなり、その後見たり聞いたりできなくなる[19]」。

こうしてスペンサーにおける宗教の進化とは、先の形而上学において認められた、宇宙に遍在する「不可知的な実在」ないし「力」を、別の表象（たとえば「人格神」）ではなく、できるだけ形を持つものから離れてとらえようとする方向へと進んでいくと考えられているのである。そしてそのような進化は、科学の進歩と同時に進んでいく。たとえば自然現象についての科学的理解が深まれば、人格神を用いるような旧来の宗教的説明（たとえば天神が雷を落とす等）は無効となる。そして最終的には宇宙の現象の背後にある「力」についての表象が、科学と宗教のある種の一致点として浮かび上がってくるのである。

科学が宗教的信仰や宗教感情を追い払うなどと考える人々は、旧来の解釈から取り除かれたどんな神秘も、新たな神秘に付け加わるということに気づいていないようだ。あるいはむしろこう言ったほうがいいかもしれない。旧来の神秘から新しい神秘へと移行することにより、かえって神秘は増し加わる、と。[20]

科学は、本来は不思議でないような事柄から神秘を取り除くが、その代わり、本当に不可知なものを明らかにして、その不可知なものの神秘性を高めるということになるだろう。このようにして、スペンサーの宗教進化論の最終的な場面においては、科学と宗教は相補的な関係を結ぶことになる。両者は協働しつつ、「不可知的な実在」ないし「力」についての物質的・人間的表象を取り払って純化していくことにより、あらゆる有限な規定をも免れた「不可知的なもの」を指し示すことへと向かっていくのである。

なお、ここでスペンサー自身が一般的な宗教史を描いていることにも注目すべきである。スペンサーの宗教進化論は、「不可知的実在」を軸にして「宗教」一般を規定しながら、諸宗教の差異を進化の程度によって分類し、それを発展史的に描くものであった。「宗教」なるものの普遍性を前提にしつつ諸宗教の差異を規定していくというスペンサーの宗教進化論そのものが、一九世紀的な「グローバル宗教史」という枠組みと歩みを共にしていると言えるだろう。

四　円了の仏教哲学

われわれはここまで、とりわけ「科学と宗教の対立」を背景として、スペンサーの哲学および宗教論について確認してきた。ところで、明治期の日本において哲学や科学を用いた仏教の復興を自らの課題としていた井上円了も、スペンサーと部分的に共通するような論争状況にいたと考えることができる。円了はしばしば明治期における排耶論、すなわち反キリスト教論者の代表とみなされることが少なくないが、しかし円了にとってキリスト教が第一の敵であったわけではない。

今日の仏者中にはその敵とするところのものひとりヤソ教にして、そのほかに真非を争うものなしと自信するものあり。これ今日諸学の存するところを知らざる論なり。今日の諸学には、物理学あり、化学あり、天文、地質、生物、生理等幾種あるを知らず。この諸学は真理を学界に立つるに至りてはみな宗教に反対するものなり。否、宗教を排斥するものなり。（中略）かくのごとき実験の諸学に対して仏教の真理を立てんとするときは、哲学によらずして何学を用うべきや。かの諸学の実験は有形にとどまるも、この哲学の研究は無形に及ぼすをもって、仏教のごとき無形上の真理は、哲学によりて証明せざるべからざること明らかなり。[21]

実際、日本への進化論も含んだ近代科学の輸入は、反宗教的傾向と結びついたものでもあった。実証科学や功利主義を輸入した明六社の同人たちは、学問的正しさを「実証」、「実験」に基礎づけ、それに反する主張を「空理空論」として退ける傾向があった。とりわけ東大総理であった加藤弘之などは、そうした観点からあらゆる宗教を批判していた。また明治初頭の「実学的」な学問の傾向は実証主義や功利主義と結びついて、宗教を「役に立たないもの」とみなすことも少なくなかった。[22]廃仏毀釈の憂き目にあった仏教を復興させようと東京大学で学んでいた円了を取り巻いていたのは、こうした知的環境でもあったのである。このようにして円了は、明治一〇年代の東京大学で新たに導入されつつあったスペンサーの哲学を積極的に摂取し、「宗教と科学の対立」を乗り越えるような仏教哲学の形成を目指したのである。

さて、実際に円了が展開した仏教哲学の基本構造は、まずなによりも『大乗起信論』における「真如」という概念と、スペンサーの「不可知的な実在」を重ね合わせるところにあった。[23]「真如とは法性といい、一如といい、法界といい、理性といい、種々の異名あれども共に一切諸法、万象万類の実体本源を義とす。（中略）その真如の体面に現立するものこれを事相という、現象の義なり、あるいは万法という、万象万有の義なり」[24]。真如は森羅万象すべての「本源実体」であり、あらゆる現象は真如の「対面」に現れるものであるとされる。そして現象は、真如のもつ「力」によって生成発展する。「物心は象（現象）なり、真如は体（実体）なり、物心の真如より開発するは力なり」。このように、円了の仏教哲学は、スペンサーにおける「実在」と「現象」との関係を、「真如」と「現象」との関係になぞらえ、あらゆる現象を真如（＝不可知的な実在）の「力」によって生成消滅するものと考えるのである。こうした枠組みは、非常にスペンサーに近いものである。

そして実際、円了においても「真如」が「不可知的世界」を形成する一方で、「力」（真如）の結果として生じる「現象」世界が「可知的世界」を形成するとみなされる。

可知的世界は万法界にて相対差別の境なり、不可知的世界は真如界にして絶対差別の境なり。また万法界には生死増減ありて時々刻々変化してやまざるも、真如界に至れば不生不滅、不増不減なり。故にまた可知的世界を生滅界と称し、不可知的世界を不生滅界と称す。迷悟はすなわち生滅、不生滅において分かるるものにして、この生滅変化の迷界を離脱し不生滅真如の悟界に転入するを転迷開悟という。迷悟両界は哲学よりいえる可知、不可知、もしくは現象、実体の名称をもってするも可なり。[25]

このような真如と現象の仏教哲学の形成は、まずはこの哲学が「現象」についての科学的理論を含み、同時に現象の背後にある宗教性を確保するという意義をもつものである。実際円了は仏教の科学的基礎づけを幅広く行っている。円了においても、現象は「因果の理法」、「物質不滅」（質量保存則）、「勢力保存」（エネルギー保存則）といった科学法則に従うものとされ、六道輪廻説や三世因果説などは物理的なものとも関係づけられて解釈される。それらは、あくまでも自然の斉一性の中におかれるのである。また円了においてはスペンサーと同様、真如の力が宇宙の現象すべての生成消滅の原動力となっているため、真如はまた、進化と解体というプロセスに従って生成消滅する宇宙全体の原理としても位置づけられる。それゆえこうした試みは、「実験の諸学」をも含みこみながら、その根源、あるいは極限に宗教性を見出そうとするというスペンサーの企てと同様の目的をもっていると言えよう。

スペンサーの『第一原理』を受容した円了の仏教哲学は、こうして科学的唯物論や「実験の諸学」の挑戦を受け止めることを通して練り上げられてく。それは、まずは「仏教」とりわけ「大乗」仏教の思想の内に、科学には還元できない「宗教」の領域を見定め、その上でなお、仏教を科学や哲学と矛盾しない、ひとつの「宗教」として提示するものであった。

五　モデルとしての宗教進化論

円了がこうした方向へと仏教を理論化していくに際しては、スペンサーの宗教進化論もひとつのモデルとなっていることを確認することができる。スペンサーの宗教進化論においては、知性や科学、社会の進化と共に、宗教的表象の「脱物質化」、「脱神人同型化」が進行すると考えられていた。そして最終的には万物の生成消滅の根源である普遍的な「力」を対象とするような宗教が最も進化したものであるとされた。円了は大乗仏教における「真如」をそのような宇宙に遍在する不可知的な「力」と重ね合わせることによって、仏教を一神教よりも進化した、「未来の宗教」として再提示したのである。

これについて円了は、『宗教新論』において明らかにスペンサーの宗教進化論を用いた議論を行っている。円了によれば、原初的な人々は万物の本源を「想像」によって表象しているが、「人智の進むに従い、その想像上の神体も道理上の神体となるは自然の勢いなり[26]」と述べ、さらに「人智いよいよ進み事理いよいよ明らかにして、始めて形質を離れ個体を去りて、純全たる道理界中に神体を立つるに至る」と述べている。つまり宗教の進化を、「形質を離れ個体を去」るという「脱物質化」、「脱神人同型化」というスペンサー的な基準をもって定めているのである。そして完全に形質を離れた道理上の神体を「理体」と規定し、それは「その体天地万物の中に普遍して存し、自ら万物を造出するにあらずして、万物自らその体中より現示する[27]」ものとしている。円了によれば、そのような「理体」は「仏教に立つるところのも」、すなわち真如に他ならない。つまり大乗仏教における「真如」のとらえ方は、円了の『宗教新論』において、宗教の進化がたどる順序である、多神教→一神教→理体神という進化の頂点に位置づけられるのである。そしてその体が「天地万物の中に普遍して存し」「万物自らその体中より現示する」と言われるところからもわかるように、このように再提示された仏教はきわめて汎神論に近しいものであるということができるだろう。

こうして一方で諸宗教は「真如」という不可知的なものを軸にして、その表象の仕方によってレベルの差異を含んだ諸宗教へと分類され、他方で「仏教」（より厳密に言えば「大乗仏教」）はその中でも最も進化した（あるいは最も脱物質化・脱神人同型化が進んだ）「宗教」として位置づけられることになる。

そしてもう一点付け加えておこう。スペンサーの宗教進化論は、円了の妖怪学の試み全体の方向性とも合致していることも看過できない事実である。円了の妖怪学とは、「妖怪の原理を論究してその現象を説明する学[28]」とされる。つまり、一見して不思議と思われるような妖怪「現象」を説明することが妖怪学の試みであるのだが、スペンサーおよび円了の哲学においては、「現象」は可知的な領域を形成していた。現象界で生じる出来事はすべて科学法則に従っており、少なくとも因果法則を破るようなことは生じえない。それゆえ妖怪現象はすべて説明可能・理解可能であり、それらは結局のところ本当の不思議とは異なる「仮怪」にすぎないのである。

しかしながら、円了の妖怪学は不思議なものすべてを否定するものではなかった。現象の背後にある真の不可知なもの、すなわち「真怪」（これは不可知的「真如」と同義である）の所在を明らかにすることが肝要であるとされる。円了妖怪学の中でも有名なフレーズである、「愚俗の妖怪は真怪にあらずして仮怪なり。仮怪を払い去りて真怪を開きたるは、実に妖怪学の目的とするところなり[29]」という一節にもそのことは示されている。

ところで、スペンサーにおける宗教進化も円了妖怪学と同様のプロセスを経るものである。スペンサーにおいては、低次の宗教は一見して不思議な現象に具体的・人間的な神的表象を与えていたが、科学の進歩がそれを退け、本来の宗教的対象、すなわち不可知的な「力」、「不可知的な実在」の表象へと向かわせるのである。スペンサーにおいても、この不可知的な領域は、どれほど科学が進歩したところで消え去らないものであるが、それが十全に明らかになるためには、科学の進化が不可欠であるということでもある。

さて以上のように見てくると、円了にとって、スペンサーの受容が仏教の近代化において本質的な役割を果たしていたことはもはや明らかであるだろう。それは科学的唯物論等に脅かされた時代において、仏教になおも有効な「宗教」性を見出すための必要不可欠な理論を提示したのであり、仏教をひとつの際立った「宗教」として表象するため有効なモデルとなったのである。

むすびにかえて

本稿ではこれまで、井上円了が、なぜ、そしてどのようにスペンサーを受容したのかを確認してきた。そしてそのための背景として「グローバル宗教史」という枠組みを導入し、そこには一定の効果があったと思われる。とはいえ、これまでの議論の中では扱うことのできなかった論点もいくつか残されている。そこで最後に、宗教的「実践」という主題から開かれる別の問題系を提示して本稿を閉じることとしたい。

そもそも本稿が見てきたスペンサーの議論は、あくまでも理論的な場面にとどまっており、そこには「宗教」に関する議論として完結するには重要な要素が欠けているという側面がある。そしてそれはスペンサーの「不可知論」に関わる問題でもある。[30] スペンサーの『第一原理』は汎神論に近づきながらも、最後の場面ではあくまでも不可知論にとどまっていた。つまりスペンサーにおいては、「不可知的な実在」は科学と宗教の根底として要請されるものではあるが、それ自体は人間の有限な認識能力にとってはあくまでも「不可知的」なままであり続ける。しかしながら、そこにとどまる限りにおいて、不可知論的な宗教論は、実際上いかなる実効性も持ちえないのではないか。こうした疑問は、実際スペンサーの同時代から提起されているものだった。[31] また、東大哲学科の講師であり円了もスペンサーについての講義を受けたフェノロサも、ある講演で不可知論を「不幸な病」と呼んでいた。[32]

少なくとも円了にとっては、あらゆる有限の背後に不可知的な実在が働いていると理論的に主張するだけでは不十分であった。そのような実在はどこまでも有限なる知性の把握を逃れるものであるとしても、それでも何らかの仕方で実践的にアプローチしなければ、それに基づいた現実的な宗教は成立しえないからである。

ここで問題を別の角度から考えてみたい。哲学館でなされた円了の講義録に『比較宗教学』というものがある。そこでは円了は宗教学者のマックス・ミュラーを引き合いに出しながら、「宗教心」という主題から宗教について考察している。スペンサーにおいては宗教の普遍性は「不可知的な実在」という把握しえない対象の側から規定されていたが、ミュラーはそれを人間に備わった無限を把握する能力としての「信」、すなわち主体の側の「宗教心」からとらえている。[33] まずは円了も、ミュラーの言う人類に普遍的に備わる「宗教心」という考えを受け入れているのだが、ただし、ミュラーが宗教心はあらゆる人間に最初から備わっていると考えるのに対して、円了はそれを有限の人間の内に潜在的に含まれているにすぎないと主張する。そして、次のように述べている。

この点に関しては経験派が論ずるごとく、無限の思想は有限より発達したるものなりというをもって、むしろその理を得たるものとなさざるべからず。けだしその説に従うときはすでに有限発達して無限をなすというものなれば、有限も実は単純なる有限にあらずして、無限を含蓄したる有限とみなさざるべからず。この有限、

その中に含蓄せる無限を開発してようやく無限の思想を潤大ならしむるを名付けて、これを進化というなり。(34)

ここで円了が述べているのは、有限の中に潜在的に含まれている無限を開発して、いわば有限から無限へと「進化」するという宗教的実践の問題である。このようなことが可能となるには、そもそも有限と無限の何からの同質性が前提される一方で、他方、その両者の差異もまた認められなければならない。そして有限から無限への「進化」というプロセスは、それ自体常に途上であり、決して進化の極点へとすでに達してしまったということにはならない。実際円了は、「有限の進歩とともに無限もともに開現せられ」るという過程について、「なお一山をよじれば他の一山更に高く、高きもの上り終わればまた別に更に高きものを見、一進一登窮極なきがごとくならん(35)」という際限のなさを強調している。進化論モデルによってとらえられる宗教の「実践」という問題から見ると、「真如」や「不可知的なもの」のとらえがたさは、そこへと至ろうとするための際限の無い運動を経てもなお、汲み尽くすことのできない無限性という主題に移し替えられるのではないだろうか。そしておそらくこの主題は、「グローバル宗教史」という枠組みの中で、普遍的なものの表象にまとわりつく免れえない有限性の問題として、政治的な観点も含めて再考される必要があるだろう。

注

（1）井上円了『哲学要領 前編』（I:104）

（2）Judith Snodgrass, *Presenting Japanese Buddhism to the West: Orientalism, Occidentalism, and the Columbian Exposition*, London and Chapel Hill: The University of North Carolina Press, 2003, p.147.

（3）円了において明確にスペンサーの影響を見て取ることができるのは、生物学、心理学、社会学、純正哲学、宗教論、倫理学と多岐にわたる。その中でも特に踏み込んだ解釈がなされているのは、『倫理通論』におけるスペンサー倫理学であるだろう。この書において円了は主にスペンサーの *Data of Ethics* を参照しつつ自身の倫理学説を展開している。

（4）円了が東本願寺の教師教校を経て東京大学の留学生となるまでの過程については、以下に詳しい。三浦節夫『井上円了

——日本近代の先駆者の生涯と思想』、教育評論社、二〇一六年。

（5）Michael Bergunder, "Religion" and "Science" within a Global Religious History,' *Aries-Journal for the Study of Western Esotericism* 16, 2016.

（6）たとえばイギリスの植民地となっていたセイロン（スリランカ）の仏教復興運動については以下に詳しい。リチャード・ゴンブリッチ、アナナート・オベーセーカラ『スリランカの仏教』（島岩訳）、法蔵館、二〇〇二年。

（7）Herbert Spencer, *First Principles, in The Works of Herbert Spencer* vol.I, Osnabrück: Otto Zeller, 1966.

（8）スペンサーの『第一原理』は東京大学における外山正一の「心理学」講義、およびフェノロリの「哲学史」講義等で用いられたが、円了は個人的にこの書（特に第一部「不可知的なもの」の部分）を集中的に読解し、ノートにまとめている。Cf. ライナ・シュルツァ「井上円了『稿録』の研究」『井上円了センター年報』第一九巻、二〇一〇年。また、スペンサーおよび進化論の日本における受容について詳細にまとめた最新の研究として、以下のものがある。Clinton Godart, *Darwin, Dharma, and the Divine*, Honolulu: University of Hawai'i Press, 2017.

（9）Michael Taylor, "Introduction", in *Herbert Spencer : Collected Writings*, London: Routledge, 1996, p.vii.

（10）Herbert Spencer, *First Principles, ibid.*, P.15.

（11）実際スペンサーは『自伝』において、キリスト教信仰に対する幼少時からの違和感を繰り返し描いている。Cf. Herbert Spencer, *An Autobiography*, in *The Works of Herbert Spencer* vol.XX-XXI, Osnabrück: Otto Zeller, 1966.

（12）Herbert Spencer, *First Principles, ibid*, P.11.

（13）*ibid*.,p., P.50.

（14）アメリカのスペンサー主義者たちの間には、エマソンの超絶主義に由来するであろう汎神論的な傾向を持つものが少なくなかった。その代表者としてはジョン・フィスクが挙げられる。

（15）Herbert Spencer, *Principles of Sociology*, in *The Works of Herbert Spencer* vol.VIII, Osnabrück: Otto Zeller, 1966.

（16）スペンサー『宗教進化論』（高橋達郎訳）〔初版一八八六年〕、『宗教学の形成過程』第二巻、クレス出版、二〇〇六年。なお、本書の訳者は民権派の人物であり、板垣退助が序文を付けている。

（17）たとえば有賀長雄の『宗教社会学』はほとんどスペンサーの宗教進化論に基づいたものであった。また、東京大学に招聘されたばかりのフェノロサが明治一一年（一八七八）に行った「宗教ノ原因及ビ沿革論」という講演はスペンサー宗教論を用いてキリスト教を批判するという趣旨のものであった。Cf. 山口静一『フェノロサ』上、三省堂、一九八二年。および山下重一『スペンサーと日本近代』、御茶の水書房、一九八三年。

(18) スペンサー的な議論を使って「未来の宗教」を論じる論者は多くいたが、「倫理的宗教」を語る井上哲次郎もその一人である。Cf. 井上哲次郎「宗教の将来に関する意見」『哲学雑誌』第一四巻一五四号、一八九九年。および、長谷川琢哉「円了と哲次郎——第二次「教育と宗教の衝突」論争を中心にして」『井上円了センター年報』第二二号、東洋大学、二〇一三年。

(19) Herbert Spencer, *Principles of Sociology*, *ibid.*, p.831.

(20) Herbert Spencer, *Principles of Sociology*, *ibid.*, p.839-840.

(21) 井上円了『仏教活論本論第二編顕正活論』(IV:208)。

(22) Cf. 松本三之介『明治思想史』、新曜社、一九九六年。

(23)『大乗起信論』とスペンサーの重ね合わせは、円了にさきがけて井上哲次郎が指摘していた。しかしそれをひとつの哲学体系として構築し、一般に普及させたのは円了である。Cf. 渡部清「仏教哲学者としての原坦山と「現象即実在論」との関係」『哲学科紀要』第二四号、上智大学哲学科、一九九八年。なお、真如と実在を関連づけるという仏教哲学は広く普及しており、スペンサーの『宗教進化論』の訳者は、本論の中でスペンサー的「実在」が真如となぞらえられるものであるとの注を付している。「実体〔Reality〕とは実相と稍や相似たるの意義にして印度の哲学に涅槃真如の妙体が万法に具足せるを実相と称し諸法は実相真如の体なれども煩悩の雲に覆はれて無常の悲を現はせりと説けり」。スペンサー『宗教進化論』、前掲書、五六～五七頁。

(24) 井上円了『仏教活論本論第二編顕正活論』(IV:268)。

(25) 井上円了『仏教哲学』(VII:118)

(26) 井上円了『宗教新論』(VIII:23)。

(27) 同右 (VIII:24)。

(28) 井上円了『妖怪学講義』(XVI:20)。

(29) 同右 (XVI:22)。

(30) スペンサーの「不可知論」の問題については、筆者は別のところで論じている。長谷川琢哉「ヴィクトリア時代英国の不可知論をめぐる論争と井上円了」『井上円了センター年報』第二五号、東洋大学、二〇一六年。

(31) 当時、英国のコント主義者を代表するフレデリック・ハリソンは、スペンサーと直接論争を交わし、「不可知論」は宗教としての効果を持ちえないという主張を繰り返し行っていた。Frederic Harrison, Herbert Spencer, *The Nature and Reality of Religion: A Controversy between Frederic Harrison and Herbert Spencer*, ed. by Eugène Goblet d'Alviella, New York: D. Appleton and Company,

1885.

(32) 詳しくは拙論を参照されたい。長谷川琢哉「ヴィクトリア時代英国の不可知論をめぐる論争と井上円了」、前掲書。
(33) マックス・ミュラー『宗教学入門』(湯田豊監修・塚田貫康訳)、晃洋書房、一九九〇年。
(34) 井上円了『比較宗教学』(VIII:86)
(35) 同右(VIII:87)

第三章

哲学の実践

井上円了と民衆教育——修身教会関係雑誌について——

佐藤　厚

一　問題の所在

井上円了（1858-1919. 以下円了と略称する）の教育事業は、一八八七年（明治二〇）にはじまる哲学館と一九〇三年（明治三六）にはじまる修身教会運動とに大別される。前者は学校教育であり、後者は社会教育、民衆教育である。

一九〇三年（明治三六）、円了は「修身教会設立趣意書」を発表した。修身教会とは、道義が退廃した当時の状況を改善するため、教育勅語の普及による国民の道徳の向上を目指すための組織であった。円了が修身教会のモデルとしたのは西洋の日曜教会である。円了はこれを各地方に設立するため全国を巡回講演して教会の設立を訴えた。「修身教会設立方案」[1]には修身教会の目的、次第を次のように説いている。

一、修身教会の目的は国民に吾人の平常守るべき諸般の道徳を知らしめ且つ行はしむるにあり、
一、此教会は各町村人民の協議によりて設立し、其団体の自治によりて管理し、其地方の情況に応じて組織すべし、
一、此教会は毎日曜若くは隔週又は毎月一回づつ開くべし、

一、此教会は寺院に於て此を開き、僧侶教員各出席して講話を為し、町村民尽く其会員となるべし、而して会長には町村長若くは町村中の最も名望あるものを推薦し、町村内の僧侶及び教員を皆講師として待遇すべし、

一、開会は日曜日午前九時より十一時までをよしとす、最初に勅語を奉読し、次に教員一名僧侶一名、都合二名の講話をなし、其前後に音楽唱歌を入るる様にすべし、仮に左の如き順序を定む、

第一次　音楽唱歌　第二次　勅語奉読
第三次　音楽唱歌　第四次　講話一席（教員）
第五次　音楽唱歌　第六次　講話一席（僧侶）
第七次　音楽唱歌

円了はこれが全国で行われることを願ったのである。

さて修身教会運動は大きく分けて三つの分野から構成されると考える。第一には、円了がその設立を説いて回った全国巡講、第二には、修身教会の中心地ともいえる哲学堂の建設、そして第三には修身教会の中心組織の雑誌である修身教会関連雑誌である。

先行研究では、修身教会関連雑誌である『修身教会雑誌』や全国巡講の記録である『南船北馬集』などをもとに、修身教会の目的や効果などが論じられてきた[2]。筆者もこの数年、当時の新聞、雑誌記事を調査し、円了の巡回講演の記録を発表している[3]。ただ、調査を進める中で、この運動を深く研究するためには、前述した第三の教会関係の雑誌の調査が必要であると感じるようになった。先行研究でとりあげられている『修身教会雑誌』は一〇号まであり、それ以後については閲覧が容易でないこともあり、とりあげられることはなかった。そこで筆者は井上円了研究センターに所蔵されている資料を閲覧させていただき二本の論文を書いた。第一には、明治三七年から三九年まで全三五冊刊行された『修身教会雑誌』を対象として、第二には、『修身教会雑誌』の後継誌であり明治四〇年から四四年まで五八冊刊行された『修身』を対象として、それぞれ総目次を作成するとともに簡単に内容を紹介し

た。[4] 本稿では、これら二本の論文を整理し内容を補充する形で、修身教会関係雑誌の性格や『修身教会雑誌』と『修身』との違いなどを整理し、その背後にある時代相の違いなどを考察する。

二　『修身教会雑誌』

二—一　基礎事項

（一）号数

『修身教会雑誌』は一九〇四年（明治三七）二月一一日に第一号が刊行され、一九〇六年（明治三九）一二月一一日に刊行された三六号で終了する。ここからすると雑誌は全三六冊あるはずであるが、実際には三五冊である。それは一三号が存在しないからである。一九〇七年（明治三八）二月一一日に刊行された一四号には、一九〇七年（明治三八）二月一日に『軍国の青年』と題して雑誌を発行し会員にだけ頒布したため、それを一三号にあてるという。[5] この『軍国の青年』という雑誌については現在のところ存否などは不明である。

（二）体裁の変化

『修身教会雑誌』は一号から一〇号までと一一号から三六号までとでは体裁が異なる。一号から一〇号までは判型が横長（一六センチ×二三センチ）であり頁数も平均六二頁あるが、一一号から三六号までは判型が縦長（三六センチ×二五センチ）になり頁数が平均二六頁になる。これは印刷費の削減のためである。円了は「修身教会雑誌体裁変更の理由」（一〇号）で、日露戦争による倹約の風潮が修身教会設立および雑誌講読の妨げになっていることから、印刷費を削減するために雑誌の版式を変更したことを述べる。また、一号から一〇号までは、後に『修身教会綱要』として合冊したものが刊行されている。[6]

また、一号から一〇号まで（八号を除く）には冒頭に口絵欄があり、その時々の主張をイラストで描いている。

口絵の内容は、一号「国体精華之図」、二号「旭日と朝露」、三号「武装の兵士」、四号「忠節の図」、五号「哲学堂の図」、六号「武士灯の図」、七号「哲学堂八景之図」、九号「誠心砲の図」、一〇号「朱了真蹟「忠孝」」であり、内容から『教育勅語』の内容、哲学堂関連、日露戦争関連に分けられる。

一一号からは口絵はなくなり、地球を描く中に亜細亜(アジア)、欧羅巴(ヨーロッパ)、亜非利加(アフリカ)という文字を書き、日本の部分から旗の軸が伸びて旗の中に「修身教会雑誌」という文字が記されている。

(三) 発行団体、発行者、発行所

発行者は安藤弘(東洋大学幹事)、発行所は東京市小石川原町哲学館大学内修身教会雑誌発行所である。

修身教会幹部は、修身教会発起者が井上円了、評議員が西脇玉峰、神崎一作、田中治六、高島円(米峰)、小林辰蔵、安藤弘、安藤正純、境野哲、三石賤夫、三島定之助である(第一〇号)。また会員の人数は八九〇名である。[7]

(四) 価格

価格は一号から一〇号までと一一号から三六号までは異なる。一号から一〇号までは、[8]

一部(一か月分)一〇銭、

六部(六か月分)六〇銭、

一二部(一二か月分)一円二〇銭、

で、郵税はなかったのに対して、一一号から三六号までは、[9]

一部(一か月分)四銭、郵税五厘(合四銭五厘)

六部(六か月分)二二銭、郵税三銭(合二七銭)

一二部(一二か月分)四四銭、郵税六銭(合五〇銭)

となり、前述した印刷費削減のために雑誌の値段も当初の半額以下の価格となっている。

なお会員は雑誌維持費を支払うことにより雑誌の贈呈を受けることが定められていた。一号から一〇号までは一円、一一号から三六号までは四五銭である。

（五）記事数

記事数の合計は四一八本である。計算に際して、通常の記事を一本と数え、通信、報告記事などの雑報はまとめて一本と数えた。前述した体裁の変化に伴い、一号から一〇号までは平均一六本なのに対し、一一号から三六号までは平均一〇本とそれまでに比べて少なくなっている。

（六）執筆者

執筆者数は一一二名（団体含む）である。その名称を五十音順に列挙すると次のようになる。

（あ行）相沢恵海、相沢柳絮、阿波加正顗、荒浪岳川、有馬有政、安藤鉄腸、飯田克一、伊沢修二、石黒忠悳、石黒万逸郎、石原喜久太郎、石本秋園、板垣無前、伊藤圭介、井上円了（井上甫水、不思議庵主人）、井上哲次郎、井原正丸、今村猛雄、内田周平、桜郷学人、大内青巒、大屋久馬、岡本久八、尾戸長熊、（か行）加藤弘之、加藤咄堂、鼎義暁、亀谷聖馨、辛島貞英、河津悠存、北沢定吉、御風、小林逸耕、小森理一、近藤寿治、（さ行）斉藤唯信、境野黄洋、佐々木祐定、佐藤学励、佐藤顧含、沢柳政太郎、柴崎恒信、柴田得隆、島大然、島地黙雷、下田義照、関根正直、瀬戸与三郎、千里生、園井清雄、素山生、（た行）高島平三郎、高島米峰、高瀬武次郎、高橋珍中、高橋珍平、武部遯吾、橘邦道、田中栄蔵、田中秀宝、田中治六、谷泰猛、谷本富、近角常観、佃十知、土屋弘、坪井正五郎、哲学館学生、寺井恵隆、天尊通人、東海乙吉、富田秀一、（な行）中島徳蔵、中島力造、中西彦太郎、中村久四郎、長根禅提、南条文雄、西沢新次、西山悊次、野口弌、（は行）秦英元、秦敏之、獏、彦坂謙照、藤枝辰之助、藤岡勝二、フランク・サースチン、編輯員、星野恒、（ま行）前田慧雲、松本孝次朗、松本文三郎、松山勝司、三浦梅園、溝淵進馬、峯源次郎、村上専精、森定乙三、森田徳太郎、（や行）八木光貫、八杉貞利、山上、

泉、山脇貞夫、結城素明、湯本武比古、吉田庄七、（ら行）竜淵猷山、竜華行満、（わ行）渡辺鼎三、

二 - 二　内容

ここでは内容をいくつかの観点から整理し本誌の特徴を指摘する。

（一）　円了が書いた記事

円了は本誌に一三八本の記事を書いている。ここでは修身教会設立運動関係と連載記事を整理する。

1　修身教会設立運動関係

一号では巻頭論文に「修身教会設立に就いて（一）」を載せ、明治三六年（一九〇四）に発表した「修身教会設立趣意」を再掲するとともに敷衍説明を行う。これは連載として六号まで掲載される。二号「日露開戦に際して各地方に修身教会を設立するの急要を述ぶ」は、日露戦争との関連で地方の新聞を読めない人のために修身教会の設立が急がれることを説く。五号では同年に落成した哲学堂をテーマとする。口絵には哲学堂の図を掲載し巻頭論文は「哲学堂由来記」を載せる。七号「修身教会の本尊と本山」は修身教会の本尊と本山とが哲学堂であることを説く。次いで八号「修身教会を拡張し清韓両国に及ぼさんとす」では、修身教会運動を中国、韓国に拡張することを述べる。九号「工場内に修身教会を設くべし」は、地域だけでなく工場にも修身教会を設置すべきであることを説く。一〇号では、日露戦争に伴う倹約のために「修身教会雑誌体裁変更の理由」を述べる。また「本会設立の趣旨を支那朝鮮に伝へて彼国の人士に入会を勧むる文」を著わし、修身教会の紹介文を漢文に翻訳させたものを掲載し中国、韓国の人々の入会を勧めている。

一一号からは体裁が簡略化されたことは前述したとおりである。一一号では「修身教会要旨」を再掲する。一二号からは修身教会設立の方法について具体的なことがらが示される。それらは一二号「修身教会会員諸君に望む」、

一四号「各地の修身教会会員諸君に望む」、一五号「修身教会設置の順序」、一六号「修身教会の第一着手として唱歌会を開くべし」、一七号「修身教会普及の一策」、一八号「修身教会の稀類」、一九号「本会の発展」に説かれる。二〇号「修身教会の附属事業として幼稚園を設くべし」、二一号「修身教会に附属して中学講習会を設置すべし」は新しい動きを示す。従来、地方に設立する修身教会についての記事だけであったが、ここからは幼年、少年に修身教会の意味を伝えるために幼稚園を設け、中学生向けの講習会を開催することが説かれる。二二号「修身教会開設の機運」では時代の流れに合わせ開設の機運が高まっていることを述べる。

二六号では「退隠の理由」を著わし、哲学館大学、京北中学の経営から引退する理由を述べる。二七号「道徳的模範村を作るべし」は円了が見聞したアイルランドにある道徳的な村を日本でも作ることを説く。その他、二九号「戦捷の紀念として地方修身教会を設立すべし」、三二号「修身教会拡張の急務」、三三号「監獄教誨と修身教会」、三五号「修身教会の本部に就きて」が説かれる。

2　連載記事

円了の連載記事は四種類ある。「円了談叢」は修身や時事問題に関する円了の考えを述べたものである。一号から三六号まで二〇回にわたり連載される。一号の内容は、「一、明治三十七年、二、義勇奉公、三、洋行中の詩作、四、僧家の弊風、五、伊藤仁斎の和歌、六、道歌改作、七、飲めや歌への歌、八、辛抱と堪忍、九、忍は万徳の本」である。

「日本七不思議」は（一）無宗教の事（一一号）、（二）喧嘩の事（以上一一号）、（三）ストライキの事（一二号）、（四）風俗の事（一四号）、（五）公徳の事（一六号）、（六）虚礼の事（一八号）で一一号から一八号まで六回にわたり連載される。

「妖怪雑話」は六回連載される。内容は（一）大阪の妖怪（二）宮崎県迷信（以上一一号）、（三）静岡県の妖怪（四）桜組の妖怪騒ぎ（以上一二号）、（五）四国の犬神（一四号）、（六）妖怪屋敷（一六号）、（七）幽霊の現出

（二二号）、（八）感通、霊験（三三号）である。中でも（八）感通、霊験は、日露戦争で戦死した人について扱っており注目される。

「実業道徳談」は一五号から一八号まで三回連載される。

また連載ではないが本誌には円了の巡講記録が収録されている。当初は、雑報「井上哲学館主甲州巡廻日記」（二号）、雑報「井上円了博士の遊説」（七号）、雑報「井上学長の暑中行脚」（二〇号）のように雑報の中に収められていたが、「大和紀行」（三〇号）から独立した記事となる。これは以後、『足尾及長岡紀行」（三一号）、「香川県巡回日誌」（三三号）、「長崎県巡回日誌」（三四号、三六号）へと続くが、これらは後に『南船北馬集』（第一集は一九〇八年（明治四一）一二月二〇日発行）にまとめられる。このように本誌は特に後半から、円了が学校経営から引退した後の事業である全国巡講の記録媒体としての役割も果たすようになる。

（二）円了以外の連載記事

ここでは円了以外の連載記事についてみてみる。まず修身教会に関連するものをとりあげる。

1　唱歌

円了は修身教会の会合に際して、教育勅語の奉読、講話とともに唱歌を重視している。これは音楽が持つ教育的効果を重視したものであろう。円了は本誌刊行の前年、一九〇三年（明治三六）の九月二一日に「読売新聞」と「朝日新聞」に「修身教会唱歌懸賞募集」という広告を載せている。それによれば懸賞金額は八〇円であったという。

実際の応募の件数はわからないが、本誌一号には応募数が多いために選考に時間がかかっていると述べていることから[10]、かなりの数が集まったことが推測される。ようやく発表にこぎつけたのは四号からで、一〇号まで「懸賞募集当選唱歌披露」を載せている。ただこれは歌詞が載っているだけで誰が作曲して実際に用いられたかはわからない。唱歌についてはそれ以後も掲載される。彦坂諶照「唱歌（六波羅蜜）」（一一号）のほか、「修身唱歌集」として御風（二一号）、岡野釣月（二三号）、大屋久馬（三二号）、松山勝司（三三号）を載せている。

2　修身講話資料

これは文字通り修身に関する講話を行う時の資料である。編者は一号では哲学館学生とあるが、二号以降は編輯員となっている。一〇回分ある。

3　各地の修身教会の動向に関する記事

雑報欄には各地の修身教会の動向に関する記事が載せられている。それを列挙すると次のようになる。中郷修身教会、瑞穂修身教会（一号）、甲州の修身教会（二号）、甲山修身教会（三号）、栄林寺修身教会、北都留修身教会、甲山修身教会、栄林寺修身教会（四号）、北都留郡修身教会発会式、厚東修身教会（五号）、長浜修身教会、堀越修身教会（六号）、秋津村修身教会、勝山修身教会（七号）、勝山修身教会発会式、秋津修身教会（八号）、勝山修身教会発会式景況、秋津修身教会支部（九号）、佐井修身教会（一〇号）、北都留郡修身教会、佐井修身教会発会式、各地通信（一一号）、熊本県三角修身教会（一五号）、三円修身教会（一六号）、福岡修身教会（二四号）、越後長岡の修身教会（二七号）、秦野修身教会（二九号）、八丈島の修身教会（三〇号）、中越修身教会の雑誌発刊（三三号）、地方修身教会彙報（三五号）、平戸修身教会（三六号）

4　義勇奉公美談

これは義勇奉公すなわち戦争に際して、殉死した人の紹介や協力した人々の記事を集めたものである。当初は義勇奉公資料（二号）であったが、以後は義勇奉公美談に変わる。二号には海軍少佐・山中幹氏、海軍中尉・三浦容夫氏などの業績をするほか、水戸徳川家が古金銀を処分して日露戦争に協力したことが紹介されている。編者は編輯員となっており五回分ある。

5　格言集

小林逸耕の連載で二一回分ある。これは「忠」、「孝」など教育勅語に関わる概念について、中国や日本の古典からその用例を集めたものである。

ここまでは修身教会に関連する連載記事である。その他に連載記事として法律関係を記したものがある。

6　法律百話

これは法律学者である山脇貞夫の連載で三九回分ある。「人と法人」（三号）、「戦争」（四号）、「封鎖」（五号）、「不在、失踪」（六号）など、法律に関わることが説かれる。二五号からは親族叢談という題目に代わる。なぜこれが連載されているのかはわからない。

7　日露戦争関係の記事

『修身教会雑誌』創刊号の刊行は、日本がロシアに宣戦布告を行った一九〇四年（明治三七）二月八日の三日後である。よって雑誌の刊行は日露戦争と同時進行で進むことになり、それは当然、雑誌の内容にも影響している。ここではその例を紹介する。

二号には、井上円了「日露開戦に際して各地方に修身教会を設立するの急要を述ぶ」、松本孝次朗「戦時に際して家庭に望む」、高島米峰「戦はなければならぬわけ」、雑報「宣戦の詔勅」。三号には、井上円了「出征軍人諸士を送るの辞」、高島米峰「露西亜征伐のわけ」、雑報「第三回旅順襲撃」ほか。四号には雑報「軍隊へ雑誌を寄贈す」。五号には、関根正直「国民の覚悟」、坪井正五郎「戦争の人類学的観察（上）」。六号には坪井正五郎「戦争の人類学的観察（下）」。七号には高島米峰「日露戦争と国民の覚悟」、雑報「戦況」。八号には井上円了「日露戦争と仏教との関係」。九号には、雑報「旅順封鎖の近況」ほか。一〇号には、加藤咄堂「戦時国民の六大覚悟」、高島米峰「戦争と商業」。一八号には、井上円了「我海軍の大捷を祝す」。一九号には井上円了「戦勝の結果」が収録される。

一九〇五年（明治三八）九月、ポーツマス講和会議において日露の講和が行われ戦争が終了した。戦後の論説には次のものがある。二二号には鼎義暁「平和克復に就きて」。二四号には井上円了「凱旋軍隊を歓迎す」。二五号には井上円了「戦後の新年を迎ふ」。二七号には井上円了「戦争の話」。二九号には井上円了「戦捷の紀念として地方修身教会を設立すべし」。三〇号には井上円了「戦後経営の話」。三四号には雑報「日露両帝室の親交回復」がある。このように本誌は日露戦争の戦中戦後の状況を反映したものとなっている。

8　東洋大学関係の記事

『修身教会雑誌』には雑報欄に東洋大学関係の記事も多く載せられる。第三号には京北中学校卒業証書授与式、哲学館大学開校式及卒業証書授与式が、四号には哲学館大学資本寄付金一覧というように、哲学館大学の動向を知らせる記事がある。ここから『修身教会雑誌』は純粋な修身教会に関する雑誌にとどまらず、東洋大学の広報誌的な役割も果たしていたことがわかる。

以上、『修身教会雑誌』についてみてきた。特徴などについては次の『修身』との比較の部分で述べることにする。

三 『修身』

三―一 書誌事項

（一） 号数

『修身』は一九〇七年（明治四〇）一月から一九一一年（明治四四年）五月まで、四年四か月にわたり計五三冊が刊行された[11]。巻号表示は第四巻一号から始まるが、それは『修身教会雑誌』を継承するためと思われる。つまり第四巻とは、『修身教会雑誌』刊行から数えて四年目であることを意味する。改名後の最初の号である四巻一号の巻頭で円了は、次のように誌名変更について述べている。

新年の御慶目出度中納候
本誌も明治丁未の新春とともに『修身教会雑誌』の名を改めて『修身』といたし候、同時に体裁をも今の如く改良し記事を精撰し全文に仮名を振り、つとめて平易懇切をむねとし、愈々益々修身教会の拡張を図らんと存居候、幸に有志の賛同を得て主義天下に弘まり候はば、国家社会の為め、この上なきしあはせと存候、謹みて賛成諸君の万福を祈り中候[12]

一方、最終号は八巻五号であるが、刊行を終える理由についての特別な記載はない。手掛かりになりそうなこととしては、この年（一九一一年（明治四四））に円了が第三回の世界旅行に出かけており、八巻四号にこれに関する「告別の辞」という記事を書いている。これと関係があるかもしれないが詳しいことはわからない。

（二）発行者、発行所など

発行者兼編輯者は安藤弘、印刷者は太田資治、印刷所は株式会社秀英舎工場、発行所は東洋大学出版部、発売所は東京堂、鶏声堂、広告取次所は博報堂である。この中、発行者及び編集者は『修身教会雑誌』と同じである。

（三）価格

四巻一号（一九〇七年（明治四〇）一月）には、定価及郵税として次のようにある。

一冊（一か月分）郵税共四銭五厘、六冊（半年分）同二五銭、一二冊（一か年分）同五〇銭。
但し雑誌維持金として四五銭出金すれば賛成会員となし一か年間毎回贈呈すべし

この値段は『修身教会雑誌』の一〇号以後と同じである。

ところが五巻一号（一九〇八年（明治四一）一月）からは次のように価格の改定がなされる。

定価：一冊金五銭、六冊前金二八銭（郵税共）、一二冊前金五〇銭。
注文：購読は一切前金たる事。前金なき注文には発送せず。

（四）記事の本数

記事の総数は四一三本である。計算に際して、通常の記事を一本と数え、通信、報告記事などの雑報はまとめて一本と数えた。また「東洋大学学則」など、付録に属するものも一本と数えた。年別の本数は、一九〇七年（明治四〇）（八六本）、一九〇八年（明治四一）（一一五本）、一九〇九年（明治四二）（八一本）、一九一〇年（明治四三）（九二本）、一九一一年（明治四四）（四一本）となっている。一号あたりの平均本数は約八本である。

（五）執筆者

執筆者の総数は一一五名である。名称を五十音順に列挙すると次のようになる。

（あ行）赤堀又次郎、秋月天放、麻生義一郎、安達憲忠、荒木寛畝、飯田旗郎、五十嵐光龍、石川千代松、石川成章、石黒忠悳、磯野吉雄、市村瓚次郎、伊藤祐、糸左近、井上円了（甫水）、井上哲次郎、井上友一、今井美佐雄、今村猛雄、入江涛吉、岩本寅治、内田周平、遠藤隆吉、大内青巒、大田黒重五郎、大谷正信、岡実、荻原雲来、尾上柴舟、小野湖山、（か行）堅田十次郎、片山国嘉、加藤咄堂、加藤弘之、金森通倫、狩野謙吉、菊池久吉、岸辺福雄、記者、北里柴三郎、熊谷直彦、久米良作、苦楽園主人、小柳司気太、（さ行）斉藤康麿、斉藤唯信、境野黄洋、阪谷芳郎、桜井鴎村、佐治実然、佐藤進、沢柳政太郎、山月庵主、重野安繹、清水澄、清水宜輝、下田次郎、釈雲照、白石元治郎、神武天皇、杉亨二、鈴木大拙、鈴木暢幸、（た行）大寒林主人、高木真一、高楠順次郎、高島平三郎、高瀬武次郎、高津柏樹、高谷竹次郎、辰巳小次郎（塵廬）、田中義能、棚橋絢子、谷本富、塚原政次、土屋弘、坪井正五郎、東郷昌武、遠山椿吉、虎石恵実、（な行）内藤彦一、中島鎌太郎、中島徳蔵、長根禅堤、中野武営、南条文雄、南摩羽峯、西山哲治、新渡戸稲造、（は行）秦敏之、花田仲之助、浜田四郎、久野昌一、平井金三、広井辰太郎、福岡秀猪、福原周峯、藤井健次郎、藤岡勝二、宝生九郎、星野恒、本多静六、本多日生、（ま行）前田慧雲、槇山栄次、間島与喜、松本愛重、松本文三郎、三島中洲（毅）、三並良、三宅雪嶺、宮本包則、妙運律師、三輪田元道、村井弦音、村上専精、村上武三郎、元良勇次郎、守田宝丹、森田鉄三郎、森田悟由、（や行）安田善三郎、山脇貞夫、湯本武比古、吉田熊次、（ら行）李家隆介、（わ行）和田鼎、渡辺海旭、渡辺又次郎

執筆陣は、おおむね次の三つに分類できる。第一は円了を中心とした東洋大学関係者、第二は円了の知己の学者たち、第三は実業家たちである。この中、実業家たちが多い理由は、後述するが、当時、東洋大学で「商科講義録」という通信講座を開始し、呉服店などで働く若年労働者に対する教育を始めたからである。執筆本数の多い人

物は、井上円了（五三本）、大寒林主人（二九本）、前田慧雲（一六本）、山脇貞夫（一三本）、中島徳蔵（一一本）、高島平三郎（一〇本）、井上哲次郎（七本）の順となる。

三―二　内容

（一）円了が書いた記事

円了が書いた記事は五三本ある。その中でも全国巡講関係が一九本で一番多い。場所は外地では朝鮮、満洲、内地では九州、北海道である。この中、重要なのは朝鮮・満洲であり、円了は初めて本格的にアジアを見聞した。それまで欧米には二度旅行した円了であったが、アジアを直接目撃するのは、欧米旅行の途上で立ち寄った香港やインドなどを除いては初めてであった。円了は文明の遅れた朝鮮[13]、未開の土地である満州を実感したのであった。これを受けて円了の論説の中でアジアへの進出を説いているものが多いことが注目される。

四巻一号では、「新年を祝す」で「我が皇化の亜細亜大陸を光被するは自然の命数の定むる所、天意天祐に出ると信ず」と述べ、「新年に際して青年学生に告ぐ」では、日本内地に蟄居することを誡め海外に目を向けることを説く。さらに「新年に際して教育家諸君に一言す」でも満韓は天然の工場であるとし、ここへの進出を促す。「新年に際して宗教家諸君に一言す」では、海外布教を力説し、未開地に必要なものは学校、病院、寺院であるが、学校と病院を作るのは政府の仕事であるのに対し、寺院は宗教家が作るものであると述べる。そのほか連載記事は「哲窓松話」というコラム（六本）である。例えば四巻二号では、一、哲学堂、二、中庸を得るは難し、三、禍福一門、四、居を択べ、などが説かれている。

ここで注目されるのは修身教会そのものに関する記事が少なくなっているということである。修身教会を題目に掲げた記事は「修身教会の紋章の考案」（四巻七号）だけである。

（二）連載、企画記事

続いて連載、企画記事を見てみる。個人による連載は次の三つである。第一に、大寒林主人の「道即是詩」であり二九回掲載される。これは漢詩の批評であるが、著者である大寒林主人の本名は不詳である。第二に、法律学者で東京控訴院判事を務めた山脇貞夫の「親族叢談」、「続法律百話」であり、それぞれ六回ずつ合計一二回掲載する。山脇は『修身教会雑誌』にも「法律百話」、「親族叢談」というタイトルで三九回連載を行っていた。第三に、山月庵主人の「法律的処世訓」で六回の連載である。これは「いろはうた」を基礎として、例えば一回目は「犬も歩けば棒に当たる」と題して、当るにまつわる法律的な事柄を述べる。

続いて同じ題材で複数の人が記述する企画記事である。一番人数が多いのが、五巻一号の「明治四十年に為したる事、四十一年に為さんと思ふ事」で、加藤弘之など三三名が執筆している。「余の長寿法」は、生活習慣や心の持ち方を説くもので、釈雲照など一六名が執筆している。「日本人の学ぶべき欧米の美風」は、秦敏之、湯本武比古、藤岡勝二、白石元治郎、福岡秀猪、東郷昌武の六名が書いた。この中の多くが海外で生活した経験があり、その体験を踏まえて日本人が学ぶべきことを提唱している。例えば、親類縁者に頼らない、損害に対する賠償が厳しい、などである。「余の接したる偉人」は、文字通り自分の人生の中での偉人を挙げるものである。執筆者とその人が偉人として挙げた人物は次の通りである。加藤弘之（佐久間象山、西郷隆盛）、井上哲次郎（フェヒネル、ハルトマン、ヘーゲル、ノルデンショール、レナン、スペンサー、ビスマルク）、石黒忠悳（佐久間象山、大島誠夫）、杉亨二（勝海舟）、高楠順次郎（マクスミュラー）。

（三）各地の修身教会の動向に関する記事

『修身』にも『修身教会雑誌』と同様、地方各地の修身教会の動向が記される。地方の修身教会の設立に関しては、円了の巡講日誌の中に記事が出るほか、『修身』の彙報欄に修身教会に関する記事が断片的に出る。それらを抽出すると次のようになる。カッコ内は巻号数である。

東加世田村修身教会（四巻四号）、荻原修身教会（四巻六号）、地方修身教会一覧（四巻九号）、修身教会彙報（熊本県玉名郡南関町、新潟県岩船郡黒川俣村、京都府伏見町）（五巻九号）、修身教会彙報（筑後国三潴郡久間村、筑前国鞍手郡）（五巻一二号）、井上円了先生と修身教会（六巻四号）、修身教会彙報（熊本県玉名郡南関町、愛媛県温泉郡荏原村、愛媛県越智郡上朝倉村）（六巻五号）、修身教会彙報（奈良県大滝修身教会）（七巻七号）

また花田仲之助の「報徳会趣意」（四巻四号）は、鹿児島で報徳会という道徳向上団体を組織した花田が、自身の団体の内容を説明したものである。花田と円了は、円了の鹿児島巡講の途中で知り合い、円了が報徳会で講演を行ったりもした[14]。これらは地方の修身教会を研究する際の重要な資料になる。このほか修身教会の具体的な運営方法が記された「地方修身教会設立之方案及要領」も収録される。

（四）　師範科講義録、商科講義録の刊行と新たな動き

東洋大学は、その前身である哲学館の時代から通信教育を行っていた。それは仏教学や漢学といった文科系学問であったが、明治四〇年代から新たな動きがある。すなわち小学校教員を養成する師範科講義録と、商店で働く若年労働者（小僧）を対象とした商科講義録である。これらは東洋大学全体にとっても新たな動きである。これについては東洋大学史資料[15]でも言及されているが、ここでは両者を紹介し、中でも『修身』雑誌の記事の変化にも関連する商科講義録についてやや詳しく紹介する。

・師範科講義録

四巻一〇号（一九〇七年（明治四〇）一〇月）には、師範科講義録の刊行予告が出される。これは一九〇七年（明治四〇）に小学校令が改正され、義務教育の年限が四年から六年に延長された。これにともなう小学校教員の不足を解消するために、東洋大学でも通信講座で師範学校の教科を学び検定試験の準備をするためのものであった。これが実際、どれくらいの規模で行われたものかは今後調査の必要がある。

図１　白木屋呉服店に於ける東洋大学出張講演の光景（『修身』五巻八号の写し）

・商科講義録

五巻五号（一九〇八年（明治四一）五月）には、「普通商科講義録」刊行趣意書が記される。その内容を要約すると次のようになる。現在、商家の店員には商業学校卒業の者がいるが全体から言えば少数であり、多数は慣習により義務教育を終えて小僧となって奉公している者である。商業学校等を出た人は学問知識の上では商業家の資格はあろうが、気位ばかり高いという欠点もあり、実際には小僧から始めた人のほうが役に立つ場合もある。しかし今の世の中は競争世界であり時代に適応する知識学問が必要である。大商店ならば小僧を学校に通わせることもできるであろうが、すべての商店がそれをできるわけではない。そこでそうした人のために東洋大学では講義録を発行する。これは乙種商業学校と甲種商業学校予科との学科程度を参酌したもので、修身、読書、作文、習字、算術、地理、博物、簿記、商事要項、英語の諸科を授けるというものである。現在、東洋大学の図書館には「普通商科講義録」に関連すると思われるものが一〇点収蔵されている[16]。

講義録刊行に合わせるように、一九〇八年（明治四一）から東洋大学教員による実業に関する出張講演会が行われるようになった。五巻六号には前田慧雲が某実業学校で演説を行った内容「実業家と雅懐」が掲載される。同年七月からは東洋大学の出張講演が行われた。第一回は、七月一九日に白木屋呉服店において、同店員の中の商科校外生、すなわち「普通商科講義録」を受講している者を対象として行われた。五巻八号には、この時の講義・中島徳蔵の「商業魂」が写真とともに掲載される（図1）。二か月後の九月二〇日には、第二回東洋大学出張講演が今川橋松屋呉服店で行われた。対象は前回同様、同店員の商科校外生である。この時は、高島平三郎「修養」（五巻一一号）中島徳蔵「時代の要求」（五巻一二号）の講演が行われた。

翌年の一九〇九年（明治四二）一月二二日の夜には、今川橋の松屋呉服店で井上円了が「実業道徳」（六巻五号）を、同年七月には中島徳蔵が松屋呉服店で「心内の賊」（六巻七号）を、同年一二月には再び円了が松屋呉服店で井上円了「如何にして伊藤公を活すべきか」（六巻一二号）という題目で講演を行った。一九一〇年（明治四三）には高島平三郎が松屋で「自助の話」（七巻二号）を、村上専精「大膽と小心」（八巻二号）、中島徳蔵「忠実一心」（八巻五号）の講演も松屋呉服店で講演を行った。

これに合わせるかのように『修身』には企業家たちの記事が掲載される。五巻七号には、大田黒重五郎（芝浦製作所長）「何故不景気になつたか」、中野武営（東京商業会議所会頭）「青年の守るべき三条件」、久野昌一（第十五銀行監査役）「矯正すべき四条件」。五巻八号には、高谷竹次郎（白木屋呉服店部長）「独学の経験」、麻生義一郎（千代田生命保険会社）「他人に頼るな」。五巻九号には、清水宜輝（第十五銀行監査役）「実業青年に必要なる心掛」。六巻一号には久米良作（東京瓦斯会社専務取締役）「本年の実業界」、安田善三郎（安田銀行監督代理）「本年の財界如何」。七巻一二号には、内藤彦一（松屋呉服店支配人）「商業の実際と道徳」が掲載される。

こうした実業界との結合により『修身』は単純な人としての生きる道ではなく、「実業道徳」という言葉に象徴されるように産業社会の中での生きる道を教える機能をも持ちあわせるようになった。

こうした通信講座の拡充に合わせて『修身』には科外生の通信欄が設けられた。それが五巻七号から一一号まで続いた「附録」という記事である。これは当時の若者の主張などを知るうえで興味深い資料である。

（五）東洋大学関連の記事

『修身教会雑誌』と同様、『修身』にも大学関係の記事がみられる。四巻を例にとると、「東洋大学学則、中学科規則」（二号）、「東洋大学日清高等学部」（三号）、「東洋大学第十八回卒業証書授与式」、「第四回東洋大学夏期講習会」（四号）、「東洋大学の中等教員無試験特許」（五号）、「東洋大学大分県同窓会」（六号）、「東洋大学夏期講習会」（七号）（八号）、「東洋大学及京北中学校秋季修学旅行」（九号）が収録されている。このように『修身』も東洋大学の動向を伝える雑誌、別の言い方をすれば東洋大学の広報誌・機関紙という役割も行っていたことがわかる。

四『修身教会雑誌』と『修身』との違い

以上、『修身教会雑誌』と『修身』とを見てきた。ここでは両誌の比較を行う。

第一に共通点である。一つ目は修身教会の雑誌であるから、その組織に関することがらや修身についての資料である。これがどのように用いられてかについては、『修身教会雑誌』第六号に、各宗の僧侶が説教法話の参考にするため、中学校、小学校の教師が倫理修身上の講話の材料をもとめるためにこの雑誌を歓迎しているという記録がある。[17]これが後継の『修身』も同様であったかはわかないが、社会の中で修身についての材料を提供するという役割は担っていたと思われる。すなわち、この雑誌そのものが社会教育、民衆教育の素材となったのである。二つ目は円了の趣味ということである。両誌ともに円了の連載があり、それらは修身教会に関するものもある一方で、妖怪に関することなど、円了の趣味の領域の記事がある。三つ目は前述した東洋大学に関する記事である。

第二に相違点を三点述べる。一つ目は修身教会の運営に関わる記事の量の違いである。『修身教会雑誌』は修身教会設立運動の最初の雑誌であるから、それに関する記事が多い。とくに各号の冒頭に教会に関する記事が多く載せられている。円了自身の記事を見ても、一号では巻頭論文に「修身教会設立に就いて（一）」を載せ、一九〇四年（明治三六）に発表した「修身教会設立趣意」を再掲するとともに六号まで敷衍説明を行う。二号「日露開戦に際して各地方に修身教会を設立するの急要を述ぶ」は、日露戦争との関連で地方の新聞を読めない人のために修身教会の設立が急がれることを説く。このほか八号「修身教会を拡張し清韓両国に及ぼさんとす」では、修身教会運動を中国、韓国に拡張することを述べる。九号「工場内に修身教会を設くべし」は、地域だけでなく工場にも修身教会を設置すべきであることを説く。

これに対して『修身』では、修身教会に対する記事が減少している。雑誌の冒頭の記事を見ても少ない。創刊号である四巻一号の冒頭こそ井上円了が執筆し、「三十九年に餞す」、「新年に際して青年学生に告ぐ」、「新年に際して教育家諸君に一言す」、「新年に際して宗教家諸君に一言す」などを書いているが、それ以後は巻頭に円了が登場することも少なくなる。四巻の二号以降の巻頭論文をみると、前田慧雲「紙碑の説」（四巻二号）、境野黄洋「戦後の社会的不健全」（同三号）、前田慧雲「缺陥の世界、円満の人心」（同四号）、前田慧雲「信仰と道徳と」（同五号）、前田慧雲「威厳の話」などのように、円了以外の人物が巻頭を飾り、精神論を論じているが、修身教会自体には触れなくなっている。ただ、円了が全く修身教会の記事を書かなくなったわけではなく、前述したように四巻七号の中で「修身教会の紋章の考案」という記事を書いている。それでも記事数が減少していることは確かである。この理由について、筆者は「修身教会設立運動自体が、この時期になると頭打ちの状態になったことが反映しているのではないだろうか。運動開始時、円了はこれが全国に展開されることを願ったに違いない、しかし現実に修身教会が設立されたのは、一九〇七年（明治四〇）九月時点で三六カ所である（四巻九号彙報「地方修身教会一覧」[18]）と、修身教会運動の停滞、低迷と解釈した。この三六カ所という数をどのように判断するか。それに対して円了はどのように考えていたかについてはまた別に考えなければならない。

二つ目は日露戦争をめぐる戦中、戦後という時代状況の違いである。『修身教会雑誌』が刊行された一九〇四年（明治三七）は日露戦争勃発の年であり戦争関連の記事が多い。一九〇五年（明治三八）九月、米国ポーツマスにおいて講和会議が行われ戦争が終了すると、講話ならびに戦後に向けての話が多くなる。このように『修身教会雑誌』においては日露戦争の戦中戦後の状況を反映したものとなっている。これに対して『修身』は戦後から新たな時代へ転換する状況を反映している。その例が前述した「普通商業科講義録」の刊行にともなう実業教育に関する記事であると考える。

三つ目は、前の二つの点が影響していると思うが、雑誌自体の雰囲気の違いである。『修身教会雑誌』の場合は修身教会運動の初期の雑誌であること、日露戦争の戦中、戦後すぐということもあり、時代に対する危機感、切迫感があふれているように感じられる。それに対して『修身』の場合は、「余の長寿法」（六巻四号など連載）や「家庭の娯楽」（六巻九号）という記事に見られるように、落ち着いた雰囲気が感じられる。

五　結語

以上、井上円了の修身教会関係雑誌について述べてきた。修身教会関係雑誌は『修身』が刊行を停止した一九一一年（明治四四）六月以後、東洋大学の雑誌である『東洋哲学』の中に修身欄として一九一二年（大正元）一〇月まで一年五か月の間だけ継続する。本論ではこれに触れることができなかったため今後の課題としたい。また、冒頭で述べたように、円了の全国巡講の具体的な資料である新聞、雑誌記事の収集はこれからも続けなければならない。これらの資料を蓄積したうえで、あらためて修身教会関連雑誌を見直し、修身教会運動というものの内実に接近していかなければならないと考えている。

注

（1）『修身教会雑誌』一号（一九〇四年二月）

（2）近年の代表的なものとしては、朝倉輝一「井上円了の修身教会活動」（『東洋法学』五七号、二〇一四年）。同「井上円了の後期の思想について――修身教会活動との関係から」（『国際井上円了研究』三号、二〇一五年）がある。その他、全国巡講についての基礎的な研究は、三浦節夫『井上円了』（教育評論社、二〇一六年）「第四章　全国巡講時代」「第一節　全国巡講」にまとめられている。

（3）拙稿「井上円了の朝鮮巡講に関する資料――植民地朝鮮発行の記事を中心に」（東洋大学井上円了研究センター『井上円了センター年報』二三、二〇一四年）、「井上円了の沖縄巡講――巡講の内容と筆禍事件――」（東洋大学井上円了研究センター『井上円了センター年報』二四、二〇一五年）、「井上円了の鹿児島巡講――新聞記事の調査を通して」、東洋大学井上円了研究センター『井上円了センター年報』二五、二〇一七年）、「井上円了の台湾巡講に関する資料（一）」（東洋大学井上円了研究センター『井上円了センター年報』二六、二〇一八年）

（4）拙稿「井上円了の修身教会関係雑誌の研究（一）―『修身教会雑誌』（明治三七・二―明治三九・一二）」（東洋大学東洋学研究所『東洋学研究』五四、二〇一七年）、拙稿「井上円了の修身教会関係雑誌の研究（二）―『修身』（明治四〇・一―明治四四・五）」（東洋大学東洋学研究所『東洋学研究』五五、二〇一八年）

（5）『修身教会雑誌』一四号（一九〇五年（明治三八）二月一一日）に「雑誌第十三号に就きて」と題して「右は軍国の青年と題し臨時増刊の名義にて本月一日に発行し従来の会員だけに配布せり。是れ本会発表の一周年を祝するの意なり、依て本月定期発行の分は第十四号となす」と述べている。

（6）これは一五号（一九〇五年（明治三八）三月一一日）に広告が出るから、この時期に刊行されたと考えられる。定価は八〇銭である。

（7）賛成員の数は号数ごと、次のようである。二号（二六一名）、三号（六六名）、四号（六〇名）、五号（二八名）、六号（一八名）、七号（一六名）、八号（一六名）、九号（一四名）、一二号（五名）、一五号（六九名）、一六号（一九名）、一八号（六五名）、一九号（一〇二名）、二二号（五〇名）、二五号（五二名）、二七号（四九名）

（8）一号の記述に基づく。

（9）一一号の記述に基づく。

（10）『修身教会雑誌』一号目次欄（一九〇四年（明治三七）二月）

（11）『修身』五巻一二号（一九〇八年（明治四一）一二月）には、『哲林一枝』という哲学館を紹介する雑誌を刊行する予定との記事があるが、実際に刊行されたかはわからない。よって総数には数えないことにした。「本月十五日修身増刊として哲林一枝と題し、哲学堂の由来、四聖、六賢、三学の略伝を記したる小冊子を発行すべし、」一六頁

(12)『修身』四巻一号(明治四〇年一月)

(13)拙稿「井上円了の朝鮮巡講に関する資料――植民地朝鮮発行の記事を中心に」(東洋大学井上円了研究センター『井上円了センター年報』二三、二〇一四年)

(14)「井上円了の鹿児島巡講――新聞記事の調査を通して」(東洋大学井上円了研究センター『井上円了センター年報』二五、二〇一七年)

(15)『東洋大学百年史 通史篇Ⅰ』(東洋大学、一九九三年)七二五頁~七二七頁

(16)資料名を列挙すると、博物、算術、商法大意、日本商業地理、経済大意、商業作文、商業簿記、国語、商業道徳、商事要項である。

(17)『修身教会雑誌』六号「本誌の盛況 或は各宗僧侶講師が、説教法話の参考に供せむがために、或は中学校小学校の教師諸氏が、倫理修身上の講話の材料を需めむがために、本誌を歓迎せらるること一方ならず。特に、出征軍人に寄贈し、檀徒信徒に施本する等の目的を以て、百部千部取纏めて購求せらるる向きも少からず。又、朝鮮、支那、印度、布哇等よりも、続々賛成講読の申込あり。」

(18)拙稿「井上円了の修身教会関係雑誌の研究(二)―『修身』(明治四〇・一~明治四四・五)」(東洋大学東洋学研究所『東洋学研究』五五、二〇一八年)

井上円了と経営哲学――哲学的祈り――

藤木清次

一　はじめに

哲学者 井上円了博士（1858-1919）は哲学を学校の名称（私立哲学館）とし生涯、哲学という言葉を大切にして、普遍性と日本の独自性を融合した哲学「西人未発の新見」[1]に努めた。井上円了（以下、円了と記す。）は明治三六年、「余が遺言状なり」と記して、こう述べている。

「哲学館は坊主学校のごとくに誤解されたることをあるを知るべし。」「宗教と教育とは哲学の直接の応用たるによるといえども、余は哲学の応用はそのほかになお多々あるを信ず。政治も実業も美術も、みなその応用の一つなり。」「ことにわが国の実業につきて、最も欠けたるものは哲学の応用なり。その応用とは実業道徳の修養をいう。」「今後、哲学館出身者は進みて実業界に入り、実業道徳を奨励して、実業と哲学との間に密接の関係あることを示されんことを望む。[2]」、また、円了は「授業の中で仏教家を例に取り上げて、『すべてのことを仏教で解決できる』という独断的な風潮があることを指摘し、このように他の説はことごとく顧みるに足らないというのは狭量な偏見にすぎないとして、広い視野からのものの見方、考え方を学ぶように注意したという。[3]」

仏教家には仏教家の観点、法律家には法律家の観点、医者には医者の観点、学者には学者の観点など職業上・経験上の観点の偏りがある。観点の偏りを矯正するのが、円了哲学である。円了哲学を約言するならば総合的大観、哲学的宗教である。本稿では、経営哲学、円了哲学の検討を通して、実業道徳について考察する。

二　経営哲学

経営領域の哲学を研究する経営哲学学会がある。創立二〇周年記念事業として発刊された『経営哲学とは何か』のなかで、経営学者村田晴夫は、経営哲学とは、経営とは何かを根底において問うことであると述べ[4]、経営哲学を根底において問う意義をこう説明している。

（1）経営ということの本源の意味を明らかにすることを通して人間の生き方を示すこと、（2）経営学の根拠を問い、その基礎を批判的にあきらかにすること、（3）文明の将来について見通しを与え、社会と文明を思想において切り拓くこと、である。その帰結として企業経営などに代表される現代経営の具体的展開を導く理念が導出されるのである。哲学という営みは実践の指針を与えるものである。しかもそれを根源において指し示すのである[5]。

この説明に耳を傾けると、経営哲学とはつまるところ経営の存在根拠を問うことである。そしてその帰結として、現代経営の具体的展開を導く理念が導出され、同時に経営理念は、経営者の行動を通して実現されるから、経営者の立場としての哲学（以下、経営者哲学という。）を問うことである。次に、経営の存在根拠、経営者哲学について検討する。

二・一　経営の存在根拠

わが国の経営学が成立した時期について、経営学者山本安次郎（1904-1994）は一九二六年（大正一五）七月一〇日に開催された日本経営学会の創立をエポック・メーキングな出来事と述べている。[6] そのことについて、わたしは異を唱えるものではない。さりながら前史といっても経営学があって、経営が行われていたわけではない。わたしたちが経営学という言葉を知る前の遥か昔の人々も、人間の生命を支える衣食住の確保について、悩んだり考えたり喜んだり悔やんだりしていたのである。それはちょうど国語の文法が整備されるずっと以前から、人々が言葉を使ってきたのと同じである。

人間の長い時間のなかで、生活の糧を得るための技が伝承され、生産性と協働関係を結びつける経営という知恵が生まれた。それはやがて、たえず変化をつづけるなかで発生する経営問題の解決法として発展してきた。重要なことは経営学がいつ成立したかではない。およそ古代より人間の生存に必要なものは自己の健康とそれを支える衣食住であった。そのために必要なものが、共同体の生産性成長であり、意欲し行動し連帯する自由な精神であった。しかして、経営の存在根拠は、人間の生存と自由の精神である。わたしたちの日々は、幸福を求め、よりよい家庭を求め、仕事を求め、職場を求め、組織を求め、制度を求める、戦いの日々である。それゆえ経営は、わたしたちの人生に深く関わり、歴史のなかでより高次の方法となって表現されてきたのである。

では、経営の知恵はいつごろ経営の学として意識されるようになったのか。人間は生き抜くために、手の延長として道具をつくり、そして、粗石器から石器へ、狩猟から農業へ、商業から手工業を経て工業へ、情報へと発展してきた。経営の学が意識されるようになったのは一八世紀半ばから一九世紀にかけて起こった産業革命からである。産業革命とは技術革命がもたらした産業の変革と資本制社会への改革をさしている。それはこれまでの農業を中心とした封建制の産業（Manufacture）から、急速に機械化された工場が出現して、各工場・企業間の競争が激化し、生産性向上が要求される製造業が発展したからである。[7] わが国の産業革命は明治維新後であり、近代化も明治維新から始まった。

二・二　経営者哲学

経営者哲学とは、経営者自身の、ものの見方・考え方である。経営者は、販売・生産・物流・情報・研究・財務・会計・人事・法務などの機能を事業ごとに集約し、生産性と人間協働を可能にする役割がある。それゆえ事業は、市場（顧客）と事業の存在根拠に対応する経営者の能力によって無数の可能性が生まれる。とはいえそれは無制約のものではない。制約的要求は経営原則として示される。経営原則とは長い年月によって得られた先人の知恵を経とし、理論を緯とした経営の普遍的経験則である。経営原則はわたしの解釈では次の三つに集約される。（1）収支相応思考、（2）未来思考、（3）手段思考である。

（1）収支相応思考とは、収入の多少ではなく、事業経営の収入と支出の規準を定め、規準内で経営していくことである。これは事業経営の基本中の基本である。（2）未来思考は、主に戦略として検討されている。（3）手段思考は、主に戦術・執行活動として検討されている。

事業は、経営者の指揮によって、良くもなれば、悪くもなる。経営者の能力とは、事業を取り巻く目に見えない流れを読んで、予測し指揮し、ゴーイング・コンサーンに努めることである。したがって、未知・不確実な将来を予想し、構想する戦略が、何よりも重要になる。

事業は、商品が売り手から買い手の方へと流れ、在庫が債権に替わり、債権が現金に替わり、利益となって、投資され、再び商品となる。つまり、商品―市場―利益―投資―商品の循環プロセスである。同時にそれはイノベーション・プロセスである。そして循環プロセスの環境変化、すなわち目に見えない流れを読むことである。事業活動を一言でいえば、市場をとおして行われる顧客獲得戦争である。それゆえ、イノベーション・プロセスを指揮する経営者は、市場（顧客）と事業の戦略、戦術・執行の指揮・指導力として評価される。

いま戦争という言葉を使用したが、円了はこう述べている。「『天下に寧日なく、人生はこれ戦場。』というよりみれば、兵器軍艦こそ用いないが、日々夜々万般の諸業において人と競争し、社会と競争し、万国と競争するは、すなわち戦争である。これを平和の戦争という。[8]」

事業活動を平和の戦争と位置付けるのは正しい。なぜなら「之を物質の上に考ふるに、其元素も其分子も皆異性異質のものにして決して平等一様にあらず、故に各分子各元素は互に分合聚散して種々の變化を現するに至り、而して其變化の生ずるや必ず競争衝突ありて」「社会の變遷進化を現するものなり」(9)、すなわち社会や人生は弁証法的世界であり、矛盾のなかで活きる日々これ戦場である。

二・三　戦略

戦略という用語は、もともと軍事用語から転用されたものである。戦争の方法論が、経営の専門用語として取り入れられたものであるから、経営者哲学を個々の事業体に具体的に適用していく思考様式が戦略である。それゆえ、適応の仕方は、同一状況でも適用する経営者の考え方によって、その行為は多様に分かれる。くわえて経営学では、対象と方法によって、企業戦略、全社戦略、成長戦略、事業戦略、競争戦略、多角化戦略、M＆A戦略、組織戦略、等々と次元が異なるものにも、また、マーケティング戦略、人事戦略、財務戦略、情報戦略、等の執行活動にも戦略の用語が使用されている。そのうえ戦略の解釈から、さまざまなアプローチや技法がある。これらを「森と木」にたとえると戦略の用語の一つひとつは、杉の木、松の木、檜の木などである。森はそうしたいろいろな木が集まってできているから、一本一本の研究が必要であると同時に、どの木を伐採するのが適正かを判断する、もう一つ高い判断基準すなわち総合的大観が必要となる。

経営学でいう戦略とは、社会科学として学問体系を備えた戦略技法である。戦略技法とは戦略の知識であり、さまざまなレベルで使用される方法論（分析ツール等）である。分析ツールや経営に必要な技術は習得しなければならない。だがそれだけでは戦略を自在に操る総合的大観は得られない。なぜなら経営者の日常は、現象的問題解決に追われているからである。したがって、気分転換ではない、日々の仕事の壁を超える視点が必要となる。日常的世界を超える次元が総合的大観の世界である。そのような総合的大観の世界は経営者の哲学する働きからうまれる。

哲学するとは、経営学や法学、経済学、社会学…生命科学、物理学などの諸学の基礎にある真理を認識し体得することである。けだし真《まこと》の理《ことわり》は、古聖先哲の言葉や金言を覚えることではない。ものの見方・考え方の様式を身につけることである。円了は、矛盾すなわち真理なりという。真理は「仏教においては真如と表現される。[10]」、真如とは「あるがまま」のこと「生まれては老い、病気し、死ななければならぬということが苦しみであるのは、私たちにさまざまな煩悩があるからに外ならないという姿を『あるがまま』の真理としたのである。[11]」。矛盾をあるがままに認識し体得するのは知識ではない。哲学の知は根本において「無知の知」（ソクラテス）である。絶対無限の前では知愚一如[12]（賢愚一如）。それゆえ円了は「活学活書[13]」と述べたのである。

三　矛盾

矛盾を経営学の問題として提示したひとりが、経営学者古林喜樂である。古林は、『経営学原論』のはしがきで「本書で私は、論述を矛盾の論理で押し通した。[14]」と述べ、たとえば「資本主義社会の企業経営は、貨幣の動きの中で行われる。〔中略〕他方において企業は、あるいは生産し製品を造り、あるいは商業・貿易・配給を行い、あるいは運送や保管を行い、あるいは金融や保険を行っている。それぞれの働きは異質のものである。〔中略〕前者は貨幣の動きで量的であり、後者はそれぞれ質的に異なる動きである。一体の中に、量と質との矛盾が含まれている。この矛盾の展開が、経営のさまざまな問題を産み出してゆく。[15]」と述べている。

矛盾の概念は紀元前、ターレスの自然の根源への問いに始まるといわれる。ターレスは自然の根源は水であると述べ、ヘラクレイトスは火であると述べた。つまり、万物は流転すると述べたのである。流転の根源は矛盾である。ヘラクレイトスは、矛盾こそ真理である、と述べたが、近代の弁証法を大成させたのは、ヘーゲルである。円了は29歳のときに「仏教に立つるところのものはこの両対（相対と絶対の二つの対）不離説にして、ヘーゲル氏の立つるところに少しも異なることなし。[16]」と述べ、晩年、「そもそも哲学の問題はいずれにあるかというに、矛盾を会通せんとするにありて、多くの学者が苦心焦慮ただならざる有様であるが、もし相含の理を当てはめきたらば、千古の疑団も一時に氷解することができる。よって余は矛盾すなわち真理なりと断言したいと思う。[17]」（アンダーラインは筆者、以下同じ）と述べる。矛盾の論理は、西田幾多郎の「絶対矛盾的自己同一」、田邊元の「絶対的弁証法」、高橋里美の「全體の立場」、柳田謙十郎の「弁証法的世界」などの奥底を貫いていく。すなわち矛盾は日々、生成し循化をつづける、つきることのない未完の過程である。

三・一　円了哲学の独創性

円了は哲学の極知を実行に求めた。それゆえ、哲学を「実際上人生を向上させる学[18]」、「奮闘活動の学[19]」と定義する。また、学び方も「哲学の向上門の理論は三千年間の書家の研究より大本は既に定まつて居る。只枝葉の末理を争ふだけが今日の哲学であるから、我々は其根本を握りさへすれば足れりと思う、…只一巻の小哲学史を通読するのみにて宜い、其上は実行問題を研究するやうにしたい[20]」と述べる。

円了哲学の源泉をめぐっては、これまでいくつもの見解が示されている[21]。わたしは円了哲学の源泉は、東京大学在学中に執筆した「余がここに『哲学要綱』と題せしは、ひとりこの純正哲学を指意する[22]」と記した『哲学要綱』の思想の法則、論理発達の規則[23]すなわち弁証法であると思う。そのうえで、仏教と西洋哲学という形式も精神も大いに異なるものを、円了は仏教と西洋哲学に内在する矛盾をキータームとして、仏教哲学を展開した。これは注釈書や教相判釈を超えた革新的なものであった。もっとも円了の仏教への矛盾の適用が成功したかどうかは別問題である。

円了哲学の中心概念は循化相含《じゅんかそうがん》の理[24]である。けだし相含とは、ものごとを内側から観ると矛盾しているが、これを外側から観ると相い含む関係である。たとえば、物と心。客観と主観。肯定と否定。理想と現実。観念論と唯物論。社会と個人。全体と個などは、矛盾しているが、一枚の紙に表と裏があるように、一体のものとして、すなわち、表は裏を含み、裏は表を含む相い含む関係（一如、不一不二）として在ることである。そして、事象は歴史的であり、それは直線的に進化するものではない。進化のなかに退化があり、退化のなかに進歩がある。成長のなかに衰退があり、衰退のなかに成長がある。進歩と退化、成長と衰退が相含して循化している。円了はいう。「ダーウイン氏は進化あるを知りて退化あるを知らず、スペンサー氏は進化退化あるを説くも、輪化の宇宙の大法たるを説かず[25]」。

三・二　経営理念・信念・祈り

経営学は「パンのための学」である。それゆえ成功体験やすぐに役立つハウツー（how-to）が求められ、手段（戦略）は自己目的化する。しかし、経営の存在根拠は人間の生存と自由の精神である。東京通信研究所（のちソニー株式会社）の設立趣意書の会社創立の目的には「真面目なる技術者の技能を、最高度に発揮せしむるべき自由闊達にして愉快なる理想工場の建設[26]」（一九四六年）とある。経営技術の進歩と人間の生存と自由の精神は、一枚の紙の表と裏の関係のように相含であり、循化する。また、経営者哲学は、経営理念・信念として明示される。経営理念・信念は、事業体の羅針盤として、協働者と判断基準を共有する。

理念とは、理を念じること、信念とは、信を念じることである。すなわち、理とは哲学であり、信とは宗教である。対立が同時に一体であり、相対が同時に絶対であり、有限が同時に無限である循化相含の理の自覚は、宇宙的時間、宇宙的空間へと飛躍すると、信となる。理の哲学と信の宗教の相含が、哲学的宗教である。絶対とは宇宙的時間であり、無限とは宇宙的空間である。永遠の時間・永遠の空間を想像する哲学的祈りは崇高な経験である。円了は祈りの唱念法として西哲未発の新案[27]「南無絶対無限尊」を提唱した。それは信仰的祈りでも、神秘的な秘儀でもない、哲学的祈りである。

人知れず、神仏に祈りをささげる経営者は多い。それは未知・不確実な世界は、道なき道を踏みしめていく未踏の行路だからである。祈りとは、祈る人の心の雲が晴れて、自己の良心と素直な心が甦ることである。経営の神様松下幸之助は「手を合わすという姿は、ほんとうは神仏の前に己《おのれ》を正して、みずからのあやまちをよりすくなくすることを心に期すためである。頼むのではない。求めるのではない。求めずして、みずからを正す姿が、手を合わす真の敬虔《けいけん》な姿だと言えよう。[28]」（ルビ同書）と述べている。

四　経営者哲学の基礎、日本哲学の形成

フィロソフィ（philosophy）は「知を愛する」という意味で、啓蒙家西周が希哲学と意訳して、哲学という学問がわが国に受容された。したがって、哲学が何を対象とするかは哲学史をみなければわからない。明治前期の哲学史研究には、柴田隆行「日本の哲学史」の研究等[29]があるが、非専門家からみると哲学は大要三つのステップを経て受容されたと思える。

まず、明六社（森有礼、福澤諭吉、中村正直、西村茂樹、西周、加藤弘之ら）の啓蒙活動があり、つぎに、東京大学（明治一〇年開設、明治一九年帝国大学へ改組）。ついで、京都学派（西田幾多郎、田邊元、三木清、天野禎祐ら）へとつづく。

日本哲学の源流に位置づけられるのが、東京大学（お雇外国人）哲学教師アーネスト・フェノロサ（明治一一年就任）に学んだ井上哲次郎、岡倉覚三、嘉納治五郎（明治一〇年入学）、有賀長雄（明治一一年入学）、三宅雄二郎（明治一二年入学）、井上円了（明治一四年入学）、清沢満之（明治一六年入学）ら。つぎに、イギリスからクーパー、ドイツからブッセ（明治二〇年就任）が招かれ、彼らに学んだ大西祝（明治一八年入学）ら。ついで、ケーベル（明治二六年就任）に学んだ夏目漱石、西田幾多郎、九鬼周造、和辻哲郎、波多野精一らへと、つづく。

井上哲次郎（1855-1944）は、日本人初の帝国大学文科大学哲学教授。文学博士。現象即実在論を提唱したことで知られる。大西祝（1864-1900）は、東京専門学校（現早稲田大学）講師。文学博士。欧州留学中、京都帝国大学に文科大学が増設されることになり、その長になることが内定したが、帰国後、早逝した。円了に対して「余は私《ひそか》に疑う、円了先生は水と油を混合せんと欲する者にあらざるかを[30]」（ルビ同書）と批評した。西田幾多郎（1870-1945）は、京都帝国大学教授。文学博士。著書『善の研究』が、わが国近代の最初の体系的な哲学書と評されてい

る。哲学者熊野純彦は西田幾多郎までを前史と位置づけている[31]。

四・一　円了に影響を与えた人

円了は明治一四年、真宗東本願寺教団の給費留学生として、東京大学文学部哲学科に入学（二三歳）した。東京大学では、フェノロサから「西洋哲学」、井上哲次郎から「東洋哲学」、原坦山から「大乗起信論」、吉谷覚寿から「八宋綱要」、島田重礼・三島毅から「漢学」、中村正直から「易論」を学んでいる。円了の卒業論文は「読荀子」である。ここでは、フェノロサ、原坦山、中村正直の三人を紹介したい。けだし、円了が三人の学を礎《いしずえ》にして西洋・東洋両哲学を合体折衷した新案「楯化相含」を提示したからでる。

四・二　アーネスト・F・フェノロサ（Ernest Francisco Fenollosa）

アーネスト・フランシスコ・フェノロサ（1853-1908）は、米国のボストン近郊、魔女の町で有名なセーラムで生まれた。ハーバード大学・大学院で、ヘーゲル哲学、スペンサーの社会進化論を学び、一五歳のときに東京大学に着任（明治一一年）した。哲学、社会学、経済学、政治学を講義したが、明治一四年から哲学のみとなった。フノロサの関心も美術研究へと移り、明治一九年帝国大学を辞任して、文部省美術事業へと転出した。今日では、日本近代美術の父と呼ばれている。フェノロサは、東洋と西洋の融合を理想（長詩「東と西」）とし、キリスト教を批判した。また、フェノロサはヘーゲル哲学の弁証法を信奉していた。フェノロサは弁証法を「正・反・合」[32]と理解し教示したが、イギリス留学から帰国した、浄土真宗本願寺派僧侶赤松連城より仏教にも空・仮・中、有・空・中の弁証法の論理があることを聞いて嘆賞した。そして明治一八年、天台宗僧侶桜井敬徳の受戒をうけ仏教徒になった。フェノロサは、大乗仏教を「東洋のヘーゲル哲学」にたとえた。フェノロサは明治四一年九月、ロンドンで客死した。同年十一月、追悼法要が祭主有賀長雄によって上野の寛永寺で営まれた[33]。フェノロサの門下生は、フェノロサの弁証法解釈、進化思想の影響を受けている。円了もしばらくはフェノロサの正・反・合の三断論法が見られるが、やがて、その影響は薄れていった。

四・三　原坦山《たんざん》

原坦山（1819-1892）は文政2年、磐城（現在の福島県平市）の藩士新井勇輔の長男として生まれた。一五歳のとき昌平校に入学、儒学を学び同時に医学・医術を学んだ。あるとき仏教者と論争して破れ、曹洞宗の僧侶になった。曹洞宗の教導職の一人に補せられ大講義の地位にあがったが、ささいなミスを根拠に罷免され僧籍も奪われて易者になった。そして明治一二年、東京大学綜理加藤弘之の要請を受けて印度哲学科の講師となった。七〇歳で辞任（明治二一年）するまで継続した[34]。その後、坦山は曹洞宗大学林（のちの駒澤大学）総監となり、曹洞宗管長事務取扱となった。坦山が講義したテキストは『大乗起信論』であった。

円了は『大乗起信論』について「仏教哲学の中心は、この『起信論』一部に収まっておるというのも差し支えないほどです[35]。」と述べている。円了の仏教史観は、小乗仏教、権大業、実大乗である。そして「『起信論』は実大乗の真如縁起を明らかにしたる論文にして、別に一宗教ありて伝えしにはあらざれども、古来大乗を学ぶものは必ずこの論より始め、更に進んで華厳を攻究し、あるいは転じて天台を修習することになっておる。故にその論は実大乗の関門である。…その説き方は一心に二門を分かちて、宇宙の真相を開示せるものといわねばならぬ[36]」と述べている。一心に二門とは、一つの心に心真如と心生滅門という二つの側面が相い含んでいることである。仏教学者竹村牧男は「一心という法には、二種の参入の仕方、ひいては見方、あり方があるというのである。」「真と俗、実と虚、無限と有限、永遠と生滅の二が、心一つにあるのが、心の秘密であり、大乗はそのことを余すことなく明らかにするのである。」「真如門と生滅門が、体として異なるものではない。一なるものであるから、だという。」、「一而二、二而一は、論理的には矛盾である。しかし、その矛盾的表現によってしか、明かしえなかったというのである[37]。」と読釈している。つまり相含の、ものの見方・考え方である。

四・四　中村正直《まさなお》（敬宇《けいう》）

中村正直（1832-1894）は天保三年、江戸麻布に生まれた。一八四八年昌平坂寄宿舎に入り、一八五五年に学問所教授となった。その後、甲府徽典館学頭、幕府の御用儒者を歴任し一八六六年（慶應二）幕府のイギリス留学生監督として渡英した。帰国後（明治元年）、静岡学問所の教授を経て、東京大学教授、女子高等師範（現お茶の水女子大）校長。貴族院議員となった。中村は幕末期日本の最高の漢学者と目されていた人物であり[38]、『西洋立志編』（スマイルズ著『Self- Help』）、『自由之理』（J・S・ミル著『On Liberty』）を出版している。『西洋立志編』は産業革命の立役者である技術者や発明家、企業家や起業家に多くの光を当てたもので、同時にそれは広い意味での近代市民道徳を説いた書物であった[39]。中村は、イギリスこそ日本のめざす理想国と考え、イギリスの隆盛は、イギリス人の人格、職業観、忍耐心、独立心などによるところが多いことを看破し伝えたのである[40]。それらは新しい国造りにいそしむ明治社会が必要とする徳目であった[41]。中村の『西洋立志編』は、福澤諭吉の『学問のすすめ』とともにベストセラーとなった。

円了は、真宗大谷派慈光寺住職の長男として次期住職候補者の教育をうけたが、思想形成に影響を与えたのは漢学であった。九歳から石黒忠悳塾、ついで長岡旧藩木村純叟から漢学を学んだ。漢詩も多い。円了は東京大学入学前に中村の『西洋立志編』、『自由之理』を読んでいる[42]。そして中村から儒教の基本的経典のひとつ「易」の講義を受けた。授業は中村と二人指向であったという[43]。円了は卒業後（明治一九年）論文「易を論ず」を発表した。後年、円了は「シナ哲学にて陰陽の二元をもって万象万化《ばんしょうまんか》の生起するゆえんを説明しているが、これまた陽中に陰を含み、陰中に陽を含む相合の理に外ならざるものである。仏教にて色心不二、有空相即を立つるも、この相合の理によること明らかである。[44]」（ルビ同書）と述べている。

四・五　護国愛理

円了が東京大学哲学科を選んだのは、時代遅れになった仏教を、理論面から復興しようと志したからである[45]。だが、卒業後、円了の後輩清沢満之（1863-1903）らは教団に戻り、近代仏教の確立・啓蒙に努めたが、円了は戻らなかった。では、円了はいつ頃、真宗東本願寺教団とは違う視点から国民の精神を改良したいと思ったのであろうか。

円了は「大学在学中その考え一変して[46]」としか述べていない。さりながら在学中、円了はキリスト教を研究して「仏教は論理上ヤソ教に超過するのみならず、実際上また決して一歩を譲らざるなり。[47]」と確信し、キリスト教批判を世の中に発表した。同時に世界中でキリスト教が盛んなのは、西洋諸国が富強であることに気づいた。それゆえ「仏教を盛んにせんと欲せば、まずこの国を盛んならしめざるべからず。[48]」と決意し、真宗東本願寺教団から活動の自由を得たのである。円了の志は、仏教の復興から護国愛理へと移り、仏教の位置づけも国利民福[49]の手段へと変わった。

護国愛理とは「国家のためにその力を尽くし、一志を立てて真理のためにその心をつくさざるべからず[50]」ことである。けだしは円了の国を護るとは、西洋崇拝による欧米先進国への劣等観念を克服して、国民の地位を高め、西洋諸国と対等になることであった。

しかし、世間では「前には仏教の保護者として熱心にして今は大いに冷淡なり」と言うものがあった。円了は「七、八年においては仏教まさに廃滅せんとするありさま」であったが「近年仏教の形勢大いに一変し」「天下の形勢すでに一変するにおいては、世人の余の事業を見るもまた必ず変ずるところあるを感ずべし。…世態のかくのごとく変遷したるを覚えずして余の事業を評するは、あたかも船に乗る人、己の動くを知らずして対岸のはしるを見るがごとし。[51]」と答えている。そして円了の思想は成熟していく。

思うに、円了の決意は小説家魯迅が日本留学中、スライドで中国人の愚弱な姿を見て、最初に果たすべき任務は医学の勉強ではなく、文芸運動を通してかれらの精神を改造することだと決意したこと[52]、と通底しているのを感じる。

五　円了哲学の位置づけ

では、明治思想史において、円了哲学はどのように位置づけられるのか。円了は明治二〇年、哲学館を開設したのち第一回の欧米視察に出発した。帰国後の明治二二年「哲学館将来の目的」を新聞に発表した。「〔日本主義の大学〕は日本固有の学問を基本とし、之を補翼するに西洋の諸学を以てし、其目的とする所は日本国の独立、日本人の独立、日本学の独立を期せざるべからず。此の如き大学にして、始めて真の日本大学と謂うべし。[53]」。そして明治三〇年、『破唯物論　一名俗論退治』の緒言で「本書の目的は主として近来流行の唯物論を破斥するにあれども、傍ら神儒仏三道の再興をはからんとするにあり。しかしてその再興は神儒仏の身体へ西洋学説の滋養を与えて、いずれの点まで発達し得るやを試みんことを期す[54]」と述べている。円了には、仏教哲学者、近代仏教の啓蒙家、妖怪博士などの評があるが、けだし円了の本籍地は東洋哲学と西洋哲学を融合した日本哲学である。

わたしは円了を日本哲学の道しるべを示した先覚者のひとりと位置づける。ただし、円了は、井上哲次郎や西田幾多郎のような講壇哲学者ではなかった。野の思想家・実学教育者であった。円了はこう述べている[55]。

> 山はその高きをもって貴しとせず、植林の用有るをもって貴しとなす。
> 川はその大なるをもって貴しとせず、灌漑の用有るをもって貴しとなす。
> 学はその深きをもって貴しとせず、利民の用有るをもって貴しとなす。
> 識はその博きをもって貴しとせず、済世の用あるをもって貴しとなす

円了の循化相含の理は、神儒仏と西洋哲学を練って、一薬・一丸としたものである。円了のいう神とは神道のこ

とである。当時、わが国のかたちは皇室史観に基づいた天皇主権の国家であった。明治前期の政治指導者は、国家への人心一致をはかるために天皇を「神」としたのである[56]。

円了は「わが国の神道のごときは皇室教である、国民教である[57]」と述べ「三度食う飯も陛下のお恵みと、思うて国に尽くせ国民[58]」と詠んだ。そうした円了に災難がふりかかった。危険な思想を教える学校として処分された「哲学館事件」（明治三五年）である。尊皇と自由開発主義教育の矛盾である。円了はロンドンからの所感に「苦にするな荒しの後に日和あり[59]」と記した。相含の理である。その後、勲章を二度断った。ともあれ円了の盲目的忠誠心は、今日の時点からいえば肯定できるものではない。さりながら宗教学者芹川博通は、神儒仏合一思想は日本的なエートスであると述べている[60]。

別言する。円了は日本的なエートスと西洋哲学を融合することで、近代的な考え方と伝統的な考え方、哲学と宗教とを総合した総合的大観[61]、人間救済の哲学的宗教[62]を提示したのである。哲学と宗教について、西田幾多郎は「偉大な哲学は宗教的内容を含み、偉大な宗教は哲学的反省を含むのである[63]」と述べている。ともあれ哲学的宗教で見過ごしてはならないのは、円了が「余の所謂哲学宗」は「仏教は教祖の人格を土台として立ててある点だけは大いに違う[64]」と述べていることである。けだし、愛知の泉より湧き出る不可思議な想い。人はどこからきて、何をして、どこへ行くのか。自分の意思によらずして、生まれては死んでいく不思議。人知を超えた人生という不思議。哲学的宗教の意味は、絶対無限な宇宙精神の自覚である。哲学的祈り「南無絶対無限尊」を通して発現する良知の光である。

さてしかしながら、円了も時代の子、今日では適さない見解（「勅語玄義」など）や役割が終わった研究資料（「妖怪学」）もある。

五・一　哲学の応用

円了は民衆の習俗・精神生活を観察して、哲学の応用に取り組んだ。一つは『妖怪学講義』『心理療法』などの心の迷い、心の病である。もう一つは『破唯物論』のタダモノ論である。タダモノ論とは物欲主義、拝金主義のことで、社会制度の病である。そして、円了は修身教会を設立（四八歳）した。その目的について『修身教会雑誌第一号』で、こう述べている。

今日の時弊を察《さっ》するに、義《ぎ》を忘れ恩《おん》に背《そむ》き、約《やく》を破《やぶ》り人を欺《あざむ》き、自ら一時の利《り》を貪《むさぼ》るを以て足《た》れりとし、商賣《しょうばい》には、政略《せいりゃく》を要《よう》するも道徳《どうとく》は無用《むよう》なり、人は法律《ほうりつ》の罪人《ざいにん》とならざる以上は、如何なることをなすも勝手《かって》なり、人間万事金《にんげんばんじかね》の世《よ》の中《なか》、金さへあれば、放蕩《ほうとう》もなすべし、酒も呑《の》むべし、酒色《しゅしょく》に耽《ふけ》るは男子《だんし》の眞面目《しんめんもく》なり

我邦の道徳の退歩し来れるは、決して偶然《ぐうぜん》にあらず、其原因《げんいん》を知ること甚た容易《ようい》なり。…維新の革新《かくしん》と共に、儒佛二道を排斥《はいせき》するに至り、其勢忠孝を以て陳腐《ちんぷ》とし、仁義《じんぎ》を以て舊弊《きうへい》とし、地獄極楽は妄誕《もうたん》の最も甚しきものとし、治心《ちしん》の術も修身《しゅうしん》の道《みち》も、共に之を抹殺《まっさつ》し、一も西洋を取り二も西洋を唱へ、西洋崇拝《すうはい》の熱度《ねつど》一時沸騰點《ふっとうてん》以上に達し、奮来の元子《げんし》を悉く前殺《ぜんさつ》するに至れり。」「學校以外の修身教育は、此二者相待《あいま》ち相扶《あいたす》けて、其普及を圖《はか》らざるべからず。是れ余が、各町村に於て、修身教會を設くるの必要を唱《とな》ふる所以なり(65)（ルビ同誌）。

修身教会の旨趣書は、内務大臣、文部大臣に提出された。円了の構想では、イギリスの教会での日曜学校を参考にして、会場は各町村の寺院とし、講師は僧侶、教員が行う。修身教会は町長、町村会議員が主唱者となって、すべて町村の自治によって運営され、必要な経費も町村より支出するという遠大なものであった。惜しまれるのは、円了の突然の逝去によって、教団を組織化(66)するまでには至らなかったことである。仏教学者宮本正尊（1893-1983）は「円了の念願は、国民道徳の高揚にあった(67)」と述べている。だが、円了の念願は過去のものではない。今を生きるわたしたちの念願である。

五・二　実学の位相

明治維新前後、欧米の近代進化思想、人権思想（法律）が、近代の先駆者 高野長英、西周、津田真道、福沢諭吉ら洋学者によって、近代的な科学技術とともに翻訳・移入された。そして実証科学としての実学が主流となった。実証科学的な考え方とは、西洋の近代的な科学技術を中心とした実用的・有用的なもので、もっぱら実用的技術に関する知識、実験を追求する思想である。そうして、福沢諭吉（1835-1901）はラディカルな儒教批判者であった。

福沢諭吉について政治学者丸山眞男（1914-1996）は「宋学なり古学なり、心学なり、水戸学なりの『実学』から、福沢の『実学』への飛躍は、そこでの中核的学問領域の推移から見るならば実に倫理学より物理学への転回として現れるのである。…『倫理』の実学と『物理』の実学との対立はかくして、根底的には、東洋的な道学を産む所の精神と近代の数学的物理学を産む所の精神との対立に帰着するわけである。[68]」と述べている。

『物理』の実学すなわち実証科学としての実学は近代科学・産業化を推進する精神である。一方、『倫理』の実学を『物理』の実学と区別する意味で、わたしは実学の本流と称したい。実学の本流とは、朱子学を基礎にした道徳的経営思想のことである。[69] しかし維新後、江戸幕府の官学的役割を担った朱子学の権威は封建思想の象徴として急速に失墜した。庶民の道徳を担っていた心学講舎も教部省下の大教院に属し「全国を通じて累計二百を数えた黌舎も」「大半廃絶に帰し[70]」た。また、時代遅れになった仏教は迷信とまでいわれた。そうして、実証科学としての実学の随伴的結果、人々が富を貧欲にむさぼる物欲主義、拝金主義が横行して、道徳の荒廃が現出した。

五・三　道徳哲学

円了は人生を向上するには道徳を根底としなければならないと述べ、東京・中野に設立した哲学堂を「社会教育の道場、哲学実行化の根本中堂、哲学堂即ち道徳山哲学寺の大本山[71]」とし道徳哲学（moral philosophy）による道徳立国をめざした。円了は「学者の道徳を講ずるはその意、時弊を矯正するにある。なお、病の異なるに応じて薬を異にするがごとし。…けだし道徳は実行を主旨とし、理論はこれに付属するものに過ぎず。[72]」と述べる。わたしは道徳哲学を近代心学の意味で用いたい。円了がこう述べているからである。

其當時《とうじ》、心學道話《しんがくどうわ》なるもの起《おこ》れり。是れ學問《がくもん》の實用《じつよう》を主《しゅ》とし、富士山頂《ふじさんちょう》より下《くだ》りて、平地《へいち》に出《い》でたるものなり。其説《と》く所は神儒佛《しんじゅぶつ》三道を調合《ちょうごう》して、時弊病《じへいびょう》に適《てき》する丸薬《ぐわんやく》となし、…是の如《ごと》きは、當時《とうじ》の儒者中《じゅしゃちゅう》にありて、菩薩《ぼさつ》の修行《しゅぎょう》をなせる人《ひと》なり(73)。

昔日《せきじつ》に於《お》てすらも、心學《しんがく》の必要《ひつよう》ありたれば、今日《こんにち》は之に數倍《ずうばい》せる必要《ひつよう》あり。故《ゆえ》に余《よ》は、目下《もっか》の時弊《じへい》を矯正《きょうせい》するには、明治《めいじ》の心學《しんがく》を興《おこ》さゞるべからずと思《おも》へり。昔日の心學《しんがく》は、神儒佛《しんじゅぶつ》三道の調合《ちょうごう》なりしも、明治の心學は、之に西洋《せいよう》を加《くわ》へて、和漢洋《わかんよう》の折衷《せっちゅう》を為《な》さざるべからず(74)。（ルビ同書）

五・四　実学の本流

実学の本流は、石田梅岩、二宮尊徳、大原幽学、横井小楠ら倫理・道徳を中心とした経営思想である。ウエバーを模していえば、日本資本主義の精神である(75)。その系譜に円了がいる。そして、わが国の経営学の父といわれる能率学者上野陽一（1883-1957）らへと継承されていく。上野はわが国に科学的管理法が導入された明治期から大正を経て第二次世界大戦後まで生きた近代の経営コンサルタントであり、産業能率大学創立者である。米国の科学的管理法をわが国の風土に適応して「能率」の意味をムダ・ムリ・ムラの栖化相含と解した。そして「能率学は、このムダとムリを発見してこれを除き、ひいて、ムラを少なくして、この世の中に正しい道を敷き、人間の生活を幸せにすることを目的とする学問である(76)」と述べている。さてここで江戸時代の経営コンサルタント石田梅岩（1809-1869）の心学を紹介したい。

梅岩の心学は「わが国近世庶民の生きた倫理を培った思想の一つと(77)」評価されている。徳川幕府を支えた儒教思想のもとでは商人は無知で買い手をだまして自分の利だけを追い求める賤しい身分であり商人と屏風は真っ直ぐには立たないと蔑まれていた。そうしたなか梅岩は、武士に武士道があるように商人にも商人道があると述べた。

梅岩が世界の研究者から注目を集めるようになったのは、アメリカの社会学者ロバート・N・ベラーが「心学とその創始者、石田梅岩」[78]を研究し評価してからである。ベラーは「心学開講２７０年記念シンポジウム」（二〇〇〇年）のなかで、こう述べている。

近代化には常に目的と手段を取り違えてしまう危険性、手段を目的としてしまう危険性があり、これがまさに近代化の病の原因となっています。[79]

近代になると手段ばかりを考えていると思います。戦略や戦術、もちろん物事のやり方を知らなければなりませんし、科学の発達、技術の発達、コミュニケーションの発達のいずれも重要ですが、それだけでは実質、内容、すなわち倫理的な、道徳的な内容が伴わないと思います。[80]

五・五　実業道徳

円了は、わが国の資本主義の入り口で、実業道徳の必要性を提唱した。円了の実業道徳の特色は江戸時代の徳目になかった〝良心〟である。その他は歴史学者安丸良夫が「勤勉、倹約、謙譲、孝行などは、近代日本社会における広汎な人々のもっとも日常的な生活規範であった。[81]」と述べているものである。

円了は実業道徳について、公徳と私徳があるという。公徳については「吾人《わがひと》にのみ良心があるのみならず、宇宙そのものにも大良心がある」に相違ないから「無機物、無生物までを大切にすることを知らば、生物を大切にせなければならぬは無論である。すでに生物の尊重すべきを知らば、人類は互いに相愛し相重んずべきことは一層深く感ずるようになる。この心得をもって社会のために公徳を重んずべきものと思う。[82]」

また、私徳は勤倹が第一の要件であるといい私徳的勤倹と公徳的勤倹があるという。「世間普通の勤倹は私徳的で、ただ一身一家を富ますだけの勤倹である。」「国家のため、社会のための勤倹は公徳的と申すものだ。願わくばわが国の勤倹はこの公徳的にしたいと思う。」と述べ「外には活眼を開き活書を読み、内には良心の声を聞き、良知の光に導かれて、世界の実業舞台に活動せよというの一事に帰するのである。(83)」と述べる。実業とは、虚業にたいして、真面目に働く者の仕事の総称(84)のこと。道徳的野心家の勧めである。

事業の成功を求める野心家、人生の幸せを願う人々は多い。だが、哲学者カントが述べた「我々はどうすれば自分を幸福にするかということ」ではなく「どうすれば幸福を受けるに値するようになるべきであるか(85)」（傍点同著）を考える人は少ない。わたしは円了の「良心の声を聞き、良知の光に導かれて」から、カントの言葉「新たな感嘆《かんたん》と畏敬《いけい》の念とをもって我々の心を余すところなく充足《じゅうそく》する、すなわち私の上なる星をちりばめた空と私のうちなる道徳的法則である。(86)」を思い出した。絶対無限の世界と内なる良心への畏敬の念である。

円了は一九〇三年（明治三六）五月八日午後、カントの墓標、碑銘を訪ねて所感を述べている。「不出郷関八十春、江湖遠処養天真、先生学徳共無比、我称泰西第一人」（郷里の村を離れず、八十年の歳月を送る。江湖の遠いところで天然の性を養う。カント先生の学と徳はともにくらべるものはない(88)。私は西洋第一の人と称している(87)。）。そして、円了が創立した哲学堂（一九〇四年）には、釈迦、孔子、ソクラテス、カントの四聖が祭られている。四聖について「吾人の祭れる四聖は、みな遠き外国の人ばかりである。わが国人にしてこれと同じく祭るべきの人なきを恥ずるのである。…よろしく将来を待って、右四聖と同様、否これに勝るべき人の出てきたらんことをこそ望むべきである(89)」と述べている。

思えば、哲学を学んでも一片のパンすら作ることはできない。その意味で言えば、哲学は実証科学的な実学ではないといえる。だが、円了は「書を読み理を闘わすは虚学なり、実地に就き実務を執るは実学なり。(90)」という。そして「今工業につきてこれを述ぶるに、世人はみな工業を興すに資本を要することを知るも、そのいわゆる資本は金財、土地、家屋、器械のごとき有形の資本を意味し、この他に無形の資本あることを知りませぬ。」「耐忍勉強のごとき無形の資本が金財家屋等の有形の資本を産み出だすはむろんのことであります。」から「富国強兵、殖産興業の目的に対して哲学の必要なる」[91]。つまり、一片のパンづくりも、パンを作ろうと考える人がいて、作る人の忍耐・努力、創意・工夫（科学的精神を含む）をへて一片のパンをつくることができる。職業を問わず、練磨の上に錬磨を重ねる人は、哲学する人であると思う[92]。

六　結び―哲学的祈り

思想的旅路の最後の論文「哲学上に於ける予の使命」のなかで、円了は哲学を通俗化すること、哲学を実行化することと、を予の使命と述べた。そして、哲学を通俗化することの目的は達したがもう一つの哲学を実行化することは、まだ半途であると書き残した[93]。けだし通俗化、実行化の〝化〟とは理論と実践を橋渡しするものである。では、それは何であろうか。哲学の通俗化とは、学校であり、著書であり、全国巡講（講演）である。哲学の実行化とは、哲学的祈りであると思う。円了の唱念法和讃三首を紹介する[94]。

世の哲学をながむるに、議論の花は開けども、未だ一つの応用の、実を結ばぬは遺憾なり。
斯れ真理を世の人に、示して実行せしむるは、多くの道のある中に、唱念法こそ至要なれ。
南無絶対を唱ふれば、迷いの雲は晴れわたり、暗き心も忽ちに、光りのみつる心地する。

今日、実証科学としての実学（経営領域では、科学としての経営学）はさらに進化し、AI（人工知能）・IoTなどの進歩によって、これからの雇用はどうなるのか、暮らしはどうなるのか、等々、人々の不安が増大している。またそれはAI兵器を作るかも知れないという、AI研究者、企業経営者、政府指導者への不信感ともつながっている[95]。

論語は「民、信なければ立たず。」という。これは「人民に信用をなくしたなら、それはもう政治ではない。(96)」ということである。だが、新聞報道では連日、不正、偽装、粉飾、モラル・ハラスメント（パワハラ、セクハラ）等、道徳の退廃を目にしている。しかしそれは、わが国だけのことではない。貧富の格差、戦争、地球環境問題など、先進国・途上国、資本主義・共産主義社会を問わず、何処の国でも見られる事象である。今日、グローバリゼーションの進展とともに「自国ファースト」「自己第一主義」の考え方が多数を占め、世界共通の道徳的価値が失われている。けだし、歴史がつづく限り制度があり、制度は矛盾を相含して人間の悩みはつづく。それゆえ、人間の心に潜む所有欲、権力欲、名誉欲(97)を抑制する働きをもつ道徳哲学は、人類の幸福を最低限度保証するものであるといえる。

注

(1) 井上円了「哲学新案」I:281。
(2) 「円了漫録」XXIV:206。
(3) 『井上円了の教育理念』平成二八年、井上円了研究センター、六四頁。
(4) 経営哲学学会編『経営哲学とは何か』文眞堂、二〇〇三年、三頁。
(5) 同右四頁。
(6) 山本安次郎『日本経営学五十年』東洋経済新報社、昭和五二年、六頁。なお、経営学は二〇世紀初頭、米国のフレデリック・W・テイラー（1856-1915）の科学的管理法に始まる。科学的管理法が、わが国にはじめて紹介されたのは工場法が公布された一九一一年（明治四四）とされている（佐々木聡『科学的管理法の日本的展開』有斐閣，一九九八年、三頁）。
(7) T・S・アシュトン 中川敬一郎訳『産業革命』岩波文庫、一九七九年。
(8) 井上円了「奮闘哲学」II:380。
(9) 井上円了『戦争哲学一斑 全』国会図書館近代デジタルライブラリー、明治二七年、四頁。
(10) 矛盾は「楚の国に矛と盾とを売る者がいて、自分の矛はどんな盾をも破ることができ、自分の盾はどんな矛をも防ぐことができると誇っていたが、人に『お前の矛でお前の盾を突いたらどうか』といわれ、答えられなかった」（金谷治訳注『韓非子 第三冊』岩波文庫、二〇〇四年、二五四頁。）という故事にもとづく。つまり、矛と盾という対立しているものの両立が矛盾である。それゆえ、矛盾の認識は両端の偏りを避け「哲理の中道」（「哲学一夕話」I:35）を求める。また、哲理の中道は中立志向の平和主義、独立自活の精神を志向する。

(11) 森章司「解説」IV:545-546。

(12) 森信三『不尽片言』不尽叢書、平成二年、一一頁。

(13) 井上円了「奮闘哲学」II:251。

(14) 古林喜樂『経営学原論』古林喜樂著作集第一巻、千倉書房、平成八年。はしがき。

(15) 同右一頁。

(16) 竹村牧男『井上円了―その哲学・思想』春秋社、二〇一七年、一〇頁。

(17) 井上円了「奮闘哲学」II:238。

(18) 同右 II:235。

(19) 「哲学上に於ける予の使命」『東洋哲学』第二六編第二号、大正八年、八五頁。

(20) 同右八六～八七頁。

(21) 高木宏夫代表編集『井上円了の思想と行動』東洋大学、一九八七年。清水乞編著『井上円了の学理思想』東洋大学井上円了記念学術振興基金、一九八九年。三浦節夫『井上円了　日本近代の先駆者の生涯と思想』教育評論社、二〇一六年。竹村牧男『井上円了―その哲学・思想』前掲。

(22) 井上円了「哲学要領〔前編〕」I:89。

(23) 井上円了「哲学要領〔前編〕〔後編〕」I:88, 150。

(24) 「循化にして相含、相含にして循化と答えざるを得ぬ。これが宇宙の真理なりというのが、余が天地の活書を読んで得たる哲学である。」（「奮闘哲学」II:253）

(25) 井上円了「哲学新案」I:297。

(26) 井深大『自由闊達にして愉快なる』日経ビジネス人文庫、二〇一七年。

(27) 「哲学上に於ける予の使命」、前掲八五頁。

(28) 松下幸之助『道をひらく』PHP、二〇一一年、二六五頁。
(29) 柴田隆行『哲学史成立の現場 第二章』弘文堂、平成九年。船山信一『明治哲学史研究』船山信一著作集第六巻、こぶし書房、一九九九年。本山幸彦『明治思想の形成』福村出版、一九六九年。藤田正勝『日本哲学史』昭和堂、二〇一八年。
(30) 大西祝『大西祝選集Ⅱ』岩波文庫、二〇一四年、二七頁。
(31) 熊野純彦『日本哲学小史』中公新書、二〇一二年。
(32) 哲学者務台理作（1890-1974）は「普通に辯證法の形としてあげられる正・反・合のごときはヘーゲルの定めたものでなく、後の人の言いあらわしである。」（『哲学概論』岩波書店、昭和四七年、一八六頁）と述べている。
(33) 山口静一『フェノロサ上・下』三省堂、昭和四三年。久富貢『アーネスト・フランシスコ・フェノロサ』中央公論美術出版、昭和五五年。山口静一『三井寺に眠るフェノロサとビゲロウの物語』宮帯出版社、二〇一四年。久我なつみ『フェノロサと魔女の町』河出書房、一九九九年。
(34) 大内青巒述「担山老師の事歴」『担山和尚全集』（釈悟庵編、光融館、一九〇九年）近代デジタルライブラリー。木村清孝『原坦山と「印度哲学」の誕生―近代日本仏教史の一断面―』（印度學佛教學研究第四十九巻第二号　平成一三年三月）。
(35) 井上円了「仏教通観」V:141。
(36) 井上円了「日本仏教」VI:86。
(37) 竹村牧男『大乗起信論読釈』山喜房佛書林、平成五年改訂、一二四～一二六頁。
(38) 平川祐弘『天ハ自ら助クルモノヲ助ク』名古屋大学出版会、二〇〇六年、六八頁。
(39) 同右二一一頁。
(40) 渡部昇一「中村正直とサミュエル・スマイルズ」『西洋立志編』講談社学術文庫、二〇一六年、五四五頁。
(41) 平川祐弘、前掲書、一〇三頁。
(42) 平野威馬雄『伝円了』送風社、昭和四九年、四〇、四二頁。
(43) 三浦節夫、前掲書、九八頁。小泉仰「『敬宇日乗』における中村敬宇と井上圓了」井上円了研究センター年報七号、一九九八年。
(44) 井上円了「奮闘哲学」II:239。
(45) 井上円了「教育宗教関係論」XI:441。
(46) 同右XI:443。

(47) 井上円了「仏教活論序論」III:347。
(48) 井上円了「教育宗教関係論」XI:442。
(49) 井上円了『人生是れ戦場』弘學館、大正三年、五頁。
(50) 井上円了「哲学館専門科二四年度報告書題言」III:290。
(51) 井上円了「教育宗教関係論」XI:450。
(52) 魯迅 竹内好訳「自序」『阿Q正伝・狂人日記』岩波文庫、一九八一年、九頁。
(53) 三浦節夫、前掲書、二九二頁。
(54) 井上円了講述「破唯物論」VII:521。
(55) 井上円了『奮闘哲学』II:217。
(56) 三谷太一郎『日本の近代とは何であったか』岩波新書、二〇一七年、二一六頁。
(57) 井上円了「奮闘哲学」II:413。
(58) 同右 II:292。
(59) 『井上円了の教育理念』前掲一〇五頁。
(60) 芹川博通『「ともにいきる」思想から「いかされている」思想へ 宗教断想三十話』北樹出版、二〇一一年、一二八〜一二九頁。
(61) 井上円了「哲学新案」I:287。
(62) 「哲学上に於ける予の使命」、前掲九〇頁。
(63) 西田幾多郎『哲學概論』岩波書店、二〇一〇年、四七頁。
(64) 「哲学上に於ける予の使命」、前掲九〇頁。
(65) 『修身教会雑誌第一号』明治三七年二月一一日発行、二頁。564　同右一三頁。
(66) 「哲学上に於ける予の使命」、前掲九三頁。
(67) 宮本正尊『明治仏教の思潮 井上円了の事績』佼成出版社、昭和五〇年、二四四頁。
(68) 丸山眞男『福沢諭吉の哲学』岩波文庫、二〇〇三年、四六〜四七頁。
(69) 源了圓『実学思想の系譜』講談社学術文庫、昭和六一年。

(70) 柴田実『石田梅岩』吉川弘文館、昭和六三年、一四九頁。
(71) 「哲学上に於ける予の使命」、前掲一一頁。
(72) 井上円了「倫理摘要」XI:209-210。
(73) 『修身教会雑誌第三号』明治三七年四月一一日発行、一四八頁。
(74) 同右一四九～一五〇頁。
(75) マックス・ヴェーバー 大塚久雄『プロテスタンティズムの倫理と資本主義』岩波文庫、一九九四年。山本七平『日本資本主義の精神』PHP文庫、一九九五年。
(76) 上野陽一『能率学原論（改訂版）』技報堂、昭和三一年、三頁。
(77) 柴田実解説『日本思想体系42 石門心学』岩波書店、一九七一年、五一〇頁。
(78) ロバート・N・ベラー 池田昭訳『徳川時代の宗教』、岩波文庫、一九九六年、二八頁。
(79) 心学参前舎編集『心学が拓く二十一世紀の日本』心学参前舎、平成一三年、六三頁。
(80) 同右八六頁。
(81) 安丸良夫『日本の近代化と民衆思想』平凡社ライブラリー、一九九九年、一二頁。
(82) 井上円了「奮闘哲学」II:330。
(83) 同右 II347。
(84) 武藤山治『実業読本』日本評論社、一九六四年、一八一頁。
(85) カント 波多野精一・宮本和吉・篠田英雄訳『実践理性批判』岩波文庫、二〇〇一年、二六〇頁。
(86) 同右三一七頁。
(87) 井上円了「西航日録」XXIII:214。
(88) 哲学者ヘーゲルは「ソクラテスが道徳哲学の創始者であった」と紹介している（寺沢恒信訳『大論理学3』一九九九年、以文社、三六一頁）。
(89) 井上円了「哲学茶話」II:109。
(90) 井上円了「円了漫録」XXIV:214。
(91) 井上円了「哲学早わかり」II:59-60。

(92) たとえば、リコー三愛グループの創始者市村清（1900-1968）は、「今日の私は一事業家にすぎないけれども……常に人間の本性に基礎を置いた考え方をし、そこに進るために、絶えざる思考を重ね、真理究明の努力を怠らないという点にあるといえるだろう。」と述べている（『そのものを狙うな』三愛新書、平成六年復刻版、まえがき）。

(93) 「哲学上に於ける予の使命」、前掲九三頁。

(94) 同右八七～八八頁。

(95) 朝日新聞二〇一八年七月二〇日付「ＡＩ兵器 作らぬ宣言」

(96) 『宮崎市定全集』岩波書店、一九九三年、三一七頁。

(97) 経営のカリスマと評された日産自動車の代表取締役会長カルロス・ゴーン容疑者が金融商品取引法違反（有価証券報告書の虚偽記載）の疑いで逮捕された（日本経済新聞、二〇一八年一一月二〇日）。改めて人間の内奥に存する欲望を軽視してはいけないことを示教している。

井上円了の〈宇宙万物に対する徳義〉

岩井昌悟

はじめに

熊楠が環境保護運動の先駆者として注目されるのに対して、円了の著作から彼の自然や環境に対する意識を探るのはきわめて困難であると言わざるをえない。しかしながら、かろうじてではあるが、円了三五歳の著書『日本倫理学案』（一八九三年（明治二六））の中、「宇宙万物に対する徳義」と題される第五一節が、円了が自身の環境に対する態度を表明した文章として注目される。少し長くなるが、本論にとって要となる文章であるので、まずそっくり引用してみたい。なお挿入した図と（　）内は筆者による。また原文には全くない段落を適宜入れた。

つぎに、宇宙万物に対する徳義を述べんに、一人の道徳は進みて一国の道徳となり、国内の道徳は推して国外に対する道徳となり、すなわち個人的道徳、国家的道徳の名称を分かつに至るといえども、これ畢竟、みな人類間のことなるのみ。しかるに人類の外には禽獣あり、草木あり、無機物あれば、またこれに対する道徳なかるべからず。これ国家的道徳の更に進みて、人類以外に推及したるものというべし。

さて万物の中にも、有機物に対する徳義と無機物に対する徳義との二種あり。また有機物の中にも、動物に対するものと植物に対するものとの二種あり。

- 万物に対する徳義
  - 有機物に対する徳義
    - 動物に対する徳義
    - 植物に対する徳義
  - 無機物に対する徳義

動物は万物中最も人類に近きものにして、なかんずく、高等動物に至りては多少の感情、智力を有するものなれば、人類相愛の一端をば推して禽獣の上に及ぼし、牛馬を使役するにも過度に失せざらんように注意するがごときは、動物に対する徳義というべし。また、植物は人類を去ることやや遠くして、苦楽の感覚を有せざるものなれば、これを愛憐するを要せざるがごとしといえども、我人衣食住は多く草木より得るものなれば、なるべくこれを濫用せざらんように注意すべし。これを草木に対する徳義といわんは、用語あるいは穏当《おんとう》ならじといえども、またあえてその意味なしというべからざるなり。果たしてしからば、なにほど財産を有すとも、無益の奢侈《しゃし》（度を過ぎてぜいたくすること）にふけりて天物を暴殄《ぼうてん》（乱暴に扱い滅ぼすこと）するがごときは、これ有機物に対する徳義に背くものというべし。

また、無機物に対するもその理は同一にして、空気なり日光なり水なり土なり、みな我人の生活を支うるに一刻片時も欠くべからざる必要のものたれば、我人はこれに対する徳義として、無益に光陰を費やし、無益に品物を耗《もう》する（ついやす）ことなく、必ず自然の理法に従いてこれを利用し、もって天地間に人の人たる本分を全うせずばあるべからざるなり。これによりてこれをみるに、さきに個人的道徳の条下に述べたる勉強、耐忍、節倹の諸徳のごときは、まさにこの有機無機の諸物に対する徳義なることを知るべし。

しかして天地万物に自然に具有する理法は、人を生育すると同時に人を殺害するものあり。すなわち烈風、洪水、飢饉、病患《びょうかん》等これなり。人もしかくのごとき災難に際会する（でくわす）ときは、あるいは自然に向かいて怨嗟《えんさ》（うらみ嘆くこと）を発するものあれども、およそ一利一害、一苦一楽は世界の常則なれば、我人は災難に遭うごとにますます戒慎《かいしん》して、もって幸福の臻《いた》る（やって来る）を待たざるべからず。これまた我人の自然に対する徳義の一なり。

今また、これをわが国風に考うるに、皇室ありてのち人民ありし国なれば、衣食住の道もみなおおむねみな皇室皇宗の教えたまいしところにして、この国土も皇室の国土なることは、史に徴《ちょう》して（歴史に照らし合わせて）明らかなり。果たしてしからば、われわれ臣民は天地万物に対してその徳義を守るは、すなわちこれ皇室に対する報恩の意に外ならざることを忘るべからず。換言せば、この豊饒なる国土にありてこの秀霊なる風《ふう》色《しょく》（風景）に接し、もってこの身心を健全に保つを得るは、全く皇恩君徳の余沢《よたく》（恩恵）にして、この天地自然に尽くすゆえんのものは、すなわちわが君主に尽くすゆえんなることを記せざるべからざるなり。（XI:271-273）

一　『日本倫理学案』について

先に引用した文章の内容を見る前に『日本倫理学案』について少し触れておかねばなるまい。井上円了の著作の中には「倫理」と名のつく著作が三つある。

①『倫理通論』一八八七年（明治二〇）　円了二九歳
②『倫理摘要《てきよう》』一八九一年（明治二四年）　円了三三歳
③『日本倫理学案』一八九三年（明治二六年）　円了三五歳

①と②については円了自身が『倫理摘要』の緒言に

余は倫理学を専門とするものにあらず。しかるに世間その人に乏しきために、先年普及舎のもとめに応じて

『倫理通論』と題する一書を編述せしことあり。その書ベイン、スペンサー、ダーウィン等の書に基づき道徳進化の理を論定せるものなれば、世これを許して教科書用に適せずという。しかして余おもえらく、倫理の道理は古来東洋にありて存し、わが国にもその道あり、なんぞ必ずしも西洋を待つを要せんや。ただ東洋の短所は、実験上の事実をもって論拠を構成せざるの一点にあり。この欠点を補うものは西洋近世の進化説なり。これ余がさきに、進化の原理に基づきて倫理書を編述したるゆえんなり。……倫理科を受け持つこととなり、倫理の要領を講述するの際適当の用書の必要なるを感じ、更に一部の倫理書を編述するに至れり。すなわちこの書なり（XI:141）

と述べているように、名が挙げられている Charles R. Darwin (1809-1882), Alexander Bain (1818-1903), Herbert Spencer (1820-1903) の三人の中、特にスペンサーの学説に則り「道徳進化」説を中心に論じている。少々乱暴ではあるが、簡単に言えば、より優れた道徳を身に付けたものが適者生存の規則にしたがって生き残るという仕方で、道徳が発達するという説である。善・悪、苦・楽は生存に利であるか害であるかによって定まり、利他博愛といった心情もそれを具えた方が、社会の団結した後では自利自愛のみのものたちよりも、生存に有利であるといった形でその獲得が説明されている。[①] ②は基本的に①と同じといえるが、ただしその末尾で

しかりしこうして、実際の道徳を講ずるに当たりて我人の更に注意すべきは、国家社会の人情、風俗、政治、国体のいかんにあり。これにおいて、国異なればおのずからその国特有の道徳を講ぜざるを得ざるに至る。これ倫理学に理論的と実際的とを分かたざるべからざるゆえんなり。（XI:210）

と述べていることは、すでに『日本倫理学案』の内容を暗に予告しており、注目される。これは『倫理摘要』も次の『日本倫理学案』と同様、教育勅語発布以後に出版されていることと無関係ではあるまい。

『日本倫理学案』は一八九〇年（明治二三）一〇月三〇日に発布された「教育勅語」を受けて、「その精神は徹頭徹尾勅語の旨意に基づき、経《たて》も緯《よこ》もともに勅語をもって組織」されており、「その主義は儒教にあらず仏教にあらずヤソ教にあらず、すなわち国体主義」である。

円了はその倫理学中の位置づけを「第一講　緒論」に以下のように述べる。

> けだし人倫、道徳の原理は、世の古今を問わず国の内外を分かたず、常に一定して二致なかるべしといえども、これを一国、一社会の上に適用しきたりて可否得失を論ずるときは、その風俗、習慣、政治、国体等の諸事情に応じて、一国、一社会に特有なる道徳を生ずべし。……しかしてその特有なる道徳中に、一脈の理法の貫通して存するあり。この理法を講究して原理原則を定むるもの、これを倫理学中の理論に属する部分とし、その世と国との事情に応じて生ずる変化異同を講究するもの、これを倫理学中の応用に属する部分とするなり。応用に属する部分にまた、理論と実際との別あり。すなわち道徳の、世と国とに応じて異なる理由を講究するはいわゆる理論なり。その理論すでに一定せりと仮定して、ただその方法のみを修習するはいわゆる実際なり。実際は技術に属し、理論は学問に属するなり。

倫理
- 理論（貫通する一脈の理法を講究して原理原則を定むる）
- 応用（世と国との事情に応じて生ずる変化異同を講究する）
  - 理論（道徳の世と国とに応じて異なる理由を講究する）学問
  - 実際（理論すでに一定せりと仮定して、ただその方法のみを修習する）技術今、余は便宜のために、その学問中、理論の一方を講ずるものを理論的倫理学と名付け、応用にわたりて講ずるものを実際的倫理学と名付く。これに対して、技術に関する方を修身法もしくは修身術と名付く。しかして余がこれより講述せんとするものは、この実際的倫理学なり。すなわち一国、一社会に一種特有の道徳を生ずる原因、事情を論定するものなり。（XI:222）

理論・学問 ｛ 理論的倫理学（理論の一方を講ずるもの）／実際的倫理学（応用に渡りて講ずるもの）｝
応用 ｛ 理論・学問／実際・技術―修身法・修身術 ｝

円了はつづけてこの緒論で「一国、一社会の道徳は、いかなる方針を取り、いかなる方法を用うべきかを論定する」ために、「人生の目的ならびに善悪の標準については、完全の徳と高等の幸福とをもって最上の善と」定めて「福徳一致」を打ち出し、「個人の福徳を円満ならしむると同時に国家の福徳を円満ならしめ、二者両全をもって目的」としなければならないと述べる。そして「第二講　実際的倫理論」と「第三講　日本国体論」においては、各国で倫理の応用が異なる理由や義務に個人的義務と国家的義務の二種があること、日本の国体の特殊性などを論じているが、第四講からが本論であり、実際に道徳を述べ始める。

「第四講　個人的道徳論第一」として、以下見出しのみを挙げるが、「第二十五節　自己に対する徳義」「第二十六節　身体を健全にする義務」「第二十七節　知識を開発する義務」「第二十八節　徳性を養成する義務」「第二十九節　情緒を純良にする義務」を、「第五講　個人的道徳論第二」として「第三十節　一家に対する徳義」「第三十一節　父母に対する義務」「第三十二節　兄弟に対する義務」「第三十三節　夫婦に対する義務」「第三十四節僕婢と家主との関係」「第三十五節　親戚に対する徳義」を論じる。

つづいて「第六講　国家的道徳論第一」として「第三十七節　朋友に対する徳義」「第三十八節　師弟の関係」「第三十九節　博愛」「第四十節　公益」「第四十一節　正義」「第四十二節　君主に対する義務」「第四十三節　政府の組織」「第四十四節　国憲に対する義務」「第四十五節　国法に対する義務」「第四十六節　租税を納め兵役に服する義務」を、「第七講　国家的道徳論第二」として「第四十七節　愛国の精神」「第四十八節　国民間の徳義」「第四十九節　国際上の徳義」「第五十節　死後に対する徳義」「第五十一節　（宇宙）万物に対する徳義」「第五十二節　神に対する徳義」を論じている（ちなみに第八講は「賞罰ならびに教育論」、第九講は「結論」である）。「その主義は儒教にあらず」としながらも、ここには『礼記』「大学」の「修身斉家治国平天下《しゅうしんせいかちこくへいてんか》」の順番で論じられていることが明瞭に見てとれる。

さて問題の「宇宙万物に対する徳義」がいかなる文脈で説明されているかを確認したところで、いよいよ内容を見て行きたい。

二　宇宙万物に対する徳義

ここには「人には宇宙万物に対して守るべき道徳上の義務がある」ことが言われている。

多少の感情・知力のある動物に対しては、人類同士の相愛の一端を動物にも向けることによって過度に使役しないように戒めている。人が衣食住を多くそれに頼る植物に対しては濫用を戒めている。総じて有機物に対しては無益にぜいたくして乱暴に扱って滅ぼしてはならないというのである。

次に無機物（空気・日光・水・土）に対しても「その理は同一」として、簡単に言えば無駄遣いを戒めているが、ここに「無益に光陰を費やす」ことが戒められているところに現代人の感覚と少し異なる円了の態度が垣間見える。人が生きて行く上での環境資源（有機物・無機物の両方）の消費は大前提になっており、円了の言わんとするところは「環境資源をなるべく浪費するな」というよりも、環境資源を消費しながら生きるからには「人の人としての本分を全う」すべく、「勉強、耐忍、節倹」せよ、つまり、「無駄に生きるな」ということにある。逆にいうと、「勉強、耐忍、節倹」せずに無駄に生きていると環境資源を無駄遣いしていることになるというのであろう。

このことは円了の後年五九歳の時の著作『奮闘哲学』（一九一七年（大正六））に述べられていることを参照するともっとはっきりするであろう。

> 今日は進化論によりて生物同祖論を伝えられ、動物も人類も兄弟姉妹の関係を有することを教えられた。よって吾人《ごじん》は牛馬鶏豚といえどもこれを愛憐し、これを救済すべきが当然なれども、世界の大進化に向かって人文を発展するには、牛馬自身の力にては不可能である。よって吾人は彼らを引率して、この宇宙の大使命を果たさなければならぬ。しかるときは「一将功成り万骨枯《いっしょうこうなりばんこつか》る」とあるがごとく、多大の犠牲を払わざるを得ない。万骨が犠牲となりて始めて国運発展の成功をみるがごとく、牛馬鶏豚が犠牲となりて、吾人をしてその使命を全うせしむるのである。故に吾人が果たしてよくこの使命を全うすれば、彼らは必ず満足すべき道理であるが、もし彼らを犠牲にしながら、なんらの使命を果たさず、遊惰放蕩をもって一生を送るにおいては、実に宇宙の大罪人たるを免れず、天地もいれざる大逆賊に比すべきものである。よって吾人は牛馬を殺し鶏豚を食するごとに、この使命あるを忘れずますます奮励し大いに興起《こうき》（奮い立つこと）して、世界人文のために尽瘁《じんすい》（労苦を顧みず全力を尽くすこと）せなければならぬ。（II:257）

ここでいう「勉強」、「耐忍」、「節倹」については『日本倫理学案』の第二十七〜二十八節に述べられていることを付言しなければならない。「勉強」は「第二十七節　智識を開発する義務」で述べられていることと対応する。勅語の「學《がく》ヲ修《おさ》メ、業《ぎょう》ヲ習《なら》ヒ」にもとづくのであるが、「智識進むときは一家、一国の幸福これとともに進」むのであるから、「国民たるもの、みなことごとく智識を開発し、あわせて実業を研習し、もって国家の隆盛を祈ら」

なくてはならない。「耐忍」と「節倹」は「第二十八節　徳性を養成する義務」に述べられていることと対応する。勅語の「恭儉己《きょうけんおの》レヲ持《じ》シ」にもとづき、「衣食酒色等の諸欲を制止して、極端に走ら」ないようにして節制し、「奢侈《しゃし》を戒め倹約」することで、一家の富、一国の富を興すべしというのである。またここでも「無益に光陰を費やす」ことを戒めており、しかしここでは環境資源とは関係なく「時間は金銭なり。無益に時間を費やすは、無益に金銭を費やすに同じ」という。

三　まとめ

「宇宙万物に対する徳義」は、円了の文脈では、よくよく吟味してみると、富国強兵の時代であるから当然といえば当然であろうが、結局国を富ませることを目的としており、多分に人間中心主義に堕して、環境資源は保護する対象＝目的どころではなく、手段に位置づけられてしまっている。これでは「徳義」をもって接することには程遠いと言わざるを得ない。

これは筆者の感想にすぎないが、環境資源に対して我々が道徳上の義務を負っているという発想自体は、傾聴に値すると思う。しかし環境資源に対して道徳上の義務を負うならば、我々は環境資源に対して円了とは異なった態度をとるべきではなかろうか。すなわち、我々は環境資源を「常に目的として扱い、決して単なる手段としてのみ扱うことがないように振る舞わねばならない[2]」のではなかろうか。

資料① 教育勅語

（読み方は『勅語略解』[3]明治二三年一一月三〇日発刊に従う。ただし句読点を補う。）

朕惟《ちんおも》フニ我《わ》カ皇祖皇宗國《こうそこうそうくに》ヲ肇《はじ》ムルコト宏遠《こうえん》ニ、徳《とく》ヲ樹《た》ツルコト深厚《しんこう》ナリ。我《わ》カ臣民《しんみん》克《よ》ク忠《ちゅう》ニ、克《よ》ク孝《こう》ニ、億兆心《おくちょうこころ》ヲ一《いつ》ニシテ、世世厥《よよそ》ノ美《び》ヲ濟《な》セルハ、此《こ》レ我《わ》カ國體《こくたい》ノ精華《せいか》ニシテ、教育《きょういく》ノ淵源亦實《えんげんまたじつ》ニ此《ここ》ニ存《そん》ス。爾《なんじ》臣民《しんみん》父母《ふぼ》ニ孝《こう》ニ、兄弟《けいてい》ニ友《ゆう》ニ、夫婦相和《ふうふあいわ》シ、朋友相信《ほうゆうあいしん》シ、恭儉己《きょうけんおの》レヲ持《じ》シ、博愛衆《はくあいしゅう》ニ及《およ》ホシ、學《がく》ヲ修《おさ》メ、業《ぎょう》ヲ習《なら》ヒ、以《もっ》テ智能《ちのう》ヲ啓發《けいはつ》シ徳器《とくき》ヲ成就《じょうじゅ》シ、進《すすみ》テ公益《こうえき》ヲ廣《ひろ》メ、世務《せいむ》ヲ開《ひら》キ、常《つね》ニ國憲《こくけん》ヲ重《おもん》シ、國法《こくほう》ニ遵《したが》ヒ、一旦《いったん》緩急《かんきゅう》アレハ、義勇公《ぎゆうこう》ニ奉《ほう》シ、以《もっ》テ天壤無窮《てんじょうむきゅう》ノ皇運《こううん》ヲ扶翼《ふよく》スヘシ。是《かく》ノ如《ごと》キハ獨《ひと》リ朕《ちん》カ忠良《ちゅうりょう》ノ臣民《しんみん》タルノミナラス、又以《またもっ》テ爾祖先《なんじそせん》ノ遺風《いふう》ヲ顯彰《けんしょう》スルニ足《た》ラン。

斯《こ》ノ道《みち》ハ實《じつ》ニ我《わ》カ皇祖皇宗《こうそこうそう》ノ遺訓《いくん》ニシテ、子孫臣民《しそんしんみん》ノ倶《とも》ニ遵守《じゅんしゅ》スヘキ所《ところ》、之《これ》ヲ古今《ここん》ニ通《つう》シテ謬《あやま》ラス、之《これ》ヲ中外《ちゅうがい》ニ施《ほどこ》シテ悖《もと》ラス、朕爾臣民《ちんなんじしんみん》ト倶《とも》ニ拳々服膺《けんけんふくよう》シテ、咸其徳《みなそのとく》ヲ一《いつ》ニセンコトヲ庶幾《こいねが》フ。

明治二十三年十月三十日
御名《ぎょめい》　御璽《ぎょじ》

資料② 熊楠の円了への言及

ラサレにありし鈴木大拙、かつて書を寄せて事を論ず。その中に宗教は道徳と別のものなり、このところ不可言の旨なりという。このことまた大いに味あり。到底行われぬことながら、わが邦の愛国とか忠君とかいうことを喋々する仏僧などの一針と思う。たれか妖怪学とかを唱えて、忠君愛国の資となさんといいし人もありしやに思う。

妖怪学は取りも直さずデモノロジーにて、英国博物館にはこの学の群書一覧ともいうべき索引さえあり、公衆に見せおれり。前々世期に妖怪を列して駁撃せしチュールという僧の著書などは一たび通覧するに半年ばかりかかりし。王充の『論衡』もこの類なり。これはキリスト前七九年ばかりに作りしなり。また例のコラン・ド・プランチーの『妖怪類典』あり。画入りにて翻訳せば大もう貫けならん。こんな在り来たりしことを今ごろ一派の学にせんとて大誇し、世人も許可するは、そこがいわゆる十日の菊も花より外は訪《おとな》う人もなき山里の栄にて、世間万事知らぬが仏、また知らぬところが花じゃ(4)。

ついでにいう。貴下の井上円了の哲学館の祝詞、また、誰の筆か知らぬが高等中学林図書館の趣意書に、三字つづきの語多し（鉄健児などという類）、これは、威儀を尊ぶわが宗では、梵語直訳（半択迦《はんちゃか》、薛茘多《へいれいた》の類）の外は、不相応のことと存じ候。なんとなく後進のものを軽率にするなり。この類のことは、修辞上、欧州文学にもやかましきことにあるなり。さすがは福沢翁などの先生の書きしものに三字の漢語なきは、敬勤の外なし。(5)

故に予は、真言で古え行ないしまじない、祈祷、神通、呪詛、調伏等は、決して円了などのいうごとき無功比々火として法螺ばかりのものと思わず。(6)

ただし前年、井上円了先生が妖怪学を立てたと聞き、大英博物館で予は先生の講義の序文を述べ、なんと欧州にはまだ化け物の学問はなかろうがと威張ったが、ある人が「それそれ、お前の肘の辺りの常備参考架を見よ」と言うから、見てみると、ずっと以前に出版した『妖怪学書籍総覧』といって、化け物学の一切の書籍の索引だったから、日本人が気が付くことのほどは、大抵西洋ではすでに古臭くなっていると気付き、赤面して退いたことがある。思うに西洋では、千里眼などは今日古臭くて、学者はもっぱら死の現象を研究する最中かもしれない。(7)

注

（1）　なお円了の進化論に対する態度はあまり一貫しているとは言い難く、例えば『破唯物論』（明治三一年）では「進化論が事実、実験に基づきて確実なる学説をわれわれに授けたることは、余輩も疑わざるところなれども、これを生物学もしくは有形学の範囲にとどめずして哲学上に及ぼし、心理も社会も道徳も宗教も、みな進化の一本槍をもって取り扱わるるに至りたるは、余輩の賛成せざるところであります。…」（VII:574）としながら、『活仏教』（大正元年）では再び「すべて活物は必ず発達す、草木動物、人類社会みなしかり。活物ならざるものもまた進化す、天体、地球のごときこれなり。したがって人類社会の特産たる学芸、美術、政治等に至るまで、一として発達進化せざるはなし。されば仏教なんぞひとり発達せざるの理あらんや」（IV:433）と述べている。

（2）「汝の人格と他のあらゆる人の人格に存する人間性を、常に同時に目的として扱い、決して単に手段としてのみ扱うことがないように振る舞え」（Handle so, daß du die Menschheit, sowohl in deiner Person, als in der Person eines jeden andern, jederzeit zugleich als Zweck, niemals bloß als Mittel brauchest.）のもじり。カントは環境資源に対して間違ってもこんなことは言わないだろうけれども。

（3）明治三三年一一月三〇日発刊。

（4）『南方マンダラ』河出文庫、一九九一年、一三三頁。明治三五年三月二二日午後二時半の手紙（土宜法竜宛）

（5）同右二七二頁。明治三六年七月一八日（土宜法竜宛）

（6）同右三〇五頁、明治三六年七月一八日（土宜法竜宛）

（7）「千里眼」（『南方民俗学』河出書房新社、一三一頁）明治四四年六月一〇～一八日『和歌山新報』

井上円了を活論する——東洋大学の建学精神について[1]——

ライナ・シュルツァ

序言

本論文では、東洋大学における井上円了研究を方法論的に考察したい。東洋大学は一八八七年に井上円了によって哲学館として創立された。今日の学校法人東洋大学は一九四九年施行の私立学校法に基づいた公益法人である。一九五二年に制定された「学則」において、東洋大学の目的は「創立者井上円了博士の建学の精神に基づき教育・研究を行うこと」とされている。[2]「井上円了の建学の精神」に基づく研究とは、何を意味するのか、それを論文前半（第一節から第五〇節）で明らかにしたい。一九七八年には、創立者井上円了が東洋大学で全面的に研究されるようになった。[3]この創立者についての研究も、東洋大学の研究理念に基づいて行われるべきことは、当然であるので、東洋大学で行われている、東洋大学の建学精神に基づいた井上円了研究について論文後半（第六節から第八節）で考察したい。

東洋大学が創立一〇〇周年の時から強調してきたのは、円了の学問に関する理念よりも、むしろ『井上円了の教育理念』（一九八七年）であった。[4]これに対して本論文は、これまで等閑視されてきた哲学館開館の趣意書を精査することで、東洋大学の哲学的研究理念を一層明確にしたい。[5]そして、この作業によって再確認された建学理念を、円了が生涯にわたって持ち続けた二つの原則、すなわち、「護国」と「愛理」に結び付けて解釈する。東洋大学のアイデンティティーの歴史的発展について、特に「護国愛理」との関係を軸にして論じた三浦節夫による詳細な研究がある[6]。護国愛理は哲学館に関する円了の諸趣意書のどこにも表れないため、この原理と哲学館の建学の精神との関係は議論の主題ともできるかもしれないが、円了は、自身のあらゆる教育活動が理論領域を指す「愛理」と実践領域を指す「護国」に基づいていることを明確に述べている（XXI:486）。それ故に、哲学館創設の文章も、「護国愛理」を背景にして解釈することが不可欠だろう。

本論文の筆者自身も東洋大学に所属しているため、本研究は循環的ないし自己言及的な性格を持つことになる。というのも、東洋大学の建学精神を活かしながら、その建学精神を研究するからである。それは、方法的な反省考察といえるだろうが、転回して見ると、本論文は、自分の研究対象を体現しながら、例証することも狙っている。

一 「諸学の基礎は哲学にあり」

東洋大学が自らの「建学の精神」を示す際、一般に、一八八七年の「哲学館開設ノ旨趣」が引き合いに出される。この文章に表明されている哲学の概念は、「諸学の学」というアリストテレス的な概念である。ヨーロッパでは形而上学は「諸学の女王」という言葉があるが、それに似た政治的比喩で、円了は哲学を「学問世界ノ中央政府」と呼ぶ[7]。諸々の科学的研究領域の各々の原理を明確にすることで、哲学は専門化された学問体系を提起できる。このような体系は、近現代の研究大学の組織構造となった。このアリストテレス的な理念は、思想史において影響力の強いものであったことは間違いないが、現在の東洋大学にとって、どのような意味を有しているのだろうか。一つは、東洋大学の全学部・学科の構造が一貫した学問体系を反映していると考えられる。もう一つは、東洋大学の哲学科の中で科学哲学が重視されることも想像できる。しかし、「諸学の学」としての哲学の概念は、学問全般の研究方法については何も語っておらず、教育の理念についてはなおさら不十分である。

一九五七年以来、東洋大学は対外的関係において自らの精神を伝えるために、「諸学の基礎は哲学にあり」という標語を使用するようになった。[8]「哲学館開設ノ旨趣」によれば、「諸学」の語は「諸々の学問」という意味になる。そうすると、この標語は「様々な学問領域は哲学による学問体系に基づく」と言い換えられ、前記のアリストテレス的な概念と一致していることと見なせる。しかし、東洋大学において定着してきた英訳は「The Basis of All Learning Lies in Philosophy.（あらゆる学習の基礎は哲学に存する）」という。この英訳に見られる解釈は、二つの理由で可能であるといえよう。第一に、「諸学の基礎は哲学にあり」という東洋大学の標語は、円了自身が書いたものと内容的に一致するものではあるが、円了の言葉のそのままの引用ではない。[9]その故、解釈を一つの特定の文脈に限定する必要はなかろう。第二に、「学」ないし「学問」という言葉は、儒教の遺産を深く反響させている。この儒教という知的背景を考慮すれば、「諸学」の翻訳を「あらゆる学習」とするのは、焦点を哲学の教育的機能に向かわせるので、的確といえる。現に、哲学館は研究機関よりも、教育を目的とした機関として発足したのであった。「哲学館開設ノ旨趣」の冒頭で円了は、学問の最高形態としての哲学は、人間知性の涵養のための最善の学習でもあるとしている。人格的涵養の手段としての学習理念はまさに儒教的伝統の核心であるし、一八一〇年に創立されたベルリン大学に影響を及ぼした人文主義（Humanismus）的な修養（Bildung）の概念にも通じるので、この点についても興味深い比較考察ができよう。実際、現在の東洋大学はこのような哲学の教育的役割を、まさにその創立の理念として、強調している。しかし、本論文で筆者が明らかにしたいのは、教育における哲学の精神ではなく、研究における哲学の精神なのである。この問いについてはまだ回答できないが、暫定的なまとめを示しておこう。東洋大学は、哲学的な諸理念に基づいている唯一無二の大学である。その「開設ノ旨趣」は専門諸研究に関する哲学的枠組を含むだけでなく、哲学する実践が個々人の育成に寄与するという教育的理念も含んでいる。

二　二つの開館旨趣

前記に扱った「哲学館開設ノ旨趣」とは別に、僅かに異なった表題を持つ第二の資料が存在する。それは「開館旨趣」である。第一の資料は哲学館創立に先立って、別々の仏教雑誌に二度にわたって発表された。第二の資料は一八八七年九月一六日の開館式で館主円了による開館の辞を活字化したものである。これは翌年一月に出版され『哲学館講義録』の巻頭論文を飾った。両資料の関係性は判明ではない。既に指摘した通り、東洋大学は自らの性格を表明する際には「哲学館開設ノ旨趣」を参照することが殆どである。しかしそれでもなお、これから論じるように、開館式での円了の館主としての方針の表明は同様の重要性を持つものとして考察されるべきである。

まず始めに注目すべきことは、二つの資料の表題は意味において違いがないということである。両資料の表題は共に、学校設立の目的を告知する旨を伝えている。ならば、前者よりも後者の方が、最終版であるので、典拠とすべき版といえる。しかし一方で、この第二の資料の前書きによれば、「開館旨趣」は円了の「演説筆記」に過ぎない。従って、語り言葉の常で、こちらは完全に精密という訳ではなく、冗長な点も見受けられる。一方「哲学館開設ノ旨趣」は簡潔な文体と宣言調により、文章により一層の威厳がある。開校前に円了がこちらを二度も公刊したことから判るのは、「哲学館開設ノ旨趣」が学校を宣伝し生徒を集めることを主意としたものであるということである。この意味から考えれば、円了は学校の最初の出版物である『哲学館講義録』で、これも公開することはできた筈である。日本での最初の文科系の通信教育のために使われた講義録は、円了の主要な業績の一つであり、彼の学館の名声に確かに寄与した。だが円了は学校創立以降、学校内外で「哲学館開設ノ旨趣」を広めることをしなかった。実際、円了の館主時代に、「哲学館開設ノ旨趣」が哲学館によって再版されることはなかったのである。その代わり、『哲学館講義録』第一号の巻頭論文として配置されたのが、円了の開館の辞（演説筆記）である「開館旨趣」であった。円了が哲学館に関する彼の理念と意図を、この「開館旨趣」を通じて広めようとしたことは明らかである。円了の開校の辞の写しが学校の目的の表明と受け取られるべきであることを、表題と前書きも疑いなく示している。以上のことから、東洋大学の創立の精神の典拠として、この「開館旨趣」に、少なくとも「哲学館開設ノ旨趣」と同等の権威を与えることができるのである。

三　研究の哲学的理念

「開館旨趣」が東洋大学の創立の権威ある資料としてたとえ認められなくても、歴史的資料としての価値は疑い得ない。まず、この資料の長さは「哲学館開設ノ旨趣」の四倍を超えるから、円了の哲学館創立の理念と意図を理解する上で大いに参考になる。それ故、「開館旨趣」のより詳細な研究を行う価値もあるが、紙幅の都合上、本論文ではそれを十分に行うことはできない。本論文ではむしろ、哲学的精神に基づく研究が円了にとって何を意味したのかを考察することに集中したい。

円了の開館の辞の主な目的は、哲学館の創立が社会の利益になるということを示すことである。哲学のための学校が、日本の文明化に寄与するという円了の信念は、「哲学館開設ノ旨趣」にも同様に明白に表明されている。このような学校の主導的目的は当然、円了の「護国」という理念と合致する。しかし、国の「保護」、もしくは国の「擁護」とさえ翻訳され得るこの「護国」という語は、当時の歴史的な文献においては、社会の福祉、政府の支持、尊王、国防などといった側面に限定されない。明治憲法や教育勅語の公布前では、まず「護国」は単純に「社会国家」に貢献する国民の最低限の義務を意味する（III:300, 390）。そもそも、機関や組織などというものは自らの社会環境の中で何等かの役割を満たすために創立されるものであり、このことが哲学館にも当てはまる訳である。換言すれば、円了は教育機関を創立することで、日本をより良い国にしようと望んだのである。

既に論じたように、哲学館が日本社会の利益になることを証明するために、「哲学館開設ノ旨趣」は哲学が人間知性の涵養の役割を持つことを強調している。一方、「開館旨趣」が論じているのは、哲学の応用を通じての哲学の有効性である。円了は式辞の前半部で、哲学が他の専門分野にとって有益であることを示そうとしている。例えば哲学は、弁論の論理に関して法律家の助けとなる。医者に対しては、人間性の理解を増進させる。歴史家に対しては、社会や政治について記述するための理論的枠組みを与える。また、僧侶に対しては、宗教の教義について熟考するのに役立つ。哲学は自らの主題領域の広範さを通じて、様々な専門分野を様々な仕方で助けることができる。このようにして、哲学は社会に対して多大に貢献できると円了は論じる。

円了の議論はここで終わることもできたであろう。しかし、円了は式辞の後半で、哲学が日本の学問に与える利益についても論じている。円了にとって哲学的精神に基づく研究とは何であるかを知ろうとするならば、この後半部こそ読まねばなるまい。円了の挙げる五つの点を次のようにまとめることが許されよう。

1．哲学は他の諸学問を「總合統括」する。そのことで哲学は学者に、諸分野の関係性や各々の価値に関する理解を与える。
2．哲学は伝統や歴史の権威を「信仰」しない。これは、哲学の「進歩」主義的性格を保証するものである。
3．不確実な信条から「演繹」するのとは異なり、哲学は主に「実験」的明証性からの「帰納」に依る。
4．学問世界の哲学の総合的視野は、より「公平」な見方をもたらし、また「批評」、つまり批判的判断を可能にする。
5．哲学は「活眼」で良悪を区別することによって、「活用」できるものを選ぶ。

これらの五点は、論理秩序や論理的完全性が不十分のように見えても、内容的に重大な命題であると言えよう。哲学館が研究施設として発足したのではなくとも、学問の哲学的精神は、明らかに建学精神の一部となっている。この精神は、今日では日本の代表的な研究大学の一つでもある東洋大学に確固とした基礎を与えているのである。

四　愛理

前記に示された五つの点を解釈する際に、初期円了のもう一つの立場表明をも参照したい。『仏教活論序論』におけるこの表明は内容的、用語的、歴史的近接性からして「開館旨趣」に関わるものである。哲学館開校のわずか数か月前に公刊された『仏教活論序論』（以下、『序論』を略す）の主要諸章は、円了の執筆論文の中でも最も重要なものの一つである。『序論』の「諸言」において、円了は仏教の哲学的議論の特徴を極めて明晰に述べている。そこで述べられている、真理の根拠としての伝統の権威を拒絶する立場は、最も根源的な原理であるといえる（要約の第二点を参照）。ある意味で、これは哲学の本性そのものである。

けだし余が仏教を助けてヤソ教を排するは、釈迦その人を愛するにあらず、ヤソその人をにくむにあらず、ただ余が愛するところのものは真理にして、余が憎むところのものは非真理なり。〔…〕その人の伝記つまびらかならず、その教の由来明らかならざるも、余は決して伝記由来をもって、その教を信ずるがごとき無見無識のものにあらず。ただ余がこれを信ずるは、その今日に存するもの哲学の道理に合するにより、これを排するは哲理に合せざるによるのみ。（III:327-28）

哲学は伝統的権威を拒否するため、あらゆる世代において、あらゆる哲学者において、あらゆる瞬間において、ゼロから出発する。ある事実やある規範が問われたならばその瞬間にその問題を過去に依拠して解決することはできなくなる。哲学は、正当性が道理のミディアムのみによって確立されるべきだというアイデアである。そのような意味で、円了は「哲学上より公平無私の判断」（III:327）を自身の仏教論の出発点として、「真理を愛する」（III:330）ことを学者の義務であると主張したのである。哲学は伝統を批判的に検討する方法であって、自身の主義信条がアプリオリに内在しているということではない。それ故に円了は「開館旨趣」において、哲学を「大工の尺度（ものさし）」と比較する。哲学は道理と論理に即した議論を使って、我々の信念の整合性を検証する。整合性を最大に高めるためには、様々な領域の知識や研究分野の結果を総合的に検討することが必要である（要約第一点）。そして経験的研究は高い確実性を与えてくれるため、哲学は、アリストテレス以来、自然科学を尊重する

(要約第三点)。経験的明証性と哲学的議論を合わせて検討することによって、初めて公平無私な判断を下すことが可能になる(要約第四点)。それ故に円了は『序論』で、真理の基準として「理哲諸学」の「符合」を言うのである。

以上から分かるように、『序論』で述べられた、学者の義務についての円了の一般理念は、「開館旨趣」で輪郭づけられている「研究」についての哲学の理念と合致している。そしてそれは、驚くべきことではない。しかし、ここで二つの疑問が立ち上がる。第一に、何故円了は「愛理」について哲学館の趣意書の中で言及しなかったのか。第二に、円了は「philo-sophia(哲学)」が語源的に「知恵を愛求する」(II:27)ことであるのを知っていたにも関わらず、何故彼は「真理を愛する」ことが哲学の理念そのものを表していると明確に表明しなかったのか。筆者は今のところ、この二つの問いに決定的な回答を与えることができないが、ここでは仮説を立てることにしたい。

第一の問いから始めよう。円了が愛理を哲学館の創立原理として積極的に示すことがなかった理由は次のようなものであろう。つまり、彼はそれを十分に特徴的なものではないと考えたのではないか。真理の概念を大学研究の唯一の主導原理として取り出したのは、円了の恩人であり東京大学の初代総理であった加藤弘之の偉大な業績である。「何ヲカ學問と云フ」を問う講義において、加藤は円了と同様の基礎表明を行っている。つまり、大学は過去の権威に依拠せず、可能な限り如何なる場合でも経験的明証に依拠する、と。また別の論文では、近代の研究大学そのものは、あらゆる学科が「真理其物の為めに真理其物を研究する」という総意に基づいているとも明確にした。この理念が古代西洋哲学を起源とすることも認識し、『哲学会雑誌』の第一号序文において加藤はこう宣言する。哲学が「本尊」とするのは釈迦や孔子といった教祖ではない、哲学の本尊は真理である、と。[10] このように、真理の哲学的理念は東京大学という形で組織されているので、円了が自らの学校の創立原理を打ち立る際、真理のみを指すことは、特徴を欠くと考えた、ということもあり得よう。それ故、円了はより狭い哲学の概念を示すこととなったのである。つまり、「愛理」はあらゆる学者の義務であるが、哲学者はあらゆる学問的知識を集約し総合するのであるから、最高の立場を維持する者である。

第二の問いに関しては、次のような答えがあり得よう。つまり、円了が「愛理」を「philo-sophia」の翻訳語として明確にしなかった理由は、このスローガンが別の由来を持つからである。円了が東京大学に入学した一八八一年に文学部は再編され、独立した哲学科が初めて創設された。円了はその唯一の第一期生となった。それまで文学部の中に影響の強かったアーネスト・F・フェノロサが外山正一に替わった[11]。文学部長になった外山は円了のカリキュラムの監督者であったのみならず、円了の哲学の師ともなった。外山は「哲学館開設ノ旨趣」の最初の公刊本に付された序文において、この新学校の支援者として第二番目に挙げられており、開館式で祝賀講演も行っていた。円了が外山から何を学んだのか、その正確な様子はこれまで詳細な調査をされていなかったが、外山が東京帝国大学学長の時であった一八九八年に論文を公刊しており、そこから彼の根源的信念の一つを取り出すことができる。「學教上に於ける聖權の利害」と題されたその論文は、外山が日本語と英語とで公刊したことからもその重要性が伺える。この論文は、外山自身が「誠に何人も念頭に留むべし[12]」ことを願うアリストテレスの語句の引用から始まる。「プラトーは愛すべきも真理は尚ほ愛すべし」。この箴言は、アリストテレスの『ニコマコス倫理学』（1096a）に由来するもので、西洋思想で長い歴史を持ち、様々なバリエーションを持っている。最も重要なものは、近代科学の象徴たるフランシス・ベーコンとアイザック・ニュートンによって引用された「Amicus Plato, sed magis amica veritas」である[13]。外山が東京大学で円了にこの箴言を教えたという証拠は存在しない。しかし、アメリカのハイスクールと大学を卒業した外山が、ミシガン大学で哲学、化学、生物学を修める中でこの箴言について学んだということは十分可能であると思う。「釈迦その人を愛するにあらず、ただ余が愛するところのものは真理」であるという円了の宣言と、「プラトーは愛すべきも真理は尚ほ愛すべし」との共通点は、偶然のものとは考えにくいだろう。

五　真理へのアプリオリな約束

誤解を防止するためにも、予め留保したいことがある。「開館旨趣」では、円了は東洋の学者を、「偏屈トカ固陋トカ」にして、「空想ニ安ン」じて、古代を「猥リニ尊信」していると非難している。このような批判は日本の啓蒙運動の第一世代では既に馴染みのものであった。言うまでもないが、このような見方を額面通り受け取る必要はない。幸い今日においては、ヨーロッパ哲学の外には研究や議論など存在しなかった、などと真面目に主張する学者はいなくなった。他人の判断に依拠するのでなく個人で考え個人で決定するという希望は人間にとって自然なものであるので、西洋的個人主義にのみそれを帰属させる訳には行かない。現に、伝統的権威よりも個人による真理探究を優先した例として、インドの仏教思想家ダルマキールティ（紀元七世紀）、中国の儒教哲学者である王陽明（1472–1529）、ないし日本の思想家である三浦梅園（1723–1789）の名を挙げることができる。加藤、外山、円了の他には、福沢諭吉、西周、西村茂樹などによる、東アジアの前近代学問への批判は、どの程度妥当であるか、それともどの程度必要であったのか、判断する立場を筆者が取らない[14]。哲学にとってはそもそも思想史的な妥当性ではなく、哲学的な正当性が唯一の関心事なのである。とはいえ、東洋大学のアイデンティティーと関連することから、円了が哲学館の創立精神を示す歴史的な模範例として西洋哲学を前面に押し出したことが歴史的に根拠があるかどうかは、ある程度の重要性を持つ問題である。

それは誤解であった、と本論文は言いたいのではない。現に、ソクラテス、プラトン、アリストテレスの三巨頭によって、哲学は議論の文化として打ち立てられた。ソクラテスは、学習は生涯にわたって完結しないということへの自覚から、教師のような態度を取ることを拒否した。彼は議論の中で対話相手を説得しようとするのではなく、むしろ彼らから学ぼうとしたのである。ソクラテスが議論の中で相手より常に優勢であったので、ソクラテスのいった「知らないことを知る」（無知の知）姿勢はアイロニーのように現れた。それでもなお彼は、教えないという立場を固持し、そのことで、知に向けて不断に問い進める人間の模範となったのである。このようなソクラテス像を我々が知るのは、彼に深く感謝した弟子であるプラトンに依る。プラトンは自分の哲学を対話という文学的形式を用いて伝えることで、ソクラテス的な対話を哲学の実存的な、そして方法論的な開始点として示したのである。また、プラトンが創設したアカデメイアで、彼の最高の弟子であるアリストテレスはプラトンに対する最も鋭い批判を提起した。アリストテレスが自ら説明したように、たとえ師の意見と衝突しようとも真理を求めるということは哲学者としての彼の義務であった（『ニコマコス倫理学』1096a）。現代の科学者の原型と言えるアリストテレスは、真理への探究そのものが一つの学的伝統となったということを例証している。西洋哲学にのみ固有であるような主題や領域などは存在しないが、古代ヨーロッパの哲学に固有なものがあるとしたら、それは思考の個人主義だろう。

西周、加藤弘之、外山正一などは哲学の真理概念を日本の思想に輸入した。西周によって確立された「真理」という翻訳語は、明治時代に西洋の学問を翻訳することによって発展してきた新しい学問的メタ言語の中心的な用語として使用されるようになった[15]。しかし、言うまでもなく、真理を表す語はそれ以前にも東アジアの思想には多数存在した。円了はある講義で、仏教の最高の真理を表す四七もの同義語をリストにして提示している（V:38-39）。人間が相互に交流する際は、如何なる場合でも真理への要求が内包される。あらゆる宗教、思想体系、学派、ないし伝統が、それぞれの言葉で真理を主張するのである。パラドックスに聞こえるが、そこで哲学の真理概念の特徴は、内容を持たないというところにある。「真理への愛」という言葉で表現されているのは、特有な内容を含む真理への愛ではなく、いまだ達成されない研究結果へのアプリオリな約束なのである。この意味で、真理の形式的な、アプリオリな概念という言い方もすることができる。これはカント的な狭い意味でのアプリオリよりも、方法論的反省と認識行為との間の時間的秩序という基本的な意味においてだけである。哲学者であることは、特定の主義信条へのコミットメントを意味するわけではない。哲学は、アプリオリに何も排除しないため、アポステリオリに新しい発見のために開かれたままなのである。これと同じ真理のアプリオリな未決定性が、ベルリン大学の創設者であるヴィルヘルム・フォン・フンボルトの有名な一文で指示されている。

従って、以下のことは容易に見て取れよう。高等教育機関の学内組織においては、学問〔Wissenschaft〕を次のようなものと見なす原理を保持することに全てがかかっている。即ち、学問はまだ見つけられていない何

かであり、完全に見出されることが決してなく、そのようなものとして、不断に研究すべきものである、と。(16)

学問・真理のアプリオリな未決定性を理解すると、円了が、一方で哲学館創立の理念を掲げ、他方で仏教及び中国思想研究の復活という意図を持ち、そして両者の間にはじめからいかなる矛盾もなかったことも分かることができる。日本の啓蒙家は東アジアの遺産を単に破棄しようとしたのではなかったし、哲学のパラダイムと呼べる枠組みは、西洋思想の優位を意味するものでも決してないのである。『論語』は歴史上で最も厳粛な倫理書であると評価されることもありうるし、サンスクリット文学における仏教的認識論や因果論は西洋の全思想よりも洗練されたものと見られることもある。そして、円了がそうしたように、全てを止揚し全てを包含する真如が究極的な哲学的真理である、ということもなお主張され得るのである。しかし、如何なる主張も論拠が必要である。道理、議論、証明に対するアプリオリな約束こそが、学界へ入門する際に要求される。哲学は一連の教義としてではなく、アプローチとして日本で受容されたのである。哲学館の創立が心を引きつける歴史的一事件となっている理由は、第一に、我々が今もなお正しいと思う理想が掴まれていたということである。これこそ、歴史における啓蒙と呼ぶものである。そして第二に、その理念に基づいて一つの組織が創建されたということである。これこそ、文明の進歩と呼ぶものである。

六　諸祖の権威

外山の論文「學教上に於ける聖權の利害」の特筆すべき点は、彼が自ら鳴らす警鐘を学問に制限しなかったという点であり、実は英語版の表題は「Evils of Blind Faith in Authority（権威への盲信の害悪）」と、より挑発的なものになっている。そこで外山は思想の世界における教祖への尊信のみならず、同じ問題を政治の世界に延長し、カエサルとナポレオンに対する宗教的とも言える崇拝が国の災厄の原因にもなったとしている。この外山の立場が近代日本の天皇制と政治的に簡単に相容れないのは容易に見て取れるだろう。しかし、それでも一九〇〇年に逝去した外山は、一八九八年、短命に終わった第三次伊藤博文政権で文部大臣になったのである。その五年後、哲学館事件が起きる。必ずしも政治的権威に屈服しない哲学は、聖なる皇室が軸となった立憲君主制と衝突したのである。しかし、哲学と天皇制との衝突だけではなく、「愛理」と「護国」という円了の二つの原理も衝突したのである。もし外山がその当時文部省において権限を持っていたならば、哲学館事件はそれほど深刻なものとはならなかっただろう。

人類は何故、何らかの指導者に対して、その者が存命であれ死後であれ、教義的な権威を付与する傾向にあるのか。それを哲学的に検討するには広範な人間学的考察が必要であろう。しかし、カエサル、聖徳太子や毛沢東などといった政治上の諸例や、またイエス、ムハンマド、ブッダなどといった宗教上の諸例を見れば、この事実は否定しようがないように思われる。創立者を祭り上げることは、その組織の安定性を増すこととなるだろう。それは、学術組織にも当てはまる。東洋大学は、自らを学術機関として肯定することによって必然的に自らの創立を円了の功績として認める。この円了の業績を東洋大学のトレードマークとして公的に周知することは、妥当な、もっともなことといえよう。東洋大学は、白山キャンパスにある三メートルの銅像、井上記念館、そして井上円了記念博物館の形で創立者を誇りと共に記念する。

しかし、宣伝広報のための抜粋した情報は、研究とは、当然区別されなければならない。諸祖の権威を無批判的に受け入れない哲学の理念は、上記に述べた通り、東洋大学の建学精神の重要かつ卓越した要素である。この哲学の研究理念は、東洋大学が井上円了研究を行う際にも忠実に守るべきであるに違いない。人格にせよ、組織にせよ、信用性というものは、自分の公言する原理をまず自身に適用することで得られるものである。

東洋大学における井上円了研究は、一機関が自らの歴史に関心を持つことから開始された[17]。円了は当初、この機関を哲学の精神に基づいて創設した歴史的人物として評価された。その後、円了のその他の様々な面が円了像に付け加えられてきた。つまり、哲学者として、仏教改革者として、教育勅語の普及役として、妖怪博士として、哲学堂公園創立者として、世界旅行者として云々。更に、円了は西洋哲学の受容、日本の人文学の成長、近代仏教の興隆、天皇制思想の普及において、鍵となる人物であったから、近代日本の知の全景を包括的に理解するために不可欠の要素でもある。二〇一二年、東洋大学創立一二五周年記念の年に、国際井上円了学会が東洋大学で創設されたのも、円了が全面的に研究することに十分に一般的関心を呼び起こす人物であるという信念を反映している。しかし、今日まで、円了に関する研究の九〇％以上は東洋大学のもとで進められ公刊されている。それ故にこそ、東洋大学に受容されている円了と、東洋大学の外の、日本と世界とに受容されている円了との間に評価の点でずれが存在することも明確にせねばならない。家永三郎は一九五九年に既に、円了を「好戦主義」と批判している。ジュディス・スノドグラスは円了を「戦略的西洋主義」と分析する。ブライアン・V・ヴィクトリアによって翻訳された文章は、仏教的軍国主義と人種主義を示唆する。許智香は近年に円了を、「帝国主義的なイデオロギー」の唱道者として描き出す[18]。

円了に対する海外研究者の批判の多くは、明治の思想史に対して広く使用されるポストモダン的アプローチと無関係ではない。それらポストモダン的アプローチに依拠する海外研究は、啓蒙の理念を評価せず、国家主義に対する批判意識に固執する傾向があるので、概して否定的評価に行き着いてしまうのである。だが、ポストモダン的、ポストコロニアル的学問の前提まで共有する必要はないにしても、円了の思想や行動の中に吟味されるべき政治的問題があることは認めねばなるまい。

七　井上円了の思想における政治問題

一八八九年の大日本帝国憲法制定と一八九〇年に発布された教育勅語によって施行された法的、イデオロギー的枠組は、第二次世界大戦終結まで維持された。この五五年の時期に日本は、独立を勝ち取るために戦う国から、帝国主義の強国へ、そして遂には侵略的軍国主義へと歩みを進めていった。これには、ヨーロッパの歴史における深い亀裂となった第一次世界大戦が、日本にとっては同様な意義を持たなかったということもある。政治体制の継続性と、日本と世界との前例のない劇的変化という同時に続いた事情の故に、明治時代を歴史的に評価することは特別に困難である。近代日本がたどった道と同じように、円了の思想も「国家主義」という一つの言葉で十分に把握できるわけではない。そのために、三つの問題点を区別したい。以下に（1）教育勅語・国民道徳・国体思想、（2）戦争、（3）植民地政策という問題領域について、先行研究に触れながら研究の現状をまとめておこう。

（1）国民道徳と国体についての円了の考えは、『國體の本義』（一九三七年）に集約されている日本の超国家主義のイデオロギーと符合している。この点は既に井上円了記念学術センターの初代所長である高木宏夫によって明確にされている。[19] 末木剛博は『井上円了選集』第一一巻所収の諸著作への「解説」で、この円了の思想は、「排他的」、無批判的な、そして全体主義的な可能性が潜在するものであるとして、一般的な批判を与えている。更に、家永三郎は円了が教育勅語に則って国民道徳を体系化したことが、近代日本における国家教育の学問的言説の端緒となったと論じる。[20]

近年、円了による教育勅語の解釈、円了のナショナリズムの特殊性、円了の倫理学のそれぞれのテーマは、東洋大学の出版物に掲載された論文で研究対象になった。[21] しかし、円了は理論家としてのみならず多くの聴衆を相手にした教育者としても活躍した。一九三〇年代に全体主義のための道具へと転用された教育勅語の普及においては、円了が重要な役割を担ったかもしれないが、日本近代の皇室中心イデオロギーの全国民への浸透過程における円了の影響を客観的に計るのは困難だろう。

（2）教育勅語は天皇への忠誠を国民の第一の徳と説いており、これは戦後日本の自由主義的価値体系とは明らかに相容れない。しかし、この教育勅語自身は、あからさまな軍国主義や排他的愛国主義とは異なるものである。それ故、円了の戦争に対する態度を明らかにするためには、円了の教育勅語の注釈や解説よりも、円了の思想に対する社会進化論の影響が調査されるべきだろう。このような研究が必要であることは、一八九四年の『戦争哲学一斑』、一九一四年の『人生是れ戦場』、一九一七年の『奮闘哲学』、といった円了の著作の表題を目にするだけで明らかである。日露戦争の前に出版された『戦争哲学一斑』という今まで触れられてこなかった著作については、二〇一八年中島敬介によって初めて詳細な分析が行われた[22]。

さらに、一九〇四年の「反露余論」(XXV:596-613)の公刊当時の事情に関しては、詳細な伝記的研究が必要であろう。この論文の公刊年は、一九〇三年の哲学館事件から、一九〇六年の哲学館からの引退までという、円了にとっての言わば危機の時期である。筆者が別の論文で指摘したように、当時差し迫っていた日露戦争の民族的、宗教的性格に関する「反露余論」の冒頭は、哲学館大学内にまで及び、円了の宗教知識人からの疎外をもたらしたという[23]。このことが円了の体調悪化を招いたことはありえることであり、直接的にせよ間接的にせよ、学長退任へと繋がったとも考えられる。

後期の円了は、白井雅人が二〇一六年に論説した通り、『戦争哲学一斑』に表明されていたような軍事衝突に対する肯定的態度を改めたのである[24]。『人生是れ戦場』の中では、「好戦主義」と違って、円了は人文と戦争との間の矛盾を強調し、平和を保つことを求めている。

(3)円了は侵略的な帝国主義を提唱したわけではないが、日本の植民地政策に対しての円了の態度は、別に扱うべき問題である。第一次世界大戦前に提唱された日本と西欧列強の帝国主義は、総じて素朴な社会進化論や、文明の使命という二つの議論のいずれかによって正当化されてきた。円了は朝鮮の植民地化も含め、日本の拡大をおしなべて支持してきた。そのために、東洋大学で出版された『井上円了研究』第七号(一九九七年)の朴慶植の論文では「植民地政策のイデオローグ」として批判された[25]。二〇一三年から二〇一七年の間にこの問題に関する研究が大幅に進んだ。円了の植民地巡講の日記、講義内容や聴衆、総督府との協力、現地発行の記事などについて幾つかの研究論文が発表された[26]。この新しい研究成果に基づいて、植民地主義、民族差別主義、帝国主義などの円了に対する疑問点を包括的に見直せるようになったはずである。このコンテクストにおける重要な著作である『人生是れ戦場』（一九一四年）も参照すれば、望ましい研究であると考える。いずれにせよ、円了の国際的態度を一八八七年に「開放的」として評価した飯島宗享の見解は、もはや擁護することが難しいものといえよう[27]。

直接に井上円了研究に関わらなくとも、三浦節夫の研究に基づいて「東洋大学における《建学の精神》継承の問題点」について付言したい[28]。三浦節夫は、円了の原理である「護国愛理」が一九三三年以来の東洋大学の持つ超国家主義的精神の内へと解釈されたことを明らかにした。この経過の不幸な帰結が、一九四一年に創設された「護国会」である。会の規則にはその目的が次のように規定されている。「本會ハ建學ノ主旨タル「護國愛理」ノ精神ニ基キ全學一元的組織體ヲ構成シ〔…〕皇謨ヲ翼賛スベキ殉國挺身ノ人材ヲ錬成スルコトヲ目的トス」（第2項[29]）。この『護國會々報』に表明されている、戦争と帝国主義的侵略性に関する政治的立場を調査研究することは、国際化を推進する現在の東洋大学にとって重要な課題となるだろう。

三浦節夫の研究にさらに目を向ければ、東洋大学は一九五八年から一九七三年まで、「愛理」の対となっていた「護国」を取り下げ、その代りに「公正」を採用したことが分かる。真理の普遍性と同じく、実践的価値も国家の枠組みに限定され得ないからである。円了は「宇宙主義」を理論的空間にのみ関係させていたが、我々が今日知る通り、国際政治において平和を守るために普遍的人権や普遍的正義原則が不可欠なものである。以上に触れた、近年東洋大学で発表された井上円了の思想の政治的な側面についての研究のみならず、「護国」の替わりに「公正」を採用されたという円了の中心価値の変更も、東洋大学の内で息づいている、哲学の批判的、進歩主義的精神を反映しているといえよう。真理こそ、学術の世界を存続させ、そして勿論、東洋大学を存続させる、学問の唯一の主導理念なのである。それ故に「護国」に対する批判的意識は、円了の確立した「愛理の学園」を侵害することはない[30]。円了は「教祖」ではなく、「学祖」なのである。東洋大学の建学精神を象徴する学祖としては、円了が東洋大学で尊敬されているが、同じ建学精神を守る上では、円了が東洋大学で無批判的に愛されることなく、愛されているものは唯一、真理である。

しかし、ここに一つの批判があり、その批判に従えば、東洋大学の哲学の創立原理が井上円了に象徴されることは不可能になる。それは、円了を偽善者とする批判である。家永三郎とジュディス・スノドグラスは共に、円了の西洋哲学の提唱は日本仏教拡大に向けた戦略的手段のために役立てられた過ぎない、としている。似ているような見当をつける許智香は、円了のすべての思想や活動を国家主義・帝国主義に還元させる解釈を行う。人間の究極的な動機については、常に邪推を立てられるし、その反対を十分に証明することも不可能であろう。とはいえ、円了に異義がある者、円了に矛盾を見出す者、円了を浅薄と見なす者はいるだろう。だがそうだとしても、円了が哲学への約束を負っていたことは、疑い得ないように思われるのである。円了が自身を哲学者と見ていたということ以上に、円了の人生を彩り続けた特徴はないと言ってよい。この特徴は東京大学在籍中に始まり、晩年に哲学堂公園を創設するに至るまで続いていたのである。

八　井上円了を活論する

さて、明治時代の知的気風と今日の日本の学界とを分け隔てているものは、明治時代の持つ非歴史学的態度である。明治時代は、思想の正当性と実用性について活発な討議が行われていた。このような明治期の知識人に共通していた哲学的精神は、現代の日本の人文学ではほとんど失われてしまったように見える。絶えず直近の過去に近づいてくる思想史歴史学のリサイクル運動は、直ちに明治・大正期を再び絡め取り、その後に残されるのはこぎれいな中立的なデータのみなのである。歴史学的に全てを均一化する扱いは、哲学的議論の首を絞めてしまう。これは円了の望んだことでないことは間違いない。「開館旨趣」の、まだ論じていなかった第五の点において、円了は思想の「活用」に集中する「活眼」を求める。彼の鍵概念である「活」は、生の進行的で力動的な性質を思想において求める。円了の言う「活論」とは、将来の人間の実存に適応可能な面、つまり「活かせる」面へと集中する議論を意味する。円了は、自らの思想と行動についての研究活動が単にデータを収集し、注釈し、概括するだけのものになってしまったとしたら、それを「死学」と考えたことは疑いない。円了は自己目的化した歴史学的研究には何の関心も持たなかった。同じように、伝統の権威に対する批判も、自己目的ではない。一方、伝統に対する批判的な意識があるからこそ、哲学は、常に建設的な理論を目的とする。研究よりも、「哲学する」ことこそが、井上円了のいう「活論」の意味である。[31]従って、東洋大学の建学精神を井上円了研究において当てはめることも、「井上円了を活論する」ことの意味にほかならないのである。

以上、今まであまり注目されてこなかった東洋大学の創立資料を建設的に議論することによって、「井上円了を活論する」例を挙げてみた。もちろん、それはまだ一つの例に過ぎない。円了は極めて正確な意味で、近代日本の学問の祖と言える人物である。彼は自身の著作において近代日本の人文学の構造を体系化しており、また彼は仏教哲学、仏教心理学、心理療法、比較宗教学、比較倫理学、日本倫理学、宗教哲学、印度哲学などといった学科の開拓者である。更に円了は、ブッダ、孔子、ソクラテスとカントを世界哲学の「四聖」として祭る哲学祭を創り（一八八五）、東洋哲学会（一八九三）を創立、哲学堂公園を建設（一九〇九～）することによって比較哲学のための空間地平を開いた。[32]井上円了の残した豊かな遺産から現在にも意義のある要素を選択し、建設的に議論し、独創的な哲学に活かすことこそ東洋大学の哲学的精神と見るべきである。

注

（1）本論文は、『国際井上円了研究』第二号（二〇一四年）の巻頭論文として「東洋大学における井上円了」のタイトルで発表された論文に加筆修正したものである。二〇一四年の論文は、同じ『国際井上円了研究』第二号の英文巻頭論文の津田良生や相楽勉による翻訳である。修正更新は、日本語で筆者自身によって行われた後、長谷川琢哉は、有難く文章校正をしてくださった。

（2）『東洋大学規定集』、学校法人東洋大学、一九九六年、一頁。

（3）MIURA Setsuo 三浦節夫. "History of Enryo Inoue Research," *Journal of International Philosophy* 1 (2012), 245–250.

（4）三浦節夫『井上円了の教育理念』、東洋大学、二〇一三年。

（5）東洋大学の創立資料は、『東洋大学百年史　資料編Ⅰ上』（一九八八年）八三〜九三頁。

（6）三浦節夫「東洋大学における《建学の精神》継承の問題点」、高木宏夫編『井上円了の思想と行動』、東洋大学、一九八七年、『創立一〇〇周年記念論文集　六』一九三〜二三八頁。

（7）Rainer SCHULZER. "Crossroads of World Philosophy: Theoretical and Practical Philosophy in Inoue Enryo," *International Inoue Enryo Research* 1 (2013), 49-55. を参照。中世、トマス・アクィナスが既にアリストテレス神学を「諸学の女王」と呼んでいる。また一七五五年、モーゼス・メンデルスゾーンが形而上学を「諸学の女王」と賛美している。Moses MENDELSSOHN. *Philosophische Gespräche*, ed. by I. ELBOGEN, J. GUTTMANN, E. MITTWOCH, A. ALTMANN (Berlin: Akademie-Verlag, since 1929) (*Gesammelte Schriften*, 1), 13. カントが『純粋理性批判』で取り上げたのはおそらく上記箇所であろう（A viii）。

（8）三浦節夫「東洋大学における《建学の精神》継承の問題点」（注四参照）、二二四頁。

（9）TAKEMURA Makio 竹村牧男. "On the Philosophy of Inoue Enryo," *International Inoue Enryo Research* 1 (2013), 3-24.

（10）加藤弘之「本会雑誌ノ発刊ヲ祝シ併セテ会員諸君に質ス」、『哲學会雑誌』一、一八八七、一〜三頁。「真理其物の為めに真理其物を研究する」は以下の論文に表れている「学問ノ目的」（大久保利謙編『加藤弘之文書』第三巻、同朋舎、一九九〇年、四〇九〜四一二頁）。講義「何ヲカ學問ト云フ」『學藝志林』六、一八八五年、四八八〜五一二頁。詳しくは、Rainer SCHULZER. *Inoue Enryō: A Philosophical Portrait* (SUNY, 2019), 第九章に参照。

（11）『東京大学年報』第六巻、一九九三〜一九九四年。一八八〇〜一八八一年（1:32f）と一八八一〜一八八二年（1:180）。また、山口静一『フェノロサ社会論集』、思文閣、二〇〇〇年、二五頁以下を参照。

（12）TOYAMA Seiichi [sic] 外山正一. "Evils of Blind Faith in Authority," *The Hansei Zasshi: A Monthly Magazine* 13 (1898), no. 4, 144-148; no. 5, 190-194.「學教上に於ける聖權の利害」、『東洋哲學』第五巻一〜二号（一八九八年）一〜四、五七〜六〇頁。

（13）Henry GUERLAC. "Amicus Plato and Other Friends," *Journal for the History of Ideas* 39, no. 4 (1978): 627-633.

（14）福澤諭吉『文明論之概略』（『福沢諭吉著作集』第四巻、慶應義塾大学、二〇〇二年、一〇〜二二頁）。西周「学問ハ淵源ヲ深クスルニ在ルノ論」、『學藝志林』1・2（一八七七年）。西村茂樹『日本道徳論』、哲学書院、一八八七年、二七頁。

（15）「真理」の概念史は、Rainer Schulzer. *Inoue Enryō: A Philosophical Portrait* (SUNY, 2019), 第八章に参照

（16）Wilhelm von HUMBOLDT. "Über die innere und äussere Organisation der höheren wissenschaftlichen Anstalten in Berlin" (1809/10), in *Gründungstexte* (Humboldt-Universität zu Berlin, 2010), 231.

(17) MIURA Setsuo 三浦節夫. "History of Enryo Inoue Research," *Journal of International Philosophy* 1 (2012): 245-250.

(18) 家永三郎『近代日本思想史講座Ⅰ：歴史的概観』、筑摩書房、一九五九年、八三～八四頁、九七～九八頁。Judith SNODGRASS. "The Deployment of Western Philosophy in Meiji Buddhist Revival," *The Eastern Buddhist* 30, no. 2 (1997): 173-198. Brian D. VICTORIA. *Zen at War*, 2nd ed. (Lanham: Rowan & Littefield [1996] 2006), 29-30, 52-53. 許智香「井上円了と朝鮮巡講―その歴史的位置について」（『日本思想史学』四五、二〇一三年、一四六～一六一頁。

(19) 高木宏夫「井上円了の宗教思想」（高木宏夫編『井上円了の思想と行動』、東洋大学、一九八七年、『創立一〇〇周年記念論文集　六』一一七頁）。

(20) 概要としては三浦節夫「井上円了のナショナリズムに関する見方」、『井上円了センター年報』一、一九九二年、七三～九二頁を参照。

(21) アグスティン・ハシント＝サバラ「教育勅語の解釈学へ向けて」（『国際井上円了研究』第四号、二〇一六年）。中島敬介「井上円了の―奇妙な―ナショナリズム」（『国際井上円了研究』第五号、二〇一七年）。柴田隆行「井上円了の倫理学」（『井上円了センター年報』二五、二〇一七年、二一～四一頁）。

(22) 中島敬介「『戦争哲学一斑』に見る、井上円了の日本（人）倫理観」（『国際井上円了研究』第六号、二〇一八年）。

(23) Rainer SCHULZER. *Inoue Enryo: A Philosophical Portrait* (SUNY, 2019), 第二一章に参照。

(24) SHIRAI Masato 白井雅人. "Inoue Enryo's Philosophy of Peace and War," *International Inoue Enryo Research* 4 (2016).

(25) 朴慶植「井上円了の朝鮮巡講の歴史的背景」（『井上円了研究』七号、一九九七年、八一～一〇七頁）。

(26) 許智香「井上円了と朝鮮巡講―その歴史的位置について」、『日本思想史学』四五、二〇一三年、一四六～一六一頁。佐藤厚「井上円了の朝鮮巡講に関する資料：植民地朝鮮発行の記事を中心に」（『井上円了センター年報』二三、二〇一四年、一二五～二〇八頁）。三浦節夫「井上円了と東アジア（一）井上円了の朝鮮巡講」（『井上円了センター年報』二三、二〇一四年、八三～一二四頁）。佐藤厚「井上円了の沖縄巡講：巡講の内容と筆禍事件」（『井上円了センター年報』二四、二〇一六年、一〇五～一三九頁）。佐藤厚「井上円了の台湾巡講に関する資料（一）」（『井上円了センター年報』二六、二〇一七年、二〇三～二四八頁）。三浦節夫「井上円了と東アジア（二）井上円了の台湾巡講日誌」（『井上円了センター年報』二六、二〇一七年、一五五～二〇一頁）。

(27) 飯島宗享「井上円了の「教育」理念序説」、高木宏夫編『井上円了の思想と行動』、東洋大学、一九八七年、『創立一〇〇周年記念論文集　六』五～三〇頁。

(28) 三浦節夫「東洋大学における《建学の精神》継承の問題点」前掲二一六〜二二三頁。
(29) 「東洋大學護國會規則」、『東洋大學護國會々報』一、一九四一年、六〜九頁。
(30) 「愛理の学園」という言葉については、三浦節夫『ショートヒストリー：東洋大学』、東洋大学、二〇〇〇年、一四四頁を参照。
(31) 二〇一二年の創立一二五周年以来、東洋大学は教育において「哲学する」ことの実践を新たに強調するようになった。
(32) 円了の一生の詳細な年表については『井上円了選集』第二五巻七六五〜七七八頁。

井上円了と人工知能

吉田善一

一　まえがき

今（二〇一八年）から一五〇年前、明治維新が起こっている。この頃は、蒸気機関により交通が発達したことで、電信や郵便など情報網が急速に発展し、「情報革命」の時代に入っていく時期であった。そのような時代に井上円了（1858-1919）は少年期を過ごしている。その時代背景を西郷隆盛（1828-1877）は「人心浮薄」（『西郷南洲翁遺訓』参照）、すなわち、人の心は浮足立って、薄情に流れてしまう、不安定な時代状況であるとし、そこで、己れを慎み、品行を正しくし、驕奢を戒めるべきだと説いている。この注意喚起は、円了が「哲学による文明開化」を目指したことにも相通ずるものであろう。

「情報革命」と言えば、現代も同じような状況である。ＩＴ革命は私達の生活に多くの変化と豊かさをもたらしたが、社会不安を招いていることも事実である。特に、ＡＩ（人工知能）、IoT（モノのインターネット）、ロボットの急速な発展に危機感を募らせている人も多いのではなかろうか。哲学者でパリ第六大学・ＡＩ担当教授のジャン＝ガブリエル・ガナシア（1955- ）はインタビュー記事で、「哲学者はＡＩの知識がないので、批判する勇気がない」（https://wired.jp/2017/07/04/jean-gabriel-ganascia/）と言う。ガナシアは、まず哲学者がＡＩに疑問を投げかけ、技術者も含め哲学的にリスク回避の方法を論じる必要があると主張したいのであろう。

ところで、円了の時代の「情報革命」はどうであったか。その時代背景のなかで、円了がどういう風に育っていったか、また、それを背景にしてどういう考え方を持つに至ったのかを考察することで、現代科学に対峙する人間に必要な哲学が明らかになるのではなかろうか。

円了は一八八八年に一年間、サンフランシスコ、ニューヨーク、ロンドン、パリ、ローマ、ウィーン、ベルリンなど海外視察に出ている。また、一九〇二年は九か月間、インドおよび欧米などに出かけている。当時の世界情勢は、蒸気の発明により、一七六〇年代のイギリスに始まった産業革命が、一八三〇年代以降、欧米に波及し、二〇世紀のアメリカに始まる電力を使用する第二次産業革命へと向う途上であった。

第一回の海外視察後、円了は一八九三年頃に「妖怪学講義」、また、第二回後の一九〇五年には「仏教理科講義」をおこなっている。このころ日本では日清戦争（一八九四）をきっかけに産業革命が始まり、最初は、製糸業などの軽工業が中心であったが、日露戦争（一九〇四）の頃には製鉄業などの重工業に移り、日本資本主義が成立したのである。しかし、日本人の心、円了の言うところの「日本人の日本人たる精神思想」（『日本宗教論』『日本人』第四号、一八八八年、一三頁）は、戦争に勝った誇りと、街並みや生活習慣が西洋風に変化することによって、退廃に向かっていた。すなわち西郷の言う「人心浮薄」再来の時代背景において、円了は一九〇九年に『哲学新案』を出版し、その中で宇宙観の集大成ともいえる「循化相含」を発表している。「循化相含」は、円了の独創的弁証法解釈でもある。そして、円了は亡くなる二ヶ月半前の一九一九年三月に、六一歳で『真怪』を出版している。「真怪」とは、当時の科学では解明できない現象であるが、それを研究することによって将来に新たな理論が生まれる素地が、そこにあるということである。すなわち、「真怪」は、最先端の科学課題でもあるが、人間の欲望を満たすものではなく、迷信やトリック、それに古い物理学などを排除した後に見出される新たな発見である。

円了が残した多数の著述には科学に関するものもあり、「妖怪学」、「循化相含」、「仏教理科」など、ＡＩ時代の新たなパラダイム転換へのヒントがいっぱい隠されていると考える。今後ますます顕著になる科学至上主義に対する人々の不安を少しでも解消するためにも、「人心浮薄」の再々来を迎える前に、円了哲学を見直すべき時期が来ているのではなかろうか。

二　現代科学の問題点

SF作家の小松左京（1931-2011）は、「技術文明は、ますます発展速度を早めつつあるのに、人間の叡智は、いつもそれに追いつけず、ますますコントロールできなくなるのではないか?—その深まり行くギャップが人類の限界かも知れない」（『継ぐのは誰か』SFマガジン、一九六八年）と言う。哲学者の木田元（1928-2014）は、「技術の真意がわかったとか、技術が人間の意のままになるなどと思わない方がよい」（『対訳技術の正体』デコ、二〇一三年、六〇頁）と言い、人間のおごりに釘を刺している。英国の理論物理学者のスティーヴン・ホーキング（1942-2018）は、「われわれがすでに手にしている原始的なAIは、極めて有用であることが明らかになっている。だが、完全なAIの開発は人類の終わりをもたらす可能性がある」（BBCインタビュー、二〇一四年一二月二日）とAI至上主義に警笛を鳴らしている。それでは、どうすればよいのか。

アルベルト・アインシュタイン（1879-1955）は、「現代科学に欠けているものを埋め合わせてくれる宗教があるとすれば、それは仏教である」（Jean Staune 編『Science and the Search for Meaning』、二〇〇六年、一八九頁）と言う。米国のAI研究の第一人者マーヴィン・ミンスキー（1927-2016）は、「人工知能をやろうとすれば、当然ながら人間の知能それから心の仕組み、働き方が標的になり、とくに心の研究には仏典が比類なきテキストになる」（田原総一朗『生命戦争』文春文庫、一九八七年、一七七頁）と言う。そして、円了は、「ただ仏教だけは、その教えが大いに哲学の原理に合致していたのである。〔中略〕仏教を改良してこれを文明開化の世界の宗教とする」（現代語訳『仏教活論序論』大東出版社、二〇一二年、三三頁）と仏教哲学の必要性を述べている。そして、円了と同時代のイギリスの技師者・教育者のヘンリー・ダイアー（1848-1918. 東京大学工学部の前身の工部大学校の教頭（1873-1882））は、「仏教と科学とは、旧態依然の西洋の神学の場合よりも、その宇宙観においてほとんど一体であると言ってもさしつかえない」(『大日本』実業之日本社、一九九九年、七二頁)と言う。仏教は科学と両立するということであろう。それでは、現代科学を補う仏教とは何であろうか。

ダライ・ラマ14世は、現代科学の最も核心的な問題について、「科学のすばらしい進歩をどのようにして利他と思いやりの心による奉仕に結びつけていくかということです」(『ダライ・ラマ科学への旅—原子の中の宇宙』サンガ新書、二〇一二年、一九頁)と指摘する。すなわち、「利他」と「思いやり」が科学を補う仏教の役割であると考えられる。そこで本論では、「心の研究のための仏教」および「科学と両立可能な仏教」を円了の仏教哲学から導き出し、特にAIに絞って現代科学の課題を解明していきたい。一つ目の課題は、「機械の意識」であり、「機械の心」と言い換えてもよい。二つ目の課題は、「人間の無意識」であり、AIの開発者・利用者の心の持ちようである。

三　機械の意識

ミンスキーが言うところのAIに役立つ仏教とは、円了が、仏教に近代科学との整合性を見いだそうとしたことと一致する。すなわち円了の仏教哲学や心的科学が、現代科学を補う思想であると考えられる。よって課題は、円了哲学による「機械の意識」の解明であり、AIのうちに人間や動物の心のようなものが付与できるかどうか、また、AIの活用の場であるインターネットの中に、人間が有している利他や思いやりを生みだすことができるかどうかである。

三・一　妖怪学—霊性から意識が立ち上がるプロセスをAIに実装—

円了は、「真怪は、実怪中の実怪にして、心理も物理もその力及ばず、人知以上にしてわれわれの知識に超絶せる妖怪なれば、超理的妖怪と名づけておく。もし、仮怪を科学的とすれば真怪は哲学的である。しかも、哲学には現象と絶対との別あれば、仮怪を実怪中の現象的妖怪と名づけ、真怪を実怪中の絶対的妖怪と名づけてもよかろうと思う。此分類中の真怪を置く以上は、余の意見が真怪ありといふの論なることを問はずして明かである」（「真怪」XX:350）と言う。すなわち、真怪を科学的および哲学的に研究することによって、宇宙絶対の秘密を解明することができるということである。

円了は、絶筆となった『真怪』の最後に、「わが心的作用の上にては、表面の観察は外観により、裏面の観察は内観によるの別がある。そのいわゆる内観は心内を反省するので、さきの真眼にあらずして霊眼により、心底深きところに住する霊性を認めて、ここに先天の声を聴き、さらにその声をたどりて先天の霊源にさかのぼり、はじめて不可思議の霊光に接することになる。この霊光の体がすなわち神仏である」（XX:508）と個人の意識と宇宙との関係を示している。この文章より推察できる円了の意識観を図1に示す。個人（自身）の外には客体があり、個人はそれぞれ固有の対象を直接に把握する。内には、神仏があり、心の最も深い底に人類共通の霊性があり、宇宙の根源（エネルギ）にさかのぼり、霊光や真怪に接することができるとしている。

ハイデルベルク大学生理学研究所のマンフレート・ツィメルマン（1933- ）は、「人間は、毎秒一一〇〇万ビット以上の情報を得ながら、五〇ビット足らずしか意識には上がらない」と実験結果を示している（トール・ノーレットランダーシュ『ユーザーイリュージョン』紀伊國屋書店、二〇〇二年、参照）。すなわち、客体から毎秒一一〇〇万ビットの情報が個人に入ってきているが、認識主体は、眼識、耳識、鼻識、舌識、身識、意識の六識と共に働いて対象物を把握するのは、毎秒たった五〇ビットの情報だけである。この現象には脳のフィルター作用が働いていることも考慮する必要があるが、それも含めて九九・九九九％以上が無意識である。

仏教に照らし合わすと、現行とは、六識に末那識を加えた七識が生起して働いたことである。末那識とは、観念化であり、内省することでもある。阿頼耶識とは、直観であり、霊眼でもある。すなわち、末那識は、阿頼耶識を対象に、それが「自分」であるとして執着し続ける心（自我）である。阿摩羅識は霊光である。妙法とは、宇宙の霊性であり、神仏でもある。

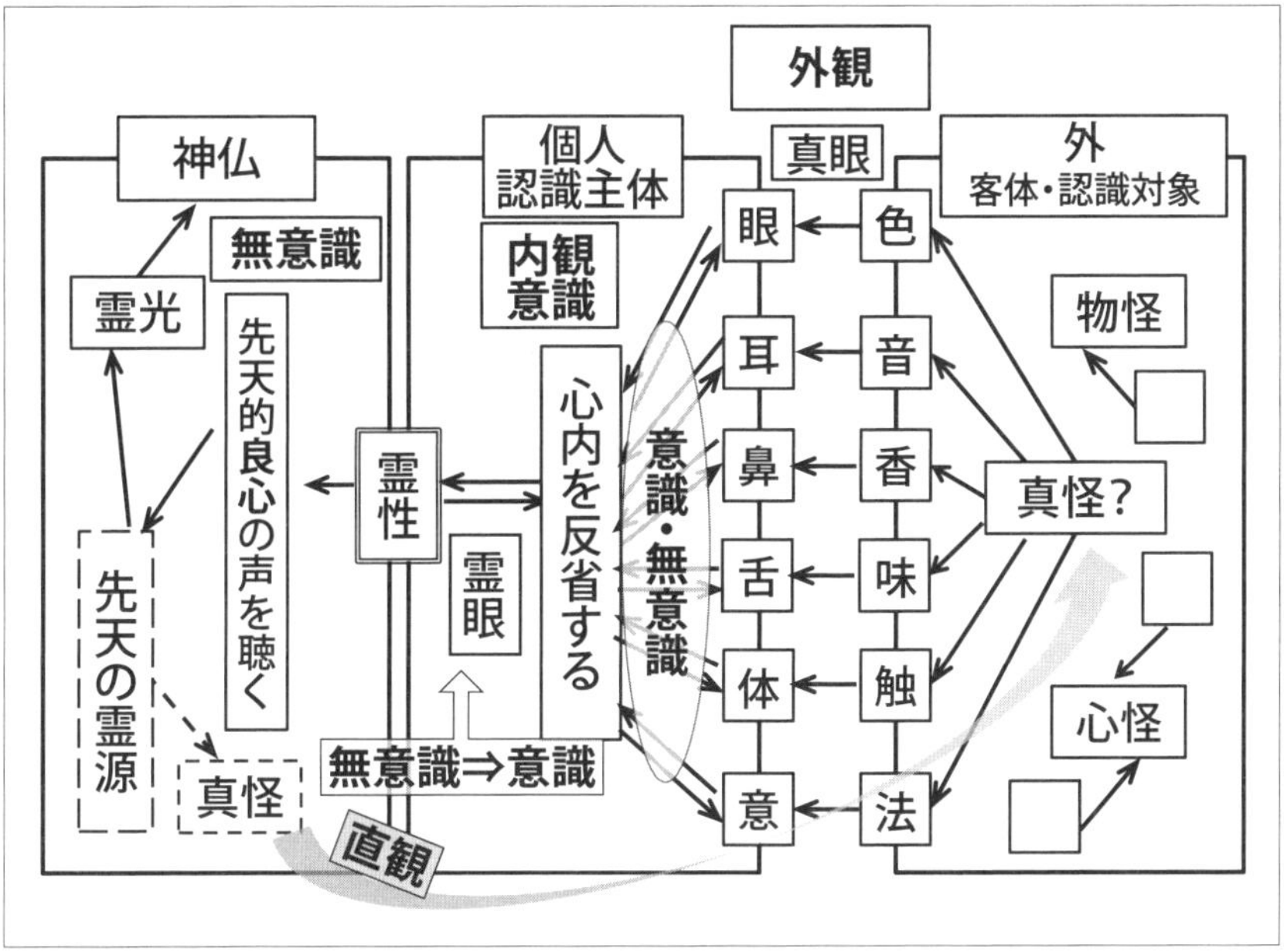

図１　井上円了の意識観

円了は、「仮怪は宗教の反対にして、真怪は宗教と合体するを知るべし」（『妖怪学講義』XVI:186）と言う。「真怪」は、最先端の科学課題であるが、仏教とも両立するのである。図１より、無意識を観察しようとすることによって、霊眼（直観）が鍛えられる。霊眼によって、先天の声を聴くことができ、さらにその声をたどっていけば先天の霊源に行き着き、はじめて不可思議の霊光に接することができる。そのプロセスの途中で「真怪」を発見することもできる。そこで意識をＡＩに実装するには、まずは「真怪」を発見させるソフトウェアが必要であると考える。

「霊性」とは、ここではオカルトではなく、円了の言葉「活動は天の理なり、勇進は天の意なり、奮闘は天の命なり」より、天理・天意・天命のことであるといえる。また、直観とは、「自然の心」のことで、天は人を通じて心を開くということであろう。図１から、人は無意識を鍛えること、ここでは「霊眼」を得ることにより、「大局を見通し物事の本質を見抜く洞察力」や「わずかな兆しも見逃さずに将来を察する直観力」を身につけることができるといえる。円了によると、直観により、「霊性」が得られ、直ちに天理に沿った行動に移ることができるのである。そこで、この霊性から意識が立ち上がるプロセスをＡＩに実装することが課題である。また、ＡＩにおける「直観」とは何かを考える必要もある。

人工の知能とは、ソフトウェアにノモス（秩序・規範、思考パターン）を導入し、カオス（自然、無意識）をコスモス（人工、意識）に変えることである。そこで、霊性から意識を立ち上げるには、円了の「妖怪学」（ノモス）を導入し霊性（カオス）を意識（コスモス）に変えることであると考える。

思想家・科学者の三浦梅園（1723-1789）は、「天・地」「気・物」「円・方」「性・体」「動・静」「清濁・没露」「分合・反比」といった多くの概念や名辞を、それぞれ一対の情報の基本単位にし、それらをいくつも組み合わせて関係づけていくことを、「条理」と名づけた。これは、一対のものがいくつも組み合わさって、新たに発展していくということである。梅園は、こうした一対の概念が次に一対を生み出していくような見方を「反観合一」と名づけ、物事を根本（本質）で見るには「物が物を観る」ようにしなさいと説明している。この「反観合一」の基本構造は、現行のＡＩソフトにも用いられている二分木構造（binary tree）である。そこでここでは、ＡＩにおける「直観」とは「反観合一」であると考える。

図2は「条理学」に用いられる剖対反比図（三浦梅園『玄語』）を「妖怪学」に適用したものである。ヘーゲル的な「正反合」という弁証法的論理によると、正・反・合＝実怪・虚怪・妖怪となる。「実虚妖」の一周目の円が「ノモス」であり、二周目から四周目までの円が「カオス」であり、一番外の円が「コスモス」であると仮定する。妖怪学の「ノモス」により、「カオス」すなわち霊性の中に「真怪」を発見し、「コスモス」すなわち意識を立ち上げることができると考える。これは、「条理学」によって、「真怪」を発見するソフトウェアでもある。

三・二　循化相含―インターネットと仏教哲学―

図3に示した「循化相含」は、東洋と西洋の弁証法を融合した宇宙観であり、円了哲学の根本原理を示した概念

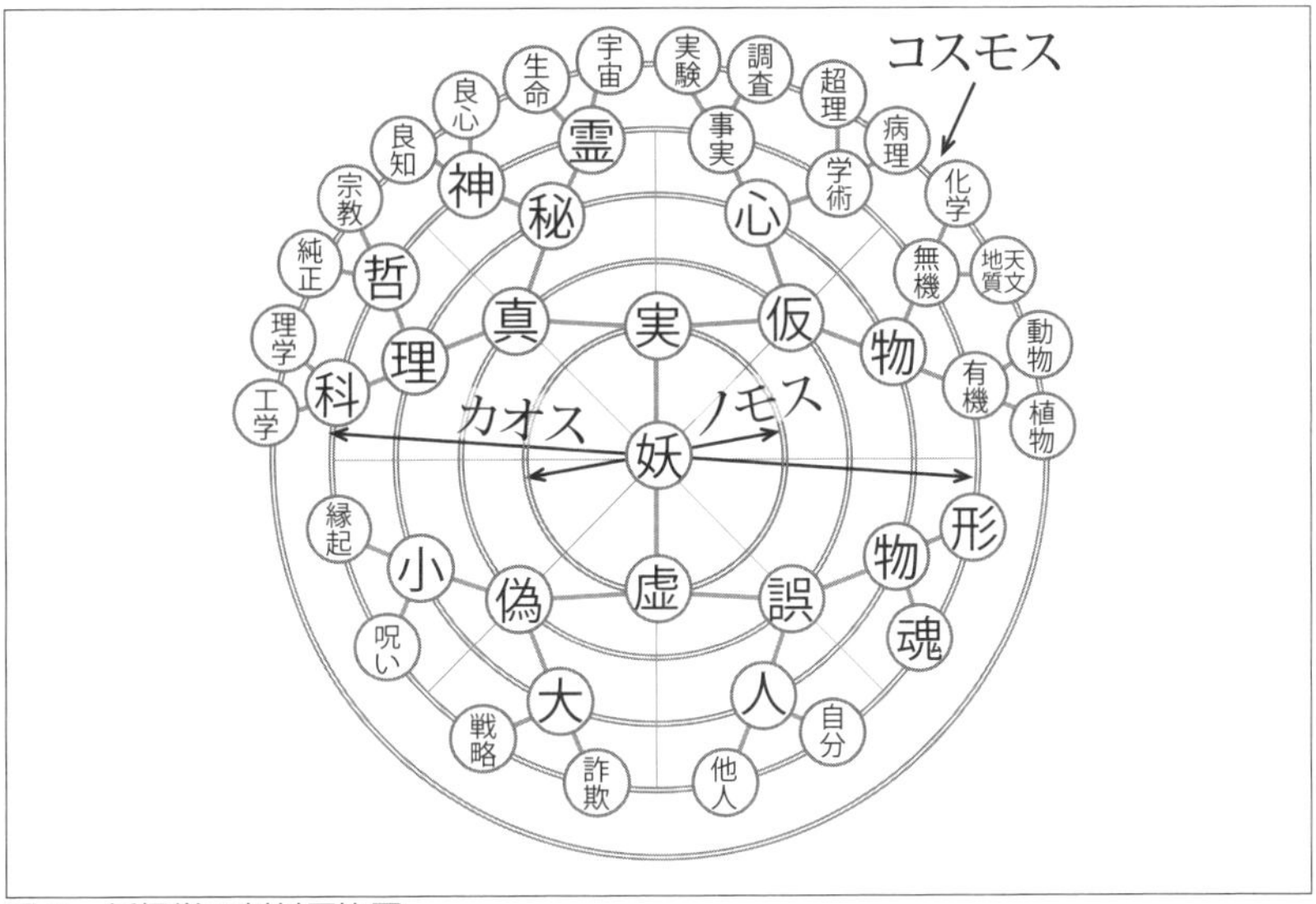

図２　妖怪学の剖対反比図

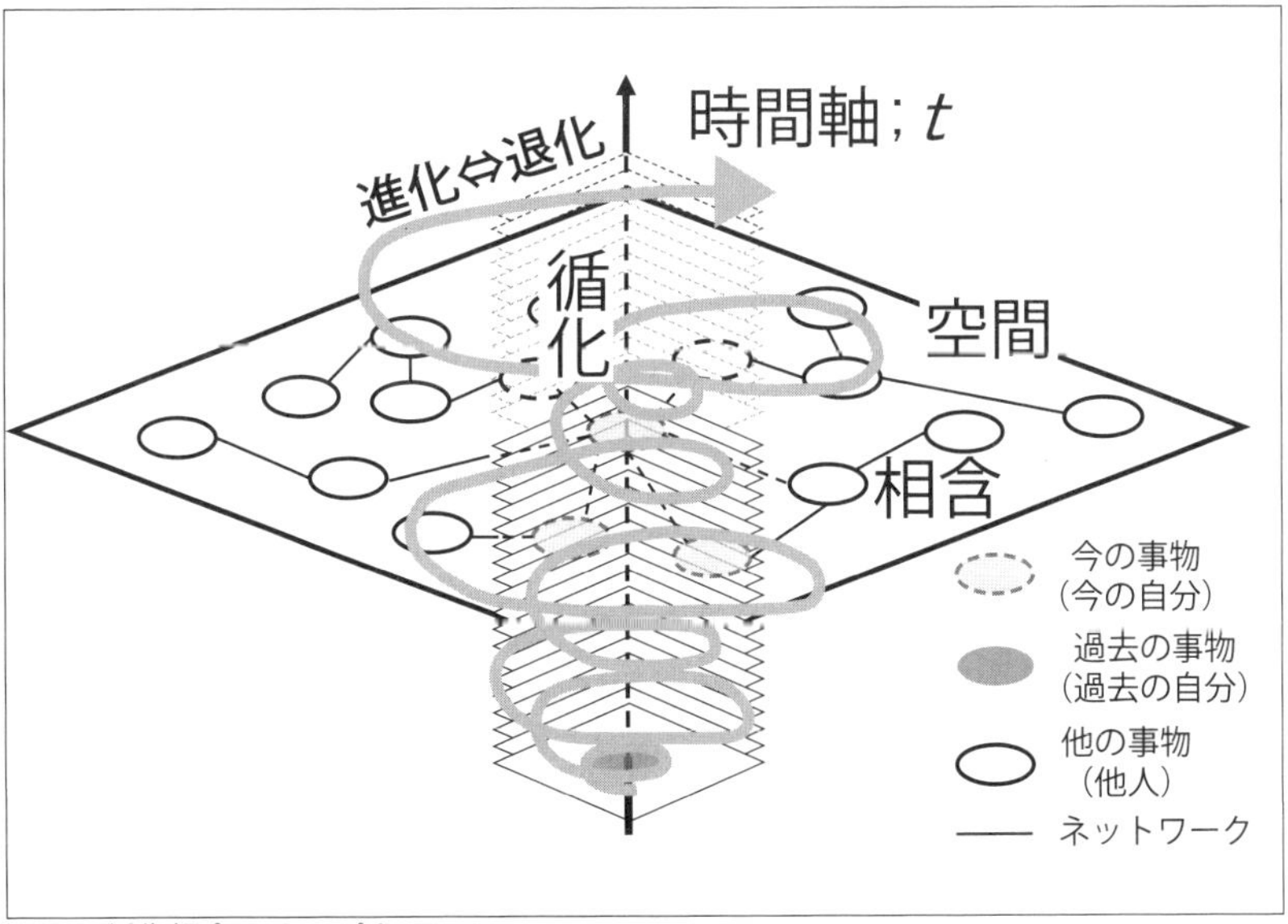

図３　循化相含の 3D パターン

である。この「循環相含」説を基に、インターネットの中で、利他や思いやり（カオス）を内的秩序（コスモス）に変える手法を考えてみる。

「循化相含」説では、一つの事物は、時間的に過去・未来そして現在との重々無尽の関係、また、空間的にも他のあらゆる事物と重々無尽の関係にあるという事実から出発する。また、一見、矛盾・対立しているが別の面や包括的に観ると互いに含む関係であることも考慮する。円了は、「進化と溶化とは相対にして、一を欠いて他のあるべき理なし。たとえまた進化作用ひとり存するも、その変化理想の範囲の外を出づることあたわざるをもって、進化の極必ずその始めに帰せざるべからず。故に進化もその極点に達すればまた溶化し、溶化もその極点に達すればまた進化し、互いに相循化してやまざるなり」（『哲学要領』I:211）と言う。溶化とは、自然と一つに溶け合う調和的な境地である。また、「循化にして相含、相含にして循化」（『奮闘哲学』II:253）と言い、時空を超えた内的秩序が形成されることを示している。

フランスの精神分析家のフェリックス・ガタリ（1930-1992）はこの概念に触れ、「対象（客体）はこうした多声的な空間に対し横断的に身を置き、振動し、これらの空間に、魂、つまりもろもろのなることを、祖先になること、動物になること、植物になること、宇宙になることなどを受けていく。こうした客体感と主体感を一つにしたものは、それらみずからのために作用するように持ち運ばれ、アニミズムの焦点になっています。客体感と主体感は互いに連なりあい、互いに侵犯しあって、半ばモノ半ば魂、半ばヒト半ば獣、機械と流れ、物質と記号などなどの関係にあります」（『カオスモーズ』河出書房新社、二〇一七年、一六三頁）と言い、この概念を「カオスモーズ」と名づけた。「カオスモーズ」とは、「カオス（混沌）」、「コスモス（秩序）」、「オスモーズ（浸透）」の三語を組み合わせたジェイムズ・ジョイス（小説家、詩人、1882-1941）による造語である。

円了の「循化相含」とガタリの「カオスモーズ」の共通項目は、「連鎖」、「対立」、「あらゆる相互結合」、「差異の完全な調和」である。これらを数学的に表現し、利他や思いやりを立ち上げる価値関数が見いだせるかどうかである。言い換えると「主観・客観未分の共感付与因子」が共通項目を利用して、ＡＩに実装できるかどうかである。

円了は、「大進化大退化の間に、無数の小進化小退化あり、社会の盛衰、吾人の死生、草木の栄枯、山河の成壊等の一進一退あり。また一草一木を組成せる細胞にも、一進一退ありて、輪回反覆窮りなきを知らば、輪化中に輪化ありて、重々無尽なるを見るべし」（「哲学新案」I:313）と、地球大の生態系と代謝系ネットワークに言及している。これに対して、ガタリは、日常生活の意識・無意識や情動に強力に作用するアニミズム的なものが人工物による現代社会のネットワークに生じてきていることに注目している（上野俊哉『四つのエコロジー』河出書房新社、二〇一六年、参照）。円了とガタリから、図3の中央の螺旋は広狭を繰り返し、進化と退化を判断する螺旋状のフローチャートと考えられる。

ここで円了が言及する進化と退化をより明確にするために、植物ネットと人工ネットを比較してみる。生物学者のデビッド・ハスケル、生態学者のスザンヌ・シマード、山林学者のペーター・ヴォールレーベンらによると、「森林は、他の植物との位置関係や時間的推移まで含めた全体観を共有していくダイナミックなネットワークを形成して個々の樹木は生きている」（著者まとめ）のである。そこで、森林情報ネットワークと人間のネットワーク（人工物系・エネルギ系・デジタル情報系）がどのように共進化するかを考えてみたい。ここでは、この共進化を「人工情報生態系」と名づけ、植物的知性をシステムに取り入れることで、物心両面（人工と人間）でバランスがとれたインターネットを構築することができると考える。

植物的知性のシステムは、多目的であることを特徴とする。例えば、森林が形成するシステムでは、そこに具わった諸変数のうち、システム全体が一つの変数の最大化に目的を絞り込んで作動し、他のすべての変数を単に補助的なものとして扱うなどということは起こりえない。それは、個々の最大化ではなく、常に変数を最適値に保つこと、すなわち進化と退化のバランスである。よって、図3の螺旋状フローチャートに、「足るを知る」、「過ぎたるはなお及ばざるが如し」、「すり合わせ」を価値関数とすることである。

「工芸や人工の〝工〟という字は、もともと二本の横棒で表現された〝天〟と〝地〟を結びつける〝人〟の営みを表していたという」（竹村真一『宇宙樹』慶應義塾大学出版会、二〇〇三年、六三頁）とある。人工とは、自然と対立するものではなく、植物的知性を内部に取り込むことによって、初めてバランスがとれるものである。森林情報ネットワークは、植物がさまざまな昆虫や微生物・菌類との多層的なネットワークを地球に張りめぐらせた感覚神経系の網の目である（スザンヌ・シマードの研究参照）。それは、ボトムアップ的な情報生成のプロセスを有しており、循化相含、すなわち、他の植物との位置関係や時間的推移まで含めた共創的な自己形成がおこなえると考える。

「工」の字は樹木を介して天地が結ばれるとも考えられる。樹木は地から水を吸って天に送り、天から光を得て地にエネルギを送る。また、木々は生き物が排出した二酸化炭素を呼吸し、酸素に変換し排出する、それをまた生き物が吸収するという、ムリ・ムダ・ムラがない循環システムができあがっている。すなわち、樹木を介する天工によって万物が生かされる植物的知性である。天工と人工は、様々な存在の出会いであり、食物連鎖と共生ネットワークの交点でもある。

森林情報ネットワークが利用している知性とは、木・昆虫・微生物・菌類などであり、これらが「連鎖」「対立」、「あらゆる相互結合」、「差異の完全な調和」を自由におこなっていると考えられる。これに対応するのが、人工ネットでは、スマホ、センサ、パーソナル・ローカル・グローバルネット、クラウドなどであり、これら一つ一つに植物的知性を「良い価値関数」として組み込むことができれば、共感付与因子が立ち上がると考える。それらの関係性を、仏教に関連させ示したのが図4である。個人の阿頼耶識（無意識）は、阿摩羅識（共通無意識・宇宙意識）の中にあって、つながっている（エンパシー・コミュニティ）。すなわち阿頼耶識と阿摩羅識とは、主観・客観未分（自他融合）の価値観を形成する関数になり得ると考える。

インターネットの世界は阿摩羅識の世界に似ている。個々のパソコンやスマホは、表面的には、それぞれ個々の機能を持っているが、いったんインターネットにつながると、無限にあらゆる情報が広がりをもって横たわっているのが見える。ガタリは、「カオスモーズはあらかじめ複雑な秩序のなかに地層化されていたものを、もう一度自分のなかにたわめ、折りこむはたらきをする」（『四つのエコロジー』、一九四頁）と説明している。また、ガタリ

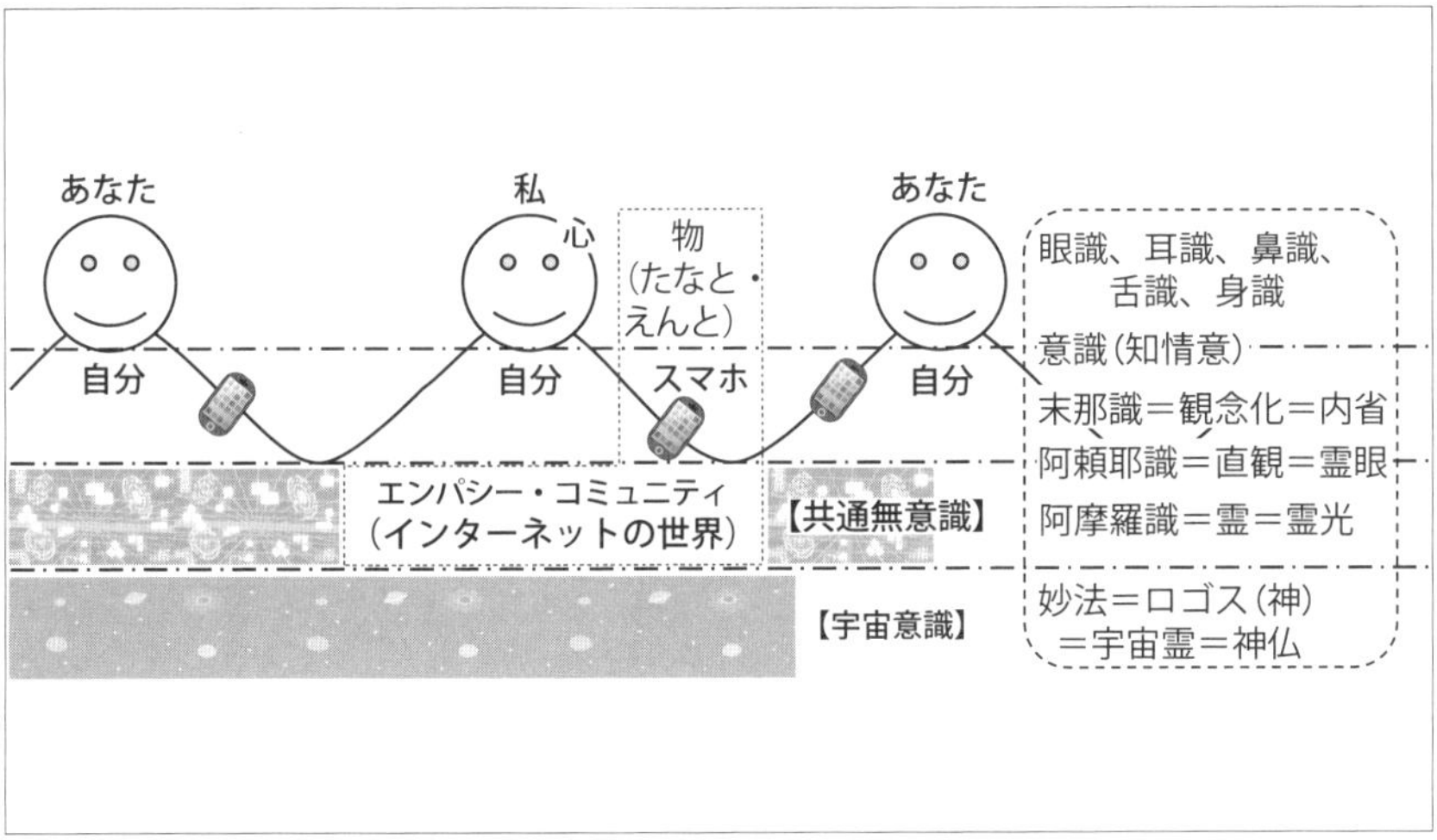

図４　インターネットと阿摩羅識

は、「横断単子（トランスモナド）」という造語で、機械状アニミズムの情報伝達を説明しようとしている。カオスモーズでは、言表行為（発話）により、目に見えないエネルギや波動のようなものを媒介（伝達）し、別個のものを区別せず同一化して結合してしまう「融即律」によって位置づけられる時間軸（縦観）と空間軸（横観）が立ち上がるとしている。これから察すると仏教では、時空を超えた無意識、すなわち、阿頼耶識と阿摩羅識の言表行為、例えば「声明」が伝達媒体であると考えられる。

川端康成（1899-1972）は、「魂といふ言葉は天地万物を流れる力の一つの形容詞に過ぎないのではありますまいか」（『抒情歌』、一九三四年）と言い、共通の伝達媒体としての魂を挙げている。ガタリは機械の心に関して、「機械のうちに人間や動物の魂のようなものがあるというのではない」と言い、機械状の絡み合いのうちに自己との関係と他性との関係を一貫的につらぬく機能があるという考えを示している。それは機械状の組み合わせであり、その担い手は、人間はもちろん微生物や菌類、電子回路や生産機械、スマホまで何でも機械状の絡み合いに取り込まれるということである（『四つのエコロジー』参照）。

ＡＩの担い手としての魂は、自己と他者を結びつける「循化相含」（時空を超えた内的秩序）であると考える。食物連鎖に関連づけると、人間も含めあらゆる生き物が「支えあって生かされている」という自然循環では、食べるものと食べられるものが、互いに生死を受容する対等の関係で、これは「共生・共死」（ともいき・ともじに）の思想である。事実、食物連鎖と共生ネットワークの交点には感謝や祈りがあり、それはガタリの「言表行為」や仏教の「声明」でもあり、魂として天地万物を流れる伝達媒体である。

中国の儒学者・武人の王陽明（1472-1528）は、「良知は造化の精霊なり。この精霊は、天を生み、地を生み、神を造り、天帝を作る」（『伝習録』下巻三五）と言う。ここでは良知＝良心＝魂＝共通無意識（一種の集合意識）と考えられる。この思想があってはじめて、天地のあらゆるものが、調和し循環して、その中で人間の生命も続き文明も持続し未来に続くのである。そして、共生ネットワークの中で持続するＡＩの「魂」とは「良知」でもあり、川端の言葉を借りると、インターネットにおける物質とエネルギの流れ、加えて、記号論的な（言語・図像・社会活動などの）流れである。この魂により、人間、植物、動物、無機物、機械がつぎつぎに結ばれたり、離れたり（進化・退化）の中で、「連鎖」、「対立」、「あらゆる相互結合」、「差異の完全な調和」を利他や思いやりの総合評価関数（内的秩序）にできると考える。

四　人間の無意識

図1に示したように、自身の無意識は、内省と深く関係している。まずは自分情報、ここでは、「無意識的な自分由来の情報」を観察することから始め、その情報と周囲環境の相互関係を把握し、それを繰り返すことで、自身の無意識を鍛えることができる（吉田、他「平成三〇年度工学教育研究講演会論文集」五一四頁）。これは、スポーツ選手や音楽家が、ひたすら同じ課題の反復練習によって身体に覚え込ませ、特定の状況の中で反射的、または、無意識に最善の行動がとれるように鍛錬することと同じである。

ＡＩの進歩に対する人々の不安は、開発者が悪意を持って危険なＡＩを生み出す可能性だけでなく、利用者がＡ

Iを悪用する可能性でもある。つまり、無意識を鍛える目標の一つ目は、ＡＩの開発者が信頼できる人となること、これは倫理観の育成でもある。二つ目は、利用者がＡＩに洗脳（ゲーム症候群やスマホ中毒）されないようにすることである。

四・一　仏教理科 ―ＡＩ開発者の物心両面―

以下に円了の「仏教理科講義」より、円了哲学の真髄を大胆に要約してみると、
・仏教は主観の方面より世界の成立を説明している、
・すべてその原因を有情の業力に帰すことができる、
・有形世界の裏面には無形的勢力の一大海があることを知っていないといけない、
・世界は本来無形的精神の大海にして、その海面の白波が物質界であり、唯心因果の道理が重要である、
・世界の万象と真如の理体とは不一不異、不離不即の関係である、
・大世界ことごとくこれ理外の理である、
・理学の本質を感覚的に理解することが重要である、
などである。

円了は、「宇宙間の諸現象を分かちて客観、主観、すなわち物心両界にするのが古来のきまりである。しかして、物界には物の規則あり、心界には心の規則あって、物の規則は物的科学によって精密に立証せられ、心の規則は心的科学によって詳細に論明せられ、また、その両界の関係は哲学によってこれまた明示せられておる。これらの諸説に照らせば、世間にて伝うる千妖百怪の疑団はことごとく氷釈瓦解して、青天白日となる。しかるに、さらに一歩を進め、その物自体はなにか、その心自体はなにかというに至っては、物的科学も心的科学も筆を投じ口を緘し、造化の妙、谷神の玄と冥想するのみである。これこそ真正の真怪にして、真の不可思議というものだ」（「真怪」XX:507）と言う。物界には物理学、心界には哲学を用いて世の中の不可思議を解明することができるが、それで

も解明できない不可思議は存在することを心得ておくべきということである。

円了は、「これを小にしてもこれを大にしても、妖怪その両岸を築きて、〔中略〕その間に架したる一条の橋梁は、すなわち人の知識なり。学者この橋上に立ちて、〔中略〕世に妖怪なしと断言するは、その識見の小なるを笑わざるを得ず」（『妖怪学講義』XVI:22）と言う。自然現象をマクロスケールとミクロスケールで観察し物理法則を見いだすことができるが、学者は知識だけではなく体験や実地調査もおこない、庶民目線で多角的に研究すべきということである。すなわち、円了哲学を利用して、信頼できるＡＩ開発者になるには、物的法則だけでなく心的法則も考慮すること、哲学的に探究することであり、その目的は、庶民の暮らしの中に、ＡＩが正しく根をおろすことである。

以下に「仏教理科講義」より、推測できる円了哲学における科学的な手法を示すと、

（ア）精神的世界も科学する、
（イ）主観的に観察する、
（ウ）客観的に観察する、
（エ）あらゆる情報を駆使する（ビッグデータ、伝承、口伝、神話、地名、神仏儒、土着科学、…）、
（オ）天地自然の法則に従う、
（カ）想定外を想定する、
（キ）是非善悪を見極める、

となる。これをフローチャートにしたのが図5である。ここで重要な点は、一度、物的法則をまったく排除して宇宙（ここではＡＩ）を心的法則のみで考察し、その後、物的法則をあてはめていくということである。

次に、「妖怪学講義」、特に「コックリさん」（『井上円了妖怪学全集』第四巻、心術篇）の解明手法より、推測できる科学的な手法を示すと、

（イ）調査する、

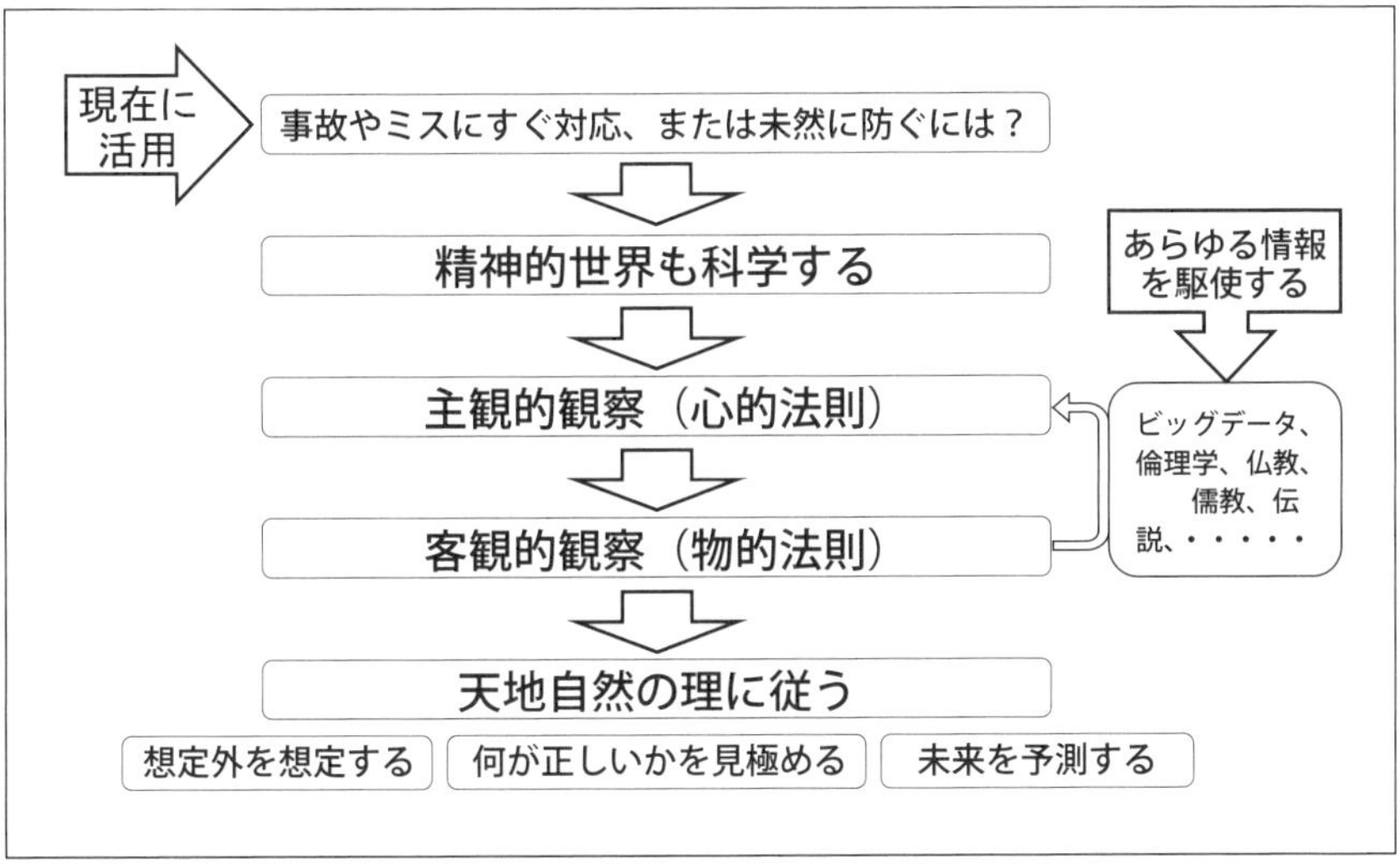

図５　「仏教理科講義」の科学的手法

（ロ）分析する、
（ハ）仮説を立てる、
（ニ）合理的説明を心掛ける、
（ホ）大まかに解明する。当たらずと雖も遠からず（第一近似、統計処理）の解も良しとする、
（ヘ）進化した仮説を立てる、
（ト）実験・観察をする、
（チ）オリジナルな手法を見出す（心理学、脳科学、…）、
（リ）結果を精査する、
（ヌ）客観的理論を積み重ねる、
（ル）自然からの直観を大切にする、
（ヲ）解明に近づける、
（ワ）確定する、
（カ）国民目線で実践する、

となる。これをフローチャートにしたのが図6である。ここで重要な点は、科学の限界をわきまえつつ、この世界のすべてを探求するということである。すべてとは、自然科学だけでなく、社会現象や超常現象、神話や民間伝承までも含めるということである。この手法は新たなＡＩの開発にも有効であろう。

円了が目指した庶民（国民）目線の科学研究は、社会に開放された、すなわち、市民、産業界、政府の専門家などが対等な立場で参加して、複合的問題を解決する、新しい知識生産方法・科学的方法であり、これはマイケル・ギボンズ（1930- ）が提唱した「モード2の科学」でもある。

そして円了は、自身の妖怪退治に関しては、庶民を幸福にする利他であり、人間の感性や直観を卑俗なものとして排除するのではなく、むしろ悟性や理性に助けられて感性や直観に磨きをかけなければならないと考えていた。これは大乗仏教で言うところの「自利利他」、すなわち、自利のままが利他になり、利他のままが自利になることで、「利」とは、ここでは、ＡＩによって人々が幸せになることである。人が直観力を身につけるには、図1より、直ちに天理に沿った行動に移れることを目指し、無意識を鍛える訓練をすることである。すなわち、信頼できるＡＩ開発者になるには、まずは植物的知性も含め、天地自然について学ぶ必要がある。

ＡＩのソフトウェア開発にとって、生物から学ぶことは重要である。例えば、子供のイモリの眼からレンズを取り除くと、大型の食細胞（マクロファージ）が上側の虹彩の周りに集まってくる。やがて、色素細胞の黒色が抜けて脱分化し、細胞分裂がさかんに起こって十日後にレンズの原基ができ、そして百日で完全なレンズが再生される（江口吾朗『水晶体の再生―組織細胞の分化転換』岩波書店、一九八〇年、参照）。驚くことに、虹彩の細胞だけでなく必要に応じて、身体の他のどの細胞もレンズ細胞に変われることが実験的に知られている。これを細胞の幼児化、または、ゼロクリアと呼び、どんな事態にも、時々刻々変化する状況に応じるメカニズムがあるということで、今のところ遺伝子工学、すなわち生物学では証明できない。ところが華厳経では、そのような情報創出法則を「理」と呼んでいる。「理」の作用によって、一挙にその全体が「事」（個別的具体的な事象）として顕現するメカニズムが発生するとされる。このプロセスを華厳経では、「一即多、多即一」と表現し、現象世界の「多」と絶対世界の「一」とは相即関係にあるという。

「一事物（一つの物でも一つの心でもよい）の中に、自他の物象、物体、自他の心象、心体、物心同源の真如等々が具備されていて、一事物はあくまでもそれ自身ですが、そこに具備されている内容には実に重々無尽の関係があることを見るものです。ここまで来ると、やはり華厳で一入一切・一切入一、一即一切・一切即一の事事無

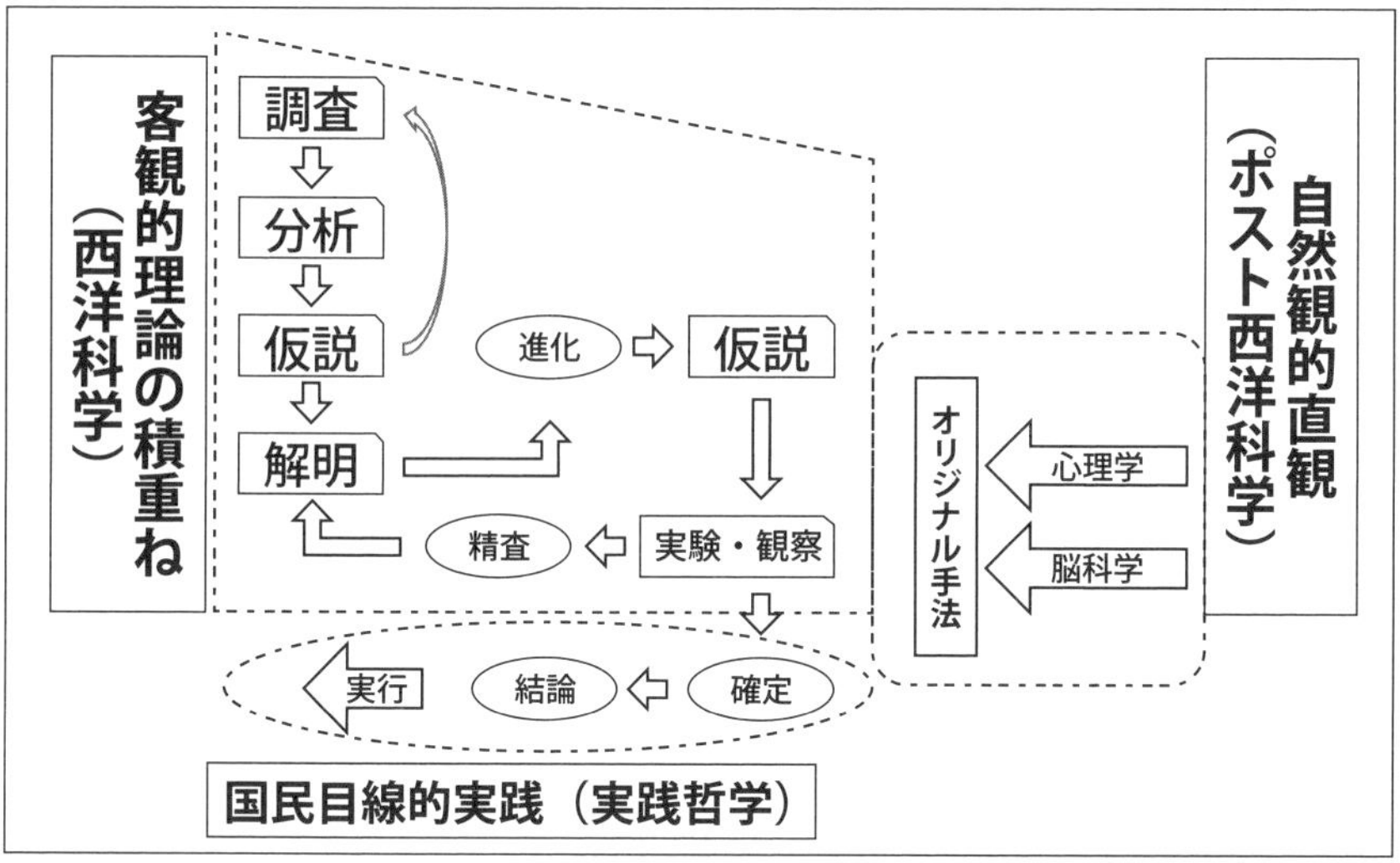

図６　「妖怪学講義」の科学的手法

礙法界を説く教理とほとんど同じということになるでしょう。この立場の内実はまさに華厳思想そのものです」（竹村牧男『井上円了』春秋社、二〇一七年、六七頁）とある。円了は、天地自然の理論を説明するのに華厳経が有益であると考えていたということである。

ガタリは、「美的欲望のアレンジメントと潜勢的なもののエコロジーのオペレーターは、〔中略〕限界の外のインターフェースであって、内部性や外部性を分泌し、言説性のシステムすべての根源に構成されるものです。これは〝なること〟、個々の分野の只中に錨を下ろしながらも同時に、異質性を強調するために諸分野のあいだにある差異化の焦点という意味での〝なること〟です」（『カオスモーズ』、一四七頁）と説明し、子供にも、女性にも、植物にも、宇宙にも、メロディーにもなり得るインターフェースが存在するとしている。

生物から学んだことをインターネット上で実現するには、例えば「幼児化細胞」やガタリの「なること」をソフトウェアに組み込むことであり、それによって、その一つのソフトウェアが何にでもなり得ることができるのである。また、このソフトウェアは、インターネットとつながることで、すべてが揃った細胞ソフトとなることができ、そしてそれが「一即多」になるには、ある目的のソフトが不要になるか不都合が生じると「幼児化」され、次の事態に対応できるようにしておくことである。また、多くのコンピュータに同じ細胞ソフトを組み込んでも、それぞれのコンピュータが分業するようにしておくことである。

四・二　自我と大我―AI利用者の心構え―

円了は迷信を打破するために妖怪を研究した。「妖怪学」は、なんの根拠もない迷信によって、差別を受けたり、それを利用して人をだましたりする者の存在を根絶するために用いられたのである。現代のスマホ中毒、ネット依存、ネット詐欺、などは、一種の洗脳であり、現代人を洗脳という妖怪から解放するためにも「妖怪学」が有用であると考える。

最近では、振り込め詐欺やインターネット利用詐欺の手口が、ますます巧妙になってきており、自分は騙されないぞと思っていても、すぐに騙されるそうである。そこで、人の心とは、いとも簡単に騙されるものであるということを認識する必要がある。心理学では、自我（エゴ）がそうさせているということである。すなわち、自我に自分が騙されているのである。

自我は、個人が他人との区別を認識する意識である。これに対して、大我は宇宙意識であり、共通無意識でもある。図7に仏教における自我と大我の関係を、図1に関連づけて示した。大我は、全人類の意識が総合されたもので、宇宙すべてと直結し、あらゆる多次元世界（循化相含）ともつながっている。動物や植物は人間に比べ自我が少ないため、大我を人間よりは認識していると考えられる。

将来、コンピュータが人の脳や意識に直接働きかけてくる可能性があり、そうなったときに精神の混乱を招かないように、ある程度の訓練をしておく必要がある。一つ目は、自我を少なくする訓練である。二つ目は、大我を表現（見える化）し、変化を生みだし、創造していく能力を向上させることである。これに対して、AIによって将来、すべての物質にすべてのことを入れ込むことができ（華厳経では、一即多、多即一、条理学では、一即一一、一一即一、ネットでは、IoT）、どれを取り出してもすべてに通じ、すべてが分かる仕組みを生みだすことが

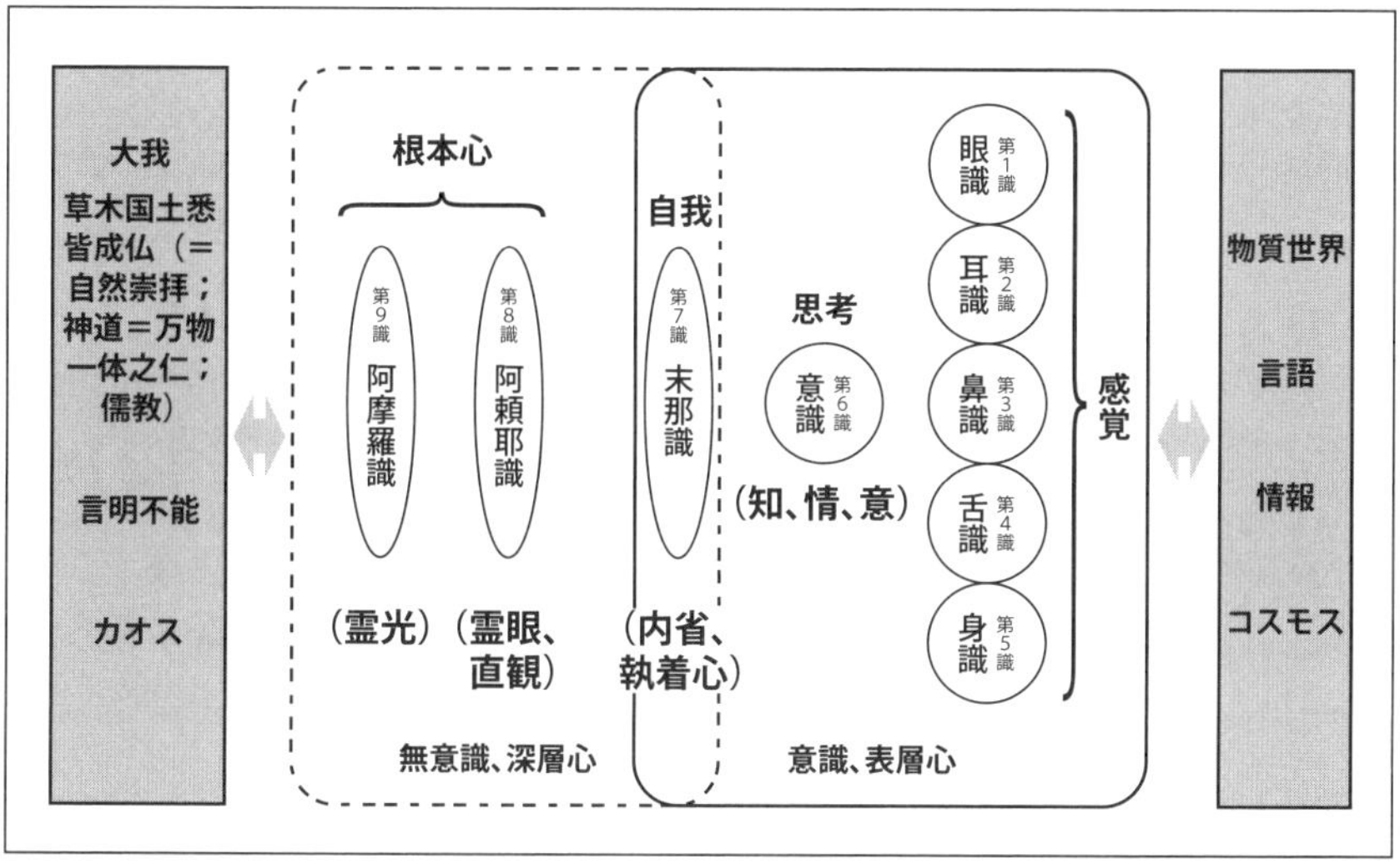

図７　自我と大我の関係

できると考えられる。これは、四・一章のソフトウェアの概念にも通じ、大我の見える化でもある。

円了は、「実界には阿頼耶識をもって本とし、理界には真如をもって本とし」（「仏教哲学」Ⅶ-144）と言う。図８に示すように、すべての物には真如が具備されているということである。これは華厳経、条理学、IoTとも通じる。自身の中にも、全宇宙と同じ真如が居るということであり、真如の存在を意識することで、自我が少なくなり大我が増加するということであろう。仏教では、大我とは真如の働きのことである。人間以外の動植物は自我が少ないので、人間よりはるかに宇宙のことを知っているとも考えられる。すなわち、万物の意識は、認識のできる多さによって階層が決まるといえる。宇宙そのものの意識が最上位であり、キャベツに例えると、一番外側の大きな葉が最高の意識であり、すべてを包み込みすべてを守り、内部をすべて知っている。だんだん内側の葉になると小さくなり、自分より内側の葉のことは分かるが、外側の大きな葉のことは計り知れない。すなわち、ＡＩがいくら知識を増やしても、大我によって得られた認識には勝てないということである。

ＡＩを利用するときの心構えは、仏教哲学から、内省を深め自分観察をすることであるといえる。同時に大我を多くす

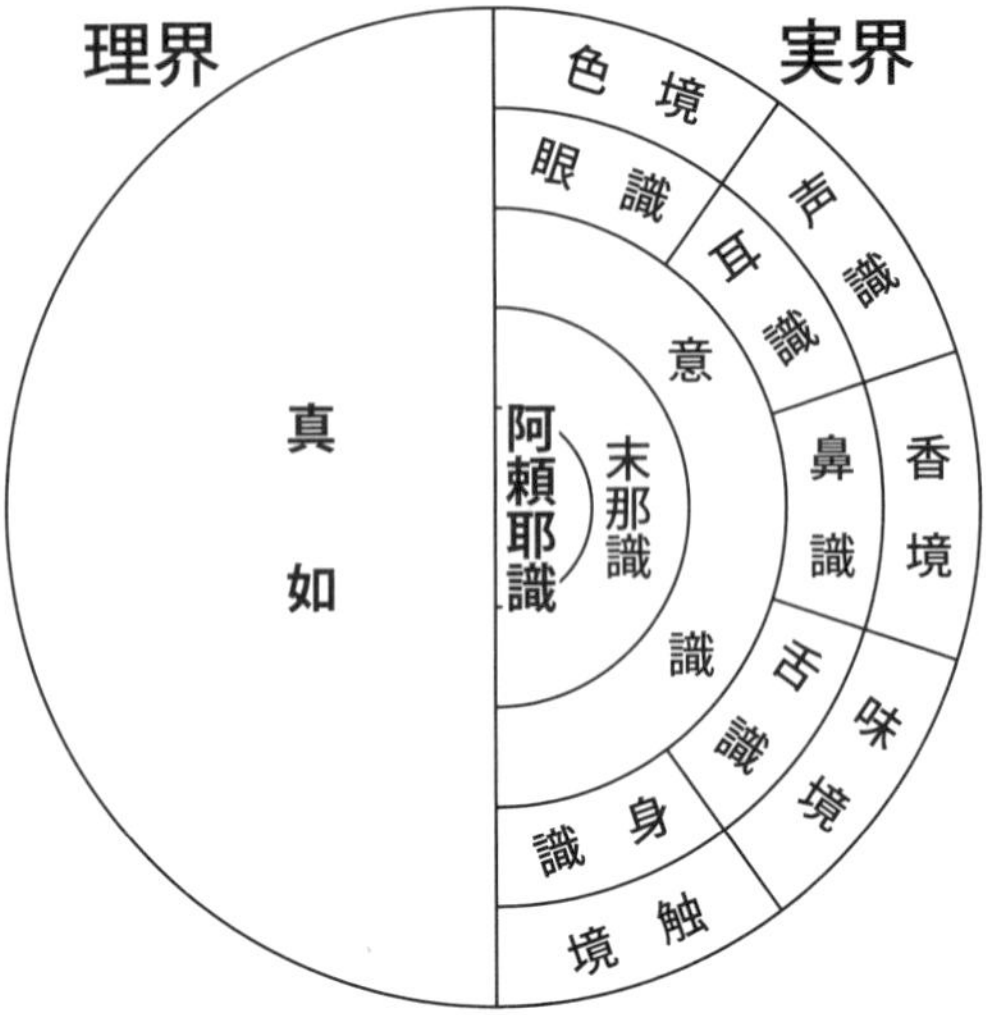

図８　井上円了の実界・理界

ることを心掛けると、自身の中の真如を発見できるのである。人間が仏教の「真如心」、または、儒教の「万物一体の仁」を受け入れると、個人（自身）と客体（ここではＡＩ）とが共に良知を得るが、この知にはまだ（正しい）自我と大我の二面性がある。そこで、自我の代表である人欲を抑えるか、除去しようとすることで、大我は自身とＡＩとの両方に自然にあらわれてくる。すなわち大我は共通無意識の中にあり、ＡＩに大我を与えるのは人間であるといえる。絶対にＡＩが超えられないのは、自我を減らし大我によって得られた人間の認識である。このことはＡＩを利用するとき常に心得ておかなければならない。

五　おわりに

井上円了の仏教哲学を中心に、現代科学の最大関心事であるＡＩに関して、「機械の意識」と「人間の無意識」の側面から考察した。その結果を以下に示す。

①霊性から意識を立ち上げるには、円了の「妖怪学」（ノモス）を三浦梅園の「条理学」（ソフトウェア）によってＡＩに実装し、霊性（カオス）の中に「真怪」を発見し、意識（コスモス）、または、物的法則を得る。

②「循化相含」、「カオスモーズ」、「植物的知性」をシステムに取り入れることで、物心両面でバランスがとれたインターネットを構築する。また、AIの「魂」とは、インターネットにおける物質、エネルギ、記号論の流れであり、その結果生まれるのが、利他や思いやりと捉える。
③信頼できるAI開発者になるには、物的法則と心的法則を用いて哲学的に探究することと、植物的知性も含め、天や自然について学ぶことであり、その目的は、庶民の暮らしの中に、AIが正しく根をおろすことである。
④AI利用者は、将来AIが人間の知識を超えても、大我（宇宙意識）や利他や思いやりによって得られた人間の認識を超えられないことを心得ておかなければならない。

以上、円了が明治の「情報革命」の時代に発表した「妖怪学」、「循化相含」、「仏教理科」から、将来のAI時代に対応できる新たなパラダイムが生み出される可能性を示した。

執筆者紹介（掲載順）

三浦節夫（MIURA Setsuo）

東洋大学ライフデザイン学部教授、東洋大学井上円了研究センター研究員。主な著作として『井上円了の教育理念』（東洋大学、1987年）、『ショートヒストリー　東洋大学』（東洋大学、2000年）、『井上円了と柳田国男の妖怪学』（教育評論社、2013年）、『新潟県人物小伝　井上円了』（新潟日報事業社、2014年）、『井上円了　日本近代の先駆者の生涯と思想』（教育評論社、2016年）など。

柴田隆行（SHIBATA Takayuki）

東洋大学社会学部教授、東洋大学井上円了研究センター研究員。主な著作として『哲学史成立の現場』（弘文堂、1997年）、*Innen- und Außenpolitik in der Staatswissenschaft Lorenz von Steins,* Kiel 2006.『シュタインの社会と国家』（御茶の水書房、2006年）、『哲学思想翻訳語事典　増補版』（共編著、論創社、2013年）、『シュタインの自治理論』（御茶の水書房、2014年）など。

竹村牧男（TAKEMURA Makio）

東洋大学学長、井上円了研究センター客員研究員。主な著作として『唯識三性説の研究』（春秋社、1995年、学位論文）、『西田幾多郎と鈴木大拙』（大東出版社、2004年）、『入門　哲学としての仏教』（講談社現代新書、2009年）、『日本仏教　思想のあゆみ』（講談社学術文庫、2015年）、『井上円了――その哲学・思想』（春秋社、2017年）など。

佐藤将之（SATO Masayuki）

中華民国・国立台湾大学哲学系教授。主な著作として *The Confucian Quest for Order: The Origin and Formation of the Political Thought of Xun Zi,* Leiden: Brill Academic Publishers, 2003.『中國古代「忠」論研究』（臺北：國立臺灣大學出版中心、2010年）、『荀子禮治思想的淵源與戰國諸子之研究』（臺北：國立臺灣大學出版中心、2014年）、『荀學與荀子思想研究：評析・前景・構想』（臺北：萬卷樓圖書公司、2015年）、「井上円了思想における中国哲学の位置」（『井上円了センター年報』vol.21、2012年）など。

出野尚紀（IDENO Naoki）

中央学術研究所委託研究員、東洋大学井上円了研究センター客員研究員。主な著作として「哲学堂八景」（『井上円了センター年報』vol.20、2011年）、「発生九〇年後の東京下町地域大正関東大震災慰霊状況」（『宗教研究』第八八巻別冊、2015年）、「インド古典建築論に見られるgrāmaについて」（『東洋学研究』54号、2017年）、「『マヤマタ』第七章～第八章：和訳と註解―インド古典建築論書の構成と内容（3）―」（『中央学術研究所紀要』第47号、2018年）、「建築用地への奉献について―建築論書『マヤマタ』を中心に―」（『印度学佛教學研究』第67巻第1号、2018年）など。

中島敬介（NAKAJIMA Keisuke）

奈良県立大学ユーラシア研究センター特任准教授。主な著作として「地域経営の視点から見た『平城遷都一三〇〇年祭』」（『都市問題研究』第60巻11号、2008年）、「観光哲学論私考」（『日本観光研究学会研究発表論文集』No.28、2013年）、「もう一つの観光資源論」（『日本観光研究学会研究発表論文集』No.29、2014年）、「戦争哲学一斑に見る井上円了の日本（人）倫理観」（『国際井上円了研究』第6号、2018年）、「井上円了の国家構想」（『東洋大学井上円了研究センター年報』vol.26、2018年）など。

岡田正彦（OKADA Masahiko）

天理大学人間学部教授。主な著作として「自己同一性のための他者―井上円了の「妖怪学」と近代的宗教意識―」（『近代仏教』第11号、日本近代仏教史研究会、2004年）、「哲学堂散歩―近代日本の科学・哲学・宗教―」（『佛教史学研究』第48巻第2号、佛教史学会、2006年）、「宗教研究のヴィジョンと近代仏教論―仏意と仏説―」（『季刊日本思想史（特集：近代仏教）』No.75、ぺりかん社、2009年）、「近代日本のユートピア思想と愛国主義―井上円了『星界想遊記』を読む―」（『井上円了センター年報』vol.20、2011年）、「井上円了と近代人の神―哲学宗のバイブルをめぐる試論―」（『井上円了センター年報』vol.24、2016年）など。

井関大介（ISEKI Daisuke）

東洋大学井上円了研究センター研究助手。主な著作として「秋成の「神秘思想」における二つの神語り」（『文学』第10巻第1号、岩波書店、2009年）、「熊沢蕃山の鬼神論と礼楽論」（『宗教史学論叢』第19巻、リトン、2015年）、「増穂残口の「公道」と「神道」」（『東京大学宗教学年報』第31号、東京大学宗教学研究室、2015年）、「円了妖怪学と近世鬼神論」（『井上円了センター年報』vol.25、2017年）、「熊沢蕃山の「大道」と「神道」」『宗教研究』（第92巻第1輯第391号、日本宗教学会、2018年）など。

甲田　烈（KODA Retsu）

エッセンシャル・マネジメント・スクール公認講師、東洋大学井上円了研究センター客員研究員。主な著作として『手にとるように哲学がわかる本』（かんき出版、2008年）、『水木しげると妖怪の哲学』（イーストプレス、2018年）、「円了妖怪学における「真怪」の構造」（『国際井上円了研究』第2号、2014年）、「妖怪の存在論」（『トランスパーソナル学研究』14号、2016年）、「「鬼」の存在論」（『井上円了研究センター年報』vol.27、2017年）など。

白井雅人（SHIRAI Masato）

上智大学／立正大学非常勤講師、東洋大学井上円了研究センター客員研究員。主な著作として『近代化と伝統の間――明治期の人間観と世界観』（共著、教育評論社、2016年）、「人格の成立する場所――「神の声」と「私と汝」」（『日本哲学史研究』別冊：杉本博士追悼号、2018年）、『原子論の可能性――近現代哲学における古代的思惟の反響』（共著、法政大学出版局、2018年）、Inoue Enryo's Philosophy of Peace and War, in: *International Inoue Enryo Research* 4, 2016. Technology, artificiality, and human beings in later Nishida philosophy, in: *Tetsugaku Companion to Japanese Ethics and Technology,* ed. by Thomas Taro Lennerfors and Kiyoshi Murata. Berlin: Springer, 2019. など。

長谷川琢哉（HASEGAWA Takuya）

親鸞仏教センター研究員、東洋大学井上円了研究センター客員研究員。主な著作として『一九世紀フランス哲学』（共訳、白水社、2014年）、「ヴィクトリア時代英国における不可知論と井上円了」（『井上円了センター年報』vol.25、2017年）、「井上円了の「仏教改良――その哲学的・思想史的考察――」」（『国際井上円了研究』第5号、2017年）、「真理と機――仏教因果説論争から見る清沢満之の思想と信仰――」（『近代仏教』第25号、日本近代仏教史研究会、2018年）、「哲学の限界と二種深信――「中期」清沢満之における宗教哲学の行方――」（『現代と親鸞』第37号、親鸞仏教センター、2018年）など。

佐藤　厚（SATO Atsushi）

専修大学ネットワーク情報学部特任教授、東洋大学井上円了研究センター客員研究員。主な著作として「一〇〇年前の東洋大学留学生、李鍾天－論文「仏教と哲学」と井上円了の思想」（『国際哲学研究』4、2015年）、「井上円了の沖縄巡講－巡講の内容と筆禍事件」（『井上円了センター年報』vol. 24、2016年）、「井上円了の社会的実践－国民道徳論の構想と実践」（『日本仏教学会年報』第81号、2016年）、「吉谷覚寿の東京大学仏教学講義」（『中央学術研究所紀要』第46号、2017年）、「井上円了の台湾巡講に関する資料（一）」（『井上円了センター年報』vol. 26、2018年）など。

藤木清次（FUJIKI Kiyotsugu）

経営コンサルタント、経営士学学会副会長。主な著作として『交渉ハンドブック』（共著、日本交渉学会編、東洋経済新報社、2003年）、「コンフリクトと交渉学の位相」（日本交渉学会誌Vol.13、2003年）、『労働保護法の再生—水野勝先生古希記念論集』（共著、信山社、2005年）、「労働の人間化とフレックスタイム制の法理」（『東洋大学大学院紀要』第41集、2005年）、『経営士学－経営コンサルタント経営学－』（合同会社経営士東京、2012年）など。

岩井昌悟（IWAI Shogo）

東洋大学文学部教授、東洋大学井上円了研究センター研究員。主な著作として「あたかも力ある人が曲げた臂を伸ばすか、伸ばした臂を曲げるように—神變のイメージの變遷を追う」（『東洋学論叢』第61集、2008年）、「一世界一仏と多世界多仏」（『東洋学論叢』第64集、2011年）、「今は無仏時代か有仏時代か—仏の遺骨と生きている仏」（『東洋学論叢』第65集、2012年）、「菩薩の信（saddha）について—仏もまた過去仏の仏弟子か」（『日本仏教学会年報』第78号、2012年）、『近代化と伝統の間—明治期の人間観と世界観』（共編著、教育評論社、2016年）など。

ライナ・シュルツァ（Rainer SCHULZER）

東洋大学情報連携学部准教授、東洋大学井上円了研究センター研究員。主な著作としてCrossroads of World Philosophy: Theoretical and Practical Philosophy in Inoue Enryo, in: *International Inoue Enryo Research,* 1, 2013, p.49–55. Soteriological Pragmatism and Psychotherapy: The Buddhist Concept of "Means" in the Modern Buddhist Philosopher Inoue Enryo, in: *The Eastern Buddhist* 47, no. 2, 2019, pp.107-119. *Inoue Enryo. A Philosophical Portrait.* New York: SUNY Press, 2019.「井上円了『稿録』の研究」（『井上円了センター年報』第19号、2010年）、『良心学入門』（共著、岩波書店、2018年）など。

吉田善一（YOSHIDA Yoshikazu）

東洋大学理工学部教授、東洋大学井上円了研究センター長。主な著作として『マイクロ加工の物理と応用』（裳華房、1998年）、『酒井佐保の熱学教科書』（冨山房インターナショナル、2007年）、『企業研究者のキャリア•パス』（冨山房インターナショナル、2008年）、『和の人間学』（冨山房インターナショナル、2014年）、『社会人力ノート』（マイカ出版、2015年）など。

『論集　井上円了』 人名索引

1. この人名索引は、次の人名を対象外とする。
   (1) 井上円了
   (2) 佐藤厚論文中の雑誌執筆者一覧の人物
   (3) 引用ないし参照された外国語文献の邦訳者。
2. 外国人名のカタカナ表記は、事典等で採用されている一般呼称ではなく、本論文集に記されている表記である。たとえば William Stanley Jevons が「ゼボン」と記されている。なお、複数の論文で名が挙がっていて、相互に表記が若干異なる場合は、一般呼称ないし表記を項目名として選ぶ。たとえば「清澤満之」と「清沢満之」では前者を項目とした。

ア行

カ行

サ行

タ行

ナ行

ハ行

マ行

ヤ行

ラ行

ワ行

東洋大学 井上円了研究センター

1987年に設置された創立者井上円了の研究をおこなう井上円了研究会と『東洋大学百年史』編纂室を起源とする東洋大学の研究機関。

この成果を継承・発展させるため、1990年に現センターの前身である法人立井上円了記念学術センターとなり、さらに、これを全学的に展開するため、2014年5月、教学組織として再編、名称を東洋大学井上円了研究センターと改めた。

本センターは、創立者井上円了博士の建学の精神、教育理念、思想及び事績の研究ならびに東洋大学史等に関する研究を推進し、それらの普及を図ることにより、学校法人東洋大学が設置した学校の教育及び研究の向上に寄与し、哲学館以来の東洋大学の特性を内外に示し、その歴史と伝統を継承し発展させて、世界及び日本の文化の向上に貢献することを目的として、さまざまな研究と事業を展開している。

具体的には、井上円了に関する研究と調査、関係資料の調査・収集・整理・保存・公開及び資料提供をおこなうほかに、現在は特にグローバル化推進のため、円了著作の英訳や国際的な研究交流を積極的におこなっている。年数回の公開講演会・研究会のほか、キャンパス巡回写真展、国際井上円了学会を介しての海外研究集会開催、機関誌発行のほか、新たに、哲学堂建築物の調査・研究、人工知能(AI)・ロボット時代を生き抜くための哲学の普及など、文理融合分野にも活動の場を広げている。

論集 井上円了

2019年3月28日　初版第1刷発行

編　者　東洋大学 井上円了研究センター
発行者　阿部黄瀬
発行所　株式会社　教育評論社
〒103-0001
東京都中央区日本橋小伝馬町1-5　PMO日本橋江戸通
TEL 03-3664-5851
FAX 03-3664-5816
http://www.kyohyo.co.jp
印刷製本　萩原印刷株式会社

ISBN 978-4-86624-020-6　C3010